Mélanges d'histoire de la philosophie

哲学史を読む

I

松永澄夫

東信堂

はしがき

本書は、著者が特定の哲学者ないし哲学著作について、また哲学史について書いた、既発表の諸論稿を集めたものである。解説的なものを除けば、若いときのものが多い。論稿の性格に従って三部に分けた。

第Ⅰ部には、一八世紀・一九世紀の西洋英仏の哲学・思想が生まれた背景がどのようなものであったか、そのイメージを読者につかんでもらうことを目論んで書いた、三点を配した。これらは、出版社の企画に合わせて執筆したものゆえの限定された性格をもっているし、紙数の制約も課せられ、その範囲内で書いたものである。けれども、私としては、今日のグローバルな社会で主導権を握っている西洋というものを理解し、これからの人間の歴史を考えてゆく、そのために必要な西洋の歴史を振り返る作業の一つの仕方であると、このように位置づけて論稿を書く努力をした。

第Ⅱ部に配したのは、或る長さの西洋哲学の歴史を貫いて流れる思考様式や問題意識を、幾つかのトピックを材料に考える、そういうたぐいの論稿である。

第Ⅰ部や第Ⅱ部に集めた種類の論稿は、日本の哲学研究者は余り書かないように思われる。通史的なものも、哲学者たちの紹介ないし研究を時間順序で並べるというスタイルが一般には多いのではないか。本書のこれらの論稿が、西洋の思考というものを理解するための幾つかの視点を読者に提供し得ることを願う。絶対者という観念をもつということと、被造物として人間を見るということ、これらが西洋思想においてもつ意味を考える論稿があればよいのだが、それは欠如している。口頭では述べてきたが活字にしたことはない。なお〈付論2〉「近代科学の分析の方法と生命科学」は、哲学史や思想史を材料にした部分を含みながらも、主題について自分の考えを直接に述べる仕方で書いた論文であり、本来なら本書から外すべきものであるかも知れない。けれども、〈付論1〉「生命思想」や論稿16「二つの生命と二つの生命特性」などと密接な関係をもち、論稿15「シャルル・ボネの「立像」のフィクション」とも関連をもつゆえ、敢えて収録した。

第Ⅲ部が、哲学の論文集というときに人が想い浮かべるイメージに近いものになっていると思う。ここに収めたものは、著者の年齢が二十代から三十代、最も新しくとも四十代前半までに書いたものとなった。同じ時期にも、哲学者たちや哲学の著作、哲学史を離れて、従って哲学の歴史を引きずった哲学術語を用いずに、できるだけ平易な日常の言葉で書くことに重点をおいてあれこれ書いているが、ここに収録したものも、本来はそのような別系統の諸論稿に関係づけたそれぞれの執筆意図というものを有している。だが、本書ではそれは見えない場合が多いであろう。これはやむを得ない。

本書全体の特色の一つとして、日本で余り紹介されていない思想家を取り上げていることを挙げてよいと思う。現在は注目されていても、執筆当時はそうではなかった、という人物もある。著書の翻訳も、デカルトは別として、コンディヤックのもの一つ（戦前になされたもので、手に入るものではなかった）を除いては全くなかった。そこで、世に紹介するという意図もあった。ただし、自分の問題意識に引き付ける仕方で、相手の考え方を解剖し、その問題点もみえるようにする、そういう方針を取ったものが多い。「著作家の思考をほぐす」という表題にしたゆえんである。（それで、いろいろな理由で未完の論稿もあるが、書いた限りでの役割はそれなりに果たしていて、収録した。特に論稿12では表題に「感覚」という語を掲げているのに感覚の問題を論ずるに至っていず、これは拙いだろう、という考えは当然に出てくる。けれども、結局、感覚という主題は誰か哲学者の見解に即して議論するよりは、事柄だけに寄り添って自分なりの言葉の使用法を明確にしながら論ずるのが最良の遣り方だ、と思うようになったから続きを書かなかったのである。成果は私の幾つかの著書に記されている。なお、デカルトを材料にした論稿11について言えば、自分の問題意識のもとで論ずるという方針を強くとっていて、デカルト論としてはとても読めないだろうが、それでも、これも自分の思考の軌跡をなすには違いなく、収録している。）

松永　澄夫

■哲学史を読む Ⅰ／目　次

Ⅲ　著作家の思考をほぐす（1）……221

■哲学史を読む Ⅱ／主要目次

◎装幀：田宮俊和

哲学史を読む　I

I

背景のイメージをつかむ

1 人間の科学に向かって

——一八世紀英仏哲学・思想を理解するために

A 一七世紀から一八世紀へ

(1) 学問と生活

一七世紀西洋が学問の面でなした最も重要なことは、「自然哲学」を今日の「自然科学」へと変貌させたことである。ちょうどガリレイ(一五六四〜一六四二年)とニュートン(一六四二〜一七二七年)との二つの世代のうちのことである。革新は観察と解釈の学である天文学から始まり、実験の科学である力学において提出された運動論に惑星の運動を組み込むことによって、成し遂げられた。そうして、結合の結果はと言えば、人間の営みの彼方で超然としていた天上の世界が地上へと手繰り寄せられ、人間が己の支配力の強まりに気づいたということである。

空は、昼夜と季節の移り変わりとを司る太陽が支配するところであり、その光と熱とが降り注ぐ場所、そして風や雲が往き来し、雨や雪が落ちてくる場所として、すべての人々の暮らしの絶対的な条件であった。また、月の満ち欠けは、昼夜の交替よりは長く季節の推移よりは短い時の流れを刻んで、人々にそれに応じた行動を指示するものであり、さまざまな迷信じみた慣習の源でもあった。最後に星々は、太陽が方位を示さない夜にも、陸上、海上の旅人を導くほか、暦と占いを通して人々に何をなすべきかを指示したが、少数者にとってのみの関心の対象であった。いずれにしても、かつて天空は宗教的な天上の世界とイメージのうえで一体化して、地にいる人間にとっては仰ぎ伏すべき存在であった。

しかるに、惑星の運動が地上における物体の力学的運動と同じ法則において理解されるや、人間を支配しつつ地上界と隔絶したものとしての天空は消えた。力学は、内骨格をもつ体をした人間が梃子の原理で体の各部を動かし物を動かすということに出発点をもつ。確かに、その出発点に直接につらなりながら卑近な日常生活におけるさまざまな技術と一体化していた古来の力学、これとは異なるものとして近代の力学は誕生した。時間の微分を含む数式によって表現される運動論として説明領域を広げ、まったく新しいものとなったのである。その新しさは、慣性の法則（動いているものは外力が働かない限り、いつまでも動く）が典型的に示すように、日常的見解（動いているものはいつかは停まると思う）の当たり前さを、いったんは宙吊りにする。とはいえ、近代の力学も人間自身の活動の延長において理解できる事柄であり、実験という方法と表裏の関係にある技術的工夫の進展とともに発展するものであるという性格には変わりはなく、そこに秘密めいたものはない。こうして、天上をも含めた見える限りの世界は神秘のままに敬われひれ伏すべき、という性格を失った。天界も、自分たちの手でコントロールできるものが数多く存在する地上の人間の活動の舞台と一続きのものであり、探究可能なものなのである。こうなると、新しい時代の知的な人々は、もはや足どり確実となった世界の探究と自然を支配せんとする試みとで忙しくなった。

かくて、続く一八世紀は、自然に関しては博物学の世紀となり、また、医学と結びついた、新しい生物学前夜の生命論が起こり、さらに肥料や衛生、紙や火薬の製造の問題などを背景とした化学が誕生する時代ともなった。他方、神授とされる王権についても、また、啓示宗教の導きのもと現世の人々が従うべき地上の道徳・規範についても、自己の理解が及ぶ限りでその根拠ともども点検しようとする人々を輩出する時代が現われた。すると、それまで機能していた権威や慣行等の批判も必至となったが、批判は単に知的営みに留まるものではなかった。既に宗教改革が、教会の権威に代えて個人の良心の法廷を呼びだしていて、それは生活の根本の変更を伴っていた。宗教抜きではあり得なかった政治の激動に目を転じても、オランダの独立と、国王の処刑と王政復古を経験した後のイギリスでの名誉革命では、人々は事柄の正当性を言葉において示そうと努力しながら、己自身のみを恃《たの》みとした世界の見方とつくり方を手に入れようとしてきたのである。一八世紀に、こうした傾向は強まり、動きが加速した。

⑵ 人間の科学

己を恃みとすること、それは己自身（人間）を解明することによってこそ確実に果たせるのではないのか。当初、「人間についての新しい学」は、人間の心についての学、精神哲学として、ガリレイ、ボイル、ニュートンらが確立していった自然哲学（今日で言う自然科学）を範にし、それと並ぶ資格のものとして構想された。新しい知的精神の最も確実な勝利は自然に関する学問であったからである。範にするとは、その学から学んだ方法を違った主題の学にも適用しようということであり、そのとき、自然科学における一連の作業、観察、比較、仮説設定、実験、検証、理論構築のうち、特に観察や実験の重要性が注目され、ここに「経験主義」と呼ばれるものが生じた。

しかしながら、自然の学におけると類似の方法を人間の学に適用しようとする経験主義の主張は、実質的には、経験とはどのような構造をもっているのか、という探究のかたちをとることになった（「経験主義」――本書の論稿6――参照）。つまり、経験は解明されるべき主題となったのである。（すると経験主義の方法というものも自明なものとは言えなくなった。実際のところ、反省と分析という方法が採用される場合が多かった。）

もう一つ注目すべきは、経験についての探究は、自然の学の成立自体をも経験内容として巻き込んで、解明すべき事柄としたことである。このことは経験主義の認識論的部分に明瞭に見てとれる。経験についての学は自然の学をも

（認識経験の一部として）己の一部に含むはずのものとなった。のみならず、人間が関わるあらゆる事柄は、一見は経験の彼方にあるかと思われる事柄すら含めて、すべて、宗教も道徳も政治も、感情生活も経済上の取り引きも、教育も、その自由意志も運命も、地理も歴史も、経験主体たる人間についての学の部分領域をなす主題となるほかなかった。

一七三三年、風刺詩人ポープは哲学詩『人間論』を著し、「人間研究こそ正しき知識の目標」と謳《うた》った。そして、「人間の科学」という標語、旗印は、哲学者としてばかりではなく社会学者として真価を発揮することになるヒュームが（『人性論』一七三九年）、また、生理学を探求し生命論を提出し、一九世紀に来たるべき新しい生物学を準備したバルテズが（『人間科学の新原理』一七七八年）、それから、数学者として出発し、人類の進歩を信じて社会、政治、経済、教育の分野で大活躍したものの、フランス革命で斃《たお》れたコンドルセが（アカデミー・フランセーズ会員就任講演、一七八二年）、それぞれに掲げたものであり、最も望まれる、あるべき学の理念を示していた。そして、この理念は、コンディヤック（一七一四〜八〇年）の人間悟性の学を発展させつつバルテズの生命論をも受け継いだデステュット・ド・トラシ（一七五四〜一八三六年）とカバニス（一七五七〜一八〇八年）との観念学を経て、メーヌ・ド・ビラン（一七六六〜一八二四年）にまで引き継がれるのである。

ここで留意すべきは、この「人間の科学」は、人間と人間が関わるあらゆる事象についての知識の集積を最終目標とする純然たる認識活動であるのではない、ということである。それは人間の幸福を目的とした実践へとつながるべき科学なのである。しかもその幸福は、現世での幸福、この世に生を享けた人間がみずからの力で築き、経験のうちで味わうべき事柄としての幸福なのである。（近代の人間の科学の理念の誕生を、ルネッサンス人文主義にまで溯らせる試みはどうか。ペトラルカは「人間の本質を知らず、なぜに我々は生まれたのか、どこから来たり、どこへゆくのかということに何の関心ももたずに追究されるような学問は無意味である」と述べた。けれども、人間の経験の有りように目を凝らし、分析的な方法意識をもって研究する態度は未だ生まれていないと思われる。）

B　言葉の力の蓄積

(3) 経験と理性――権威の批判――

ところで、経験重視の時代が、同時に啓蒙の時代として何事についても理性を信頼する時代であるとはどういうことか。いわゆる経験主義は合理論を批判しながら生まれたのではなかったか。この疑問を解く鍵は「批判的精神」にある。つまり、自己を尺度として一切を吟味しようとする姿勢にあるのである。

ロック（一六三二〜一七〇四年）からヒューム（一七一一〜一七七六年）にいたる思想も、一八世紀フランスで最も精緻な学説を提出したコンディヤックも、すべてデカルト的な近代の観念論の地平の中でしか動いていない。この地平を切り拓《ひら》くべく働いたのは明証性の要請である。この要請ゆえにデカルト（一五九六〜一六五〇年）は、感覚に真理としての資格を与えなかった。しかし経験主義では、同じ要請が、隠れたものの対極にある感覚の顕わな直接性に重きを置くようにさせ、感覚から始まると考えられた経験の価値を称揚させたのである。そうして、明証性の要求は、学問が問題であったデカルト、そして始まりでは認識論としての色彩が強かった経験主義を越えて、既存の諸学問のみならず諸々の権威に盲従せず、吟味すること、己自身で確認しようとすることへとつながってゆくのである。この、自己に内在する吟味する機能が、理性と呼ばれたのである。

さて、西欧には、理性と経験との一八世紀、人間の科学を企てる一八世紀に向かう長い助走があって、それは言葉の力の蓄積として捉えることができ、ここにヨーロッパの特色があると、筆者は考える。（今日のグローバリズムが進展する世界での西洋の覇権というものも、この鍛えられた言葉の力の蓄積に一因があると私は思う。あと一つの要因は、個々人を越えてしかも世襲によらずに生き延び活動する、今日の企業体に典型をみるような組織の発明かと推測する）。

そこで以下、近代の一八世紀以降に向かう、近世ヨーロッパ社会における言葉の力の蓄積を具体的に見ていこう。

⑷ 二つの支配する力と論争

人々は古来、あらゆる場所で、家畜を飼い馴らし、運河を造り、壮麗な建造物を建て、また荒海に乗りだすなどして、自分たちの力を試してきた。ところで、西欧世界にみられた特殊な事情がある。そこでは、一つの普遍的な教権と互いに対抗する世俗の諸権力、この二つの種類の力が支配し、かつ、力を言論によって輪郭づけるという作業が連綿と続けられたのである。

まず、キリスト教内部での正統と異端を巡る争いが挙げられる。そもそも聖書と伝承という言葉によって表されたものをこそ根拠に、更にそれに積み重ねられた解釈、論争という、言葉から成る歴史がある。（もちろん、実際には教皇や教会、修道院が獲得した世俗的とも言える権力に関する歴史が、これを裏打ちしている。）その歴史に訴えつつ新しい著作が書かれ、幾つかの命題が注目され、あるいは断罪された。勅書、教書、質問状、宣誓書などにおいて、諸々の命題が、一つの語句や言い回しが重大性を帯び、ことごとく保存された。信徒と教会とのあいだには、説教、告解・聴罪の場面での言葉の働きがあった。教会と領主や君主とのあいだでも、同盟・結託や対立が生じないわけがなく、どの陣営も己が大義を示すには言葉の力を借りなければならなかった。

特に一八世紀に先立つ近世という時期では、宗教改革とカトリックにおける対抗宗教改革が、言論に力を付与する上で大きかった。両者の抗争は政治過程と不可分であり、絶対王政の成立をもたらしたが、この過程で、神、聖書、教皇、教会、公会議、信徒、教権と王権、皇帝と王、婚姻と世襲的継承、といったものの諸関係を、権力、武力を背景にしつつも、正当性をもつ言葉によって定めることが必要であった。特に人々は領主もしくは王家の宗教政策によって著しく翻弄されたので、論争は単に抽象的、知的なレベルに留まるのではなく、人々の具体的生活を直撃したのである。

少し時代を溯れば、ムスリムからの土地の奪還という再征服を進め、アフリカ、カナリア諸島、そして大西洋の彼方の新大陸へと進出してゆくカトリックのスペインで、既に言論の力を借りることは不可欠であった。回教徒のみならずユダヤ人（そして両者からの改宗者）の支配、またアフリカの黒人奴隷や新大陸の〈インディオ〉の扱いのために、ローマと強く結びつきつつも独自の法治国家の体裁を整える必要があったからである。そして、一四九二年（コロンブスの西インド諸島到達の年、グラナダ陥落によるイベリア半島のキリスト教化―国土回復《レコンキスタ》―達成の年）、近代語の最初の重要な文法書であるカスティーリャ語文法書を完成したネブリッハは、それをイサベル女王に献呈して、次のように述べた。「言語は帝国の重要な武器です。」また、モンテシーノスに続くラス・カサスの〈インディオ〉の人権擁護の論陣と、それが或る程度の効果を得たことも特筆すべきだろう。

なお、同じ一四九二年、フィレンツェのロレンツォ・デ・メディチが死去するが、彼は伝統的なラテン語に代えてトスカナ地方の方言をイタリアの主要な言語とする上で大いに貢献した。そのお蔭でフィレンツェはヨーロッパ文化の中心となったとも言えるのである。ちなみに、アカデミー・フランセーズの『フランス語辞典』第一版は一六九四年、サミュエル・ジョンソン（一七〇九〜八四年）が記念碑的な英語辞典を出版したのは一七五五年のことである（完成は一七七三年）。

イギリスのヘンリー八世（在位一五〇九〜四七）が、アン・ブーリンとの結婚を実現するため、アラゴンのキャサリンとの離婚の許可をローマに求めるにも、キャサリンとの結婚の無効を言い立てる有効な論拠を探す必要があった。（結局、二人の間で世継ぎの男児をもうけることはできなかった。けれども、彼らの娘、エリザベスがイングランドの栄光の時代に君臨することになるのである。）二人はティンダルの書物を援用することができないかなどさえ検討したが、意志を実現するに六年も要した。

（ウィリアム・ティンダル（一四九二?〜一五三六年）は、トーマス・モアと論争していた宗教改革者で、彼が英訳し、ケルンとウォルムスで出版した聖書はカンタベリー大司教によって買い集められ、焼却されたが——これも言葉の強力な力を知っているゆえのことである――、一部は英国に密輸入された。ティンダル自身も神聖ローマ帝国官憲によって監禁ののち、処刑された。なお、彼自身は後にヘンリーのキャサリンとの離婚を批判した。)

彼は最後に、オックスフォード、ケンブリッジ、ソルボンヌ、北部イタリアの諸大学に諮問し、八つの学会の意見を議会に付議するという手続きを取った。議員たちが王の考えを選挙区で国民になんとか呑み込ませることを望んだのである。

とはいえ、スペインは一貫してカトリックの旗のもとにあり、イングランドでは、主教制導入にせよ修道院廃止にせよ、宗教の問題も極めて政治的なものであって、やはり権力こそが問題であり、言論はそこから降りてくる傾向が強かった。一方、大陸での宗教改革、とりわけカルヴィニズムの伸張においては、教皇と王との二つの権威に立ち向かう強い言論が鍛えられた。もともとフランスでは中世のカペー朝以来、ローマに対抗するガリカニスム(フランスのカトリック教会が、教皇権とは距離をもって神学的・政治的自立性を確保しようとした態度で、名称は一九世紀に現われた)の伝統があり、パリ大学神学部はその思想的根拠を提供してきたし、また一六世紀以降は同じくガリカニスムの牙城となった高等法院が、古くから法の保管所として法の論理を紡ぎ続けてきた。特に、クリア・レギス(王会)からの司法部門としての分離という出自を背景に権威をもつ後者は、時代によって大きく異なりはするが、民意を代表する機関として、王令の登記権を武器に王権と対立することも辞さず、また論拠を尽くした建白を王に行ったのである。

一六世紀後半は、宗教の対立に世俗の対立が絡んだ戦乱の世であった。王家の婚姻と宗教(宗教政策)に、王位継承、領土の相続の要求が絡んで、人々は激しい嵐に曝された。スペイン、フランス、オーストリア、イングランド、スコットランド、そしてネーデルランドの諸都市とドイツの諸領邦、イタリア地域、これらが複雑な関係をとって動いていた。その諸対立と不安定の時代に一つの収束を与えたのは、世紀末最後の二〇年における、エリザベスによるスコットランドのメアリーの処刑(一五八七年)とスペインの無敵艦隊《アルマダ・インベンシブレ》の撃退(一五八八年)、オランダの独立(実質的には一五九五年頃、スペインとの休戦条約は一六〇九年、各国による形式的承認は遅れて一六四八年)、フランスにおけるブルボン朝の成立(一五八九年)とナントの勅令(一五九八年)である。これらの直前に、ユグノーによる幾つかの暴君放伐論、ジャン・ボーダン(一五三〇~九六年)の主権論(『国家論』六巻、一五七六年)、ジョージ・ブキャナン(一五〇六~八二年)の『スコットランドにおける王の法』(一五七九年)などが出ているが、オランダ独立(忠誠破棄)宣言(一五八一年)は、西欧の言説の一つの記念碑だろう。

(5) 言論の沸騰

しかし、言論が熟成してくるのは、一七世紀最後の四半世紀である。それより前、ジャンセニスムを巡る論戦は別として、フランス・ルイ王朝の絶対王政では、言論は、各種アカデミーにおけるものであれサロンで交わされるものであれ、王権の統制のもとにあるか、もしくは優雅なオネットム (honnête homme〔紳士〕) とプレシオジテ (préciosité〔気どり〕) とを称揚する、概して穏やかなものであった。イングランドでも、清教徒革命と王の処刑の経験にも拘わらず、王政復古があり、王権の権威は傷つかずにいた。

(ジャンセニスム論争は、一六四〇年に出版されたヤンセニウスの遺著『アウグスティヌス』がきっかけで始まった。一六六八年にいったんは収まったが、一八世紀初頭に再燃。神学上の問題に端を発したが、政治が絡み、さらに良心の自由が賭けられるという事態を通じて社会的な広がりを見せた。再燃後は王と高等法院との対立も起き、論争は六〇年余続いた。論争についてのオランダで発行されたフランス語新聞『ライデン・ガゼット』による報道は、一八世紀フランスにおける世論というものの形成の一つの通路を開いた。フランス国内でも、地下出版の『聖職者新報』が、啓蒙思想家の活動の対極にありながら、言論に影響を与えたという。)

けれども、時代が進み、ヴェルサイユに宮廷が移った翌年の一六八三年、ルイ一四世(在位一六四三~一七一五年)は宮殿の外に飢えた乞食らの叫びを聞く。また一四世は、国家統一のための諸制度を整える一方で宗教統一をもめざし、ついにナントの勅令の廃止（一六八五年）にまでいたるが、亡命プロテスタントたちは激しく声を上げる。そして、英国でも、カトリック教徒の王の誕生を阻止するための名誉革命を擁護するという要請を基軸にした言論の沸騰が生じた。半世紀ほど前のフィルマー王権論（『家父長制論』、公刊は死後の一六八〇年）に対するロックによる批判は有名である。ただ、後世からみたロックの理論上の功績はともかく、時代の現実では、国王・上院・下院合同の立法府における具体的諸政策の是非を念頭になされた言論こそが力をもった。王政復古体制を支えてきた社会の指導層をも含めて、名誉革命体制の受容、さらに後のハノーヴァ家への王位継承の承認というものを可能にする政治・道徳・社会像の構築が問題であった。

一六九四年にイギリスで新聞検閲制度が廃止された（九五年度の事前許可制法が更新されなかった）。一七〇二年、制度廃止後に初めて出された日刊新聞は、ロンドンの『デイリー・クーラント』だが、初刷りの八〇〇部はすぐに売り切れた。（先だって、清教徒革命時に一時、出版物に対する事前許可システムが解体されたが、すぐに復活していた。これに抗議したミルトン――後に『失楽園』を書いた――の『アレオパジティカ』（一六四四年）は、言論自由論の古典ではあるにせよ、何の効果ももたずにいたのである。フランスでも定期刊行物は統制下にあり、『ガゼット』（一六三一年創刊、創刊者ルノードの名は、二〇世紀後半の哲学者ミシェル・アンリも受賞することになる文学賞名において今なお記憶されている）、『ジュルナル・デ・サヴァン』（六五年創刊）、『メルキュール・ギャラン』（七二年創刊）が特権を得ていた。

なお植民地アメリカでは、一六九〇年にボストンでベンジャミン・ハリスの新聞『国内と国外の公共的出来事』が発刊されるが、国王の許可なしゆえに発行停止。一七〇四年の週刊『ニューズ・レター』が初の定期新聞である。そして一七三五年、選挙での不正を報じた『ニューヨーク・ウィークリー・ジャーナル』に対する名誉棄損の訴えが斥けられ、発行者ジョン・ピーター・ゼンガーは出版の自由で画期的な勝利を収めた。また、印紙税法に対するフランクリン（一七〇六〜九〇年）の新聞などの抵抗は独立戦争にまで発展し、連邦憲法で言論出版の自由が明記されることになる。しかし翻ってイギリス本国で、国会議員ジョン・ウィルクスの新聞『ノース・ブリトン』45号が、政府と王室について批判する記事は書かないという掟を破り、ジョージ三世批判の記事を載せたのは、遅く一七六三年のことである。ウィルクスは逮捕された。が、彼は議員特権で釈放されフランスに渡る。六八年に帰国し当選するも、収監される。議会による除名、当選を四回繰り返す。「45」という数字はウィルクス支持者たちの象徴となって、窓や扉に書きつけられた。議会報道の自由が獲得されたのは一七七一年のことである。）

それから、アディソンらの『タトラー』（一七〇九年創刊）、『スペクテイター』（一七一一年創刊）などは短命だが多くの読者をもち、模倣者を生むなど、大きな影響を及ぼした。そして、穏健派トーリーのロバート・ハーリが、スペイン継承戦争の継続と終結やスコットランドとの合同に関する世論誘導のために、デフォー（『ロビンソン・クルーソー』の作者）の『レヴュー』（一七〇四年創刊）、スウィフト（『ガリヴァー旅行記』の作者）が論説を執筆した『イグザミナー』（一七一〇年創刊）などを活用したのも、ジャーナリズムが力をもつゆえであった。

とまれ、この時期、さまざまな形態の言論を通じ、人々は新しい時代の人間と社会の像を描くようになったのである。（ただ、人々の識字率が早くに高まったのはドイツと北欧である。一七世紀にスウェーデンのルター派教会は、誰もが聖書を読めるようにと識字化運動を開始、一八世紀半ばには大衆識字化の過程は完了した。また、スコットランドも学校制度を整備し急速に識字化を実現、一八世紀には、裕福だがその点では停滞するイングランドと好対照をなした。なお、アディソンに返れば、彼の庭園論は風景庭園を讃えるもので、続いて、先に言及したポープが、整形庭園から自然風の庭――今日の日本人愛好家の間で流行になっている「イングリッシュガーデン」スタイルの庭――への移行という、英国庭園史に一つの跡を残す庭をロンドン郊外、トウィッケナムの家に造った。ポープはカトリックであるゆえ正規の学校教育を受けられず、また公職にも就けなかった。ロンドンから一〇マイル以内に家をもつことも禁じられていた。なお、彼は、ホメロスの叙事詩の翻訳で財産を築き、英国文学史上初めて原稿料だけで食べてゆける作家になったと言われる。こういう時代である。また、新聞は生まれては消えるものであったが、一七八五年創刊の新聞『タイムズ』——一八八年からこの名称——は今も続いている。)

C　新しい時代の人間像と自然

⑹ 近代人の誕生

新しい時代の人間像は、どのようなものか。求められたのは、己を恃みとし、自分が経験によって確かめた世界で、自分の力の及ぶ範囲で望ましい事柄を実現する人間である。科学者という少数者を別にすれば、商工業に携わる人々がその中心にくる。いつの世も、繁栄を誇った地域はおおむね交易地であった。たとえばイタリア諸都市とハンザ同盟諸都市、植民地経営に乗りだしたポルトガルとスペイン、ネーデルランド、そして英国。加えて、一七世紀後半の英蘭戦争時のオランダは、漁業と繊維加工、造船でも栄え、他方英国は、羊毛と毛織物をもっていた。一八世紀英国は、植民地の恩恵のほか、セーバリーの「鉱夫の友(揚水ポンプ)」の発明(一六九八年)、ニューコメンの蒸気機関の発明(一七〇五年)、ダービーによる製鉄におけるコークス利用可能性の発見(一七〇九年)、ジョン・ケイの飛杼《とびひ》(毛織機)の発明(一七三三年)があって、工業の急速な発展へ向かい、繁栄を見た。

戦う人たる貴族は土地と富の所有者でもあったが(もちろん、土地から富を引き出すのは農夫ないし鉱夫であった)、土地という移動させ得ない富の源泉の代わりに、移動できる富の所有者が社会を動かす時代が訪れた。戦争も、貴族が先頭に立って行うようなものではなくなって、船や弾丸だけでなく兵士をも厖大なお金で調達して(雇って)遂行するものに変わっていた。

一六〇九年に、南アメリカ産の銀を鋳造した銀貨を元手にアムステルダム銀行(市立)が設立され、それまで八〇〇種にも及んでいた通貨の規格化を実行したが、政府の特許を得て税の支払いに使える銀行券を発行したのは、一六九四年に設立のイングランド銀行である。これは、前年に始まった国債という、戦費等の国家経費の新たな調達手段を拡大した。また、兌換銀行券の大量発行によって利子率の大幅な引き下げを実現して産業育成に貢献することになり、結果、英国社会の再編成のスピードは著しいものとなった。

（ただ、戦費の重圧はどの国にも重くのしかかっていた。同じ一六九四年、「フランス全体が救貧院以外の何ものでもなく、打ち棄てられ、食べるものもない」と、ルイ一四世の孫で王太子のブルゴーニュ公の教育係、フェヌロンは書く。下層階級の間には疫病も蔓延し、大勢が死亡していた。英国では一六九五年に窓税がかけられ、この後一五〇年以上にわたって住宅建築に影響を及ぼすし、一六八九年にルイ一四世はアウグスブルグ同盟戦争（プファルツ継承戦争）費用調達のためにヴェルサイユの銀製家具類を溶かしたという。）

ヴォルテール（一六九四〜一七七八年）をはじめとし、フランス知識人が英国を先進国として称賛したとき、もちろん、その理由として、ボイルとフックの物理学、ニュートンの『プリンキピア』、ロイヤル・ソサイアティ、ロックの人間の心についての学もあったが、何より人間の活動の新しい舞台が用意されていることこそ気を惹かれることだったのである。そこでは、有産的諸階層が均衡する国政のもと、自由と秩序とが両立した活発な商取引がなされ、信仰を異にする人々が、そして生まれを別にする人々が、一緒に仕事をしていた。

実のところ、一六八九年の寛容法にも拘わらず、国教反対者への迫害もあった。（寛容法はプロテスタント系非国教徒に限った、しかも制限付きの小さな譲歩に過ぎなかった。また、マサチューセッツ植民地は一六九一年にカトリック教徒以外の全宗派に信教の自由を拡大するが、他方では翌年、数十人が魔女として裁判にかけられる、そういう世であった。）また英国は、一七六三年のパリ条約に至るまでは幾多の戦争を経なければならなかったのではある。（しかも、覇権を得て間もなく、アメリカ独立戦争に直面する。）片やフランスは相変わらず政治的大国であり（人口も一番多かった）、それに、かつてオランダこそ宗教寛容の天地であり、新思考の醗酵場というべきであった。にも拘わらず、一八世紀初頭の隆盛した英国でこそ、文芸の成熟、そうして近代人(当世人)の誕生が紛うことなくあったのである。

近代人には、原理的には誰でもなれた。生まれによる制限があるのではなく、近代人としての振る舞いを身につければよいわけであった。もちろん現実には、英国でも有産者にとって都合のよい社会こそが目指され維持されていたのであり、近代人に達するためのハードルはとてつもなく高かった。フランスでも、そもそもフランス国民とは何かという問いとそれに答えるための歴史意識が誕生し、第三身分がイデオロギー上で前面に出てくるのはフランス革命の後でしかなかった。それでも進歩的思想家たちは、人間という名のもとで、一個の普遍的な存在、均質な存在者を考えたのである。現実に見られる差異は、異なった風土、異なった文化・社会、違った経験がもたらしたものでしかない。そのことは、既に二〇〇年にわたって西欧社会に活気を与えてきた事業者たちがインドとアメリカにまで拡大された世界から持ち帰った厖大な見聞によって示されていた。

(とはいえ、人間の普遍性は観念のうえでのことで、そしてヨーロッパ白人世界の中のことでしかなく、意識の根底では、差別が力をもっていた。一六九八年、イギリス議会は英国商人に奴隷貿易を許可している——西インド諸島、ニューイングランド、アフリカのあいだで、砂糖と糖蜜、ラム酒、奴隷の三角貿易が行われた——。また、寛容精神の体現者と目することのできる北米植民地のフランクリンさえ、一七八八年になお、一七五三年の〈インディアン〉とのカーライル協定当時の事件を振り返って、「大地の耕作者たる白人に土地を与えるためにこの野蛮人どもを根絶することが神のご意志であるなら」、まさにラム酒飲酒による〈インディアン〉どうしの喧嘩もその手段と考えてもよいと言い、かつて海岸地方に住んでいたすべての部族が絶滅したことを当然だとしている。)

(7) 人間の「内なる自然(本性)」

一八世紀、西欧の知識人たちは人間を解明しようとした。そのとき鍵として登場したのが「自然」の概念である。

自然の概念はさまざまな役割を果たした。第一に、今や、現実を固定したものと見ずにさまざまに相対化してみる眼差しが生まれていたが、だからといってそのまま多様なものを承認する相対主義に陥ることなく、或る普遍性を見つけようとすることを可能にした。多様性は経験によって生み出され、習慣という第二の自然として定着しはするが、形成されたものはその手前の共通で普遍的な自然による規定を免れるものではないからである。

第二に、自然（本性）というものは理性によって発見できるので、人間がどのような存在であるかを知るのに、啓示は要らなくなった。人々は権威を独占する宗教から解放され、神との特別な関係によって自己を理解するという道を離れたのである。自分自身を振り返り観察することによって、人間とはどのような存在であるのか、また、どうしてあれこれの社会を形成し、あれこれの価値意識をもって生きているのか、を探ろうとすることができるようになった。（原罪以降の人間しか知りえないとしても、それで充分だ、現にある人間だけを問題にすればよい、という態度で臨むのも実質は同じことである。）そして、この際に、「自然と人為」や「自然と社会」、「自然と文化」といった概念的対立を利用できた。また、（放任に対立する）教育という観点を入れ込むこともできた。これらの対立を利用して、善悪や益・不利益などの価値の問題も新しい仕方で扱えるようになったのである。

好都合なことには、人間の普遍性から、誰にとっても等しい権利を引き出そうとすることもできたし、自然から人為としての社会に移る過程で導入されざるをえない不平等を是認してもよかった。ただし、生まれによる不平等ではない。従って、仮に目の前の階層社会を肯定するにしても、それは或る権威に服従することによる肯定ではなくなった。そして、「理性によって探究できる自然」という概念に依拠する人々の多くは、既存の権威と社会とを批判する勢力に属したのである。（権威から離れて思考すること自体が、権威批判の作用をもっていた。なお、権威を嘲笑することそのことに歓びを見いだす人々や、そのことで世の注目を浴びることに快を覚える人々もいた。）動かし難い秩序を受容するだけの態度から抜け出たのである。また、批判は、破壊を目指すだけでなく、自然を基礎にした或る望ましさを理念として掲げ、未来に向かって、適切な仕方で獲得できる人間の有り方と社会の有り方を描くこともした。人類の幸福な未来のために進歩の軌道を見つけること、このことが重要な関心事となったのである。

とまれ、どのような方向へと考えようと、確かなことは一つ、人間の本性、内なる自然を知ること、これが不可欠な作業となり、これこそ哲学者が最も気にかけるべき事柄となった。

⑻ 自然の中における人間の位置

諸々の権威を尻目に、自らが確認できる範囲で、人間とはどのような存在であるのかを探究すること。それは反省でもあり、分析でもあった。ただ、一八世紀の人々は前世紀に登場した新しい自然学と哲学とを踏み台にしたのであり、それによれば、人間の格別な地位は自明であると思われた。探究するというまさにそのことが、人間を思考する存在として顕わにしていた。そのことはキリスト教とともにある古くからの人間の規定に調和的でないわけではなかった。デカルトの思惟する実体と延長実体との二元論は、人間における霊と肉との相剋に対応するものとみえたのだから。(デカルトは、有り方を全く異にする二つの実体として、精神（mens, esprit）と物体（corpus, corps）とがあると主張した。ところで、私たちの日常的な思いでは、物体は色や匂い、硬さなどをもつが、デカルトによれば、そうではない。同じ物体でも、色が変わり、匂いが失せ、軟らかくなる。また、叩くと澄んだ音がしていたものも、鈍い音しかしないものに変わる。けれども、物体はどのようなときでも三次元的に広がった仕方であるとしか考えられない。物体から広がりを取り去ることは物体を消失させることである。このような物体の特性（本質、属性）をはっきりと言うために、デカルトは「延長 extensio, étendue」という術語を選んだのである。この語は、日本の哲学研究者の間では「延長」と訳される習わしになっている。なお、精神の属性は思惟（cogitatio, pensée）にあるとされた。)

だが、新しい物体の概念は世界を平板化していた。さまざまに異なる多様な種類の存在が階層を成しつつ世界に位置するという描像は壊れ、物質という一元的で量的規定しかもたない存在が世界を埋め尽くすかに見えてきた。人間の肉体も、まさに、その運動の有り方によって力学を導いた当のものたる資格を存分に発揮し、その生命活動も複雑な機械的運動にほかならないようなものとしてイメージされていた。

そこに博物学がやってきた。そして、物質像は変わる。天文学革新の後、地球が測定され、地質が調査され、化石の体系的分類が進んだ。天体を征服したガリレイの望遠鏡のあとで顕微鏡が微小生物（これは一九世紀中葉にパストゥールが酵母菌を皮切りに発見した微生物とは違う。）を発見させた。動物とも植物とも判別しかねる生き物などの発見は観察大好きな人々を驚喜させた。（一七四〇年、スイスのアブラハム・トランブレがオランダで発見したヒドラ——淡水ポリプ——のこと。木が枝を出すように若いポリプを出す。小間切れにすると再生する。この話題は同年に起きたオーストリア継承戦争よりも人々の関心を惹いたという。自然の豊かさに目を向けさせた一番のものは生命に関する事柄であった。そこで、一八世紀の博物学と生命論とは次世紀の新生物学と進化論への助走ともなった。自然についての諸科学が醱酵してくる際の一局面については、酸素を巡る歴史を考えると、イメージが湧くであろう。本書の論稿２「一八世紀フランス哲学・思想」、四〇〜四一頁参照。）

人々の経験の拡大は留まることを知らないかのようであり、一方、人間は与えられた諸現象の限界に留まらなければならない。すると、いまのところはまだ私たちには知られていない機制で物質が思考活動さえなすという可能性、これを誰が否定できようか、ということになる。こうして唯物論というものも出てくるが（つまり、精神と物質との分割線の消失）、代わりに物質像は、たんなる「時空で運動する質点」というものとは違う、豊饒性をもつものになったのである。

そして、世紀の後半に、自然はもう一度、違った姿を見せる。医者や生理学者たちによって、新たな分割線が見いだされたのである。無生の物質からの生命の誕生を明確に否定することは次の世紀のパストゥールまで待たなければならなかったが、少なくとも死と生命とを分かつ一線が重視されるようになった。そして翻るに、思考する精神には生命活動の高度な一形式という地位が相応しいと思われるようになってきた。さらに、社会生活もその形式のうちに包含された。つまり、かつては物質と精神との間に分割線が引かれ、生命は物質の一機制でしかないと理解されていたのだが、いまや重要な分割線は単なる無生の物質と生命とのあいだに引き直され、精神はと言えば、生命が最高度に花開いて到達した形態だということになったのである。死が、死後の世界に想いを馳せさせるものとして扱われるのではなく、科学によって研究される主題となったことにも注意したい。世紀末にビシャ（一七七一～一八〇二年）は、人の死がどのようにして訪れるのか、その生理のさまざまを追跡した。生理とは、肉体という、ただし生きている限りでの特殊な物体における事柄なのである。

(9) 次の時代へ

ところで、このような分割線の消失や移動を経て、物質・生命・精神というものを、連続しつつも階梯をなすものとみる態度が育ち、このことのうちに、次世紀の二つの潮流の土壌をみることもできる。階梯に価値的含みをもたせ、目的論的構造をみるスピリチュアリスムと、実証性に徹しようと努力しつつ階層の積み上げを認めるコント（一七九八～一八五七年）の実証主義である。そして、両者に共通する鍵概念は「秩序」であり（これには、フランス革命期の恐怖政治による秩序破壊の悪夢的記憶が一つの要因となっている。）、相変わらず関心の中心に位置するのは人間である。人間は存在するものの中でどのような位置を占め、どのようなものなのか、これを人々は問い続けるであろう。

これらのうち、一九世紀の時代の要請に応えるのは、人間の社会の問題まで視野に入れ、諸産業の進展におけるリーダーシップをとったテクノクラートの心を捕らえた実証主義となろう。そしてこれは、一八世紀の楽観的で、理性と自然とに合致した歴史という観念的な進歩史観、これとは違うものとして新しく芽ばえた一九世紀の歴史意識にも対応できた。この歴史意識は、フランス革命の経験を踏まえて切実なものとして生まれ、第三共和制が出現するまでは非常に不安定な政治の季節にあって、過去に目を向けることによって自己理解し、かつ良き秩序構築のために過去から学ぼうとしたのである。他方、スピリチュアリスムの水脈が地表へと溢れ、その豊かさを見せつけるのは、人間固有の価値の在処を、抽象的思惟によってではなく具体に即した事柄において探ろうとする、一九世紀最後の四半世紀から二〇世紀前半における哲学者たちにおいてである。そして、両者とも、生物学における進化論の衝撃を吸収する柔軟さを見せるであろう。

2 一八世紀フランス哲学・思想

(1) 一八世紀フランス思想の特徴と記述方針

一八世紀フランスは「哲学者《フィロゾフ》の世紀」と呼ばれる。そのときに哲学者と名指されているのは、ヴォルテールやディドロを代表とした、啓蒙的知識人である。ところが、無作為に哲学史の教科書を何冊か覗いてみよう。哲学史の構成の多くは、先立つ哲学者がぶつかった限界を後続者がいかにして乗り越え、その乗り越えが今度はどのような難問に逢着したか、そこでそれを次の世代の哲学者たちがどのような仕方で解決しようとして新たにどのような系譜がつくられたか、このような筋道を辿るというふうになっている。すると一八世紀フランスで哲学史の流れに残る哲学者の名前は、ほとんどコンディヤックと、その継承者たる世紀末の（一九世紀にもかかる）イデオロジストたち（観念学派）だけとなる。しかも、いずれも、長い歴史時間をとると影響力は大きかったのに、刺激的話題を取り上げ自己宣伝し文芸的表現をなすのが流行した当時では、地味な存在である。どうしてか。

近世哲学をデカルトが切り開き、マルブランシュ、スピノザ、ライプニッツの大陸合理論が続き、英国でロック以下の経験論によるデカルトの（特に生得観念説）批判が興ったという前史に続けるなら、フランスでロックをも消化して個性的で緻密な思索をなした哲学の正統な彫琢者はコンディヤックなのだからである。ヴォルテールはロックをいち早く紹介したが実に大ざっぱでしかないし、彼固有の認識論や存在論があるわけでもない。また、一九世紀初頭のフランスの哲学者たちが新理念を提示するに当たって攻撃すべき相手と考えた一八世紀哲学とは、やはりコンディヤックとその継承者であり、それからエルヴェシウスであった。共に「感覚論」の代表者と見なされたからである。

ルソーはどうか。ホッブズ、ロックと比較しつつ政治思想の文脈で、また、ロマン主義の先駆者たる告白文学の大家として、さらにユニークな教育思想の提唱者として扱われる。そうして、やはり政体を論じたモンテスキューは、ヴォルテールやディドロらの百科全書学派などと一緒に社会思想史的に扱われる。そして、政治と社会に及ぼした影響が大きかったこれらの知識人が（普通は政治史や経済学史で扱われるテュルゴなども含めて）、いわゆる哲学者の世紀でいうところの哲学者なのであるのに、彼らは哲学史の大道からすれば寄り道的言及対象にみえる。しかもコンディヤックが地味であるゆえに、より広い西洋哲学史全体では、ロックの後はヒュームの懐疑主義という帰結へ、そしてその乗り越えとしてのカント、それからドイツ観念論へと叙述は展開され、フランスはと言えば、件の寄り道の他は、一九世紀も終わり近くになって活躍し始めたベルクソンが急に登場させられる次第となる。（その前のコントも、サン＝シモンらの社会主義者らと同様、一八世紀啓蒙家たちと似た扱いを受ける。つまり、哲学史では実証主義の名のもとで概略的に言及されるだけ、あとはたとえばデュルケムらへ引き継がれる社会学の創始者の資格でなど、他の文脈に詳しい検討を委ねようとなる。）

なお、そのような通史構成では、英国に関しても、ロックやヒュームの周辺とその後のリードやスチュワートらのスコットランド哲学はお義理で触れられ、一挙にベンサムやミル父子の功利主義の出番がくる。ところが一八世紀フランスは、英国からは、認識論のロックだけでなく政治論や宗教寛容論のロック、理神論のトーランド、道徳理論のシャフツベリやハチスン、懐疑論よりは社会理論のヒュームの影響を強く受けたし、一九世紀にはリード以下のスコットランド哲学の顕著な流入があったのである。

いわば純粋培養の哲学の歴史、つまり理論的関心のうちに閉じこもって果たされる諸問題の展開や諸概念の深化の歴史のごときものを想定すると、思想の動向の実態をつかまえそこなう。まずは哲学史を視野におさめ、そこから問題を引き出し次の一歩を考えるといった仕方の思考が、哲学の営みを養っていたと思い込んではならない。（ちなみにフランスで哲学史研究が哲学遂行の必須条件とされるようになったのはクザン主導の一九世紀前半のことである。）一八世紀フランスの思想・哲学の生きた動きを捉えるには、その担い手たちの生の営みがどのようなものであったのか、そのイメージをつかむ必要がある。したがってこの総論では、当時の文化の雰囲気を描きたい。

さて、一八世紀フランス最大の事件はフランス革命である。そして、「哲学者たち」が革命を準備したとはよく言われることである。だが、革命に先立つ諸思想の帰結として革命があったはずもない。革命は国家財政の破綻をきっかけに始まり、その推移も社会を構成する多様な人々の利害の行方と諸外国との関係によって左右された。ただ第一に、思想が前もって人々に革命を理解不能なものでないものにしたこと、第二に、思想が総じて革命の諸言説に諸概念を供給する武器庫の役割を果たしたことは、承認できる。

第二点には説明が要る。革命の底流にあるのはパンと腹立ちである。国王が人民に、集会を開き、すべての苦情と将来への希望の陳情書の作成を求めたとき、腹立ちは希望とともに心に蔵われることをやめて公的に表現されたうねりを持ち始めた。だが、事態が大きく動くとき、人々の動きを方向づけるのに原理レベルでの思想的根拠づけが必要な場合がある。物事を進めるには少なくとも表面上の大義が要る。ましてフランス革命では革命の正当性を主張するイデオロギーとその真正の担い手（正統性）を巡る争いが、事態の不安定な推移を支配する原理として働いた。その限りで思想やその香りを濃厚にこめた言説は、短期的には通常時より大きな作用をした。政治的なものが純粋化して（すなわち社会的・経済的なものに密着・依存するだけであることをやめて）自己回転するという非常時の論理においては、修辞と内容双方のための材料を思想が供給してくれる必要があった。かくて世紀を締めくくる革命の中に、一八世紀の諸思想動向の生きたイメージを描く手掛かりを求めてもよいであろう。

さて、計算はさまざまだが、フランス人だけで革命と随伴戦争で約四〇万、ヴァンデなどの内乱で六〇万、ナポレオン戦争で一〇〇万の人が死んだ。形式的でしかないにせよ法廷の判決により断頭台や川底や牢獄等で命を奪われた人々も三万を下らないと言われる。特に、革命裁判所が活動を始めた一七九三年三月からロベスピエールが没落する翌年七月までにパリで処刑されたのは一八六二名。恐怖政治の犠牲者のうち、コンドルセ（刑場での死とは違うが）とラヴォワジエ、そしてマルゼルブの三人に注目したい。三人は、過ぎゆく世紀の思想的特徴、すなわち「啓蒙」と、前世紀における近代的天文学・力学の確立の後の「諸科学の分化を準備した自然のさらなる学問的征服」という二特徴、そして、その背景の政治と社会の状況を、それぞれに象徴する人物として眺め得る。また彼らを軸に一八世紀の指導者層の人間関係の網の目をみてゆきたい。生きた思考の動きの現場のイメージを得るためにである。

(2) 文化の政治的社会的環境

マルゼルブの死は、主導権争いに敗れての死とは違う。彼は、裁判に付されるルイ一六世の弁護人を自らかって出ることがなければ、すでに七一歳になっていた引退後の生活を平穏に終わらせることができたであろう。（彼の娘夫婦と孫娘夫婦、追って姉も処刑されたが、その孫娘の婿の弟が文芸家の方のシャトーブリアンで、もう一人の孫娘の子供がトクヴィルである。）一七五〇年、二九歳にして、出版統制局局長と、（高等法院をはじめとする五つの最高諸法院の一つの）租税法院のパリ法院長とに就任し、前者を一三年間、後者を二一年間つとめ、さらにルイ一六世即位の七四年に同院長に返り咲き、引き続き友人テュルゴが財務総監であった時の一〇カ月間は宮内大臣に移り、最後に八七年五月から一五カ月間を無任所大臣として活動。これら華麗な要職を通じて彼は一貫して国政の諸問題の解決に尽力した。それは常に根底では共和政こそ望ましいと考えながら、君主政の許す枠内で体制を批判し改革しようとする姿勢に貫かれたものであった。

租税法院院長として王権側と幾度も対立しつつ、王権を「臣民の自発的服従と国王の高貴な血への愛着」に負うことによって成立するものとしてすら位置づけて、人民の真の状況を国王は知るべきであると、国王に宛てた激しい諫言を含む数々の提言書の執筆。市民の財産の所有権と人身の自由とを王国の高官が恣意的に侵害することの弾劾。密輸容疑で逮捕された行商人モヌラの彼による救出は、ヴォルテールや彼に協力したコンドルセらによるカラス事件などへの介入に匹敵する。

出版統制局長としては、啓蒙の思想家たちの保護。彼は立場上、また高等法院の厳しい処置に対抗するためにも、エルヴェシウスの『精神論』を発売禁止処分にしつつ、他方でエルヴェシウスに及ぶ害を最小限度に留めようと努力したし、枢密院令によって出版許可取り消しになったディドロらの『百科全書』の地下出版の道をつけた。また、気難しいルソーに対しては、一連の著作の出版の運命に関わるだけでなく、植物収集などの共通の趣味を通じて好意的に接し続けた。

租税大臣としては封印令状の濫用の弊害の除去、一六八五年のナントの勅令の廃止以後のプロテスタントの迫害の現状を改善しプロテスタントに市民権を返還する「寛容令」の発布など。これら多面にわたる進歩的活動が、国家の最上層部の一角に位置を占めていたマルゼルブに可能であったということは、いわゆるアンシャン・レジームの中で育っていた政治的・文化状況がどのようなものであったかを如実に物語る。

振り返れば、マルゼルブが（とげとげしい論争や品位のない揶揄の応酬に明け暮れるヴォルテールたちにうんざりすることから翻って）高く評価する、フランス啓蒙の初期に位置するモンテスキューもまた、大成功を収めた著作『ペルシャ人の手紙』（二一年）を出した時期には、最上位の法院である高等法院の、ボルドー法院副院長であった。高等法院は、ルイ一四世による法令の即時無条件登録を命じる勅令（一六六七年と七三年）以来、実質的に無力化されていたが、一七一五年、一四世の死去の翌朝、一五世の摂政たらんとしたオルレアン公の策動によって招集されてから諸権限を回復していた。一六二六年以来休止の諮問形式、名士会の一七八七年における招集と、続く、一六一四年を最後に開かれずにいた三部会の一七八九年招集の決定が革命の幕開けとなったことにも、併せて注意しよう。

そもそも、文化史上の切れ目は（一八世紀フランス知識人によって痛く称揚された英国のニュートンとロックの仕事と期をほぼ同じくして始まった、フランスにおけるフォントネルによる新知識および新思考形式の普及と、デカルトが限られた領域でなした懐疑と批判の精神のベイルによる宗教や社会へ向けた全面的適用・展開によって特徴づけられて）一六八〇年代に早くも見いだすことができようが、政治・経済・社会的切れ目はルイ一四世の死から一〇年を要した過渡期を通じて形成された。そこで、ルイ一四世の死と同年にマルブランシュが、翌年にライプニッツが世を去ったことにも注目して、ここに一七世紀哲学の終わりを見るのも一案である。

一四世が遺した少なく見積もっても国家財政一〇年分の負債の処理という課題を前に、オルレアン公は漸くスコットランド人ジョン・ローの提案を受け入れた。ローは、産業停滞を貨幣不足によると診断し、これを王立銀行の設立による銀行券発行によって解消しようとした。彼は理論上、貨幣の裏付けを土地の価値においたが、現実の政策としては銀行券を植民地経営のための会社の株と連動させ、その株の高騰をも利用する成り行きになる。しかるに異常過熱した株価の暴落によりローの試みは劇的に失敗、ただ結果的にはインフレその他によって国家の債務は軽減。ともあれ、ローの退却後の財政政策の逆行とそのまた失敗という波乱期を経て、フランスは、オルレアン公、続く二六年以降の王の教育係フルーリ枢機卿の平和政策の中で（ポーランド王位継承戦争にも深入りを避けた）、ある安定を手にすることになった。

二六年以来、通貨は安定し、飢饉などは少なく、植民地経営は成功、繁栄。国内の各種生産も増大。人口は三八〜四二年の二つの食糧危機と気管支肺炎型伝染病ゆえの複合的な「緩和された危機」を挟みつつも長期的に増加。（ただ、相変わらずの宮廷の濫費に加え一五世の親政が参加したオーストリア継承戦争戦費支出に伴う負債は跳ね上がり、続く、オーストリアと結びプロシアと敵対する外交革命後の七年戦争の中途からは、国家財政の行き詰まりはますます酷く、しかも最終的に戦局は悪化、インドとアメリカでの植民地を巡る争いでは英国に破れ、国政運営に非難は高まる。もっとも、ハプスブルグ家に対するブルボン家の確執といった伝統から転じての、英国への敵対のクローズアップは、アメリカ独立戦争では意趣返しの気持ちを味わわせつつ、後の革命期の愛国心の高揚へともつながってゆく。）

そして、その安定の中でこそ、文芸や哲学も繁栄の場所を得ることができた。一五世の寵姫となったポンパドゥール夫人は、ジョン・ローの政敵、金融業のパリ兄弟の手代の娘、織物工の孫娘であった。（パリ兄弟の食糧など必需品の調達なしで軍隊は機能しなかった。）まずはルイ一四世時代と逆に言論を解放しブルジョワジーの活動に場所を空けもしたオルレアン公、それから、貴族に列せられたとはいえ平民の出であるブルジョワ家庭から王宮に躍り出たポンパドゥール夫人の登場は、舞台が整ったことの象徴であった。

夫人はデティオール夫人であった頃からフォントネル、モンテスキューやヴォルテールを城館に招いていた。特にヴォルテールは、彼女を侯爵夫人にするという王の勅許状が館に着いたとき（四五年）にもそこに滞在していたし、その後フォンテーヌブローの宮殿の夫人の部屋にも定期的に出入りした。彼がプロシアのフリードリッヒ二世のところに赴いたときに間柄の冷却が進んだとはいえ、ヴォルテールは夫人の庇護の恩恵を受けた。彼は王の修史官となり、アカデミー・フランセーズの会員に選ばれ、プロシアで夫人を風刺する詩をつくったとしても年金は取り上げられなかった。夫人は宮廷入り二年後の四七年にヴェルサイユ宮に小劇場を開設。モリエールの『タルチュフ』を皮切りに、ヴォルテールの戯曲『放蕩息子』をも上演、後者における彼女のルイーズ役は華々しく成功しヴォルテールは得意になった。夫人はクラヴサンを弾く。オペラではアリアを歌う。ベルヴュー城館の劇場ではルソーの戯曲『村の占い師』の初公演を主催。

（ちなみに後にルイ一六世の王妃マリー・アントワネットはパリから四〇キロ離れたルソーの墓を訪れたし、小トリアノン宮には「鄙びた村」を造らせ羊飼いの女を演じて喜び、素人宮廷劇場で『村の占い師』を上演。一八世紀後半には、後のロマン主義を予告する、感受性に高い価値を与える風潮が生まれていたのであった。なお、アントワネットは貴族をからかいのめし貴族のみならず王の権威をも傷つける内容を持つ作品『フィガロの結婚』を書いたボーマルシェの戯曲すら取り上げた。そのボーマルシェは、革命の七月一四日の翌日には早くも準備の整ったバスティーユ解体作業の始まりの儀式で、ミラボーに続いてつるはしを振り下ろしたのである。）

重農主義者で近代経済学の創始者の一人、ケネーは、ポンパドゥール夫人の侍医（結果的にルイ一五世の実質的侍医）であった。彼のヴェルサイユの居室にはダランベールとディドロ、ビュフォン、エルヴェシウス、コンディヤックらが集い、夫人も知り合った。夫人は王が何かについて知りたいとき、禁書であったはずの『百科全書』を開いた。肖像画の彼女はモンテスキューの『法の精神』や『百科全書』などの書物に囲まれている。夫人のサロンでケネーは、王国を動かすのは槍だが、槍を操るのは「世論」だと述べた。その世論形成に、教師、解説者、指導者としての文筆家たちの使命が求められた。

一八世紀フランスには体制の批判者を保護する余裕や見栄を持てる、懐の深い最上層の階層、また自身が進歩的な思想を深めてゆける大貴族層が広く存在した。そして、マルゼルブが心を砕くべく強いられた出版状況から分かる通り、思想は広い流通路を確保していたのであり、激しい議論の応酬が（揶揄や誹謗、名誉欲や嫉妬に駆られたものも含めて）興味をもって待ち構える多くの人々の前で演じられるべく要請された時代であったのである。流行の力は強く、発言する人間は人々の評判を酷く気にした。なお、オルレアン公の館と庭園パレ・ロワイヤルは、相続人の息子シャルトル（＝オルレアン）公によって、一七八〇年代までには一種の治外法権を獲得した特別な場所、一大歓楽地で大衆文化の沸騰地にして、出版物の品定めがなされ、新聞が売られパンフレットが配られ、生きのいい政治談論や政治風刺が飛び交う場所に仕立てられていた。

(3) 啓蒙と進歩の理念——理性・歴史・自然・教育・キリスト教批判——

このような文化の舞台において、進歩の理念は論争を越えた共通の導き手であった。単なる新しさがすでに価値あることとされるような雰囲気が、一方では、軽薄な現象であるにしても流行が力をもつという事実によって、他方では、近代科学と諸産業の有効な新技術の新しさは実際に進歩であるのは間違いないことによって、醸成されていた。ところで、進歩の理念の徹底した信奉者こそコンドルセに他ならない。数学者として登場し早くからダランベールとラグランジュを知り、ヴォルテールを訪ね、重農主義者たちと交わったコンドルセは、革命前にケネーに連なるテュルゴの片腕として造幣局長官の立場で経済政策（私有財産の擁護と土地の生産物に基づく税の一元化と自由主義）分野で活躍し、のみならず、革命勃発後もその初期には「一七八九年クラブ」に拠り、また公教育委員会議長として指導的役割を果たした。（ちなみにテュルゴの次とバスティーユ襲撃の三日前までの二度、民衆の熱烈な期待を受けて財務を担当し、その二度目の解任がパリの騒擾を引き起こし、バスティーユ襲撃の二日後の復職の発表が市民を喜ばせたスイスの銀行家でプロテスタントのネッケル、彼の娘が、来るたべきロマン主義文学の代表者スタール夫人で、夫人の恋人としてタレーラン、シュレーゲル（独）、コンスタンがいる。）そして、ロベスピエール派がルソーの「徳と平等と人民の一般意志の貫徹という理念」（悪と特権と逸脱の存在ないし発生を監視しそれを裏切りの罪状で告発し抹殺することへと傾斜してゆく理念、革命の正統性を標榜する集団による、異質者とレッテルづけされたものの排除を要求する理念）のもとで共和制を恐怖的独裁制へと進めたとき、コンドルセは追われるが、死後まもなく復権し、真の革命を方向づける思想の提示者として扱われた。

以上の事柄は、旧体制と革命とが必ずしも断絶したものではないこと、旧体制の中ですでに、革命が実現を願った理想的社会の在りようがさまざまに（コンドルセが属する、合理主義的で文明の進歩を擁護し、あらゆる抑圧を批判するヴォルテール的流れや、徳と名誉を重んじて社会を評価するルソー的立場などによって）模索されていたことを物語っている。なお、コンドルセ夫人ソフィーのサロンは革命直前から革命後に至るまでの代表的サロンの一つであり、輪はアメリカにまでおよび、また夫人がアダム・スミスに傾倒し彼の『情操道徳論』の名仏訳をなしたことなどは、コンドルセ周辺の文化の様相を窺わせる。

理想的社会を論ずるとは、その社会に向けての進歩を信ずることである。しかも我が理性の力を頼みにすることである。また、理想が戯言でなく確固たる基礎を、自然という基礎をもつ、あるべき本来の姿であると考え、歴史的現実が理想に遠いとき、その実現のための方策を探すことである。そして、その方策の一つに教育の重視があるのも、進歩が理性の力による以上は当然となる。

進歩の理念の背景については、既述の社会的状況の他に、当時の、先に進歩しモデルとなり得る国としての英国の存在を挙げるべきである。デカルトの誤りを哲学の両部門で正したと讃えられた二人、自然哲学におけるニュートンと精神哲学のロック、二つの革命（とりわけ名誉革命）、宗教における寛容の精神の普及、産業上・貿易上の他国に対する圧倒的優位。ヴォルテールの『哲学書簡（英国便り）』の成功はゆえなしとはしない。なお、フランスはオランダにも遅れを取っていた。

次に、進歩の理念に関しては、歴史の概念に対するその両義性を指摘すべきである。すなわち進歩とは歴史的現象として構想されるが、それでいて歴史に固有の執拗な個別性や偶発性を重視することなく、これらを歴史の本筋からはこぼれ落ちさせる。進歩の理念が理性の概念に従属しているゆえである。コンドルセが描く歴史は人間の理性の発達を軸にしている。そして、その理性は人間の自然に根差し、人間の自然はより大いなる自然の中に埋め込まれている。かくて、啓蒙思想がもつ進歩の理念において、結局は歴史は不動の秩序を内在させる自然に従属させられている。

さて、その秩序の理性による発見が学問である。その目覚ましい発展部門は自然科学だが、今は第一級の数学者であったコンドルセの「社会数学」（「政治科学」や「社会科学」「社会技術」とかの呼称の試みのあとで行き着いた名称）の構想に注意しよう。彼は、確率算を精神科学に導入して、知識の進展を社会と道徳の発展に直接に応用する道を探したのである。（ディドロらが知識を社会の進歩と人々の幸福に役立てようと願って、『百科全書』に産業上の新技術を多数紹介したことと並行する。）具体的には、裁判や投票結果の適切性の評価による集団的意志決定の問題の解決や、国勢調査の方法の考案、歴史証言の信頼性の程度の計算等が目指された。彼のアカデミー・フランセーズ会員就任講演（八二年）は、モンテスキューの後、コントに先立つ、フランス社会学誕生の日として銘記されている。

しかるに、自然科学と精神科学とが方法に関して連続しているのは、いずれの場合にも蓋然的知識にしか到達しないという人間の認識能力の限界ゆえの事柄であるだけではない。より根底のこととしては、物質と同様に人間も、したがって社会ですらまた、理性によって把握できる自然（本性）によって規定されていると前提されているがゆえのことなのである。コンドルセと近しい重農主義者たちがまた、経済現象の本来的意味での歴史的把握をなすよりは、経済が従う永遠の秩序を想定してその直観的把握を試みる傾きをもっていたということも、「自然」の概念に対する彼らの信頼、一八世紀共通の信頼からきている。

自然法と自然権の概念は啓蒙家たちの錦の御旗であった。また、革命期に指導者たちが自分たちの企ての普遍的価値を信じ、一方で愛国心に訴えて中央集権的引き締めをなしていながら、他方ではミラボーが演説したように、革命のために働くのはフランスのためだけでなく全世界のためになのだと主張もしたのは、同様にラファイエットのように、理性が自然を、その法則を認識すれば当然にそれに人々は従うはずだという態度を取ったのも同じく、自然という普遍性の把握を自負する哲学理念に基づいてのことであった。（ただ、自然の概念が理性よりは感受性と結びついてゆくという道筋も、やがて誕生するロマン主義に向けて付けられる。自然道徳の理性による把握に代わって、徳を保証する感情の真正さが求められる。また、ポンパドゥール夫人が推進した美術のロココ様式に見られた装飾、ロカーイユ――ロココという語の元、小石・砂利――の縁飾、すなわち貝殻の形や石状を用いた様式は、左右非対称で自然の揺らぎを表現し、自然の把握が力学的、機械的なものから生命的なものへと、自然科学の関心における移動と軌を一にして、重点を移していることを示している。）

さて、科学による統治を夢見たコンドルセは、教育がもつ大きな可能性を信じ、重視した。これまた一八世紀啓蒙思想が共有した傾向である。「啓蒙」とは一種の教育であるのだから当然ではあるが。教育は市民をつくる。一八世紀前半の教育の権威者たるシャルル・ロランは（『学問論』一七二六〜二八年）、一般市民のためにラテン語でなくフランス語の教材を選ぶ。また、感覚から始まる経験的な自然の道筋に従って知識も人格も形成されると主張するロックを尊敬する。恒久平和を願うサン＝ピエールは（『永久平和論』一七一三〜一七年、オーストリア王位継承戦争の最中、プロシア王に平和のための書簡を送ったのは死の前年の四二年）人類は断続的であれ普遍的理性へと少しずつ進歩しているとの信念を有し、進歩を促すための国民教育を考え、内閣管轄の教育事務局設置を提案した（『教育改善計画』三〇年）。（ちなみにモンテスキューは『ポリシノディ（多元会議制論）』を書いたサン＝ピエールを師と仰ぎ、サン＝ピエールが主導した「中二階クラブ」に赴いた。クラブのもう一人の指導者たる常連は、『回想録』で後世に当時を伝えるダルジャンソン、ルイ・ル・グラン校でヴォルテールと同級生の、後の外務大臣である）。

そして、世紀末近くに、師に呼応して継続的な人類の進歩の道を切り開くべく努力したコンドルセの教育にかける期待は熱く、進歩を担う自由人の育成のために、教育の世俗化と公権力からの独立を熱烈に説いた。彼の教育理念に後のフランスは繰り返し立ち返ることになる。（特に第三共和制の教育政策を進めた公教育大臣フェリはコンドルセに心酔し、彼の理念の実現に全力を傾けた。また、第四、第五共和制の漸次的・継続的教育改革の基盤となる、第二次世界大戦中から検討され戦後間もなく答申されたランジュヴァン法案も――議長のワロンが発達心理学者であったゆえに、進路指導というコンドルセにはない概念も導入したが――コンドルセの精神に添ったものという。）

啓蒙と、狭い意味での教育が目指すのは、自立し自由な人格の形成である。（ところが、フランス革命は徳の支配を謳い万人の自由の獲得を標榜しつつ、平等の理念のもとで一時的には極度の監視的体制をつくってしまったし、愛国心の高揚のもとで徴兵制を敷く強力な中央集権に向かった。）ところで、自立を阻み自由の代わりに隷従を民衆に強いるのは、身分制社会という体制ばかりであるのではなかった。キリスト教にも深い責任がある。さまざまに分かれ対立しあいもした啓蒙の諸陣営が一致して共通の敵と見なしたもの、それはキリスト教、ないしは当時の教会であった。

キリスト教がなしてきた数々の罪悪を歴史を溯って暴露すること。諸々の民族とその宗教の紹介によるキリスト教の相対化。何よりも、キリスト教が含む啓示という性格に理性は我慢がならない。理神論（ヴォルテール、モーペルテュイ）、余裕ある無神論（メリエ、ディドロ、ドルバック）、狂信的無神論（ネジョン、マレシャル、ラランド）が入り乱れる。出版物の中に反キリスト教の主張が混じっていないか、鵜の目鷹の目で目を光らせる教会とパリ大学神学部による攻撃は、かえってキリスト教批判を激化させる。非寛容、これがカトリックの最大の欠点で、人々に差別をもたらすキリスト教には退場願わねばならない。

批判陣営の最大の目標は道徳の宗教からの分離である。（自然的であることが道徳的であることである。理性に適う自然の諸関係に従うなら人は善にして幸福であり得る。コンドルセ曰く、「自然は真理と徳と幸福とを結合している。」）だから教育を聖職者の手から取り上げることも大事であった。教育を独占してきた、自由主義の攻撃者ジェズイットが、政治的・法的に一七六四年に追放されたことは注意を払うに値する。（クレメンス一四世による解散命令は一七七三年。）イエズス会は、アンリ四世によってコレージュ設立が許可された一六〇三年以来、イグナティウス・ロヨラの指示を受け一五年かけて完成した一五九九年の「学事規則」そのままに、一五〇年以上も不変の規程に従った教育を広範になしてきていた。（この規則が改定されるのはさらに後の一八三二年。ジェズイットのコレージュに人気があったのは、学費の安さと、徹底した学習競争と表彰の制度によって生徒と父兄の自尊心や名誉心を刺激したことによると言われる。）最盛期にコレージュ九二校、パリのクレルモン校（一六八二年にルイ・ル・グランと改称されて、後にヴォルテールらが通う）だけで生徒数三〇〇〇名。また一七六〇年当時でも勢力はフランスに修道院一五〇以上、牧師数一八〇〇人を超えていた。ジェズイット追放の事件には、ローマ教皇も絡む聖職者同士、聖職者と高等法院との争いや、国王の私生活や贖宥問題に対する聖職者たちの立場なども働いていたが、教育の世俗化が一つの争点でもあったことは、追放に一役かったレンヌ高等法院検事総長ラ・シャロッテがイエズス会の教育を糾弾して新しい教育計画を述べた文書（『国民教育論』一七六三年）を公にした激しさからわかる。（ただ、驚くべきことにジェズイットの復帰は早く――一八一四年、教皇ピウス七世が再興を宣言――、第三共和政下に強力な教育改革を進めたフェリが、強権主義の牙城としてのジェズイット会攻撃を激しく主張しなければならなかったほどである。）

ともあれ、革命政権による教会財産の没収（八九年）、翌年の「僧侶に関する民事基本法」の制定とそれへの宣誓の義務化、九三年の一連の非キリスト教化の運動、すなわち革命暦の導入、カトリシズムを連想させる地名の変更、教会の聖画像などの略奪や破壊、エベール派主導の理性の祭典（ドルバックに熱狂し七九年以来活動していたマレシャルと、その弟子にしてヴォルテールがかつて入会していたパリのフリーメーソン九人姉妹支部の組織者であったラランドが大きな役割を務めた）、さらには、理性の祭典の批判の上に挙行されたものであれ翌年のロベスピエールによる最高存在の祭典の実施も含め、これらはすべて、僧侶身分の特権に対する反感からだけでなく、先立つ（ピエール・ベイル以来の）カトリシズム批判の一世紀を前提して生じたのである。

(4) 近代諸科学の誕生に向かって

さて、ガリレイとニュートンの二人が生きた時代のうちに近代自然科学が確立し、もはやキリスト教は真理を独占するものではなくなっていた。（道徳的真理が宗教から切り離されるべきとされたことについては、すでに述べた。ただ宗教は社会秩序を維持するために大衆レヴェルでは実用的真理代替物として必要とされる、という主張も多く見られた。）ホワイトヘッドが指摘するごとく、天体の運動に関して教会の教えに反することを述べてブルーノのように焚刑にされる（一六〇〇年）ことはもちろん、ガリレイのように宗教裁判を受ける（一六三三年）こともなくなって、科学は必ずしも宗教と対立せざるを得ないものではなくなっていた。（生物種の起源や固定性をめぐる問題など、火種はあったが、科学というよりは思弁的な唯物論などの流行がより問題である中では、特別の焦点を結ぶものとはならなかった。）それどころか、ニュートンを賛美せずして知識人ではいられなくなった時代に（とはいえ、フランスではヴォルテールの紹介とモーペルテュイによる実証――地球の偏平性の子午線測定による証明――という有力なニュートン支持の動きの傍らで、引力の概念を、中世的概念として追放されるべき隠れた性質の一種であると解釈して批判ないしは揶揄し、愛国的にデカルトを擁護するフォントネル――王立科学アカデミーの終身書記として活動、九五歳の一七五二年にも『デカルトの渦運論』を出版、百歳まで生きる――や、やはり科学アカデミーに拠ったメランらの立場も活発ではあったが）、一方で豊かな自然を支配する美しく簡明な法則の発見をなし、他方で自然の細部（たとえば顕微鏡によって初めて知られた微小生物の世界）における思いがけない豊饒さを明るみにもたらしつつしかもそこに秩序がないわけではないことを示す科学は、物理神学や昆虫神学の流行が示すように、むしろキリスト教の神の存在と叡知とをまさに証明するものとして役立てられることさえできたし、また、そのような証明という目的が自然に関する学問的活動を動機づけることもあった。（マルブランシュ、スヴァンメルダム（蘭）、トランブレ、レオミュール、ボネ（仏語圏のスイス）、ノレ、プルーシュ、ベルヌーイ学者一族の中のダニエル、ベルナルダン・ド・サン＝ピエール。）

だが、結局は科学は自律的発展を遂げた。その自律性は、とりわけ、近代科学の誕生の推力のもとで認識論にエネルギーを傾けた同時代の哲学が真理認識の可能性に懐疑を投げかけざるを得ないように展開しようが、それを無視することにおいて表された。そして、哲学は形式的に或る限界を設けてそのうちに科学を位置づけて己が優位を示そうとしたとしても、結局は科学を追認したのであった。（ダランベールに典型をみる不可知論は彼の学問研究の何の妨げにもならなかった。）

デカルトを古い誤った学問（先入見）の破壊者と見、ロックとニュートンとを建設者と認定し、溯ってベーコンを先駆者と評価する、そのような、ダランベールが『百科全書序論』で描いた学問史観は、一八世紀中葉の標準的見解である。

理性の世紀は経験を重んずることの重要性を知っていた世紀でもある。

では前世紀の合理主義に反対する経験主義の一八世紀が「理性（と啓蒙）の世紀」と呼ばれたのはなぜか。理性の吟味による権威からの解放を前世紀から引き継いだことが第一。体系を目指してイデアの世界に終始して演繹する誤りに陥った限りでは実は空想を弄んだ前世紀に対して、今や、経験が供給する事実から出発することによってのみ理性は自らを想像力から、理性の体裁を取る想像力に過ぎないものから区別できることを知る成熟に至ったのが第二。一見は雑然たる夥しい事実を採集し（それは普遍性よりは頑固に特殊な事実にこだわるゆえに本来は「反合理的」態度であり、その態度は一六世紀に始まったとホワイトヘッドは言う）、その上で、それらの咀嚼の結果として見いだされる一般性こそが学が求めるものであり、その咀嚼の力が理性なのである。そして数学は、咀嚼のための第一の武器となった。

ところで、経験を広げてゆくなら、科学の発展は諸科学の分化的形成とならざるを得ない。二つの学問、観察することしかできない天体の運動の学問と、実験が及ぶ地上の物体の運動の学問、すなわち天文学と力学とが結びつき一つになって、前世紀までに近代科学は確立されていた。続く一八世紀は森羅万象を視野に収めて秩序づける博物誌の番になる時代であった。ただし、それはアリストテレスに後戻りすることなく、近代科学の方法の絶えざる圧力のもと、対象ごとのディシプリンを鍛えあげて分かれ行く運命を辿らざるを得なかった。徴税請負人であったゆえに「共和国に学者は要らぬ」と言われて断頭台に上らされたラヴォワジェの仕事は一つの好例を提供する。

（ちなみに、かのエルヴェシウスも、何とルイ一五世の王妃の肝入りで、徴税請負人の職に就いていた。彼はさらに、やはり王妃によって宮廷配膳長職を得た。そしてエルヴェシウス夫人のサロン、オーテュイユの館こそ、一八世紀と一九世紀とをつなぐ思想家たちが集まる場所となった。テュルゴ、コンディヤック、ドルバック、ダランベール、ディドロ、晩年のヴォルテール、コンドルセ、アメリカからのフランクリン、それから、やがてこのサロンの中心となるカバニス。カバニスの父は農地改良で成功した、テュルゴの協力者で、カバニスはコンドルセ夫人ソフィーの妹と結婚、ミラボーの友人として公教育に関する演説の執筆で彼に力を貸し、医学の確立に心を砕き、初期のナポレオンの弁護者ともなり、一八世紀哲学の核たるコンディヤックを引き継いだ観念学派を代表、そして次の世代のメーヌ・ド・ビランを力づけた。彼に会うためにナポレオンも訪れたオーテュイユの館には、デステュット・ド・トラシ、ヴォルネイ、ドゥジェランド、ラロミギエール、メーヌ・ド・ビランら、次の世紀劈頭の哲学をリードする人々が訪れ、哲学を中心にさまざまの事柄が議論された。以上のような人間関係を知ることは、思想の生きた動きを理解するに役立とう。なお、恐怖政治の推進者と違ってナポレオンは科学者を重要視した。観念学派は嫌ったけれども。)

ラヴォワジェの名は近代化学の確立者として記憶されている。それはシュタールのフロギストン（燃素）理論を無効にする酸素の研究（発見そのものはプリーストリィによる）によって聖別されている。けれども、酸素は空気を中心とする気体をめぐるさまざまな諸問題の中から蒸留されてきた一トピックであったことを忘れてはならない。嫌悪され有害でもある臭気をどうするか、排泄物処理問題を主とし、墓地や河川、沼の問題なども巻き込む衛生学の理論と実践の問題としての空気の問題があり、ラヴォワジェもその関連で病院や刑務所の建造物や環境の調査のような仕事をもしていたのである。（建造物といえば、ラヴォワジェは徴税請負人組合の幹部として、パリの税関の障壁と門の設計もしている。）

化学が衛生の問題でもあるとは、生命ないしは生理、そして医学の問題でもあるということである。実際、大学で初めて化学講座を開いたルエルは排泄物たる尿から尿素を初めて分離し、先立って、『人間機械論』で有名なラ・メトリが師と仰いだ医師ブールハーフェ（蘭）は尿素を食物代謝の最終産物と位置づけていた。そして、燃焼理論で中心をなす酸素は、呼吸作用の中心でもある（ラヴォワジェとラプラスの共著論文は一七八〇年）。その上、燃焼の問題は金属の灰化（酸化）と還元の問題と直結していたし、科学だけでなく産業という実業に結びついていた。ラヴォワジェは王立硝石火薬工場運営委員会委員でもあった。（ちなみに、デュポン・ド・ヌムールはケネーの弟子にしてテュルゴの友人で、三部会開催に向けて膨大な資料を添えた第三身分のための陳情書を書き、革命以後も一時投獄されながらナポレオンの時代に至るまで財政や税務部門で活躍した人物だが、彼が重農主義普及の目的でアメリカに渡るときに伴った息子エルテール・イレネも化学者で、イレネはそこで火薬製造工場を興した。今日の世界的化学工業会社デュポン社の始まりである。また、ポンパドゥール夫人はセーヴルの磁器工場を建設した。ラヴォワジェの産業との結びつきに戻れば、彼はまた王立農業委員会を設置させ、その委員長として、泥沼の湿地帯と酷い気候とで最も悲惨な農業地帯に私財を投じ実験農場をつくって、新しい農業の先駆的業績をも残した。)

それから、気体の理論は力学にも属していた。モンゴルフィエ兄弟(競争者はボイル＝シャルルの法則で有名なシャルルやピラトール・ド・ロジェ、ブランシャールの、人々の驚異と熱狂と喝采の的となった気球が、そのことを劇的に示している。(その気球が壁紙製造業という当時の有力な産業なしには実現できなかったことも付け加えよう。モンゴルフィエは気球の最初の実験を、後に三部会直前の、革命の予行演習の役割を果たした暴動の舞台となった、レヴェイヨンの紙工場で行った。レヴェイヨン自身、叩き上げだが化学をかじり、ヴェラム紙の新しい製造法を発明して成功していた。)そして、衛生が問題になっていたときでさえ、空気に弾力を与える要素、すなわち力学の主題であるものが探され、澱みの反対現象である運動こそが(液体の浄化における場合と同様)問題を解決するものとして目指されたのであった。

なお、空は人が飛べる場所になったゆえにと同様、すでにフランクリンの驚異の電気、すなわち稲妻ゆえにも仰ぎ見られる対象となっていたのである。(気球を開発したシャルルも最初フランクリンの電気に驚嘆して科学の道に入った。)そして、その電気は物理学に属するだけでなく、また生理現象の一つでもあった。電池を作ったボルタ(伊)は筋肉の電気現象に関して、電気生理学の創始者と呼ばれるガルバーニ(伊)と論争したが、早くから動物電気を研究していたノレと文通した。ノレは宮廷で、絹紐で吊るした少年の足に荷電物体を触れさせると少年の顔が羽毛を引き付けるという実験をした。一八世紀の自然学は物理学と化学と生物学、医学といったふうに分かれていたわけではない。

けれども、じきに諸科学は分かれてゆく。紙数の関係で紹介を割愛するが、一八世紀を通じて自然に関して膨大な資料が蓄積され、多様な考えが噴出した。明晰を自負する前世紀の哲学のあとで、科学は、確かに一方では万物を秩序づける博物誌の野心をもった。だが他方、各個撃破を目論見つつ対象の種別に対応した研究方法を見つけてゆくのである。科学の種別化はもちろん、天文学と力学、そして古くからの生物学、それから錬金術の伝統に連なる限りでの化学、実用としての医学と生理学という既存の枠組みを利用し得た。しかし、新しい個別的諸科学の誕生のためには、相手ごとに違った工夫を試みて観察と実験とを成功させなければならなかったし、その対象が従う法則の適切な表現形式を見いだす必要があった。ある方法の確定と、種別化された対象ごとに分化せる学問の成立とは、対応している。そして、さればこそ種々の個別諸科学は一挙には生まれず、一つまた一つと時間をかけて分化的に誕生してゆき、また時に統合されてゆく道を辿ることになるのである。そして一八世紀はと言えば、化学のしっかりした誕生を見、医学的関心に支えられ生気論の形をとった生理学の進展(バルテズ、ビシャら)と、ほとんど進化論を予告する諸生物の階梯を見通す資料の蓄積(化石の発見、ビュフォンの『地球の歴史』『自然の諸年代』『博物誌』三六巻、ビュフォンが園長として博物誌陳列館と化学研究所を付け加え、動物園も兼ねた王立植物園──九三年に国立自然史博物館に改組、その際にラマルクは植物から非脊椎動物部門に移る──、マルゼルブの植物学資料館を備えたフランス最大の学術研究用植物園と、不幸にも革命によって散逸させられた一万点に達する植物標本コレクションと『本草誌』四〇巻など)を通じて、次の世紀の生物学の生誕を準備した。

(5) 人間の科学

最後に、一八世紀哲学の控えめな守護者、コンディヤックに戻ろう。(この地位について同時代人にも異論はなかった。文芸的「哲学者たち」は行き届いた哲学叙述としては彼を当てにし、安んじて引用もした。)彼は、当時流行の文芸的味付けや論弁合戦から遠く、体系を軽蔑する時代に組織だった叙述を手堅く重ね、先立つ哲学の遺産を遺漏無く継承し、さらに独自な貢献をなし、それら内容とともに自己反省的な哲学固有の思惟形式を、続く世代に手渡した。すなわち、デカルトが設定した、意識内容としての観念から出発して存在へ向かうしかないという認識の道を描く観念論の大枠のうちで、観念の起原に関するデカルトの過ちを正したロックの経験主義を引き継ぎ、しかも初めて適切に人間の認識における記号の関与を洞察し、そうして、後に恐怖政治後の思想の担い手たらんとした人々の師として範を示して、観念学派の形成に力を貸したのである。ところで、観念学派は、コンディヤックの「精神の学」に生理学を加え、より包括的な「人間の科学」を構想することになる。しかるに、あらためて振り返れば、人間の社会性に関心をもった英国のヒュームも、第一に生命現象の秘密を解明しようとしたバルテズも、「人間の科学」という名称を掲げていた。そうして結局のところ、あるがままの「人間」こそ一八世紀フランスが発見しさまざまな仕方で考察した中心主題であったのである。コンドルセもアカデミー・フランセーズの就任講演で言った、「まさしくわれわれの時代につくられた科学、すなわち、その対象が人間そのものであり、その目的が人間の幸福であるような科学」と。

3 一九世紀フランス哲学・思想

一九世紀フランスの哲学・思想の展開の背景として、三つの事柄を知っておく必要がある。①ナポレオン学制下における哲学研究と教育の制度化、②人々が絶えず持ち続けていた歴史意識の存在、③両者どちらにも絡んでくるカトリックの動向と宗教に関する知識人の態度である。これらに関し、本事典（『フランス哲学・思想事典』弘文堂、一九九九年）本文で詳述されていない事柄に厚みをおきながら時代の雰囲気を伝えるべく述べ、一九世紀フランス哲学・思想のキーワードの第一が「秩序」、第二が「自由」であることを示したい。

(1) 哲学研究と教育の制度化

ナポレオン学制は、以降の政治体制の変動の中でさまざまな改変を被り、特に第三共和制においてはフェリの指導のもと大きく改革されてゆくが（中心は一八八二年の「義務教育法案」）、それらの改革は主として初等・中等教育に関するものであった。大学制度の方は一九六八年のステューデント・パワーによる五月革命収拾にフォールが乗り出し「高等教育基本法」でもって「静かな革命」を企てるまで、一六〇年にわたる保守的伝統を作り上げる、そのようなものであった。そもそも、コンドルセに象徴されるように、一八世紀啓蒙の知識人たちの教育に対する関心は非常に強く、革命期には新しい教育制度の模索が異常と見えるほどに精力的になされた。その下地あればこそ、中央集権体制整備のための教育の必要性を洞察したナポレオンの、強権による教育制度確立も可能となった。任に当たったフルクロワはナポレオン登場前から教育法案制定に向けて案を練ってきた者たちの一人である。

一七九九年のクーデタからちょうど一年後、ナポレオンは最初の教育改革法案を提出させたが、最終的に一八〇八年の四回目の法案とその翌年の補足的勅令でもって制度が固まった。官立私立を問わず学校はすべて(ただし従来の神学予備校に他ならない、聖職者を志す子弟向きの聖職中等学校を例外とし——これも一二年には従属させられるが——)ユニヴェルシテ・アンペリアルに編入される限りで存在できた。ユニヴェルシテ・アンペリアルとは「帝国大学」と訳されてはならないもので、一般行政からは独立した独自の財産と行政権をもつ教育行政機関であると同時に、帝国の教育を独占する教職員の団体である。その三四の行政単位が大学区(アカデミー、一八三二年までに五つが整えられた学術者の団体としてのアカデミーとは別物)である。ここでは哲学が問題であるから、中等学校以上について説明する。

革命政権は九五年に従来のコレージュを廃して中央学校を設置したが(パリ五、その他九六校、教育科目はかつてのコンドルセ案に添い、観念学派の思想を反映し、かつ高度の、つまり小学校教育からの距離が大きくエリート主義に傾きやすい内容のものであった)、ナポレオンはこれを一八〇二年の段階でリセと中学校の二種類に置き換えた。ナポレオンの要請でフランス国内のみならずイタリア等の征服地でも学問研究体制整備に尽力したのは、生物学で有名なキュヴィエである。彼は王政復古時にもコンセイユ・ロワイヤル評議官ならびに内務次官の地位、そして後述のパリ理科大学の副学長、学長となった。ちなみに彼のお蔭で、この時代以降、フランスで人は自然科学研究を職業として生活できるようになったと言われる。

リセは国立で、中学校には公立の他に、私立校が県知事の視察を受ける条件で認められ、新設には政府の認可が要った。けれども、〇六年には公立三七〇、私立三七七校に達した中学校の方は〇八年の段階で廃され、その公立のものがコレージュになり（増えて帝政末期に約五〇〇校）、私立は規模の大きいものがアンスティテュシオン、小さい寄宿制をとるものがパンシオンまたはパンショナと呼ばれた。リセの方は存続し、全国に四五校設置という〇二年の法令の完全実施に向けて漸増した。

ところで、中央学校では科学と哲学が重視されたのだが、リセがその特色を引き継ぐことは認められた。（ただし、論理学が哲学の主要課題とされた。）そして、リセに優位が置かれたがコレージュとの間に教育内容に大差はなく、いくつかのコレージュでも哲学のクラスが設けられた。また、たとえばパリの大学区の私立中学の場合、ユニヴェルシテ・アンペリアル長官たちの意向で、文法課程の生徒で一三歳に達したものと最上級の生徒すべてはリセにも通学させることが義務づけられた。

次に単科大学として、新設の神学大学がカトリック一〇、プロテスタント二、旧法律学校に当たる法科大学が一三、医科大学が七校、設置された。それから、学位授与を根本機能とする理科大学と文科大学がそれぞれ一五と二七の箇所に設置された。これらは各大学区の主たるリセの近くに設置されたこともあって、リセの延長のようなもので、リセと大学の教授が兼任の場合もあった。

さて、文科大学（Faculté des lettres,「文学部」と訳さないほうがよい、総合大学の部局であるわけではないのだから）は、哲学、史学、文学の三講座からなるのが普通であった。パリ文科大学では、〇八年に六講座が定められ、実際には〇九年春に八講座でスタート、その秋と一二年と一四年とに一つずつ増えて一一講座であった。哲学は、〇九年春に「哲学と哲学者たちの諸見解」という講座から始まり、秋に「哲学」という講座が加わって最初のものは「哲学史」に名称変更、続いて一四年に「古代哲学史」講座が始まってもう一度名称を「現代哲学史」と変更、都合三講座となった。

ここで明記したいが、講座ポストの継続性は政治体制がナポレオン帝政から王政復古（一四、一五年）、七月王政（三〇年)、さらに第二共和政(四八年)、第二帝政(五二年)と移っていっても、少なくとも名目的には失われなかった。たとえば〇九年に就任した「哲学」講座の初代教授ラロミギエールは三七年まで在職したし、「ギリシア文学」のボワソナード(来日して日本の法典整備や法学の基礎をつくったボワソナードの父)の在職は一二〜五五年である。一二年に「現代史」教授と「古代の歴史と地理」講座助教授両方に弱冠二五歳で就任したギゾーは、明らかにナポレオンに批判的であったが、前者のポストを四八年まで占めた。

(とはいえギゾーは実質的には二二年から二七年にかけては時の政権から講義停止に追い込まれた。二〇年から二七年まで講壇を追われたクザンの場合は複雑である。彼はそのときロワイエ＝コラールの代講であって、ロワイエ＝コラールのポストは名目的に一〇〜四五年まで継続し、クザンだけが教官名簿から削除された。その彼も二五年にプロシアの官憲による拘束を解かれてパリに帰った直後、講義停止のまま名簿記載は回復。二八年に現代哲学史講座助教授、三〇年に古代哲学史講座教授に移り——実質の講義は代講に任せる——、ルイ＝ナポレオンの初期の体制下の五二年まで在職。)

それから、パリ文科大学(とパリ理科大学)の最大の特色は、(パリの)師範学校《エコール・ノルマル》の学生を収容したことにある。師範学校は、一七九四年の法令に基づき九五年に高等職業専門学校の一つとして初等・中等教育の教師養成のために開設され四カ月間(実質二カ月と二七日)存続、それが復活させられ、今や全国のリセの最優秀者の中から三〇〇人を選抜、国費支給で寄宿させて教授を養成する、エリート機関となった。学生はパリ文科大学か理科大学でのバカロレアないしリサンスの学位取得の義務をもち、卒業後は全国に散ってユニヴェルシテ・アンペリアルの中核を担うはずであった。二一年に政治の右傾化の中、宗教界の圧力もあってギゾーの講義停止とともに閉鎖されるが、三〇年に再開される。四五年に高等師範学校《エコール・ノルマル・シュペリウール》と改称、王立コレージュと大学の最上級用の教師供給の担い手たることが名称上でも表されることになった。

パリ以外にも師範学校があることに注意。特に、各県に一校の師範学校設置を義務づけた三三年の、クザンの協力になるギゾー法のあと、初等師範学校は三七年には七四校に達した。七月王政末期には全国約四万人の教員のうち九二〇〇人ほどがそれらの卒業生となり、それまで村の司祭等の手に委ねられがちであった教育の世俗化に貢献した。

また、革命期に師範学校とともに開かれた職業専門校の一つ、パリの公共事業中央学校は理工科専門学校《エコール・ポリテクニーク》と改称され、これまた現在まで続くエリート校の起原になった。アンペールは初期の教授であり、コントやフーリエ、またアンファンタンをはじめシュヴァリエやレーノー等の多数のサン＝シモン主義者もここの卒業生である。サン＝シモン自身も三年間、学外者だが聴講するために学校の真ん前に移り住んだ。後のポアンカレもここの出身である。

さらに、イタリア（パドヴァ大学）、次いでイギリス（シデナムとウィリスの伝統）とオランダ（ライデンのブールハーフェ以降）に後れをとっていた医学の分野で、世紀の変わり目以降フランスが一気に指導的立場に立てたのも、モンペリエ学派のバルテズ、ソヴァージュ等の生命論の蓄積もさることながら、やはり革命時の教育改革の賜物である。医学者でもあるフルクロアの報告書に基づき下級医師養成のための健康学校（九五年、翌年に医学校と改称、一八〇三年に医科大学となる）が三カ所に設けられ、人類病院、統一病院、学校付属病院（後に産科病院等が追加）を実地習練の場として、それまでの書物による教育、病人不在の講壇医学に代えて、臨床医学（病院医学）とその教育が切り開かれたのである。かねてより医学改革の提言をしていた生理学的観念学のカバニスは健康学校の衛生学、臨床医学、医学史の教授となった。

哲学に話題を戻すと、大学や師範学校の創設と発展によって、相続や購入によって得た官職・身分のお蔭で裕福な人々、有力者の庇護を受けたり家庭（個人）教師をする人々、時に文芸で資産を得た人々のものであった思想・哲学に関わる活動が、制度的に保障された教職者によって担われる道がつくられたことが重要である。（もちろん、このことは制度の外で活発な生産力を示す人々が出現することとは別の事柄である。）代わりに、形は変えてゆくにせよ、人事の任命や監督、予算決定等を通した教育行政の中央集権が打ち立てられ（ただし四五年までは政治からの独立はかなりの程度、守られる仕組みにあった)、さらにそこに加わる師弟関係に発する影響力も無視できなかった。フランスにも「講壇哲学」という言葉の指示対象ができたのである。

そして、その最初の統率者がクザンである。彼は教育行政に専念するために大学での自分の名目的なものになってしまったポストには代講をおいたが、師範学校での講義は続行し、弟子を育て、また哲学教授資格試験委員会の長として絶対的な指導力を揮い続けた。彼の弟子達の中で地方のコレージュに就職した者たちは、カトリック界からの圧力にめげず教育の世俗化・中立を守ろうと(つまりは自由主義の立場で)努力した。師範学校が一九世紀後半から二〇世紀にかけての哲学・思想の担い手輩出の場となったことは、フイエやラシュリエ、ブトルー、ベルクソンといった互いに師弟関係を結ぶ教授陣、クールノ、テーヌ、ルキエ、ルヌヴィエ、ラニョー、レヴィ＝ブリュル、ポール・ジャネとピエール・ジャネ、デュルケム、デュエム、加えてジョレスやペギー、ロマン・ロラン等の卒業生の名前を挙げれば納得されよう。

最後に学士院について付言する。一七九三年にジャコバン政権のもと「アカデミックな団体、科学の協会、階級的教育制度のすべての思想を追放する」ことが宣言され、新たに国立学士院の創設が謳われ、ついでロベスピエール失墜後九五年に「諸科学と諸技芸の国立学士院」が設置された。(この名称はかつてコンドルセが提唱したものである。)それは一四四名、三部門からなり、その第二部門が「精神科学・政治学」で、そこに「諸感覚と諸観念の分析」セクションがあり(同名の科目が九四年設置の中央学校の教育内容として設けられたことに注意)、カバニスやトラシら観念学派《イデオロジスト》の拠点となった。観念学派はナポレオンに批判的で(クーデタ前の「五百人会議議員」が多かった)、それゆえナポレオンはきっかり八年後の一八〇三年に組織を変更、学士院は四部門(これらは結局アカデミーの名称で呼ばれるようになる)、会員一七四名に拡充されたにも拘わらず元の第二部門は廃された。これが五番目のアカデミー、「精神諸科学と政治諸学のアカデミー」として復活されるのは、一八三二年、当時の講壇哲学の指導者クザンの尽力のもと、時の文部大臣ギゾーによってである。このアカデミーは発足と同時に目覚ましく活動し始め、哲学史と哲学のさまざまの主題について多くのコンクールを主催、哲学研究を盛んにするに寄与した。特に哲学史研究は、学校教育でもプラトンから始まるいくつかの必須読書文献（アリストテレス、キケロ、アウグスティヌス、ベーコン、デカルト、パスカル、アルノー、ロック、ライプニッツ、マルブランシュ、フェヌロン、ボッシュエ等）の選定等の方策がとられたことと相俟《あいま》って、以降、哲学研究の基礎をなす部分と考えられるようになった。なお、このアカデミーは社会の現実に目を向け積極的提言を行ったことにも注意したい。たとえば、はやくも三四年に労働者問題を取り上げ調査に乗り出し、その成果がヴィエルメの『綿毛絹織物工場の労働者の生理的ならびに精神的状態』二巻（四〇年）であり、これは四一年の未成年者の就労に関する法律の制定に大きな影響を及ぼした。

⑵　歴史意識と秩序の問題

アシェット社の「大作家叢書」刊行趣意書の冒頭で、ジュスランはこう書いている。「一九世紀はその最初から、歴史的探求に対する強い好みを持っていた。」この好みは間違いなくフランス革命の経験によって、さらに王政復古体制の中で、祖国のために、そのあるべき未来を引き寄せる運命に参加しようとの熱意によってかきたてられたものである。フランスという祖国の意識は、革命期とナポレオン期における対外戦争によって強められ（国内旅行の際にフランス市民であることを示すパスポートの提携を義務づけられる人々の適用範囲が拡大されたこと等にも注意）、今や重要なのは、その祖国を担う国民とは誰か、というものであった。

最初サン＝シモンのもとでコントより早くから働いた歴史家オーギュスタン・ティエリ（彼の弟アメデもローマ支配以前のガリア史を研究した）は、一八四〇年に『フランス史に関する幾つかの考察』、「この五〇年間に起こった前代未聞の出来事」が、メロヴィング王朝の中世に溯って跡付けられるべきフランスの歴史を、さらにはヨーロッパ文明全体の歴史を解読することを可能にしたと述べたが、その意は、フランス革命が初めてフランスの国民というものの実体を、市民として、革命勃発時の第三身分として顕わにし、この国民の起原と変遷を辿る目を与えてくれたということである。彼はすでに『ノルマンによるイングランド征服史』（二五年）で、征服者に対する被征服者の抵抗に歴史の動因を見いだしていたが、一九世紀前半の歴史研究は大勢として、絶対主義に敵対する自由主義の思想と結びついていた。ティエリの『フランス史についての公開状』（二七年）は、王政復古政府の反動化に憤って著されたものである。（他に『メロヴィング王朝時代史』三五年、『第三階級に関する試論』五三年。）カトリックをはじめ反動派の歴史記述には、摂理観に基づく「歴史の代わりに子供だましの妖怪談を語るような思想の幼稚さ、平凡さを暴露する」（クローチェ）ようなものも多いが、狭義の実証的歴史家においても、政治におけるある立場の選び取りが研究を鼓舞していないわけではなかったのである。いや、彼等の歴史意識が政治理念を決めたのである。

伝統主義では、ド・メーストルの『フランス論』（一七九七年）、シャトーブリアン『革命試論』（九七年）、モンロージュの『フランス王政論』（一八一四〜二四年）。モンロージュはジェズイットを批判して自由主義者の共感をも得た（『一八二七年におけるジェズイット会士、修道会、聖職者党』二七年）。

次に、浪漫的自由主義のスタール夫人の『フランス革命の主要事件に関する考察』（死後の一八年）。彼女の愛人の一人、コンスタンの政治論（古代的自由と近代的自由とを区別）も当然に歴史的考察を下敷きにしている。元カルボナリ党員で医学博士、そしてサン＝シモン派、次にカトリック社会主義派へと移り、いくつもの機関誌をもち、労働者エリート層には『アトリエ』に拠って大きな影響を及ぼし、二月革命で国民軍に関与して活躍したビュシェの『歴史科学序説』（三三年）と『フランス革命議会史』四〇巻（三四〜三八年）。革命家ブランキの兄で経済学者のアドルフの『ヨーロッパ経済史』（三七〜三八年）と『フランスの労働者階級』（四八年）。社会主義者ルイ・ブランの『十年史』（四一年）と『フランス革命史』（四七〜六二年）。詩人で神秘主義者のエスキロスの『山岳派の歴史』（四七年）、浪漫的詩人で二月革命後の首班となったラマルティーヌの『ジロンド党史』(四七年)と『一八四八年革命史』(四九年)。リストの愛人で娘達が政治家オリヴィエと音楽家ワーグナーと結婚した作家のダニエル・ステルンことダグー伯爵夫人の『一八四八年革命史』(五一年)。マルタンの『フランス史』一七巻(三七～五四年)と『一八世紀の王政』(四八年)。そうして、名高いミシュレはヴィーコの『新科学』を翻訳し(二七年)、七月革命に感激し、『フランス史』一七巻(三三～六七年)、『フランス革命史』七巻(四七～五三年)を著すが、彼と並ぶ第一級の歴史家であるギゾー(『イギリス革命史』二巻二六～二七年、『ヨーロッパ文明史』二八年、『フランス文明史』二九～三〇年、そして政界から引退後五四年から膨大な歴史研究書を発表)とティエール(『フランス革命史』二三～二七年、『総督政府と帝政の歴史』四五～六二年)はもっとも重要な役割を果たした政治家である。ロワイエ＝コラールの弟子トクヴィル(『旧制度と革命』遺著)も三九年から代議士、二月革命後の四九年のオディオン・バローの保守的内閣では外相を務めた。

ギゾーは「王政復古を支持して、しかも反動と闘う」ことをモットーとした。彼にとっての復古王政はもはやかつての絶対主義体制ではなく、憲章をもった立憲君主制であった。授与されたという形式をもつ憲章を、実質的には人民憲法に変えることが課題であった。そして、彼の後盾たるロワイエ＝コラールは出版・新聞の自由、宗教・議会・司法官の自由のために、特に王政復古末期の出版物検閲という危機的状況の時に戦ったし、連なるクザンは立憲君主制擁護を堅持しながら、自由主義哲学普及に努めた。

そもそも、封建的諸義務からの解放を目指し諸権利の確立によって実現される自由を謳うはずの革命で、自由の理念に優越する平等の理念が、恐怖政治では異端分子の排除という形をとった。その後、圧政によらない秩序の設立の模索は、哲学としては、革命前の啓蒙、特にコンディヤックに連なる、観念学の形をとった。しかし、ナポレオンの登場のあと、観念学派の影響力は失せ(先述)、ナポレオン学制の中では僅かにパリ文科大学教授ラロミギエールによって代表されるのみとなった。そして同僚たるロワイエ＝コラールは、コンディヤックの感覚論は価値と認識に関する相対主義に行き着くとしてそれを批判しつつ「観念学派を一掃」し、それをナポレオンは喜んだと言われる。(だが既に、その哲学部門をトラシが指導した中央学校が閉鎖された後、思考することとしての哲学よりは、幾何学等によって訓練される推論が重視されるようになっていた。〇一年の法令では、哲学の科目では「デュ・マルセとコンディヤックの論理学を使った推論の技術」を教えることが要請された。)ただそのロワイエ＝コラールも、ギゾーやクザン等と一緒に、ナポレオンの専制よりは王政復古の方を望ましいと考えた。憲章によって国民の自由の権利が保証される可能性を秘めていると彼等には思えたからである。そして彼等は、憲章の精神の真なる実現として七月王政を位置づけ、推進ないしは支持したのである。自由主義がナポレオン体制と馴染まず、むしろ王政復古時に溌剌と息をし始めるのは、出版の自由を主張し、アダム・スミスをフランスに紹介しつつ独自の経済理論を提出したジャン・バプティスト・セーの場合からも理解できる。セーはナポレオン執政政府で要職を占めたあと、自由主義的主張によってナポレオンの財政政策と対立し辞職、王政復古から七月王政にかけて再び活躍したのである。

ロワイエ＝コラールに始まって、クザンとその弟子達、ジュフロワ、カロ、ポール・ジャネ（心理学者ピエール・ジャネの伯父）へと受け継がれる系統は、クザンが掲げたエクレクティスムの旗が傍目には目立ったとしても、当時スピリチュアリスムだと自覚されていた。その含意は、唯物論を帰結する感覚論（実際にはコンディヤックの感覚論は霊魂の存在を前提し、唯物論に不可避に巻き込まれるわけではない）を反駁するところから始まる二つの主張にあった。①人間精神には絶対者に到達する理性があり、その開花が人間の運命であること。②物質的幸福を求めて這いずりまわる利己主義でなくして、真・善・美に憧れ追求する精神の高みへと己を開き引き上げること。ところで、その理性の提示をロワイエ＝コラールはスコットランドのリードの常識哲学に見いだしたのであるが、クザンは広く哲学史の中で理性の働きを、精神の自己理解の運動として確かめようとした。つまり、感覚論と唯物論と利己主義から成ると思われた一八世紀哲学を批判する一方で、一八世紀にロックとニュートン称揚の煽りで貶められたデカルトを（愛国心も手伝って）高く評価することをし、しかもデカルトをソクラテスやプラトンの伝統につなげる哲学史を描く仕方でなしたのである。

だが、クザンが「精神諸科学と政治諸学のアカデミー」で出した懸賞課題、「アリストテレスの形而上学」の受賞者ラヴェソンは、ロワイエ＝コラール、クザンの系統を「半スピリチュアリスム」と呼び（クザンをほとんど黙殺によって批判し、カロを幾分評価）、真正のスピリチュアリスムというものをメーヌ・ド・ビランから自分自身を経由してさらに将来に花開くであろうものとして展望した（『19世紀フランス哲学』六七年）。加えて、ビランの未刊行著作のキリスト教のバイアスがかかった解釈を伴っての出版や、ベルクソンによる、ラヴェソンの予言が自分において実現されることの承認（バンリュビとの対話、バンリュビ『ベルクソンの想い出』一九四二年）等を通じて、また二〇世紀前半の反省の哲学の潮流の中で、クザン等をスピリチュアリスムの伝統から外す、もしくは実質的には哲学史そのものから抹殺せんがごとき描き方が一般的となった。けれども、一方で、クザンが導入したギリシア哲学とアレクサンドリア哲学等の研究熱こそ、分析にかえて総合的・直観的、ときに美的把握を重んずるたぐいのラヴェソン的スピリチュアリスムにインスピレーションを与えたのであることも間違いない。他方、当初のロワイエ＝コラール以来のスピリチュアリスムは自由主義という政治的立場と結んでいたのに、哲学史に沈潜し伝統の中から糧を得、概念史を豊かにするという、一九世紀後半から強まる（これまたまさにクザンの奨励をきっかけに始まった）哲学思考のスタイルは、社会の現状との関係で思考し発言するという在り方から哲学者たちを引き離す傾向を助長した。ムーニエ、サルトル等で有名な社会参加《アンガジュマン》の激しさが復活するには、さらなる大きな政治経験をまたねばならなくなったのである。（ドレフュス事件ではゾラやジョレスなどは活躍したが哲学者の発言は目立たない。）

さて、一九世紀前半の歴史意識という主題に戻ろう。本格的歴史研究はしていない思想家たちも、強い歴史意識は持っていた。哲学者のクザン、コント、サン＝シモン、フーリエ、フーリエ派のコンシデラン。自由主義からサン＝

シモン主義へ、さらにロマン的社会主義者へと転身したルルー。（ルルーがフランスで初めて「社会主義」という言葉を自覚的に使った（『個人主義と社会主義』三四年）。なお、「個人主義」という言葉も目新しく、彼が編集していた『グローブ』での二六年の用例が初出らしく、次にトクヴィルがこの語を使用した。『グローブ』は、以前はサン＝シモン主義者の『生産者、「産業」と「科学」と「芸術」に関する哲学的雑誌』を嘲笑するような自由主義派の雑誌だったが、その編集をやっていたルルーがサン＝シモン主義者になってからサン＝シモン主義の機関誌に変えられてしまい、ルルーがアンファンタンと手を切った後はシュヴァリエに引き継がれる。）それから、カトリック的社会主義のラムネ。教育の宗教からの分離のためにミシュレとともにジェズイット攻撃をしたキネ。（二五年にヘルダーの『人類の歴史哲学のための諸理念』を翻訳、『人類史の哲学序論』五七年。）プルードン。イカリア共産主義のカベ。（彼は、ルルーやルイ・ブランと短命の社会主義者同盟（五二年）を設立しもする。）彼等の思想はいずれも、文明史論的考察をこそ基礎にしている。

(3) カトリックの動向と新世俗宗教

ところで、これらの人物たちはいずれも非常に強い宗教的傾向をもっていた。しかも既存のキリスト教からは距離を取っていた。教皇権至上を説くことから出発したラムネさえ、教皇から破門される運命を甘受した。ここで、カトリックの動向と一九世紀知識人の宗教に対する態度について述べたい。

カトリックは、フランス革命の一時期の非キリスト教化政策にも拘わらず、（反革命の内乱の一要素ともなったことから分かるように）フランス社会の日常生活に規範を与える主たる精神的基盤であることをやめなかった。そこで、ナポレオンは司祭達の民衆への影響力を利用しようと、一八〇一年にローマ法王庁と協約を結び、教会の世俗国家への従属（教区の大幅な削減的再編や人事を政府の行政指導のもとにおくこと、司教と主任司祭に政府が俸給を支給し彼等を国家公務員的に処遇すること等）という条件のもとで、キリスト教の復権を、「それがフランス市民の大多数の宗教である」として認めた。一四年の王政復古は、カトリックを再び国教化したが、ユルトラが目論んだ革命期の教会財産売却の無効化は結局は所有権不可侵の規定を定めた憲章のもとで実現できなかったし、司教座倍増を模索した一七年協約の後の一九年の再改定は聖職者をナポレオン法制の枠内に止めおくことを追認した。

次いで七月革命は、シャルル一〇世のカトリック反動に対する反発という形を取り、カトリックの非国教化を招いた。しかし、このような痛手を受けてもなお、カトリック勢力は根強く、特に教育の支配を目論んだ。三三年のギゾー法は各市町村に公立小学校の設置を義務づけ、その際に初等教育の自由化を推進するため既存の教会系私立学校を公立校として認定することを許したが、教育の世俗化を望む法案推進者の意図を裏切って、結果的に教会の影響力を強めることになった地域も多く見られた。そして、すでに一八一四年に教皇ピウス七世によって再興されていたジェズイットの教育界への復帰は、むしろ教育の自由を損なう方向に向かう。ただし、四六年に教皇グレゴリー一六世はジェズイットを再び追放する協定をルイ＝フィリップの政府と結ぶなど、複雑な動きがあった。教皇庁の要求によって『未来』誌の廃刊はしたが自由主義の取り消しには応じなかったラムネを三四年に破門、彼の後継者モンタランベールの創立になるカトリック政党の自由主義も気に入らず、教皇庁はその時ついでにジェズイットにまで不信を覚えたのである。ちなみにそのモンタランベールはクザンとその大学教育、哲学を、国家による教育独占の非難という形で批判する急先鋒であった。対するにクザンは、カトリックのマジョリテゆえの国家的重要性は承認するが、宗教上の寛容が自由に必須の条件であり、自由を本質とする人間性の涵養が求められる教育の場の特定の学派による支配は退けられるべきと主張した。四四年に上院でクザンは大学の危機を回避せんとモンタランベールを批判したが、大勢はクザンの意の反対に向かいつつあった。

なお、カトリックの教育現場への勢力の消長は、フランス語よりはラテン語が尊重されるかどうかに表れた。たとえばナポレオンの〇九年には哲学教育でフランス語を使うかラテン語を使うかは教授に任され、二一年のユルトラ政府のもとではラテン語だけが認められ、講義停止に追い込まれていたクザンやギゾーを呼び戻したヴァティメスニルによってはフランス語が求められる、という具合である。

そして、四八年の二月革命後の臨時政府で宗教・公教育大臣に就いたカルノー（大革命期の軍の英雄カルノーの次男）は、かつての『新百科全書』（三四年）の編集仲間レーノー、そしてジョフロワ・ティレール、キネ等の助力を受けて初等教育の無償・義務化を盛り込んだ共和派的教育改革法案を準備したが（このとき、フランスでカントを初めて積極的に評価し養分となしたルヌヴィエの『人間と市民の共和主義的マニュアル』が、問答形式をとった道徳教育読本の一つとして、全国の初等教育教員に配布されることが図られた）、五〇年にはカトリックの勝利を意味するファルー法に取って代わられた。すなわち大統領ルイ＝ナポレオンの指名によるバロー内閣の「聖イグナチオ・ド・ファルー」とあだ名される王党派のファルー教育大臣のもとで、中等教育の自由化という名目で、公立学校一元制の廃止と私立学校の共存の承認によって実質的にはジェズイットの中等教育への浸透を可能にすることが図られたのであった。またアカデミー（大学区）長官の資格緩和は、聖職者やその周辺の人物の長官任命に道を開き、公立学校の支配（長官による恣意的な教員の処分権行使）までが企てられた。この教育現場の再キリスト教化をもう一度逆転することは、ナポレオン三世のイタリア政策とヴァチカンの衝突を契機とした自由帝政期の公教育大臣デュリュイの登場、それからとりわけ教育の世俗化を強く打ち出した、第三共和制下のフェリ法（既述）まで待たなければならない。（すでに七九年にまたしてもジェズイット解散・放逐、後に反ドレフュス運動のアソンプシオン修道会の解散、一八〇一年来の協約の一九〇五年の破棄と国家の無宗教性宣言へと事態は進む。）

ところで、カルノーもレーノーも、熱烈な宗教意識に満たされた集団である、アンファンタンを統率者とするサン＝シモン主義の元メンバーである。そしてファルー法作成をリードしたのは、パリ司教代理デュパンルー（彼は六三年にリトレのアカデミーへの選出を阻み、第三共和制初期にも、教権主義に力を貸した大統領マクマオンの宗教事項顧問を務めることになる）だけでなく、かのモンタランベールと、実に王政復古期以来の自由主義者ティエールなのである。このような入り組んだ事情は何を物語るか。社会秩序の設立ないし維持に当たっての宗教の役割の大きさの評価に関わる。

革命期の未曾有の転変と混乱の経験が人々に秩序を求めさせた。恐怖政治のあと観念学派は理性による「人間の科学」の理念に秩序の回復の原理を求めた。しかし、彼等は帝政期に力を失い、国内に安定と秩序をもたらしたのは軍事的強権であり、挙国的総力的対外戦争の遂行であり、それでしかなかった。それは平常時の秩序ではなかった。そして王政復古後も、長命となった第三共和政にたどりつくまで、政治体制は次々に変わった。ところが、カトリックは平和時の秩序維持のために働く既存の原理の最有力の一つであり、絶えず力を揮い、したがってまた利用された。ナポレオンやティエールの場合がそうである。

けれども一方で、カトリックが政治的に過去回帰的な勢力と結びつく限りで（共和派と同盟した二月革命の最初期を例外として）、少なくとも多くの知識人の目には、その指導力に綻《ほころ》びが見えてきていた。しかしながら、何らかの宗教なしで社会に秩序が保たれ得るのか。前世紀のキリスト教攻撃の時代にあっても、大衆のためには宗教は必要であるという考えは多かったし、革命も理性や最高存在を祭り上げるたぐいの宗教的儀式を執り行ったのであった。そこで、既存の宗教勢力に背を向ける人々には新しい宗教が要ると思えた。前項の最後に挙げた人々の場合がそうである。

労働する産業的階級が新しく産み出してゆく豊かで秩序ある社会を構想したサン＝シモンは、その社会が道徳的にもまとまりある社会であるためには「新キリスト教」を創造すべきと考えた。未だ欠如している「社会についての科学」を打ち立て、その知識によって社会に秩序をもたらそうというコントも、感情の力を発見し、人類を愛する「人類教」の必要性を説いた。そして、サン＝シモン主義の普及に生涯をかけたアンファンタン等は、現在の一時的無秩序から抜け出て得られる未来の産業社会は精神的権力によって指導されなければならないとして、そのために教会をすら創設し、各地で（外国でまで）布教し、まるで修道院でのような隠遁生活までしてみせた。フーリエも、情念の教育によって得られる調和的な愛の新世界を描き、少なくともコンシデランのようなその思想の伝道者と使徒的実践者をもった。そして、ルルーも「人類教」を興しジョルジュ・サンドや最初期のフェミニズム運動家デリクール等を夢中にさせた人一倍濃厚な宗教的人間であった。彼や共産主義のカベは、未来志向でありながら一種、原始キリスト教共同体のごとき社会の在り方を理想としたとも言え、カベとその弟子達はその実験にまで進んだのである。

だが、カルノーやレーノーはアンファンタン流のサン＝シモン主義からは足を洗っていた。彼等を含め、サン＝シモンに心酔した多くが理工科専門学校出身の人々は、一九世紀後半のフランスの産業社会を発展させるためにいつの間にか指導的立場を占めて貢献したが、その実践はテクノクラートとしての資格においてであった。アンファンタンだけが、宗教的夢想家のままで一つの実践、すなわち二八社に細分化されていた鉄道会社を六企業に統合するための皮切りの仕事、パリ―マルセイユ間の三社の合併に成功した。けれども、彼がスエズ運河の構想を、(彼の目からすればレセップスに横取りされたのは当然であった。サン＝シモン主義は技術者による産業と社会の管理の理論としてのみ生き延び、影響力をもつことができた。

第二共和政から第二帝政へ、そして第三共和政へと進むにつれ、大規模な産業の進展が社会の構成の仕方に大きな影響を及ぼすようになり、宗教の役割は小さくなった。ただカトリックだけは既存の社会勢力としてこの動きに抵抗したが、ユートピア的新宗教の普及のほうはどれも夢に終わったのである。実際、コントの場合も、リトレが「人類教」を切り捨て、進歩し続ける科学主義としての実証主義を擁護し普及させようと努力したからこそ、今日のように知られたと言える。また、デュルケムの社会学は、宗教の社会統合力を重要現象として分析の対象とすべきとは考えても、宗教を興すことなどは断じて考えず、そこに実証的な学問としての社会学が成立したのであったし、タンヌリの科学史学がコントを基盤としたときも、コントの宗教的側面は無視されてかまわなかったのである。

同様に、七月王政下の進歩的労働者たちの未来を告げる呪文のごとき合言葉「協同・結社《アソシアシオン》」も、世紀後半になると、そのユートピア的性格から脱皮するに従って感情的・宗教的色彩を捨てた。これはまた労働運動を援助したトリスタン（画家ゴーギャンの祖母）やジョルジュ・サンドも属する浪漫的文学が、次第にレアリスム文学に取って代わられるのと軌を一にする。（ただし、この傍らでボードレール、マラルメ、ヴェルレーヌ、ランボー等は異質の動きをし、八〇年代後半に躍りいで、二〇世紀に入って乱舞する象徴主義を先取りする。）こうしてテーヌやルナンの公衆受けする科学礼讃的思想をよそ目に、一九世紀後半のフランスでは、哲学と思想の新しい動きが見られることになる。

(4) 人間の自由という哲学の主題

教育制度が社会秩序創出のために整えられるということ、そして、それがカトリックと新勢力との攻防の場となり続けたことは相変わらずだが、歴史意識は変わりつつあったし、社会を実現し統合する精神的力としての宗教、愛を中心とする感情の力への信仰を本質とする世紀前半の世俗的新宗教への情熱は、物質的繁栄のうちで消え去った。秩序崩壊後の強烈な歴史意識が惹き起こしたさまざまのあるべき社会秩序の構想をくぐり抜け、現実は、（立憲君主制のうちに自由の保証をみてきた）自由主義が、（「多数の暴政」ないしは「民主的専制」――トクヴィル――という帰結を不可避に招くものとして恐れていた）民主主義に己を託し得ると思えるようになったことの中に、解答を用意したと思われた。第三共和政は、恐怖政治を一時的逸脱と位置づける革命史観のもとで、革命百周年記念の万国博を、エッフェル塔という進歩する産業社会を象徴するモニュメントを引っさげて開催することができ（エッフェルは、鉄道が発達する時代の鉄橋を建設する技術者であった）、この（七〇年のセダンの降伏にも拘らず）己に自信をもったのが今や支配的な歴史意識である。

すると、ロマン主義と共鳴し社会的実践との結合に傾く自由主義の熱気の代わりに、今や哲学者たちは、科学が発見する自然と人間とを支配する秩序の大枠を認めた上で人間精神の自由の余地を探すという理論的問題に熱中しはじめる。そして、ここで人は久しぶりに、一般に普及せる哲学史の教科書に記された哲学者たちに出会うことになる。

すなわちルヌヴィエとルキエであり、ラシュリエ、ラニョー、ブトルーであり、フイエとギュヨーである。彼等の考えにほぼ共通する基本的方向は次のようなものである。理念でなく日々の経験の中で確かめられる第一の事実は行為における個人の自由であり、秩序や必然性の概念は行為に従属する認識において制限的に有効で、偶然性を抱え込んだ現実の事象全体を制約するものではない。（ちなみに偶然性の問題は彼等に先立ち、あるいは後から、違った領域で、クールノ、タルドが論じた。）そして、それらの議論には確かにカント思想の流入のあとが見られるとしても、すでにメーヌ・ド・ビラン等の内省の系譜においても見られるフランス哲学の伝統に従って、彼等の自由の問題の扱いの特徴は、自由を叡知的領域に隔離しないこと、超越論的主観を現象的・心理的な個人の主観から分離せずに、認識主観を行為主体に統合する道を探ることにあった。（ちなみにクザンも意志をもって個人の本質と考えていた。）また、あたかもコントに従うかのように、存在の数学的形式、物理、化学、生理、心理、社会等の諸形式を区別し階層性を認め、そこに秩序ないしは必然性の存在を承認しつつ自由を位置づけるという問題の解決を求める傾向があることも、彼等の特徴の一つとして挙げ得る。そして、これらのことを念頭におくと、周辺のさまざまな思想の類縁性も見えてくる。物質から生命を経て精神に向かう目的論的構造を認めるスピリチュアリスム（ラヴェソン）、生命現象のクロード・ベルナール的把握と科学のポアンカレ的解釈、心理学における力動主義（シャルコー、ジャネ）、生命概念にインスピレーションを得た進化論哲学と社会学（ある面のベルクソン、エスピナス）。そして、精神の自己把握としての反省をただちに倫理的事柄へと方向づける、キリスト教的色彩が濃厚な二〇世紀前半に有力で現在にまで引き継がれる反省の哲学も、この一九世紀後半に切り開かれた哲学の胎動を踏まえてこそ深められたのだし、その内面的精神性追求の中で実存主義の土壌も培われたのであった。

II　トピックで流れを読む

4 意識と我

(1) 不可疑に現存する我につながれた現われの領域としての意識

意識の概念を考えると、私たちはおのずと、意識するものたる我と、意識される事柄たる意識内容と、二つの事柄を考えます。その際、我が意識の前提をなすことも至極当然だと考えます。それは、私たちが具体的意識について語るその度に実際の主題となる意識内容は、我のもつ事柄、我のもつ内なる事柄と規定されていることのうちに明確です。哲学史的に見た意識概念の登場の経緯のうちにも、この、意識が我を前提するという関係は働いています。実際、意識の概念は、真なる知識と対比された主観的な思い込みに過ぎぬもの、我にのみ通用する事柄を限界づける役割を持って登場しました。しかるに、本日、私は、意識の概念を前面に押し立てた同じ西洋の近現代哲学において、いま述べました、我の概念が意識の概念に先立つという自明的な関係にも拘らず、意識の概念の方が我の概念を基礎づけるという逆立ちした構造が実質的に承認されてき、ここに、我と意識との両概念が縺れ合ったこと、これをその理由とともに指摘し、両者の縺れを解きほぐすことを課題にしたいと思います。

さて、主観的な思い込みは我にのみ属する事柄です。しかし、翻り、主観的思い込みと対照させられている、いわゆる客観的な知識にしても、実は知識の所有者としての我に既につながれています。実際、件《くだん》の対照が云々《うんぬん》されることになったのも、知識の我へのつながれの事態が主題化され、その結果、知識として通用していた事柄が若《も》しかしたら単なる我の思い込みに過ぎないのではないかという可能性が気づかれる、そのような問題化の中でのことでした。この問題化に関し、四つの事柄が指摘されるべきでしょう。第一は、客観的知識が中心主題であることに変わりはないことです。第二に、しかし、この目標が実現されているかどうかの評価の違いによって、知識と単なる思い込みとの対照が生まれてくることです。そこで、この対照というものは、同じ事柄に加えられる二つの評価ないし解釈に対応した対照だと言うことができます。そして、第三に、この同じ事柄が、「意識内容」そのことに他ならないという概念規定を受けるのです。知識も、思い込みと同じく、まずは意識内容たる身分に属しています。その限りで知識は我の有する知識であります。ただ、知識が成立するときには、この意識内容はいわゆる「意識外のもの」のもつ規定を忠実に写し取っていると評価されるわけです。ですから、第四に、この点からするなら、意識と意識外のものとの対《つい》は、現象と存在との対の新しい表現ともなっています。意識内容がそれとしてあること、これのみが現に与えられた事柄であり、この意識内容という現象を唯一の出発点として、学は、この現象が指示し得る事柄、真に存立している事態へ到達しようと試みなければならない、このような認識論的構造が、意識の概念とともに輪郭づけられたのでした。

実際、認識の可能性の問題が、知識の我へのつながれの主題化と意識概念の登場を促しました。そこで、私は、デカルトによる知識の真理性の検討を念頭に置いて、意識と我との両概念の絡み合いを考察することにします。

デカルトは、知識の真理性の問題を、不可疑性という基準を用いることによって解こうとしました。そして、私の見ますところ、この基準によって彼は、重要な論点を二つ、哲学史に導き入れました。我の現存の不可疑性が第一、真偽問題を招く判断がなされる前にそれとして自己告知する現われの概念、すなわち、一切の学の唯一の出発点となるべき現われの概念、これが第二です。しかして、第二の概念は、近代科学における生《なま》の事実の概念と連携していてそれを基礎づける極めて重要な概念で、これの概念規定を初めて可能にしたのが意識の概念だと、私は考えます。そして、意識の概念により、一般に現われの概念は我へのつながれの中で哲学の主題となっていくわけです。

ですが、現われと我との両者間の関係は透明化されずにきたような気がします。意識と我の両概念の縺れというのも、現われの概念との関係で我の概念がしかと位置づけられていないことから来ている、こう私は考えます。しかして、この不確定性は、デカルトの発見の第一のもの、我の現存の不可疑性、これの内容自身が実は暗いままに放置されていることを言うに他なりません。以下、これらのことを論じたいと思います。

知識の真理性を巡る一連の疑いの試験の後で、デカルトが最初に不可疑な知として取り出したのは、我の現存でした。そこで人々は当然に、この知の有りようを問題にし、種々の解釈を施したり批判したりしてきました。私はといえば、この知の有りようを、デカルトの業績として私が指摘した第二の点との絡みで、吟味すべきと思います。つまり、学が可能なものであるならそこから学が出発すべき現われがまず確定されるべきであるとする原則を、我の現存についての知、デカルトの考えでは学の始まりに位するもの、に適用するなら、私たちは、我の存在の現われの有りようを確定すべきこととなりますが、これを課題として立てるべきだと思うのです。私の考えでは、この課題を念頭に哲学史を振り返ると、大それた話のようですが、西洋近現代哲学が脱け出せないでいる混乱が見通せるように思われます。

(2) 意識の形式と我の現存の様式

我の現存の知を可能にする或る現われの有りようを確定すべきというのは、私の要請です。ところが、一般に、学の唯一の地盤たるべきものとしての現われの概念は、デカルト以降の近世哲学において、意識の概念によって輪郭づけられてきました。すると、意識の概念を切り開いたのは確かに不可疑のものとしての我の現存の確認なのですが、我の概念は、いったん意識概念を可能にした後では、意識概念の自明な前提であると見なされつつも、その実、肥大化する意識の機能の内に呑み込まれていくことになる、そういう路線が敷かれていた、こう言えると私は考えるのです。つまり、現われの一般的形式は意識によるものであるとする大原則が承認され、この原則の下で、もし我もまた現われるものであるなら、我は意識が指定する形式に従って現われるべきだし、だから裏返せば、その形式の外にあるならば我は現われるものたり得ることはない、こう人々は考えるようになってしまったと、私は指摘したいのです。自己意識なる概念の流通を始め、精神実体なる概念の批判、ないし、自我なる観念の経験的形成の理論、先験的主観の概念、意識の志向性の理論とそれの実存哲学的解釈、すなわち我の自己超出の思想、これら西洋近現代哲学を満たす諸思想の生起は、一方で我の現存の承認のみが意識概念に正当な位置を与えるという事態があり、他方で、しかるに、我の概念に内実を与えるために何かしら現われるものに依拠しようとすると、それら近現代哲学の枠組では、現われの唯一の形式として承認されている意識の概念に頼らざるを得ないことになっている、しかも、この頼ることがうまくいかず、その結果、自明であるはずの我の概念の正確な規定ができない、このような状況の中なるものだと考えると、その運動の論理が見えてくるのではないでしょうか？

　さて、すると、次の事柄が解明されねばなりません。すなわち、我の現存が最初の不可疑な知の内容として取り出された限り、その際に我の存在の或る様式における現われが働いていたはずなのですが、その後、現われの様式を指定するものとしては、まさに我の概念によってのみ可能となった意識の概念こそが独占的に引き受けるようになった、この事情が解明されるべきです。私は、この事情に責任があるのは、他ならぬ不可疑性の基準、我の概念を最初なるものとして掘り起こすものとして働いた基準が、前もって或る解釈の中に置かれていたことだと、そう思います。

　元来デカルトは、不可疑なものを把握する作用を直観に求めていました。しかるに、直観こそ実は、後に意識の概念が指定することになる現われの形式を統《す》べるものなのです。ともあれ、直観が演繹と並ぶ学の方法とされ、それどころか演繹の本質をもなすものと考えられていたことを想い起こしましょう。ですから、不可疑なものが見出されるものなら、第一に見出されるものが、体系性を持つ知識の総体における原理の位置を与えられるのは自然でした。つまり、己自身において明証的であり、それから他の諸真理が導き出されるはずのもの、そういう原理たる資格を持つものを見出すことが、当初の目標だったと言えます。

ところが、最初に不可疑のものとして知られたのは我の現存でした。ですが、いったい、我の現存知は第一の原理と解釈されるべき筋合いのものなのでしょうか？　私が提出したい問いは、いわゆる、デカルトにおける第一原理の曖昧さに関するものではありません。その曖昧さは、コギトと神の存在証明と両者のいずれが真に第一の原理であるかという問題として表されます。しかるに、私が問題にしたいのは別のことで、こう表現されましょう、すなわち、我の現存の不可疑性は、直観、演繹、原理等の言葉が通用するような、ないし、馴染むような、知の形式の内部で、それとして確立されている不可疑性でしょうか？　私の見ますところ、真の問題点は、不可疑な知の性格に関して、つまり、不可疑なものの知られ方の様式に関し、デカルトに曖昧さがあることとです。そして、この曖昧さの根本は、我の存在の現われの様式に関する曖昧さに他なりません。

ところで、私たちは、不可疑性に関し、意識の事実の不可疑性を挙げ得ます。実際、「意識に現われる限りでは一切は確実な事柄である」なる命題は、西洋近世以降の大原則となっております。いわゆる誤った感覚も、夢も、奇怪な想像物も、それらが少なくとも意識内容であることだけは疑って否定しようともできないこととされます。意識におけるる現われが学の磐石の地盤と考えられたのも、その現われのこの不可疑性によります。すると、これまでの私の話の流れからしますと、我の現存知の不可疑性と、意識事実の不可疑性と呼ばれるものと、そうして、直観が対象を判明に把握する際の不可疑性と、三者の関係を吟味することが必要であることが気づかれます。

(3) 対象の直観に向かう思惟の目的論によって曖昧さの中に置き去りにされた我の現われの様式

そこで、西洋近現代哲学が辿った解釈を分析しましょう。この解釈において、我の現存知、思惟に内在する目的論、意識の概念、これら三者の実に興味深い絡み合いが見られます。既に述べましたように、デカルトは己が企ての出発点において既に、最初に見出される不可疑なものは第一原理であるはずだと位置づけてしまっていました。けれども、我の現存知が最初の不可疑な知の内容として取り出されたとき、これから他の諸真理が、恰も数学において諸公理から諸帰結が演繹されるがごとく、導出されるわけではありませんでした。それは確かです。しかし、我の現存の不可疑性が我が思うことの不可疑性と解された上で、そのコギトと神の観念との間で明証性の優先順位が争われ、第一原理の曖昧性が議論されるような状況があるなら、それは、我の存在の知られ方も直観の形式に従う知られ方だとデカルトが解釈していると、こう見られるからです。そして、デカルトのこの方向での解釈は、コギトの明証性が知的観念の判明性と同列のもの、あるいはそれどころかその範例たるべきものとされることの中で、鮮明になっていきます。

この事情を私は次のように理解します。デカルトにとって、学の方法は終始、直観なのです。直観は不分明なものを学の内容から遠ざけつつ判明なものに向かいます。そして、これが思惟の本来的運動なのです。ただ、形而上学的疑いの結果、直観の判明な対象だったものは、諸事象の本質の認識を宿らせている真理性から切り離されます。しかるに、疑いを遂行し、認識を目指している我、すなわち、思うことの目的論の内にある我において、その現存が不可疑のこととして確認されます。そして、我の現存はもちろん、学的知識の第一の内容たる資格を持たされます。そこで、我の現存の不可疑性の実質をなす我の現存知の明らかさは、学知が学知である限り有しているはずの判明さに関わる明らかさに等しいものであるかのごとく解釈されます。ここにおいて、我の現存の不可疑性は、直観がその対象についてなす把握の不可疑性と同等視されます。

他方、不可疑的に現存している我が思うことに支えられて、種々の思いの対象は、意識内のものとして与えられた限りでは不可疑な事柄だとされます。この限定は、思いの対象性の真理性からの切り離しによるものです。ところが、この切り離しの効果は、かつては決して確実な知の内容たり得なかった不分明な思いの内容にも及んで、それが主観的な思いの内容であること、意識に属することに関しては確実である、という状況を生み出します。意識内容たる限りで、思いの判明な対象も不分明な内容も、その現われの確実性の点で同列に並びます。従って、意識内容の、現われとしての不可疑性は、直観の対象の、その規定の把握に関する不可疑性とは、別の事柄です。とはいえ、にも拘らず、意識内容は対象的仕方で現われるのだ、ということが、直観されるものの対象性を範例に前提されます。デカルトが、意識内容たる観念に関し、その客在的実在性を指摘したのは、この事情を指します。

（もちろん、意識内容の現われ方は非対象的仕方によるとする見方も、哲学史の中で出てきます。が、大勢として、意識概念は、対象の現われを可能にする条件として考えられていくことになるのです。たとえば、マルブランシュやメーヌ・ド・ビランにあっては、自己意識の現われは、観念の現われや表象的現われとは対比されて、その様式の独自性が確保されて叙述されています。特に、マルブランシュが思うことと意識することとを別の事柄としたのは、歴史の大勢が、意識の概念を思うことの目的論の内に引き入れていったことを考えると、注目に値します。彼によれば、思うこと――認識を旨とする機能である思惟――は、意識の内にあるのでなく神の内にある諸観念に到達するのであり、逆に、意識――自己意識――は決して対象的意識にはなりません。しかし、残念ながら、彼にあって、我の現存知は諸観念の対象的現われの前提ではありません。却って、意識による我の現存の感知に、観念による我の本質の迂回的認識が対置されます。意識と観念との二元論は連絡がつけられず、しかも、彼の認識論を究極に支配しているのは光の一元論です。なぜなら、我に最終的に与えられる地位は、その、認識を可能にする一元的光の逗留点たる地位なのですから。

他方、メーヌ・ド・ビランは、我の現存知が諸対象の表象的現われの条件であるという事態から目を離しません。反面、彼は、我の非表象的現われをなす彼の意識概念に関係的構造を持ち込みます。この固執は彼を西洋近世の伝統の中に投げ込み、彼の試みを危くします。）

さて、対象的現われの理想は、直観の判明な対象となる仕方での現われです。そこで、意識内容の現われは、その各々の内容の相互区別的規定に関して不分明なものから明瞭なものへと序列を作ります。すると、この序列づけの目的論の内で、意識内容が現われていることの不可疑性が、それらが相互の区別的限定の内に把握されているその仕方の不可疑性と混同されることが起き、しかも、意識内容の現われを言表しようとする試みが不可避であるゆえに、しかして、その言表は或る現われを他の現われからの区別のうちに置くことを要求するがゆえに、相互区別的限定に関する不可疑性が自然に優位に立つことになります。翻り、このような事態を受けた後で、不可疑なものとして真先に取り出されていた我の現存知の方に今一度注意を向けると、これは、一切の意識内容の現われの不可疑性の根拠でありながら、今や更《あらた》めて、意識内において第一に判明な事柄だと解釈されます。すなわち、恰《あたか》も、直観によってその規定が不可疑な仕方で把握されるものであるかのごとく、解釈されます。その判明さの程度にこそ差はあれ、その現われ方に関し、我の存在も意識内容も、同様だというわけです。

こうして、意識を現われの唯一の場とする知の場面の一元性の思想が確立されます。重要なことは、この知の理念を支配しているのは、相変わらず思うこと――認識を目指す思惟――の目的論であること、従って、意識における現われの形式を支配しているのは直観であることです。デカルトが、思うことの内容を、一方で、疑うこと、構想すること、感覚すること等と、その諸様態を列挙しながら輪郭づけながら、他方で、思うことの主要属性ないし本質を純粋知解作用に求めていった時、彼はこの目的論を追認したのに他なりません。そこで、確実なものの探求とは、結局のところ、判明な対象の不可疑な把握を目指しつつ、意識内の諸々の現われを、不分明なものから判明なものへと序列づける直観の運動に場所を空けることを意味します。そして、実際この手続きによってのみ、思惟は、意識内対象から、その表象性を介して、本質や存在するものへと到達することができる、つまりは、対象性に再び真理性を返し与えることができるとされるのです。そうして、我の現存の不可疑性は、この目的論的運動の手前で取り出されるものであるにも拘らず、むしろこの手続きの正しさを保証する役割を持たされます。我の現存の不可疑な知は、この目的論に添う第一の成果であるかのごとく解釈される転倒がまかり通るわけです。

しかし、まさにこの点に不整合があり、それゆえに、意識の概念が直観の指定する構造を持つものとして洗練化されていく過程の中で、我は意識概念によっては扱えない奇妙なものとしての処遇を受け始めることになります。実際、直観が意識の構造を統べるものであることを承認しつつ、他方で、直観はその対象を要求する点に着目するとき、私たちは、我と意識との両概念が縺れ込んだ思想史上の紛糾の分析の、第二の局面に移ります。その局面とは、意識の概念の支配の下、かつ、意識の概念の或る方向への洗練化の過程によって、我の現存知が蒸発させられていく論理を解明するという局面です。

⑷　対象的意識の形式のもとでの我の現存知の蒸発

我の現存は、デカルトにあって、認識を目指している我、思うことの目的論の内にある我において確認されたと私は言いました。そこで、我の現存の不可疑性は、「我が思うこと」の不可疑性として規定されました。私は後でこの規定の含む事柄について議論したいと思います。そこで、それは一まず措《お》くとしますと、当面の問題は、「我が思うこと」の不可疑性から出発して近現代哲学がとった次の歴史的経緯を指摘し、かつ理解することです。すなわち、私の考えでは、近現代哲学は、「我が思うこと」は「何かしら或る事柄が我に思われていること」だという論理的等価関係を利用しつつ、大筋としては、我の現存知の問題を置いて、諸々の思われている事どもの現われと、それら現われが指示する事態とにこそ重要な問題を見て、これに没頭し、あげくに、もし我の現われの問題を論ずる段になると、それをもこの一般的問題の枠組の中で処理しようとしてきた、そして、その結果、我の現存知の内容を空っぽにしてしまうしかなくなってしまった、と、こう思われるのです。しかして、このような歴史的経緯において中心的役割を果たしたのが、意識の概念です。眼目は、西洋の近世以降、我が思うことの不可疑性は、或る事柄が意識内容となっていることの不可疑性として解釈されてきた、この点の解明にあります。

思うことの目的論を統べているのは直観です。思うことは対象へ向かいます。しかして、意識の概念の登場により、思いの対象は、それが現われる限りでは意識に属し、意識における限りでは不可疑なものとして現われるものになりました。このとき、直観は、その対象の判明な把握によって真理へと到達するという権限を奪われ、つまりは、その対象は存在自体や本質そのものであるのではなく、意識内容、意識に相対的な現象でしかないということになり、そこで、直観は、その認識機能に関し、いったん、我の他の諸作用と同格のものとなりました。実際、諸々の意識内容の現出に責任あるのは、ひとり直観のみならず、デカルトが思惟の諸様態として列挙した諸作用すべてであると考えられたのでした。けれども、その先があります。それら列挙された諸作用を統一するもの、というより、それらの諸作用を他ならぬ意識の存立につなぐものは何かというと、思惟、対象的思惟とされたのです。諸作用は思惟の諸様態とされ、しかるに、思惟の本質は対象の直観なのです。かくて、意識の概念は、結局、直観を旨とする思うことの構造に貫徹されていきます。しかして、私の考えでは、この方向の行きつくところが意識の志向性の理論であり、その中途に、先験的観念論があります。

(5) 意識の志向性の理論・先験的主観の概念・実存哲学・ドイツ観念論

実際、意識の志向性の理論は、直観はその対象を要求するという構造を、直観よりももっと広範な我の諸作用に及んで、徹底的に取り上げることを企てるものです。この企てはもちろん、意識の概念は、直観の作用よりはより広範の事柄を、たとえば情念などをも含むものとなっていたことを踏まえております。(これがなぜかについては後で論じます。）かくて、意識は必ずや何かについての意識であると、意識の志向性理論が言うとき、たとえば情念についても、それは何かしら或る対象についての情念である、ということも主張されるわけです。要するに、志向性理論は、諸々の対象的現われを生じさせることを使命とするものについて、それを「意識」と命名しつつ語るわけです。しかし、私が考えますに、この理論において、西洋近現代哲学において、意識と我との両概念間に設定されてしまった奇妙な関係の見事な表現を見出すことができます。

　志向性の理論は、今日の話の出発点にとった考え、すなわち、意識概念に、意識する我と意識される内容と二成分を見出す考え、これを含んでいると言えましょう。なぜなら、意識作用の概念は我の概念を内に隠し持ち、意識志向項の概念は意識内容を表現していると理解できるからです。そして、意識志向項は意識作用の働きによってのみ現れるものである限り、我が意識における現われの条件として前提されていると言えましょう。

　しかし、問題はこの我にどんな具体的内容を与え得るかです。我の規定は我の現われを要求します。ところが、意識は常に何ものかについての意識であるのなら、無についての意識は意識の無とならないでしょうか、対象なき直観はもはや直観でないように？　すると意識が己の作用を実現し己に実質的内実を与えるのは、その志向項が与えられることによってです。そこで、意識作用の概念が我の概念を内に隠し持っていることを細心な吟味なしに承認しつつ、意識の志向性理論に則して我に関して何ごとかを発言しようとするなら、我は意識内容の現われなしには己も自己実現をしない何ものかと解釈される他ないことになります。けれども、その際、我の自己実現の意味は今一つ定かではありません。それは我の現われを言うのでしょうか？

　或る解釈では、意識作用の背後に控えている我の概念は、先験的主観として規定されるべきで、それは自らは現われず、他の一切のものを現われさせる条件であります。自己実現は自己現象ではありません。すると、それなら、決して現われぬものが何ゆえに語られ得るのかと、私たちは問うべきでしょう。それは単なる論理的要請によるのでしょうか？　しかし、その要請は何ゆえになされるのでしょうか？

意識の概念は我の概念を前提しています。しかし、この解釈ではその前提の理由を説明することができません。意識の志向性理論は、意識作用と意識志向項とを分節化して取り出しているゆえに、意識志向項の現われとは区別される意識作用自身の独自な現われの様式を探求すべく誘《いざな》いもするという点、扱いによっては、その作用主体としての我の現われという問題点に関し、私たちを新たな地点に導く可能性を持っています。けれども、意識の志向性理論は、実存哲学において、我の自己超出の理論へと発展させられました。これは何を物語るでしょうか？　現われるものは皆、直観の対象たる資格で、あるいは、意識内容として直観的対象の現われを範型とする仕方でのみ現われるとする、西洋近現代哲学の根強い偏見が働き続けていることを物語るのではないのでしょうか？　我が諸事物の許へと自己超出し、かくて諸事物を現出させるという実存哲学の構図は、時に意識の哲学に対するに存在の哲学として、直観の哲学に対して実践の哲学として、己を位置づけようとするにしても、恐らく、ドイツ観念論における精神の外在化の理論と遠く隔たってはおりません。実際、対象的世界のみが、闇でなく光に照らされた世界、現われを享受する世界であるという、知の場面の一元性の思想が、実存哲学をもドイツ観念論をも支配しております。そこで、我ないし精神は、現われるために己の外、対象の世界に出て行かねばならず、かくて、己と己の現われとの間には隔たりが設けられるのです。

ところで、私たちは、「自己意識」なる非常に広く流通している概念を知っています。この概念は確かに我の或る現われを指示しようとしていますが、これもまた我の対象的現われを主張しているのでしょうか？

⑹ 自己意識という概念と意識概念の多義性

もし、意識の形式における現われとは対象的現われであるという、先験的観念論や意識の志向性理論が明示化していく事態が承認されるなら、自己意識なる概念が難点を含むことは、他の諸理論にもましてすぐに目につきます。その難点は、自己意識の概念は、意識の二成分たる主客に関して同一性を言っているが、それは可能なのか、という問いの形で表現されましょう。カントによる先験的主観と経験的我との区別は、この問題の所在を明らかにし、しかし、解決には至っておりません。ですが、この明白な難点にも拘らず、自己意識の概念は、日常的水準をも含めて、広く流通しております。これには何か理由があるはずです。その理由は、自己意識の概念においては、やはり、我の現存知の独自な有りようへの指示が試みられていることにあるのではないでしょうか？　実際、自己意識において我は「内的に」「直接的に」知られるのだと言われたりするとき、それらの形容語は、我の他の諸事象と対比しての特権的現われを表現しているのだとも解釈できます。しかるに、大抵の場合、直ちに混乱が生じており、かくて、自己意識の概念は多義的なるものとなっております。

まず、「直接的」なる形容語を考えましょう。我の直接的現われと対照されるべき諸事象の現われを考えると、「間接的」現われ、ということになりそうですが、実は間接的に現われるものは、それ自身としては現われません。それを指示する或る別のものが現われるわけです。そして、その別のものはやはり直接に現われるとしか規定しようがありません。ところが、この現われるものは思想史上で大抵の場合、意識内に現われるとされ、そこで、内的と「外的」との対《つい》は、意識内と意識外との対に他ならないことになります。そしてもちろん、外的なものは意識内の現われを通じて間接的に現われるとしても、それ自身としては現われません。こうして、内的で直接的な現われの様式は、実は現われの唯一の様式となり、意識の概念がこの様式を限定する働きをします。すると、結局、我の独自な仕方での現われという考えは消えていることになります。

確かにこの場合でも、我の現われの特権性は保持されていそうです。しかし、それは、我に関しては、意識において現われるものが意識外にあって自らは現われぬものを指示するという一般的関係を設定する必要がないこと、我自身が現われること、これを言うに過ぎず、その現われの様式の方は、我の現われもこれを一般の意識内容の現われと共有していると考えられています。つまりは、現われの場面の一元性の思想は貫徹されています。しかも、この我の特権性の保持が許されるのすらも、ほんの一時《ひととき》のことです。なぜなら、現われの様式の一元性が前提されている限り、その現われを指定するものとしての意識の概念の精緻化は、意識に現われる限りの我をば、我の本体、存在する我自身と見なすことをやめるよう要求することになりましょう。つまり、一般に、意識内における現われは意識外に存在するものどもを表象するものとして存在自体とは区別されるものであるなら、我も、意識内におけるいわば己が影を通じて間接的にしか認識されることのないものとなりましょう。この方向での解釈の卑近な例は、意識された我を、本来的我の実に表面的で部分的な現われに過ぎぬと解する、ある種の無意識理論に見られます。現象する我は、無意識のうちに潜みそれゆえに現れることのない存在する我から区別されます。

しかしながら、ここで二つの指摘されるべき点があります。一つは、元来、自己意識の概念は、我の影の現われを指示しようとしたのではないことです。飽くまで、我自身の独自な現われを指示すべき役割をも持っていたと思われます。そして、それゆえにこそ、自己意識概念の根強い流通があります。ただ、私の見ますところ、この流通は、意識概念が未だ洗練化されていないこと、多義的であることの上でのみ成り立っています。そして、西洋近世思想の中で大勢として意識概念が引き受けていく役割から考えると、意識概念による我自身の現われの指示という試みは、失敗しているわけです。そして、その意識概念の役割との関連で、第二の点が指摘されねばなりません。すなわち、意識概念が、直観を旨とする思惟の構造を取り入れてゆくとき、実に、意識は、我の影を映じさせるような場所ですらなくなるのです。ですから、この点では、精神実体の批判をなし、我の概念というものの、他の諸観念と並ぶ一観念たる資格での、意識内における経験的形成、これについて語る或る種の経験主義は、無意識の理論などより整合的だと評価できます。ただし、我の実体性の蒸発と同時に、肝心の意識概念自身、我なる存在の後見を失い、得体の知れぬものになるという致命的欠陥ゆえに、全体の試みは台無しになっております。

(7)「対象認識を目指す思うこと」の「意識内容の意識」への還元・「現われ自体としての意識＝認識に限定されない・豊かな内容をもつ思うこと」の純粋化

さて、自己意識の概念に曖昧な仕方で含ませられているかも知れぬ我の独自な現われの有りよう、これはどんなものでしょうか？　この問いに答えるためには、私たちは意識と思惟との両概念間のこみ入った関係を検討せねばなりません。なぜなら、我の現われが意識の概念によっては扱えぬものとなっていったのは、思想史の大勢において、意識の概念が思惟の目的論の下で洗練化されていったから、つまりは、直観の構造を下敷きにして意識概念が明確化されることを通じ、意識概念の当初の多義性が消失させられていったから、という、こういう事情があるからです。

誤解を招かないように申し上げておきますが、私はこれまで、「思う」という言葉で、「もの思いに耽る」とか「淋しい思いをする」とかの事柄をではなく、認識を目的とする我の活動を指示する、こういう暗黙の約束の上でお話してきました。その限りで、私は、思うことの目的論を統べているものは直観だと、再三、述べることができてきたわけです。けれども、まさに、淋しい思いをすることと三角形の本質を直観することとを、共に「思い」の二様相と見なせる場面があるらしいことを、私たちの日常の言葉遣いは物語っています。とはいうものの、ここには確かに、言葉の多様な含みからくる議論の困難さがあります。しかも、その困難さは、私たちが今、西洋の近現代哲学において起きたこととの関連で論を進めているゆえに、日本語と西洋の言葉との違いからくる困難さによって増幅されてもいます。けれども、もっと重大な困難さは、実のところ、当の西洋哲学を構成する諸術語自身が多様な意義を、それら相互間の関連の明確化を欠いたままに抱えこんでいること、ここに発しています。そこで、私は、以下、次のような図式によって、西洋近代哲学において生じた思想の運動の説明を試みたいと思います。

図式の第一段は、既に述べました、対象性と真理性との切り離しの作業を指示するのに他なりませんが、私はこれを今は更めて、「思う」ことの「意識する」ことへの還元と図式化したいと思います。しかして、この還元は、確実な学知の探求の理念の下、疑いの遂行によってなされたのですから、出発点に置かれた「思う」ことは、当然に、認識を目指す働きとして解釈されております。そして、認識が成就する限りで、思いの対象は、認識されるべき事柄自体であったはずです。しかるに、思いの意識への還元において、思いの対象は意識内容であるものとして解釈されます。この解釈変更において、たとえ認識が可能であるにしても、その成果、すなわち知識は、いつも我の所有する知識、我につながれたものであることが明示されています。

しかし、以上は既に述べましたことを繰り返したに過ぎぬのですが、実はこの第一段の運動は今一つの帰結を伴ったのでした。それは、「思う」ことの内容が、「意識する」こととの同等視の上で、単に認識を目指す働きであるという限定を離れて、より豊かなものになったことを言います。そして、これは、「思う」という言葉に日常的にこめられている意義の回復でもあるのです。しかして、私は、この事態に即してこそ、先に私が指摘しておきました課題、すなわち、我の現存の不可疑性が「我が思うこと」の不可疑性として規定されたことが含む事柄を考察するという課題、これを主題化できると思います。なぜなら、この規定の積極的に評価できる面をさがすなら、「我が思う」ことの意味をこの第一段の運動の終点におけるものとして考える必要があるからです。実際、我の現存が不可疑な事柄として確認された後で、我の本質が「思う」ことにあると規定されたのですが、この場合の「思う」こととは、認識されるべき対象をそれ自体において把握する作用を言うのではありません。この「思う」ことは、後に「意識する」という言葉で表示される事柄と同じものを指示しています。いや、むしろ、我の現存と思いとが不可分のものとして取り出されたことが、意識の概念を可能にしたのです。そして、私は、この段階における「思い」の概念規定においてこそ、第一に、思うことの諸様態として、構想すること、疑うこと、肯定すること、感覚することなどが列挙されたことの意義を汲み取るべきであり、第二に、我が「精神」として規定されたことの意味を熟慮すべきだとも思います。

第一点に関して言いますと、この段階では、思いの諸様態の間には序列づけがなされておりません。私は先に、デカルトが、疑うことや感覚すること等を列挙した時これらを取りまとめるもの、意識の存立につなぐものとして思うことを挙げたと述べて、それに否定的評価を結びつけて論じたのですが、実際は、その否定的評価を与えねばならなくなるのは、この後ですぐに論じます、図式の第二段、すなわち、近代哲学において生じた第二の運動によって、「思う」ことが再び当初の、認識を目指す狭い役割へ帰って行くことが見越される限りでなのです。つまり、思うことの構造が直観を範型とするものであると結局はされていくこと、別の言葉で言えば、思うことの本質的属性が純粋知解に求められ、かくて、先に列挙された思いの諸様態に順位付けが施されるようになる、その論理を承認する限りでのことなのです。けれども、この第二段の運動を論ずる前に、我の「精神」としての規定の意味を、今、取り上げるべきだと私は思います。

⑻　現われとして己の存在を成就するもの

我が精神であるということは、我が己を己に現われさせるものであることを言うと私は解釈します。あるいはむしろ、現われとして己の存在を成就するもの、現われの内に己を享受し、その享受が存在の謂に他ならぬもの、これが精神であり、我であると私は考えます。そこで、我が精神であり、我の本質が思うことにあるのなら、「思い」とは現われにおける存在の建立の生起に他なりません。そして、「意識」の概念もまた、この生起のかなり拙い表現であったと私には思われます。

けれども、「思う」ことは、認識を目指すという己の目的論的運動から離れるわけではありません。ですから、思想の運動のこの段階で「思う」ことは二つの現われに関わり合っているのです。すなわち、精神としての現われ、現われが己の存在の成就自身である現われと、認識されるべき事柄の現われ、ただし、真理性から切り離された対象としての現われ、これらの二つに関わっています。その証拠にデカルトは言明しています、他の何ものよりも精神こそが必ずやよく知られるものであると。表象性を持つ対象の現われは、別の現われによって、つまり、その現われの享受として己の存在を実現していて、従って、現われと存在との分離を含意する表象性を持たぬ現われ、これによって可能となっているのです。しかるに、私たちは注意すべきですが、精神こそが何よりも知られるというデカルトの言明を例解する役割をもつ彼の蜜蝋《みつろう》の分析は、同時に、認識の目的論の内にある限りでの思うことにおいて、その諸様態の序列化を計るものでもあります。

かくて、これまで論じました第一段の後で、直ちに第二段の運動、逆向きの運動が展開されているのです。すなわち「思う」ことは対象の判明な把握を狙い続けています。そして、対象の判明性を表象性と同等視することによって、対象性を、それからいったんは切り離された真理性に結びつけることを目論み、かくて認識の目的を成就します。しかして、この目的論に照らして「思う」ことの本来は相変わらず直観にあるとされるとき、己を己に現われさせるものの現われの様式としての思いの概念は消去されてしまいます。そこで、この段階では、我の本質を思うこととすることは全くの転倒になります。他方、いずれ意識の概念からも、現われとしての存在、現われる限りで存在する我の概念は蒸発させられていきます。これが図式の第三段、「意識する」ことの「思う」ことのいわば追っかけによる痩せ細りの運動です。これについて私は既に、意識の概念が思惟の構造に貫徹されることとしてお話しました。しかして、これは、すぐに見ますように、思いの概念と合致した意識の概念が関わる現われに関し、判明性と表象性との序列づけが徹底的に持ち込まれることによっています。その過程は、二つの別の仕方での現われに同時に関わる限りで多義的であった概念が、一義的なものへと洗練化されていく過程であると同時に、己の可能性を保障するものを失う過程でもあります。

⑼ 直観と情感

では、失われたもの、己の存在を与えてくれるものとしての現われの概念を、私たちはどのようにして具体的に指示し、回復できるでしょうか？　それは、我の現存の不可疑性が、「我が思うこと」の不可疑性と規定され、次で、これが、「何かしら或る事柄が我によって思われていること」の不可疑性として解釈されていく論理において見失われたもの、これを探ねることによって可能であると、私は考えます。我の現存の不可疑性を、「我が思うこと」の不可疑性と規定することは、我の思いが、先の図式の第一段の運動の終点に位置するものを言う限りでは正当です。しかし、「我が思うこと」が、「或る事柄が我に思われていること」と、等視され、ひいては、その内容は或る事柄が対象的に現われていることに尽きるとされる、そのような第二段の運動の展開に位置するものを言うのであるなら、その規定には重大な過誤が含まれています。

さて、これから私はまた、「思う」という言葉を、原則的に、今日の話の最初の部分におけると同じく、直現を範型とし、対象の判明な把握によって認識を目指す我の作用、という、狭く限定した意味を持たせて使用することにしましょう。そうしますと、我の存在の現われは、思うことの目的論の手前で常に既に実現されているはずになります。もちろん、思うことにおいても、思うことは他ならぬ我が思うことだとして、我の現存は知られているのですが、問題は、いま更めて限定されたばかりの狭い意味での思いの成立、これのなき所でも自己実現している我の現われを探ねることです。

ところが、答はもう暗示されているのです。限定された意味での思いの成立とはいったい何かというと、直観に向かう目的論的運動でした。しかして、その運動の外なるものとしてあるらしい事柄、たとえば、「もの思いに耽る」とか「淋しい思いをする」等の事柄に私は言及する機会を持ちました。しかして、これらの思いは、広い意味での思いに属する、というより、これらこそが己自身の存在建立としての現われに他ならないのではないでしょうか？　これらは、表象性を頼りに認識の目的論的運動の中で成立する思いが関わる現われ、すなわち、対象としての現われとは、異なった現われであると思われます。私は、我の存在に実質を与える現われを、これらの別の意義における思い、すなわち、喜びや安らぎ、せつなさなどの、いわゆる、心の動きに認めます。心の動き、別の言葉で言えば、情感は、我の存在の自己享受そのものとしての現われに他なりません。

しかしながら、肝心なのは、この情感の現われの現われの様式を見定めることです。しかるに、このとき、またも、他ならぬ意識の概念が私たちの企てを邪魔しにやってきます。つまり、意識の概念は、狭い意義での思いを成立させる現われとして己を設定し、かつ、思いの対象の現われも、心の動きを作る情感の現われも、一切の現われを呑み込む一元的場たる資格を要求し、かくて、現われの二つの様式の区別は見失われるのです。

私の見ますところ、事態のからくりは次のようなものです。私は既に、一方で思いの対象性の真理性からの切り離し、他方で思うことの我へのつながれの明らかさの主題化、双方の結果、思いの判明な対象も不分明な対象も、その現われの確実性の点で同等の権利を手に入れたことを述べました。しかして、そのような現われの概念を可能にした意識の概念の登場の後も、思想の運動は、対象の判明な直観を通じての真理の認識、学知の獲得に向けられていて、そこで、我の現存の明らかさは、まずはいわば第一に判明な意識事実と解されたこと、しかしながら、次に、思いの構造を下敷きにした意識概念の洗練化に従って、意識内容の傍で我自身はむしろそれとしては現われぬものであるごとく解釈されるようになるしかなかったこと、これらのことも述べました。しかるに、我に関するこれらいずれの解釈にも読み取れることは、西洋近代の哲学の関心が、大筋として、実のところ決して我の現存知の有りようにあったわけではなかったこと、その関心は、対象的現われの構造の限定と、それを通じての対象性への真理性の返し与えとにあったこと、そして、我の問題は、このことを可能にする条件たる資格で不十分な仕方で扱われたに過ぎぬことです。

ところで、対象的現われの構造を支配するのは、相変わらず直観です。しかして、直観とは、或るものを他の諸々の事どもから区別して見てとることです。そこで、狭義の思うことの成就、あるいは少なくとも目指すことは、直観の対象が、他のものどもと並びつつ、他のものどもの作りなす背景からそれと浮かび上がって現われてくることにあります。現われるものは徐々に背景から浮かび、不分明なものから判明なものへとその様相を変えます。ですから、これを別様に言えば、思うことの実現には程度が語られることになります。また、だから、思うことは目的論的運動なのです。そうして、現われの不分明性から判明性への漸進は、現われの表象性の程度の漸進と解釈され、そして、この表象性によって対象性は真理性と再結合させられます。

ところが、すると、ここに重大な錯覚が生まれます。思うことの目的論的構造の反対の極に位置する事柄として、思いの対象の現われの消失が、思うこととそのことの消失としてあります。しかし、そのとき、思うことにおいて、それが我が思うことである限りで知られていた我の存在はどうなるかというと、狭義の思いの消失と同時に我の存在の現われも消失しなければならぬわけではありません。実際、我は、認識を目ざす思いの運動のなき所でも、情感として現われており、のみならず、対象に向かう思いの運動を包むものとして、思いの成立のときにも、いつもいつも現われているのです。

しかるに、この決して消失せぬ現われが、従って対象的現われの消失の際にも成就されている現われが、対象性の無限小の現われだと解釈されてしまうのです。対象性の無限小、それは不分明性の極を言います。同時に、表象性の無限小を言います。しかるに、実際、情感は何ものも表象せず、ただ己の自己享受の内で動いているのです。しかし、この表象性の零は表象性の無限小とは原理を異にします。にも拘らず両者は同等視されるのです。こうして、知的観念から感覚的観念への、判明性と表象性との程度の下降のその先の極に位置するものとしての情念が、語られました。情感は、情念なる概念の下で、一切が同じ様式に従う現われの一元的場としての意識の、その一内容物たる地位を与えられました。もっとも、逆に、意識概念は、現われの内に存在を見出す情感を含むことによって我の現存そのものをも指示し、多義的ではあるけれども豊かなものになりました。しかし、思想史の大勢にあって、情感が意識の概念をつなぎとめるのではなくて、逆に、思うことの構造に貫徹されていく意識の概念が、情感の本来の有りようを見失わせていくようになった、私はこう考えます。情念の志向性理論がこのいきつくところです。

しかし、繰り返しますが、情感は或る何ものかについての情感ではありません。情感は全く表象性を持ちません。情感はただそのものとして現われ、享受されるだけのものです。そのつど、我の現存の全幅を充たし、己と区別されるべき他を持ちません。なるほど、諸々の情感の区別が言われ得ますが、それは、我の現存の時に従った移ろい、情感の律動、これに由来する区別を言うのであり、この区別は、対象的に現われることどもの互いのいわば平面的な区別とは別ものであります。そして、この平面的区別がないゆえに、情感は表象性を持たず、また、言表にもたらされることが困難であり、かくて、つかみ難いものとされます。ですが、情感のつかみ難さは、不分明な観念の曖昧性とは質を異にします。情感は曖昧ではありません。己を己として、他との区別によってでなく、他との諸関係の規定によってでなく、現わします。そして、その現われにおいて己が存在を作ります。しかして、この現われとしての存在、これが我の現存に他なりません。

そこで、翻り、最後に、狭義の思うことにおける我の存在の現われという問題に目を向けましょう。何かを思うことはいつも或る情感に包まれつつ成し遂げられます。思いの対象の現われが我の経験するところのものであるのは、その現われを我が享受するからですが、その享受は我の自己享受の中に溶け込まされなければなりません。しかして、我は思う活動を包み込む情感自身としてこそ自己享受します。我は情感を通して己を現われさせるのではありません。我の現存とはこの情感に、その享受自身にあります。よく言われる、我における現われと存在との一致とは、我の存在の実質はその現われの成就にあることの拙い表現に過ぎません。だから、我の存在が明らかに知られているのは当たり前です。現われそのもの、知そのものが我の存在なのですから。ただ、その知の明らかさは、対象的現われの明らかさである判明性とは別ものです。対象的現われが程度を許す現われの転変の内にあるのに引きかえ、我の情感としての現われは常に既に自己実現し、充足しております。そして、この充足に参与する限りで、対象的現われも実効的なもの、我へと現われるものとなるのです。

二つの異なった様式に従う現われがあり、しかも一方が他方を基礎づけます。対象的現われがあり、それは別の様式で現われる情感に包まれて享受される限りで、その現われの受け取り手に、すなわち、情感の現われそのこととして存在を実現する我につながれるのです。

⑽ 行為の志向項としての現われと行為の内面

さて、こうして私は、我の本質を、思うことにでなく、情感の享受に見出す地点にまで到達しました。ところで、私たちは常々、思うことを行うことから区別します。そこで、我の存在の、情感という現われとしての実現を、行為の場面でも確かめることが必要となりましょう。それは、行為が我の行為であるゆえんのものを行為の内面として確定することに他なりません。また、行為の問題は、我を世界の中に導き入れます。思うことと意識との概念は、我を、思いの対象、意識内容を介してのみ、世界内諸事象へと関らせていました。そこで、意識と我との両概念の縺れを解きほぐした後で、私たちは新たな課題を見出します。すなわち、対象的現われなるものを直観の対象であることに留めるのでなく、行為の志向項として解釈する道を開くこと、そして、行為の志向項としての世界内諸事物の現われを、我の現存がそれである情感の現われとの関係の内で考察すること、これが、行為の内面の次元の確定の課題と並ぶ、新たな課題です。そして、この課題において、対象的現われの場としての意識の概念は、世界性の概念との関連の中で、再び検討されなければならないでしょう。

5　事実の概念が隠し持つもの

(1) 秩序と存在

一七世紀における西洋近代科学の成立の諸要因を論ずる中でホワイトヘッドが、後期ルネサンスの反合理主義的精神に繰り返し注意を促したのは、印象深いことであった。彼はウィリアム・ジェイムズの「(原理に)還元不能の曲げられない事実」という言葉を愛用して、事実に固執する態度が科学の成立に不可欠であったと述べるのだが、彼がこの態度を「理性への訴えと解するのは大きな間違いだ」と念を押したのはなぜだろうか。思うに、私自身を含めた彼の読者にとっては、事実の概念は、真理の反対側にあると考えられた虚構や想像、単なる仮説等の諸概念に対立しているのであって、そこで、真理を尊重することが理性に適った合理的態度であるのなら、事実に耳を傾けることほどに合理的なことはないと思うのが自然だからであろう。

けれども、事実の概念と真理の概念は等価ではない。このことは、事実への固執が反合理的なことであり得た時代においては固《もと》よりはっきりしていたであろうが、事実を差し置いては真理を語れないと考えられている今日においても忘れられるわけにはゆかない。いったい、真理の概念と事実の概念とをつなぎ、かつ隔てるものは、どのような構造なのか。私はそれを、秩序と存在との二つの言葉で指し示したい。

真理という概念は真と偽という述語の対立なしには内容を持たず、この対立に意味を与えるのは、真という述語の側に保証を与える或る事柄が対立に先立って存立していることであると、こう述べることは許されよう。真理とは存立する或る事柄に関わるものであり、その事柄についての真理という位置を持つのでなければ、真理という概念には意義を見いだせない。けれども、この存立の意味は決して明確ではない。それはたとえば、或る何かがない事態が存立していることをも含むであろうし、そのことは恰度、真理の反対物としての虚構とか想像とかは、実際に存立している事柄ではないものとして規定されながら何かではある、その在りようが必ずしも明瞭ではないのと呼応している。そうして、存立する事柄の存立の在りようが一様ではないことは、たとえば、永遠の真理と事実の真理とを対比させるライプニッツの考えなどを思えば納得できよう。

では、ライプニッツの二種の真理がそれぞれに関わる存立事態に共通の事柄は何だろうか。それを私は、存立事態が確定していることと言い表したい。そうして、二種の存立事態の異なりを、(1)秩序によって確定していることと、(2)(現実に)存在していることによって確定していることとの、異なりとして考えてみたい。だが、かといって秩序と存在とは全く切り離されているわけではない。ライプニッツでは、私が秩序によって確定されている真理と特徴づけた永遠の真理は、単なる形式的なものに関わるのではなく、可能的なものに過ぎないとはいえ或る種の存在についての真理と想定されているのであるし、他方、存在によって確定されている真理と特徴づけた事実の真理は、神が定めた秩序の中で動いているものとしての存在物に関わる真理とされたのである。

ところで、私は考えるのだが、秩序と存在との合一を信ずる態度として近代科学を、秩序と存在とをいったん分離した上で秩序の概念によって存在の概念を規定しようとする思想としていわゆる近代の合理主義を、反対に、秩序に先立つ存在の概念を立て、その後で秩序の可能性を考える発想として経験主義を見る、このようなことができるのではないだろうか。そうして、近代科学の成立において重要な役割を果たした事実の概念が、経験主義の発想の中心でも働き、それも専横的力を揮ったのだと思われる。

(2)「真であるものが在る」という考え

さて、上述のうち、近代科学について述べた事柄は、ホワイトヘッドの意見を踏襲し、彼が「事実」と言うところを「存在」という言葉に置き換えたに過ぎない。（ただし、置き換えには軽からぬ意味を籠めている。）実際、ホワイトヘッドによれば、事実への固執が近代科学を可能にしたのは歴史の一半でしかない。少なくとも自然的事象の事実は或る秩序によって支配されていると考える信念の、既にギリシャ文明から始まりキリスト教的中世を通じての形成が、もう一半であると彼は言う。それで、彼は、事実は科学の出発点でしかないとも見ているのである。科学は、原理に還元し難い事実を、それでも（事実を手持ちの原理に合わせて曲げることなく）原理に還元しようと試み、そのような還元を許す原理を探すところに成立するのである。

しかして、このような科学の試みは、権利上はともかく、実際上、どうして可能になるのか。科学が事実から出発し事実に固執し続けるにしても、未加工の事実を相手にするのでなく、諸事実を事例とするような原理に到達するために或る観点からの抽象によって浮かび上がる事実の特定の側面だけを問題にする限りで可能となる。そこで、その全き具体性においてはどんな原理にも還元し難い特殊性を頑固に持つ事実そのものと、科学が掬い上げる事実の側面、或る一般原理に関係づけられて語られる真理との間には隔たりがあることになる。

ところが、この隔たり、今日の私たちが持つ自然な理解に添って述べた、この隔たりの意味は、デカルトにとっては別の意味を持った。彼の課題を敢えて事実の概念を用いて言い表せば、それはまずもって事実を事実でないものから区別することの可能性の探求に始まるものであった。科学が出発点に選ぶ事柄は本当に事実なのか。学問の出発点であるはずの事実の概念は曖昧になり、事実を事実として知ること、確定することが認識の第一の到達点とされる。

そうして、「本当に？」という問いかけと、個々の具体的場面でこの問いに答えを与えるための一般的基準を見つけるという発想が、「存在から認識へ」でなく「認識から存在へ」の道を良いものとさせたのであった。「真であるものが在る」のである。

しかるに、学問的認識においては、科学にあってさえ、真であることは或る一般的原理のもとにあることの中で理解されて成立する。個的な諸事実の隗集と記述とは未だ科学を構成しない。別様に言えば、存立している秩序が学問の関心の対象なのである。それで、出発点で事実たる資格で在るものを無批判に受け入れることはしない哲学者デカルトにおいては、秩序の概念によって存在の概念を規定することが正当と思われたと、私は表現してみたい。彼の試みは、態度としては近代科学の反合理主義的性格に対する反撃である。ただし、真に在るものをそうでないものから区別する原理とし得るとデカルトが考えたもの、それは、それが明証性と呼ばれて明確なものであるかどうかはともかく、他ならぬ近代科学が描いた自然像に合致する物体的存在の概念を、すなわち科学の抽象的でしかない或る描像に合うもののみが帰せられた物質の概念を承認することにつながっている類の原理であったのも間違いないところである。

(3) 事実の概念と経験の概念との結びつき

けれども、デカルトの宇宙論はニュートンによって置き去りにされ、一八世紀の知識人たちの目からは、想像の産物たるレッテルを張られた一エピソードの位置に退いた。私が最初に述べた、事実の概念と虚構や想像の概念との対立は、彼等がしばしば語ることなのである。それで、彼等は大体においては経験主義の哲学を信奉するのだが、経験主義は何をなしたのか。二つのことを考えたい。一つは事実の概念と経験の概念とを結びつけたこと、二番目は事実の概念からそれに内在する秩序の概念を追放して、存在の概念だけを残したこと。

一番目の事柄は二重の起因を持っている。デカルトが設定した大枠を継承せざるを得ない形の中でデカルトの認識論を一般的な射程で批判すること、その批判の応用という資格で、特に人間精神を主題にした学の構築を目指すこと。

デカルトの認識論の経験主義による批判についてはくだくだ述べる必要はあるまい。批判の要点は科学者たちに和した、知識の成立は如何なる原理にも先立って受け入れるしかない事実を確かめることから始まる、という主張にある。そして、この確かめが経験と呼ばれる。ただ経験の概念が科学者たちにおけるのと違って非常に重要かつ深刻なものになるのは、哲学者たちはデカルトが開いた問題圏内に留め置かれたからである。つまり、どのような仕方によってなされるのであれ、認識するとは「私」という一人称で語る精神がなすことであるゆえに、経験によって確かめられた事実の身分は精神にとっての事実でしかないとされるのである。この身分、以降、「意識の事実」と呼ばれる身分は、デカルトが「真に在るもの」の確定は曖昧な所与の中にそれを弁別するという探求によって到達されるべきことと考え、それで、その確定内容から漏れたものを「本当には存立ないし存在していない」けれども何らかのものではある「見かけ」とし、すると、このものを含めた最初の所与全体の存立の場を、認識を目指している精神の内に求める論理になったことによって確立されたのである。

それで、デカルトとともに、「真に在るもの」とは（意識自身は別として）「意識の外に意識から独立して在るもの」となった。そうして、彼は、意識内容という意識にとっての対象の分析から出発して、意識から独立して存立しているものに対象をつなげる論理はあるのか、あるとすれば、どのようなものか、と道をつける。そして、道の向こうにその論理が指定する基準に従う判断によって初めて存在するものが確定されたものとして位置を得るのである。もちろん、科学者なら（過去の事実とか伝聞上の事実とかは諸々の基準に従う判断の助けで推測的に輪郭づけられるとしても）事実とは結論づけられる事柄でなく、ただ確かめられる事柄であると言おう。そして彼等にしてみれば、それ以上、何を言う必要があるのか。ところで経験主義の哲学者たちは、結論の位置に来る前に確かめられるだけの事実を離れては想像や虚構が生ずると科学者たちに追随しながら、確かめの経験は確かめられたことを意識内容にすると、ないしは、意識内容のみが経験され確かめられると、デカルトの呪縛の中で述べ続けるわけである。

　事実の概念と経験の概念との結びつきの二つ目の由来は、ニュートン自然哲学（科学）の後で、精神を対象とする学問に科学の方法と考えられた経験主義を適用するという試みにある。このとき、精神とは第一に認識するものと、つまりは経験するものと捉えられたが、そのような精神を認識するとは、経験するという事実における精神を確かめることに他ならなかった。経験主義にとって一般に事実とは経験されるものであるが、経験という事実が経験主義哲学の一つの重要な主題になったのである。

(4) 「現われにおける確定」という考え

　経験主義の哲学者たちの多くがなした二番目のことで重要な事柄として、私は、事実の概念の主導のもとで秩序の概念に存在の概念を先行させたことを挙げたい。そして、その際、存在の概念は時間的出来事の概念と合体し、現われによって定義されるべきものとなった、少なくとも、そのような道が開かれた、このように私は言いたい。これらのことを浮き彫りにするために、特に私はヒュームによる因果性批判に目を向けるべきだと思う。

　彼の批判が科学者たちの仕事の基礎の脆弱さを暴くように見える、その問題の所在はよく知られている。だが、この問題の解決に関する私の議論は割愛する。ここで私が指摘したいのは、ヒュームは批判を通じて、彼の批判の根底にある考え、時間的に生ずる出来事以外には真に存在の名に値するものはないという考えを、プラトニスム的と便法的に表現できるような発想が後を引く西洋の知的風土に、容赦なく確立したことである。それから、この、出来事の確定とは現われによる確定であること、を秘かに想定したこと、更に、このような存在の概念にあっては秩序の概念は不要であり、仮に秩序が語られるとしても、それは二番手の事柄でしかないと考えたことも、重要である。

そもそも、事実への固執が近代科学に反合理主義的性格を与えたとホワイトヘッドが言うのは、事実が原理に還元できない、どんな原理によっても曲げ得ないという性格を持つからであるが、考えるに、この性格は、事実とはどれも一回限り生ずる出来事、個的で、生じつつ自己を定める、時間の中で生じ滅びる存在性を持つものだ、ということに由来しているのではないか。そうして近代西洋の科学者は、元々が時間の中での事象の変化、これを理解することに関心を持ったのである。（もちろん、科学者は出来事を理解することにおいて、新しい時間の展開においても変わらないと思える出来事の構造、法則などを探求しようとしたのではあることも他面の真実である。）それで、出来事や変化そのものは目撃され、確かめられる仕方でしか、その全き固有性においては主題になり得ないのであるが、哲学者においては、目撃や確かめの要求は、「誰が」「何を」という連関から離れ、「現われにおける確定」という漠とした考えへと人を導いていったのである。

(5)　現われの概念による存在の概念の定義

では、この漠とした考え、その行方はどのようなものであろうか。私は、現われの概念を現実性の概念で補強して、現われの概念による存在の概念の定義を執拗に試みたメーヌ・ド・ビランに注目したい。

それで、現われという出来事が、「何の」「誰への」現われであるのかという分節がぼかされるという経験主義哲学の進展があったとはいえ（ヒュームの現象主義のみならず、嗅覚だけを生気づけられた立像が薔薇の花の香りを嗅ぐことでもって初めての経験をなす時は「立像は薔薇の香りになる」という表現を採ったコンディヤックを想い起こそう）、現われが意識事実としての出来事であるという規定はやはり、デカルトの後で自明であり続けもした、このことに由来する危険を指摘することから始めよう。

実際、時間的に生ずる出来事、事実以外には真に存在の名に値するものはないという考えのヒュームによる確立は、しかしながら、事実が意識事実として規定されるより他なかったゆえに、意識の内容として現われる事実と意識から独立してなおも存立している事柄との関係はどうなっているのか、という問いが相変わらず呼び出されることによって汚染され、かくて、その鋭さを失なわされもしたのである。つまり、意識から独立して存立するものの概念において、無時間的であり得る存在の概念が舞い戻り、それどころか、時間の中で生ずる出来事は現象たる資格での存在、二番手でしかない存在の位置を与えられるという逆転が再び支配する危険性が絶えずあったのである（たとえばカント）。

ところが、現われが「私への現われ」であり「私自身の現われ」とともにしか成就しないことを指摘することに最重要の使命を見いだしたビランにおいてこそ、困難が高まるどころか、この逆転は阻止されたと私は見る。確かにビランは彼の思想発展の後半の時期に、カント的ヌウメーヌの概念に悩まされた。けれども、私の解釈では彼は、彼の意志的行為理論と反省的抽象の概念とによって事態を切り抜けたのであった。急いで言えば、彼の考えの中心で機能しているのは、事実の概念や現われの概念と一体になっている現実性の概念が持つ豊かさである。そうして、現われによって存在が定義される限りでは存在の概念は秩序の概念を含まないのだが、意志的行為とともにある現実性の概念の豊かさの展開の過程では、秩序の概念もまた復活してくる。それは、秩序概念によって構成された存在概念が、現われによって確定された存在概念に重なる仕方で、しかし後なるものとして反省的抽象によって機能させられることが見届けられるからである。しかも、この秩序は、ヒュームにおけるがごとく蓋然的性格の生成物としてでなく、いつも同一の自我がなす行為経験の普遍的に要請される構造として姿を現わすのである。

ビランは、経験の始まりがどのようなものであるかを確かめることに哲学の成否はかかっているという考えを経験主義者たちから引き継いだ上で（経験主義者たちのこの考えには二つの理由があるが論述を省略する）、経験の始まりのもつ構造を「始原的事実」という資格で描き出す。それで、始原的事実の始原的たるゆえんは、これにおいて初めて経験主体たる自我の現存が成立することにある。始原的事実とは、自我が己が現存すると言い得るミニマムの要件をそなえた事実のことである。そうして、あらゆる経験は自我がなす経験であってみれば、どんな複雑な経験の中にも、それが自我の経験であることを保障する基礎として入り込み、経験の変わらぬ構造を指定するという意味で、あらゆる経験の形相的要素として働くことになるのが、この始原的事実なのである。しかるに、ビランによれば、自我とは己以外の一切のものの非存立を仮定してもなおも否定できないものとして自己定立する孤立的存在ではない。己の存在のためには必ずしも必要ではないものをどれほど削ぎ落とし純粋化しても、何らかの非我の現存をも共に見いだすのでなければ己の現存を見いださないものなのである。

⑹ 存在概念の構造的二義性

けれども、ビランは始原的事実を意識の事実と規定する。ならば、見いだされるものは自我にとっての事実であり、見いだすことが自我の経験内容をなすのなら、見いだされるものは非我と呼ばれながら、実のところ、自我の様態ではないのか。起こり得るこのような疑問に対して、ビランは、様態の観念と、様態をもつもの、あるいは、その様態において在るもの、すなわち実体という観念は、始原的事実から反省的抽象によって派生してくるものであり、それで、自分の起源であり、より具体的なものである始原的事実の解釈に適用できないと指摘する。そうして、始原的事実において見いだされるのは実体的自我すなわち魂とその様態ではなく、自我と非我の現存、現われによる存在なのである。だが、どうしてそう言えるのか。彼によれば、自我の自己発見、己の現存の構成は自我が能動的なものとして現実性の場を切り開く限りで成立するのであり、そして、その場は必ずや自我の能動性が抵抗を受け制限されることの中で顕わになり、自我はその抵抗、己に対立するものを非我という規定のもとで見いだすからである。

しかして、自我の意志的行為の出来事によって自我と非我とが対立しながら事実として現われる構造、これについてのビランの論述の中に、私は、存在概念の構造的二義性の提示を読むことができると思う。二義性とは、事実の概念を通して明確化される実在概念、現われや現実性の概念と一体となっている概念と、理念性を含む存在概念、実在に秩序ある構造を認める限りで要請されざるを得ない概念との二義である。そしてもちろん、前者の意義なくして後者の意義はない、つまりは、前者の意義における存在概念が先行するのである。

確かに、始原的事実において『存在 l'être』という言葉に初めて意義が与えられるとビランは考えている。なるほど、彼はまずは『現存する exister』という動詞を使う。けれども、それは、現存の事実、或る事柄が現実の事柄として出来事になっているということが、「存在」という言葉に中身を与えるからである。そして、現存とはビランによれば、自我が己を見いだすという現われの出来事そのことが現に生じていることにおいて初めて、その何たるかが理解される。しかるに、自我の現存は、自我の意志的行為の現実性によって、非我と対立的関係にあるものとして成立する。それで、自我がそのつどの現実的行為の主体たるを越えて同一なるものとして自己を要請するとき、また、自己の対抗物のそのつどの現実性に根差した可能的存在を要請するとき（それらの要請は始原的事実からの反省的抽象と第一の帰納、および信念によってなされるとビランは語るのだが）、要請に含まれる秩序のもとで、現われによって定義されるのではない存在の概念が理念のレヴェルで機能し始めるのである。

ただ、私が大急ぎで析出しようと努力してきたビランのこのような考えの筋道を仕上げるには、彼が自我と非我との対立を因果的関係のもとで理解した見方に幾ばくかの修正を加えねばならず、その修正はまた、ビランによっては非我の項に位置づけられる身体の概念の再考をも含むこと、これを私は補筆しなければならない。

ともあれ私は、以上、西洋近代思想において事実の概念が果たしてきた役割を追う仕方で、存在の概念に或る光を投げかけたく思ったのである。

6 経験主義

——方法から主題へ

(1) 経験主義誕生の経緯

ケプラー、ガリレイ、ニュートンらによる自然哲学（自然科学）の成功を受け、一七世紀末になると、自然哲学にみられる方法を適用するという主張のもとで、精神哲学を一新しようとする動きが現われ、それは一八世紀に引き継がれた。イギリスのロック、フランスのコンディヤックなどであり、振り返ってベーコンの新学問の理念と方法とを旗印にすることもなされ、「経験」がキーワードであった。いわゆる経験主義の哲学の主眼は方法の指し示しにあった。けれども、経験主義の哲学が実際になしたのは、そもそも経験とはどのようなものであるのか、これを主題にした探求に他ならなかったこと、また、そのように転じざるを得なかったということを、私たちは見なければならない。

ニュートンの自然哲学の前にデカルトが既に新しい学を創設していた。物体の運動を主として扱う自然哲学と精神についての学と二つに分けるそのことも、デカルトが主張した二元論に基づくものであった。そこで、哲学史上「経験主義」と呼ばれるものの登場は、デカルトの物体の学がニュートンのそれによって置き換えられなければならなかったのに対応して、デカルトの精神の学を批判し、それを一新することを目指してのことであった。そのとき、批判の矢は生得観念説に向かっていたのであり、だから、「生得」に対立する「経験」が前面に出たのであった。そして、この事情を勘案しないと、次の事柄と折り合いがつかない。

実際、この四〇〇年、技術と相互に刺激を与えかつ規定し合いながら発展して私たちの生活を大きく変えてきた近代科学は、一方では確かに諸事実の観察に基礎を置き、実験し、そのような意味で経験を重視するものであった。しかし他方で、数学（当時の人はとくに幾何学を話題にした）という普遍的形式のもとに雑多な経験内容、個別の特殊な諸事実を包摂することにおいて成り立っており、特にこの包摂のうちに力の源泉を見いだしていたのである。だから、経験という要素だけを前面に出すのでは片手落ちであるという懸念がある。もちろん、経験が収集する特殊性をもつ頑固な事実、これを見捨てずに付き合うことは確かに新しい態度で、これなくして近代科学の誕生はなかった。けれども、同時に、それら非情な事実を何とか一般原理に還元することが執拗に企てられ、その作業は、感覚を受け取ることから出発する経験の持分とは違うものであると考えるのが順当なところであったはずである。

そこで、先だってライプニッツはむしろ、理論なしに熟練でやってゆく経験派の有り方は動物の行動に似たようなものだとし、それに対置して理性による判断を称揚していたのであった。だから、経験主義が誕生したとは、重心がもう一方に移ったということなのである。そして、この移動を促したのは、デカルト哲学に対する疑念である。観念の明証性の名のもとで実は諸観念の内容に依拠しただけの体系が構想あるいは夢想され、学問の代わりに物語が紡がれたのではないか、というのである。そこで、そもそも諸観念の来歴とはどのようなものであるのか、これを問題にする態度が、生得観念説批判を中核にした経験主義を生まれさせたのである。

（フランスで経験主義を、デカルトと対比させることを好みつつニュートン学説を紹介しながら標榜する人々には、経験と理性、ないし経験と数学あるいは幾何学との、両方の重要性を指摘することも多くみられた。しかしながら、「観察せよ、分類せよ、法則を立てよ」（プレヴォ）という標語が流布するとき、あたかも、観察のあとの比較から分類が生じ、分類のあとに独りでに法則が見えてくるかのような見方をする人々も多かったことは否めない。）

(2) 経験主義の実際

ところで、第一に、経験主義がデカルト批判として現われたとしても、諸観念の来歴を問題にするということは、デカルトの観念論の地盤上で動いていることを示している。というのも、経験主義は、認識するとは「観念から存在へ」という道をとること、観念内容の吟味によって観念が表象することについて判断することだ、という観念論の立場を引き継いでいるからである。しかし、その上で第二に、観念というのは、精神のうちを探索すればそこにあるものとして見つかるものではなく、経験によって形成されるものだと考えることにおいて、経験主義はデカルトと袂《たもと》を分かつ。そして第三に、経験主義が方法に関する主張となっているのは、諸観念の形成は経験において確認すべきものであると考えられているからである。

しかるに第四に、哲学者たちが、諸観念の形成そのことが経験であると考えている限りで、諸観念の形成を辿《たど》る作業は、実際は経験がどのようなものであるかを示すということにならざるを得ない。彼らがなしたのは、実質的には経験を主題にした探究である。ところが、第五に、哲学者たちが描いてみせたその内容、つまりは経験の有りようというものは、さまざまである。そして、その哲学者たちによる違いは、彼等が経験をどう捉《とら》えたのかの違いであるわけで、しかるに、第六に指摘すべきだが、その内容の違いは同時に、彼等が実際に採用した方法の違いにも対応している。つまり、経験主義という方法を掲げる共通の主張のもとで、現実に採られた方法はさまざまなのである。内的観察、反省、分析、思考実験、行動観察、言葉への訴えなどが統制されぬままにみられた。

（経験主義の方法を、観察―測定を含む―、比較、仮説設定、実験、検証、理論構築という一連の手続きから成るものだ、として整理する哲学史の叙述も多いが、このような整理は、実のところ自然科学の方法に目を向け、それに寄りかかった現代的な整理である。いわゆる経験主義の哲学が取り上げた分野――心の哲学――で現実に採用されたものだというわけではない。実際、この分野ではたとえば検証という方法を適用することは困難であった。）

力学を引き継いで発展、拡張してゆく限りでの自然についての学問では、人々が一致して採用し、その結果、共通の見解に到達することを可能にするような具体的で明確な方法が見いだされたのであるが（ときに、領域ごとに特殊なものともなったが）、今日から振り返って哲学固有の営みとして限定される領域（自然科学が自律的な発展を遂げるにつれ、哲学固有の領分として残ったとも言える領域）では、決してそのような事情は生じなかったのである。

興味深いことに、経験主義の方法としての側面が有効に作用したのは、むしろデカルトの批判的精神を引き継いだ、戒めという方向においてであった。すなわち、学の積極的な建設に寄与するよりは、不毛な思弁に入るなという否定的仕方で、有効なものとして機能したのである。事柄を観察することに徹して、観察できる現象の背後で現象を支配し生み出しているものとしての原因とか本質については語らない、事柄がどのようにして生じるのかだけを調べる。こうした基本的な方針は、自然に関する学問の場合をも含めて、具体的な方法の手前の準則として機能した。この広く行きわたった、方法というよりは精神態度を、卓抜な哲学史家アンリ・グイエは、次世紀のコントにちなんで「前実証主義」と呼んだ。（この方針は、当時の通念から言えば禁欲的なもので、不可知論という色合いさえ帯びたものである。）

⑶ 経験概念の深まり

では、経験主義の哲学によって経験はどのようなものとして描かれたのか。この哲学は、デカルトの認識論的関心とその観念論を引き継いで、当初、経験とは諸観念の形成そのことであるという把握から出発した。その始まりを感覚という概念で捉えるか印象という概念で捉えるかの細部の違いは些細なことである。

この把握は、人間の経験をまずは認識経験として考えるという、西欧哲学の悪しき傾向と連携しているし、また、経験の特殊性や偶然性を外的なものとの出会いによって説明する発想のもとで、経験の始まりとは外的経験であることを自明の前提としている。けれども、探究の進展につれ、欲求、感情、習慣、言語（記号）使用といったものにも目を向ける哲学者たちも現われてくる。そして、心の内なる諸観念の生成過程が経験であるという前提を越えて、肉体が関与せざるを得ない経験の有りようにも目が向けられてゆく。また、人間の社会性に関わる事柄も話題にされるようになった。経験を主題にするとは、人間と人間が関わるあらゆる事柄を、つまりは私たち人間が語り得る森羅万象を主題にすることに他ならず、経験主義の哲学は最広義の人間の科学へと向かってゆき、汲み尽くせぬ豊かな探索の地平を拓いていったのである。

7　広がりと質とをどう捉えるか

(1) 現前する広がりと運動が顕わにする広がり

はしがきの末尾で述べた本書（『知覚する私・理解する私』勁草書房、一九九三年）のスタイルにも拘わらず、西洋近代哲学の歴史と関係づけたときの本書の狙いについて、それを本文中で挿入することは本書の方針上、無理であるゆえに、ここで若干のことを、本文に先立って述べさせていただく。

第一章と第二章とでは、知覚に本質的な契機としての広がりが重視されている。つまり、知覚の種類ごとに異なる知覚的質が、対象性を持つために不可欠のものとしてそれぞれに携える一挙に現前するものとしての広がりの様態、これが、まず執拗に描かれる。次に、その広がりが、肉体がその中を順次に運動していって顕わにする広がりの意義というもの（知覚の広がりとは区別されるべき広がりの意義）を取ることの論理が、肉体の全体としての運動の可能性と、肉体の知覚器官の運動との絡みを指摘することによって追及されている。

それで、私が二つの区別されるべき事柄として述べながらも同じ「広がり」という漠然とした言葉で述べてゆく事柄についての議論の背後には、物体と空間との二つを巡る一連の概念史が念頭にある。乱暴に言えば、第一の、知覚の対象性の成立とともに一挙に現前する広がりの方は、有名な例を挙げて言えば、カントが感性の直観形式だと考える空間の如きものに相当している。(けれども、私の考えに一番近いのは、ホワイトヘッドの「呈示的(ないしは現前的)直接性」の概念が含むところだと思う。)大事なことは、この広がりを私は、さまざまの知覚的質が携える広がりだと考えていることである。

第二の、私が肉体の運動の概念と不可分の事柄として顕わにしようとした広がりの方は、デカルトが物体そのものだとした延長と、物体の容れ物ないしは運動がなされる場所と考えられるときの空間の概念と、これら両者をともに含み込むようなものである。だから、これには、時に深刻に論ぜられた真空の概念をどう位置づけるかということはともかく、少なくとも空虚と物体との分節に権利を与えることが付随している。

(「延長」という堅い日本語は、「エタンデュ(広がったもの)」というフランス語が哲学書の中で翻訳されるときに慣例的に選ばれてきた語である。英語だと「エクステンション」に相当するだろうが、これに対する語としてはフランス語でも「エクスタンシオン」という語がある事情もあり、だから、「エタンデュ(延長)」とは議論の文脈が定まった中で使う、より術語的な表現だと考えればよい。「空間」の方は「エスパース」「スペース」であるが、もちろん、これこそ広がったものの最たるもので、だから、ともかく物体の概念と空間の概念とが切り離し得ないことに注目する考えが「延長」という概念の基礎にあることが大事な点である。)

それで、だとすると、二つの広がりを区別する仕方で私は、日常の生活で私たちが物体の性質だと考えるさまざまの知覚的質、すなわち色だとか匂いだとかを、物体の概念から、いったんは切り離しているわけである。このことは、デカルト以来、私が「知覚的質」と呼び、一般には「感覚的質」ないしは「感覚的なもの」と呼び慣わされているものが、実在するものとしての物体から剥がされ、精神の変様だと位置づけられてきた時のいきさつの中の、少なくとも物体の空間的規定と質的規定との分離に対応する事柄は私が認めること、これを意味している。けれども、私が本書で明らかにしたいことの一つは、物体の広がりとは、肉体の運動によってのみ意味を与えられる事柄だということである。その肉体ももちろん、それ自身が広がりを持ったものであるが、むしろ根本的には運動によって「私」にとっての広がりの核を形成するものだと私はとらえる。

デカルトの、物体そのものである延長の概念にしても、マルブランシュの、物体が創造されるときの範型となるさまざまの規定を容れた、神のうちなる叡知的延長の概念にしても、延長というのは知的認識の対象であった。どういうことかと言えば、それは（観念を媒介としてであろうと或る意味で観念そのものであろうと）いわば精神の目で見られる事柄、直観によって把握される事柄であり、肉体の知覚器官（ないしは感覚器官）によって捉えられるものではないというのである。そして、その主張は、明証性（疑いを容れない絶対的に確実であること）の要求と一体になっていて、この要求は他方で、明証性を欠いていて単に主観的な事柄だと彼等には思えた感覚的なものを物体から剥がして、精神がとる変様だと位置づけるべく彼等を導いたのである。

⑵ 思考・行為・記号・肉体の広がり

けれども、私は、物体の概念から切り離せない広がりの概念は、決して直観の対象ではないこと、これこそ運動する肉体の概念とともにでなければ手に入れることができないものであると考える。そして、いわゆる明証性というものの正体は、肉体の運動が行為の遂行という資格で位置づけられるときに、それ自身が反復され得ることを要請された行為が反復的に描く秩序、意志された秩序に他ならないと思う。更に、近代哲学において明証性が争われる場としてのいわゆる観念というものについて言えば、これは件の秩序を記号の水準で確保しようとするときに出てくる事柄に相当することと、（後で説明する）現前的内容とを、ごちゃまぜに含み込んだものだと考える。その証拠としては、観念の概念に依拠した哲学というものが、明証性の要求を満足させる狭義の観念、すなわち知的観念と、満たさない感覚的観念との区別をしないわけにはゆかなかったことを挙げることができる。

私が思うに、正確には思考、つまり近代哲学が近代科学の歩みに遅れまいと主題に取り上げた意味に限定された上での認識活動とは、諸観念の観想にあるのでなく、行為の追行、諸記号を相手の操作に仮託したという意味での理念のレベルでの行為の構成なのである。そうして、してみれば、観念から存在へという、観念論が描く認識の道筋は、その前に、行為から記号を媒体とする思考へ、というプロセスを前提していて、認識の素材は最初から行為遂行を担う肉体とともに、行為の働きかける相手としての対象に到達しているわけである。

ただ、もちろん、その到達を言うためには、肉体が、認識する「私」にしっかりつながれていなければならない。だが、このことは、むしろ動物として生きている肉体における「私」の誕生の問題として考察されるべきだと思う。(これについては、『私というものの成立』勁草書房、一九九四年、所収論文参照。) 本書では、肉体自身の空間性(ヴォリューム)というものを、肉体の諸部分が相互の配置を変える運動をなして広がりの核をつくるという論点と、感覚の広がりの場であるという論点のもとで描く。そして、「私」が行為者である限りでは肉体を動かす主体であることと、感覚を肉体に感ずる者であることとの二点において、「私」と「私」の肉体との一体性を前提した議論をしている。

それで、この「私」なるものについては後で述べるとして、肉体の広がりという論点に関して言えば、これはメーヌ・ド・ビランが「内的延長」という命名のもとで取り出した概念、および、ベルクソンの肉体の概念に近い。なお、ここで、内的延長という概念が、延長の概念と外在性の概念とが等価であるとされるような文脈では、形容矛盾にも思えるような概念であったことに注意するのは無駄ではあるまい。「内的」という言葉の含みにはさまざまあるが、ここでは二つの点に注意する。一つは、普通、物体の本質が延長だと捉えられるときには物体の分割可能性が含意され、そうして、或る部分は他の部分を排除するような構造(相互外在性)が延長には認められるのであるが、内的延長というものはその部分が区別されながらも、「私」によって動かされるものであるという一点において統一を有していることである。そして、もう一つは、まさに、その「私」の存在内容から切り離せないという意義を持っていることである。「内的」という形容語はいつも、精神という存在として規定される慣わしの「私」の内側、これを指すべく哲学では使用されてきた。

(3) 知覚的質と感覚的質

すると次に、いわゆる感覚的なものについての哲学的通念との関係で、私の議論を予示しなければならない。第一に、私は本書で、感覚と知覚、あるいは感覚的質と知覚的質とを区別する。対象性を成立させる広がりの様態を持ったものが知覚的質で、それが崩壊して己における出来事となり、しかも諸部分の相対的運動において顕わになる肉体の様態としての広がり、これに重なる配置を取る質が、感覚的質である。そして、このような言明において私は、西洋近代哲学の伝統と二つの点で対立している。第一に、近代哲学にあって感覚的なものは精神の変様だとされ、しかるに（物体が延長であるのに対して）精神というものは広がりを持たないとされるのだから、精神の変様としての感覚的なものもまた当然に広がりを持ったものではないと考えられた。そして、このような規定ゆえにこそ第二に、感覚的なものの概念は、私が言う知覚的質と感覚的質との両方を含むものであるのが一般的な通り相場となった。だが、私は、知覚的質と感覚的質との両方に広がりを回復させ、かつ、二つの区別をも、対象への帰属と肉体への帰属との区別という形で回復する。（この点は、ベルクソンが『物質と記憶』で採った発想と似ている。）

そもそも、知覚的質と感覚的質とを区別する根拠は、肉体を単なる物体の一種だと位置づけるのでなく、肉体の特殊性を言うことの中にしか見つけることはできない。そして、特殊性とは、むしろ根源性で、肉体に象って物体の概念が描かれてくるのであること、これを、よくよく洞察しなければならない。（それで、トマス・リードは彼の常識哲学の面目を施して知覚と感覚との区別を維持しようとしたが、彼は、肉体の概念を物体の概念の方からしか規定しなかったし、基本的には質に広がりを返すことをしなかったので、彼の主張にも拘わらず結局は成功していない。）

近代哲学の歴史では多くの場合、肉体というものは、感覚的なものを哲学体系の中に導入するときには（密かにか無造作にか）不可欠のものとして最初に要請されながら、それでいて結局は物体の一種として精神の外なるものと位置づけられ、物体と同様に、それが在ることやそれがどのようなものであるかについての認識は、既に己を確保した精神が己の後で、精神の内なる事柄（この中に感覚的なものも含まれる）から出発して獲得することもあるかも知れない事柄でしかないと考えられてきた。

けれども、私は、知覚と感覚との両者における肉体の関与の不可欠性というものにこだわる。そして、私はこれを、肉体の知覚器官の運動に焦点をおいて考察するし、その運動の在りようの違いに結びつけて、知覚的質と感覚的質との間に見られるダイナミズムを明らかにする。だから私は、肉体を最初から最後まで考察の主要エレメントとして登場させるのである。肉体の概念が、哲学体系の都合次第で前提されたり、途中で姿を消したりするようなことはない。

それで、知覚器官の運動への注目は次の点で重要である。すなわち、その運動は知覚器官を部分として含む肉体全体の運動に統合されているものであり、すると、知覚対象が携える様態としての広がりと、肉体がその中を運動しつつ顕わにする広がりと、両者のつながりは明らかなものになるのである。そして、このつながりによって、知覚において現前する諸々の知覚的質が、先に述べた仕方でこそ、すなわち運動の広がりとの関係においてこそ規定されるべき物体、これの性質とされることの論理も明らかになる。私は先に、私も物体の空間的規定と質的規定とは、いったんは分離されるべきことを認めると述べたのであるが、しかし私の考えでは、分離は、質から広がりの規定を奪うことによってなされるべきではなく、知覚的質に固有の広がりと、本当に存在すると言われることのできる物体の特性としての広がりとを区別することによってなされるのである。前者の広がりは一挙に現前する広がりであり、後者の広がりは、肉体や物体が時間をかけて運動して隔たりを埋めることによって顕わにする広がりである。そして、実に二つの広がりが重ね合わされるのは普通であることを通して、物体は、私たちが日常考える通りに、さまざまの質を結局は己が性質として回復するのである。

⑷ 明証性を伴った現前に認識を求める過ち

そもそもが、知覚的質は或る種の明証性の基準に合わないという理由で主観的な性質のものでしかないとされ、個々の精神の変様だと考えられたのであるが、もっと基本的には、知覚的質の現前を言うためにも、それは精神の変様でなければならないと考えられたのであった。けれども、哲学で（かなり無造作に使用されると私には思われる）精神という概念、しかも分割できないゆえにか、物体や肉体との対立を際立たせるためにか、広がりを持たぬとされる精神の概念そのものが、決して明瞭なものではない。結局のところ、私のみるところ、いわゆる感覚的なものが、なぜ精神の変様とされたのかと言えば、変様とは、己の変様であるゆえに精神が直接に知っているはずの事柄、それに対応するものが精神の外側に在ろうとなかろうと、精神にとっては何物かである事柄だと規定されているからである。

では、なぜ精神は己の変様であれば知っているのかということは、当然のごとく語られながらも必ずしもよくは分からない。ただ、精神は思惟によって特徴づけられる。これを解するに私は、思惟とはまさに何かを己への現前にもたらす作用だと承認されているからだと考える。ただし、すると、ここで「思惟」というのは本来は「想い」みたいなもののはずで、しかるに、それを認識活動としての思考、すなわち先に述べたような意味での科学的思考をモデルに考えてゆくときに、偏向が生じ誤りを発生させる元になると思われる。（これについては本書『哲学史を読む』の論稿４「意識と我」参照。）実際、認識する働きとしての思考が問題なら、それはむしろ行為が切り開き打ち立てる秩序を理念のレベルで追行し保持することであるのに、認識を導くのは明証性を伴った現前であると主張されたときに、致命的な混乱が生じざるを得なかったのであると、このように私は考える。

現前する事柄は科学的認識にとっては素材であり手掛かりであるに過ぎない。しかし、素材であり手掛かりであるためには、それは行為の遂行の場である広がりへと接合されるべき広がりの様態を、既に携えていなければならない。

（とはいえ、もちろん、現前はただ現前であること独自の価値をも別に持っている。『知覚する私・理解する私』第二章第3節参照。）

それで、哲学史上で名高い物体の第一性質と第二性質とはなぜ区別されたのか。また、英国経験論の進展において、両者の区別が目立たせられ、次に廃棄され、かつ、廃棄と連動して物体的実体の概念が解体された理由は何か。区別の根拠は、知覚的質ではなく広がりだけが肉体の運動によって抽出されることにあり、廃棄の理由は、論者たちがその運動に着目することをせずに、認識とは（知的観念と感覚的なものとの両方を含めて）現前する事柄の観想にあると考えてしまった過ちに由来する。赤い三角なものの現前のうちに、彼等に先立つ誰か、あるいは彼等のうちの誰かが、明証性をそなえた三角形の観念と、そなえていない赤さの感覚的観念を区別した。だが、前者のいわば幾何学的内容としての明瞭性の内実は実際には三角形を作図する手続きにある。それなのに、彼等はこれを直観の事柄だと捉えて、それと赤さの経験との差を明証性の程度の差に帰することをなしたので、結局は両者の差異を維持できなくなっていったわけである。

また、感覚的なものの主観性と、その、精神の変様でしかないという規定とが堅く維持されているところでは、延長によって特徴づけられる物体的実体の概念の批判も不可避となる。物体の「私」からの独立は、運動として遂行される行為こそが広がりの規定のもとに諸々の知覚的質の現前を組織してゆくことに気づかないなら、神に頼るしか主張できない。つまり、現前する広がりを運動の広がりへと統合しないなら、広がりもまた諸々の知覚的質と同じく主観的なものとして規定されてゆく運命にあるのは当然なのである。バークリを待つまでもなく、ライプニッツも空間の表象には何か想像的なところがあると考え、延長を実在するものとしたデカルトに反対した。（もっとも、彼は、それを基礎づけられた現象であると考えた。）マルブランシュは、精神が見る延長の実在性を客観性とともに確保するためには、それを神のうちに置くことを迫られていたし、それは何と物体の延長とは区別されるべきものなのであり、その物体が存在することは啓示によって受け入れるしかない事柄なのであった。

(5) 物体と空間

だから、延長の概念と物体の概念が一緒になったデカルトから出発しながら、マルブランシュとライプニッツとを念頭に置いてカントの感性の直観形式としての空間の概念に至る線を考えると、物体的実在の概念から広がりの概念を切り離して、それとして独立に扱い、その豊富な規定を探しにゆく一つの思想の動きを指摘することができる。空間とはまさに物体性を含意しない広がりの概念である。

そして、この動きの傍らでは、物体的実体の概念そのものの廃棄に進む別の動きがあった。それで、いずれの動きも、いわば現前の内容としての広がりにばかり目を向けることに由来していて、その限りでは兄弟であること、これは以上の説明で明らかであろう。

けれども、私はと言えば、物体の概念はやはり広がりの概念なしでは理解できず、しかし、その広がりは運動が顕わにする広がりだと言うのである。そして、この広がりとの関係でこそ、近代哲学が関心を持った認識の成立もあると考える。

カントが時間と空間という感性の直観形式と悟性の概念形式としてのカテゴリーによって普遍的認識可能性を懐疑論から救ったことはよく知られているが、その空間規定に関して言うならば、カントはマルブランシュから遠くはない。マルブランシュの神のうちなる叡智的延長は、物体のすべての可能な秩序を容れ得るもので、部分が互いに排除し合うという延長（ないしは物体）の相互外在的性格にも拘わらず、一切を含み込む一つのものとして、物体の世界の創造に先んじている。しかも、それは感覚的質を通して感知されもする。つまり、叡知的延長はその無限で叡知的である性格ゆえに有限な人間精神に働きかけ得、その結果として人の具体的経験において感覚的質を生じさせ、その形式として感覚的延長（これは物体的延長ではない）となる。ここには可能的なものから現実的なものへの、その客観性を保証した移行がある。その上、叡知的延長が含む秩序というのは幾何学的なものなのであり、すると、マルブランシュの叡知的延長の概念からその実在性を仮に引き去ることをするなら、それがいかにカントの空間概念に似ているか分かるであろう。ただ、私が思うに、幾何学の秩序もまた、操作のレベルでの運動の概念を持ち込むことなしでは理解できないはずである。

それから、なお、出来事の理解の有りようについてのマルブランシュとカントとの親近性については、特に或る理由で本書（『知覚する私・理解する私』）本文での第四章第1節（本書『哲学史を読む』論稿8「法則概念の優位という思想状況」）で述べるが、一般に、先に英国経験論における実体概念の解体として述べたような事柄と、西洋近代の思想で同時に進行した原因概念の批判（すなわち出来事の科学的理解からは原因の概念を排除しようとする考え）とは、実は軌を一にするものなのである。それらはともに、すべて認識とは諸々の現前する事柄を、その与えられ方の規則性とともによく見ることなのだと、勘違いするところから発している。（それで、この後者の点を背景に、『知覚する私・理解する私』の第三章と第四章での、出来事の理解についての議論は書かれている。）

⑹ 現われが存在をつくるような存在としての「私」

最後に、現前の概念を媒介に、私が規定する「私」の概念の内容について少しのことを述べておくのが望ましいに違いない。

「私」というものの基本的規定は何か。現われが存在をつくるような存在である、というものだと私は思う。そして、いわゆる精神の概念も、それに内容を与えるなら、やはり、この現われの概念によってでなければ曖昧になると私は考える。そして、現前の概念が含むところも、これ以外ではないはずである。だから、コンディヤックが、「精神が薔薇《バラ》の匂いを嗅ぐとその匂いになった」と述べるとき、それは或る意味では的を射ているのである。ただ、現われとはどのようなことか。ここに二つの事柄を考えねばならない。

一つは、諸々の現われがあるところ、その同時性の秩序としての広がりが必ず伴うことである。そして、私はこの広がりを運動の広がりから区別し、その上で、二つの広がりにともに関与する肉体の運動（一方は知覚器官の運動で他方は体全体もしくは局部の移動運動）が二つを織り合わせてゆくことを示すことに努めるのである。別の言い方をすれば、肉体の運動が、「私」自身の事柄としての薔薇《バラ》の匂いを、薔薇という物体に帰属させにゆく論理、これを私は論じる。（けれども、私はまた、物体へ帰属させることをしないときの諸々の知覚的質の経験の価値についても目配りをすることを忘れないつもりである。）

それから二番目は、現前を言うとは現在という時間を考えることなしではできないことである。マルブランシュにとっても、叡知的延長は未だ可能的であるに過ぎない、神による創造のわざの手前で語れる諸本質に関わるが、時間は現存に関わる。（ちなみに、西洋近代哲学で、特にその認識論上での観念論の手続きにあって、現存するという意味での実在するものという概念に意味を供給する最終のよりどころは、神による被造物であること、これに求める他はなかった。）

いったい、現在とは何か。私の考えでは、現在とは現前するものの定まりの生起そのことである。そうして、実にその生起のうちに私が「私」を、どうしようもなく在ってしまっているものとして見いだしてゆく時間である。そして、この「私」にあって、広がりの様態によって区別されつつも同時に保持される諸々の現われの一切は一つに溶け合っていて、そこで、「私」はいわば遍在する精神であるかのごとき仕方で在る——現われの享受そのこととして存在をそのつどに成就している、現存しているのである。

(7) 時間を組織してゆく行為

ところが他方、現在という時間を語ると、私はまた、自分が行為する者たる限りで、現在を、過去、現在、未来という時間の流れのうちに位置づけることにも注意を払わなければならない。私は「どうしよう？」と問いを発して、ささやかながらも自己をつくることをも試み、時間をかけて行為を遂行してゆく存在でもあるのである。そして、そのとき、私はさまざまの物に囲まれた世界にいる肉体として己をはっきりと了解する。こうして、私は「私」というものを、現在という時間に密着した在ることと、時間を組織してゆきながら為すこととの二重の相のもとで考えるべく、いつも強いられる。（詳しくは、「死の観念に映された生の姿」――『死』（現代哲学の冒険①）、岩波書店、一九九一年、所収――。）それで、行為はもちろん肉体の運動なしではあり得ない。また、現在に現われるものの多くを供給する知覚も、肉体があたかも消去されるかのような方向を辿ることの中で成立するが、しかし肉体なしでは生じ得ない。だから、いつも私の叙述では肉体が大事な論点として登場する。

いや私が思うに、先にも述べたように、むしろ、動物として生き、活動する肉体における「私」の誕生という仕方でこそ問題は立てられるべきで、それは、知覚と運動との基礎の上に、問うこととともに成立する意志的主体、従って行為主体の発生と、それと相即的な情感性の発生、ゆったりした幅のある現在の享受を可能にし「私」の最も深い内実をつくる情感性の発生と、これらをたずねることでもって果たされるであろう。（前掲『私というものの成立』所収論文を参照。また、ともかく肉体が皮膚によって己の外側のものからの相対的分離を動物として実現していること、このことの意味の重要性については、論文「生命と意識」――本書の論稿17――で幾分か論じた。その中で私は、生理学の夜明けの頃に仕事をしたビンヤの生命思想を、刺激の概念を中心に紹介したのだが、重視されることの多い脳のような中枢の概念の陰で目立たないもの、中枢の概念にも意味を与える側の事柄である肉体の周縁部というもの、これの重要性を引き出しておいた。）

8 法則概念の優位という思想状況

(1) カント主義と機会偶因論

私たちは気軽に因果法則という考えを口にする。しかし、私は(『知覚する私・理解する私』の)前章で、因果性の概念と法則性ないし規則性の概念とが分離されるべきことを論じ、その上で、両者が絡ませられる理由を行為の概念に求めたのであった。すなわち、行為の概念は一方で、何かを生じさせるものという資格で因果的理解を内に含み、他方、とりわけ技術の概念において自覚化されるような反復の構造をもっていて、この反復を通して因果性は規則性を、それを基礎づける仕方で呼び寄せ、更には一般に出来事が生ずる際に従う法則という、真理の概念としっかり結びついた概念まで誕生させるのである。

だが、このように私は(一回限りで生ずる事柄にも適用できる)因果性の概念を(反復の承認なしでは意味を失う)規則性や法則の概念よりは基礎的なものだと主張したのであるが、ヨーロッパの近代以来、認識論ないし学問論では総じて、因果性の概念は旗色が悪く、法則の概念が優位に置かれてきた。そこで、本章では、このあたりの事実にも若干の目配りをし、前章での私の主張を補強したい。(取り上げられる材料の歴史的順序は、マルブランシュの機会偶因論、ヒューム、カント、実証主義であることを読者は念頭に置いていただきたい。また、本書の性格上、引用文献と引用箇所の指示は省く。それから、議論は私の論点へと導く仕方で構成されていて、哲学史の或る側面を解説するという種類のものではない。)

アルキエの次の指摘の分析から入ろう。すなわち「『純粋理性批判』に先立つ因果性に関する理論のすべての中で、カント主義に一番近いのは間違いもなく機会偶因論である。」アルキエは、私たちが二つの自然現象の間に見いだす因果の関係についてカントとマルブランシュとが与えた解釈に、次の諸点の類似を認めるのである。第一に、因果の関係はそれが結びつける両項に内在する分析的なものではなく、二つの項の外から加わった総合的な性格のものであると解釈すること。第二に、因果関係の分析的性格を放棄したにも拘わらず、因果関係を要《かなめ》としている自然科学の価値についての疑い、すなわち懐疑主義を生み出すことには至らず、反対に、認識の普遍性と客観性との原理を発見していること、第三に、これは第二点を制約するものとして第一点から帰結することであるが、この普遍性と客観性とは事実上の必然性をもちながら、他面、論理的な意味で必然的なものでも合理的なものでもなく、偶然的な性格を保持するものとしていること、そうして、ただ、両者の違いは、マルブランシュは因果関係の(因果関係によって結びつけられる両項の外なる)源泉を神と考えたのに、カントは人間精神とみたことにあること、それから、また、カントはこのとき、人間精神、ここでは認識主観の概念を、マルブランシュの神の概念に似た役割を果たすものとするべく、完全につくり直さなければならなかった、ともアルキエは述べる。更に彼は、カントはヒュームが因果関係の源泉を人間主観に求めたことを受け、それを媒介にマルブランシュの後継者となったのであるとすら言う。つまり、カントはヒュームから、因果性を人間性に基づけるべきことを学んだのだけれども、ヒュームの人間性はそれ自身が自然の内なるもので、その心理学的なものとして考えられた人間精神の傾向性や習慣に因果性が由来するとなると、懐疑主義が導かれざるを得ない、だから、カントは人間主観を超越論的なものに、自然の上位なるものにしなければならなかった、この点においてカントはヒュームよりはずっとマルブランシュに近いのだと、ざっとこう述べるのである、「批判主義の超越論的主観は、機会偶因論の超越的神と非常に似ている」、これがアルキエの診断である。

けれども、以上の指摘では、アルキエはマルブランシュを余りにカントに引き付けて解釈している。確かに、たとえば物体Pの物体Qへの衝突と、それに引き続いて起こる物体Qの運動とは、事実的には必然的な関係をなしていると見、しかも、その必然性はこれら二つの自然的事象の中に含まれているのではないと考え、必然性の源泉を両項より上位のものたる（マルブランシュでは神という）精神に求める点だけをマルブランシュから取り出すなら、因果関係についてのマルブランシュの考えはカント的発想の下描きとも言える。だが、マルブランシュは因果関係の概念を問題の二つの項を結ぶものとするのではない。彼は二種の原因概念を語るが、それらそれぞれの原因から結果へ向けて引かれる関係の線は、問題の二項が作る水平的領域に対して垂直的なものとして描かれるのである。

一つの線は、真の原因、実効的原因としての神から被造物へ向かう。だから、アルキエの解釈では因果関係全体の源泉として位置づけられた神自身が実はマルブランシュ本人においては原因の地位を占め、因果関係にあるとされている二つの項はいずれもが、従って原因と呼ばれる項もまた、神の意志という原因との関係では結果でしかない。（けれども、カントではもちろん、マルブランシュの神に対応させられる超越論的主観は現象を産出する原因では決してない。）つまり、マルブランシュによれば、原因であるとは創造するものであることが、原因概念の第一で本来の意義である。

そして次に、この本来性との対照で二次的なものとしてのみ、機会偶因の概念は登場させられる。そして、次のことに注意しなければならない。機会偶因とは確かに、物理的自然においては物体Pの物体Qへの衝突というものがその地位を取り、衝突後に動き始める物体Qの運動という結果（といっても実のところ神という真の原因との関係においてこそ適切に結果と呼ばれ得るもの）との関係で語られるものではあるが、とはいえ、衝突という機会偶因から発する線を敢えて描くことが許されるなら、その線は物体Qの運動へ向かうよりはむしろ、神へ向かうものなのである。というのも、もちろん衝突という機会偶因の結果が神の意志の発動だというわけではないが、マルブランシュは、こう言うのである、「機会偶因が造物主を規定して、かくかくの出会いの際にしかじかの仕方で作用するべくさせる」と。

(2) 機会偶因論と実証主義

しかし、被造物でしかない機会偶因から造物主としての神へ向かう、この変てことも見える関係は、一体どう理解すればよいのか。ここに登場するのが法則の概念である。機会偶因による神の意志の規定とは、法則のもとでの神の行為、神の気紛れでない、秩序に従った力の行使を表現しているのである。（そして、これを別様に、神の力はそれ自身においてでなくともその実行においては神の知恵によって制限されているとする考えの、独特の定式化とみることもできよう。）すると、機会偶因論の生命は原因概念にあるよりはむしろ法則の概念にあることになる。ゲルーは、マルブランシュの体系にあっては「機会偶因が法則のためにあるのか、それとも法則が機会偶因のためにあるのか」と問いを提出したが、答は明らかで、法則が先でそれを実現するためのものとして機会偶因があると考えられている。というのも、個々の自然的事象が機会偶因という役割を持つのは、神によって法則的秩序に従った世界が創造されているはずという前提から導かれることなのであるから。被造物に機会偶因という性格を与えることにおいて神は、特殊的意志によらず一般的意志のみによって、法則に貫かれておりながら、つまり単純な道によりながら、多様で豊かな細部を持った世界を創造できる、これがマルブランシュの考えなのである。

そこで、自然的事象から神へ向かう線を消去してしまうなら、その自然的事象を機会偶因と呼ぶ謂れもなくなってしまう。偶因という概念は法則との関係における神を、より適切には、神の知恵との関係における（創造という）神の力の意志的行為を輪郭づけるための概念なのだから、神という自然的事象の産出者について語ることをやめるとき、神という真の実効因のみならず機会偶因の概念も不要になる。こうして、残るのは事象と事象との間には法則に従った関係があるということだけで、この関係は原因の概念の痕跡すら必要としていない。因果関係の概念は消えて、規則的関係だけが残り、そうして人間の尺度で見たとき、その規則的関係は事象の継起仕方の恒常性として現れる。

しかも、マルブランシュ自身において、法則の概念は神の知恵の反映で、神の特質から被造世界に法則性があることは演繹されるが、その法則がどんなものであるかの具体的な内容を知ることは経験にのみ委ねられると考えられていて、そこでアルキエよりも前に、ブランシュヴィックは言い得ていたわけである、「マルブランシュの機会偶因論、それは既に、確固たると言ってもよい形を持った実証主義である」と。この批評において実証主義の名のもとに考えられているのは、原因概念についての思弁的考察のシステマティックな排除と、諸現象間のファンクショナルな関係として解釈された法則の経験を通じての確定との、二つの特徴をもった思考態度である。

(3) 法則概念の優位という思想状況

さて、ここで立ち止まろう。機会偶因論、超越的観念論、実証主義、これらに共通なのは法則の概念である。そうして、法則の概念の重視は、これらが法則の中に真理の形を見たから、と言ってよいと私は解釈する。ホワイトヘッドは、これらの哲学的思潮に先立つ西洋近代科学の誕生の要因の一つとして、自然の出来事には秩序が、言い換えれば法則があることを確信している態度を挙げたが、機会偶因論以下の哲学も、この根本的態度を共有していると見てよいと思われる。ただ、そうすると、これら三つの哲学的立場の違い、他ならぬ法則概念に絡む原因概念の違いは、どう解釈されるべきか。

機会偶因論では、神という、現象の背後に位置していて現象を産み出す真の原因と、現象の秩序に属していて、なおも原因の意義を保持している機会偶因との二つの原因概念が語られる。カントでは叡知的原因の話はおくとすれば、マルブランシュの機会偶因に当たるものが残されている。そうして、実証主義は原因概念を一切、不要と考えている。そこで、法則の内容を純粋化して残るものはといえば、継起する諸現象間の規則性、それら現象間に事実的に見られるファンクショナルな関係でしかないとするなら、原因概念を不要とする実証主義が一番すっきりしていることになる。それに、マルブランシュとカントとにしたところで、少なくとも現象の秩序に属する限りの原因概念は、法則概念への付けたりに過ぎないと考えることもできる。なぜなら、アルキエが彼等の共通点として指摘した論点も実は、或る現象と他の現象とが因果の関係にあるとされるとき、それは二つの現象自身が自らの力で設定した関係ではない、肝心なのは、二つの現象間に事実的に規則的な関係があるということだ、ここに力点を置いて読むこともできるわけだから。

(4) 実証主義と原因概念

しかし、私は実証主義について誰と特定せずに、ただブランシュヴィックの発言に依拠して議論してきたが、実証主義が本当に法則を自足的なものと考えているのか、そう言ってしまうのは実は躊躇われる。実証主義は哲学の主題になる前に科学者の精神である。そして、ホワイトヘッドは哲学でなく科学について語っているのだが、その科学者の中にある自然の法則性への確信を養ったもの、これは哲学においては実に機会偶因論的な自然像に正確に一致する。ホワイトヘッドは、自然の法則性への確信の起源として、ギリシャ悲劇における運命の観念、ローマ法、スコラ論理学とスコラ神学との支配によって植えつけられた明確で厳密な思考の習慣などを列挙した後、こう述べている。エホヴァの人格的力とギリシャの哲学者の合理性とを共にそなえたものとして思い懐かれた神の合理性を強調しようとする、近代ヨーロッパ精神に刻まれた思想の本能的な色合い、これが自然を貫く法則の存在に対する確信を養ったと。ところが、この、神との関係で見られる自然の秩序の概念とはまさにマルブランシュの考えである。

それに、「実証主義」という言葉の出現以前に既に実質的に実証主義的態度が支配していたとしてグイエが「前実証主義的思想風土」と呼んだ一八世紀、この世紀の末の科学者、実際に探求に携わる科学者としてのラプラスの発言を検討してみても、法制の概念と原因の概念との微妙な関係を見て取ることができ、法則の概念が原因の概念から完全に切り離されて自足的なものになっているわけではない事例を見いだすことができる。ラプラスは書いている、「[科学の」方法は一連の帰納によって諸現象から諸原因に高まり、次いで、原因から諸現象の全詳細に降りて来ることに存する」と。しかるに、彼はこの方法に最も忠実であった人としてニュートンを挙げるが、ニュートンの第一の業績としては普遍的重力の原理、すなわち引力の原理を念頭においており、これをもちろん法則という資格で理解している。だから、この文章ではラプラスは法則に、諸現象を結果として産み出すものという位置を与えていることになる。つまり、私たちがしばしば重力の法則に従って物体が落ちると言いながら、また、重力が原因で物体が落ちるという理解をもする、このような発想をラプラスも持っていたわけである。それから、この発想の延長上にありながら若干修正された形の、ラプラスのもう一つの表明に着目すると、ラプラスの考えと機会偶因論との近さが分かる。ラプラスは次のように自問しもしている。すなわち、「普遍的重力の原理は自然の始原的法則なのか、それとも何か知られざる原因の一般的結果に過ぎないのか」、こう彼は問い、そうして、結局のところ我々の無知を告白するのである。明らかにラプラスは、法則をば、原因からその結果としての諸現象へと下降する道の途上に位置するものと考えていて、これは機会偶因論が描く構造に似ている。そうして、このことは意外でも何でもない、なぜなら、近代科学における自然の法則の探求は、(それを神と呼ぶかどうかはともかく)諸現象を調べて諸現象の背後で諸現象を支配しているもの、これへと至る一つの道であるという側面を持っていたのは確かなことであるゆえに。(それで以上の事情に、原因の概念が探求されるべきものという資格で自然科学を動機づけ、法則がその成果として得られるという構図を見てとることができる。これについて一九世紀初頭の哲学者メーヌ・ド・ビランは次のように診断していた。原因概念は内容あるものとして科学の内部に入り込むことは決してなく、それでいて科学の内容物たる法則と己とを混同させ、その法則に、自らの知られるべきものたる意義を押し付け、かくて新たな法則の発見へと科学者を駆り立てる役割を果たしていると。詳しくは、「メーヌ・ド・ビランの思想における原因概念の位置について」——本書の論稿21——を参照。)

こうして、ラプラス的発想は原因概念をすっかりお払い箱にしているのではなく、諸現象の高処ないし背後にある原因概念を保持していると見ることもできることが分かる。それで、捨てられているのは、現象の秩序に属していてなおも原因たる意義を有しているもの、つまり機会偶因という概念である。（しかるに、これに相当するものがカントに残されていることは先に見たばかりである。）では、なぜ機会偶因の概念は捨てられたのか。

それは、マルブランシュでは神から出発して法則の概念を媒介に諸現象まで降りて来るのに、科学者たちは逆に現象から法則へ（そして時に法則の彼方へ）向かうからである。結果から原因へという標語はこの間の消息を伝えている。そうして、この標語と一見は矛盾しながらも同居しているもう一つの戒律、すなわち、原因それ自体について語ることはしないという禁欲は、法則が現象から出発して見いだされるものである限り、人は其処で積極的に語れる原因概念に出会うことは決してないということを物語っている。別様に言えば、機会偶因論では法則が先で現象が後だったので、現象は法則を介して法則の源泉でもある真の原因から何がしかの原因の意義を受け取り、機械偶因の身分を得たのだが、科学者の実際にあっては現象が先で法則が後なのだから、現象の背後の原因概念から現象自身への原因の意義の移し入れは生じないわけである。それで、いわゆる実証主義と呼ばれるものは、実際上、法則は、法則に貫かれているとされる現象の側からの接近だけによって意義が確定できること、つまり、実証主義の法則の概念は、法則の具体的な内容を人間精神が認識する手続きの中で汲み尽くされていると言って構わないこと、この点を強調しているのだ、このように私は理解する。そこでまた、「機会偶因論は既に実証主義だ」というブランシュヴィックの批評は、機会偶因論において法則の概念が現象の概念に先行していること、これの重要な意義を無視して、法則の具体的な内容の認識の手続きの在りようだけを考えれば、その実質は機会偶因論と実証主義とで同じに帰するのだ、という点にまで切り詰めて理解されなければならないことも分かる。

（なお、現象と法則性とを巡る論点としては今まで論じたことの他に、現象の背後なるものを想定することなしに現象の整合性だけを頼りに現象に十分な実在性を見いだし得るかどうかという問題もあるが、この論点は今はおく。）

(5) 理解の一様式としての因果性の概念

さて、こうしてみると、それではカントで、現象の秩序に属していてしかも原因の意義を持たされているものがあるというのはどういうことか、気になってくる。確かにアルキエがマルブランシュの神に対応させた超越論的主観は神と同様に諸現象の秩序に属さず、いわば現象の高処から現象を秩序づけているものではある。とはいえ、超越論的主観は神と違って現象の産出原因ではないゆえに、秩序実現の駒として現象を位置づけはしない、つまり、現象に垂直な原因概念の関与によって現象に属するものが原因の意義を得る、こういうことはない。すると、マルブランシュにおいてすら機会偶因の概念は法則の補助でしかなく、結局は何かを産出するものではなく産出されるものでしかないのに、カントにおいて、法則の内部に位置する原因概念は存在理由を保ち得るのか。

カントでは、現象が法則に従っているということよりは、現象を法則的に理解するということが重要で、その法則的理解の一つに因果的な理解があるということなのか。現象自身の中にそれらの或るものと他のものを原因と結果として結ぶものはない、因果関係は現象の外からもたらされるのだという、カントとマルブランシュとの共通点を言うアルキエの言葉を受け、更に、この外なるものとは、創造するものではなくして認識するものだ、という点を付け加えるなら、そう考えても不当ではないとも思われる。

ともあれ、こうして私は、原因とその結果とがある、因果関係がある、否、そんなものはない、あるいは、あってもそれを語る必要はない、否、それに触れることなしにはゆかない、という話から、因果的に理解することがある、という話題へのずれを導いてみたわけである。そうして、確かに私たちは日常的に、或る現象の原因として他の現象を考えることをする。ただ、確認しておかなければならないが、まさにそのような理解における原因概念の批判という面をこそ、機会偶因論や実証主義はもっていたのであった。それで、私はただ、私たちの日常的な因果理解に戻ればよい、と言おうとしているのではない。真理という身分を持たされている法則の概念との対決において、因果的な理解の位置を確かめようというのである。そうして、私の企てはまずは法則の概念の意義を制限することへ向かう。

それで、一言、述べておけば、或る現象との関係では原因とされる自らも現象であるものが同時に他の現象の結果でもあると位置づけられるような内容を持つ限りでの因果法則の概念、因果的理解と法則概念との或る種の結合には私は批判の目を向ける。このように因果連鎖の概念へと転化する因果・法則の概念では、真理を確保するために法則の概念が主とされ、結局は法則概念の支配のもと、始まりという意義を保持することなしには真正でなくなる原因概念の空洞化が招来されていると考えるからである。因果連鎖の概念では、いったんは原因とされたものも直ちに他の事柄の結果であると読み替えられ、かくて真の始まりは時間を先行するものへ先行するものへと、ずれさせられてゆく。実際、法則の概念を前面に出すことが原因の概念の無用化と一体になっている実証主義の教訓を忘れてはならない。また、マルブランシュは始まりの意義を保った原因概念の可能性を現象の秩序では見捨て、神にのみ認めた。

しかし私は、現象の秩序に属していてなおかつ始まりとしての原因であるものを認めるべきことを指摘し、そのことは法則の概念の意義を制限することを必然的に要求すると言いたいのである。

(6) 規則性の概念と因果的な理解

現象の秩序に属する原因とその結果という概念は、現象を理解する一つの仕方、理解しようとする人間の側の事情に由来する事柄である、という考え、私はこれを受け入れるべきだと思う。けれども、この考えを、法則の側に真理がある、という考えとセットにし、そして所詮は因果の概念を貶める見方は、これを批判する。それで、このようなセットになった見方を確かめるために、あと少し機会偶因論を材料にしよう。

というのも、マルブランシュの機会偶因の概念には実は二つの面があるからである。一つは既に述べた、法則に従った被造世界実現のために負わされた意義である。この意義は、現象の秩序に属する機会偶因というものは、神との関係と他の現象との関係と二方向で関係を取り結んでいるという、事柄自体において決定されている意義である。ところが、機会偶因の中の或るものは、事実上、私たちが日常的に理解する原因概念に相当するものでもある。どういうことかと言うと、たとえば物体の衝突と衝突後の物体の運動を支配する法則があって、それとの関係で衝突は機会偶因とされるのだが、私たちは日常、衝突を衝突後の物体の運動の原因と考えるのだから、ここに対応がある。同様の対応は、太陽が出ていることと水が温もることとの関係における太陽は、マルブランシュでは機会偶因であり、私たちの日常の理解では端的に原因だと考えられることにも見られる。(ただ、マルブランシュでは、私が自分の腕が動くことを欲することと腕が動くこととの関係において私の欲望が引き受ける役割も機会偶因とされるが、私たちが日常、自分の欲望が原因で自分の腕が動く結果が生ずると理解するとは私には思えない。だから、私は機会偶因の或るものは、という限定をつけた。)

だが、それでいてマルブランシュは私たちの日常的な原因概念を批判し、そのような日常的原因概念がどうして生ずるのかをも示そうと試みた。けれども、すると、この日常的原因概念と機会偶因との対応ゆえに、機会偶因の概念は、実際は真の原因ではないのになおも人が原因の意義を与えてしまうところに成立する概念であるかのごとき体裁も取ってしまう。つまり、機会偶因は、神と法則と現象との三者の関係を視野に収めたときには事柄自体の構造から意義を得ている概念であるのに、現象の秩序だけで考えたときには、事柄自体にはないのに其処に人が付け加える、いわば主観的でしかない理解において生まれたものという意義において成立する、このように見える分析をマルブランシュはなしているわけである。そうして、彼は被造物の秩序における因果的な理解の成立の理由を、原因と結果の関係にあるとして理解される二つの項の関係が事柄としては恒常的であることの経験に求める。これはもちろん、法則を現象に先立たせる彼の体系に整合的であるが、私が思うに、誤った見解である。

ところで、規則性の経験に因果的な理解の由来を求める見解、これは後にヒュームも取ることになる。そこで、ヒュームではその規則性が緩やかで、従って法則の概念も彼の懐疑主義においては弱められた力をしか持たないとしても、少なくとも法則の概念の因果的な理解への優位は承認されていることに注意しなければならないと私は思う。それで、次のような発想が広範に採用されているわけである。つまり、或る現象に他の現象が引き続くことが（マルブランシュにおけるがごとく完璧にか、ヒュームの場合のように、ほぼ、なのかはともかく）規則的に生ずることが事態の構造としてあることが先に承認され、その上で、それを単に二つの現象が規則的に継起するとのみ（実証主義的態度で）在るがままに受け取るだけにせず、加えて、先行する現象がそれに引き続く現象を惹き起こす原因であると理解する仕方がその事実を追っかけて発生する、こうみる発想である。しかし、このような発想は、事態の真実を逆立ちさせていると私は思う。

この逆立ちは、ヒュームにおけるように法則の概念が懐疑主義によって弱められた力をしか持たない場合までも含めて、法則の側に真理があるとされることに起因していると思われる。因果理解は一つの理解でしかないのだから、真なる事態の後に位置づけられねばならないというのである。そうして、このことにまさに正確に対応して、日常の因果的な理解を批判し、これを取り除いて、原因概念の関与なしの法則の取り出しへ進むことは、単なる理解、理解する側の事情に由来する事柄から、真理、事態の在るがままの把握への進展である、こういう解釈が位置している。

たとえば、物体Ｐが物体Ｑに衝突し、Ｑが動き始めるなら、人は普通、衝突が原因で物体Ｑは動いたと考える。が、それに対して、衝突に関る法則というものを考えるなら、衝突前後でのＰ、Ｑの運動間に見られる規則性を内容とするものということになるであろう。しかるに、この内答に、衝突が原因で衝突後のＰ、Ｑの運動が結果として生ずるということを付け加えることは、法則内容を実質的に豊かにしたことにならない、だから、法則内容を純粋化する為には、因果的な理解を、つまりは原因概念を追放した方がよい、こういう主張がなされるわけである。

そうして、この主張を私は採らないのだが、敢えていったん、この主張を補強することを試みるなら、同じ、運動に関する理解と法則として、物体の落下に関するものを取り上げ、これを衝突に関する理解と法則と比べると、この主張は益々説得的なものに見えてくる。つまり、落下法則の内容の一つとしての、落下途上の物体Aの時刻t_1における落下運動と時刻t_2における落下運動との間に事実的に見いだされるほぼ規則的な関係を考え、これを先の衝突の法則と比べてみる。すると両者で、その法則としての構造に何ら変わりはないことが気づかれる。どちらの場合も、諸現象間に見いだされるファンクショナルな関係を法則の内容にしているのである。しかるに、この落下法則に関して、落下途上の物体Aの時刻t_1における落下運動が時刻t_2における落下運動の原因であるとは普通、考えない。それで、衝突の場合も落下の場合と同じように因果的な理解を盛り込まないのが事態の真実に適っているのではないかと、確かにこのように論理を展開できるのである。

とはいえ、私は、法則の概念の成立を支えているものを調べて、法則の内部におけるものではないけれども、かといって現象の秩序に属していないわけではない原因概念が既に働いていること、しかも、むしろ法則の概念を成立させるものとしても働いていること、これを明るみに出し、法則の概念の登場によって原因概念の虚妄性が暴かれ要らないことが分かったどころではないことを、確かめようと思う。まさに(『知覚する私・理解する私』の)前章で見たように、法則の概念は行為の概念に支えられていて、しかるに行為の概念は因果の概念を携えている、これが私のみるところである。

註(二〇〇七年時点で記す)

原因の概念と法則の概念とを巡って、マルブランシュ、ヒューム、ダランベールなどが議論したとき、自然の現象が生じてくるときの継起の規則性の意味するところに人々の目がいった。けれども、単なる規則性だけでは科学の成立には不充分で、幾つかの(それぞれに変化する)パラメーター間に見られる比例関係等の線形理論で表せる種類の規則性が必要である。たとえば花が咲いた後には種ができる、月が満月になった後は欠けてゆくなどの規則性を確かめるだけでは近代科学が要求する意味での理論の構成にまでゆかず、たとえば、一リットルの水を日向に十分間置いたときに上昇する水温の大きさは、五分間だけ置いたときの上昇幅の二倍だ、二リットルにしたらどうだ、水を入れる器の大きさ（陽が当たる表面の広さと深さ――これら自身、同量の水を仮定するなら、側面が垂直な容器なら反比例の関係にある――）を変えるとどうなる、などの諸関係に見られる規則性が探されるべきなのである。

9　一九世紀フランスへのスコットランド哲学の流入

(1) はじめに

一八世紀フランスに対するイギリス、英語圏の哲学の影響はよく知られ、話題にされます。ところが、一九世紀フランス思想に対するイギリスの影響がどのようなものであったか、これについては余り語られないように思われます。そして、それには、そもそも一九世紀のフランス思想そのものが顧みられないことに第一の理由があります。ですが、一九世紀、殊にその前半のフランスは、思想史的にみて二つの意味で重要な時期でした。

一つには、この時期にナポレオン学制に端を発した学問の制度化が確立したということです[1]。哲学は、孤独な哲学者の居間で瞑想されるものであることから、一八世紀中葉に才気溢れる女主人が主宰し人々が集い談笑するサロンの会話の中で育てられるものへと変わったあと、今や、リセやコレージュ、大学で教えられ、また研究されるべく場を移し、哲学者であることが職業となるようになったのです。

そしてもう一つ、より重要なことには、今日にまで至る政治的・社会的思想の諸タイプがほぼ出揃ったのも一九世紀前半においてであったということです[2]。具体的には、かつてからの絶対王制主義やカトリシズムに加えて、自由主義、民主主義、社会主義、共産主義等の諸タイプです。そして、これら二つの事柄は、自由主義が大学の哲学と連携していたこと、対するに、カトリシズムや社会主義は大学の哲学と敵対しつつ激しい動きの中にあったことにおいて、結びついています。その背景には、大革命以来、教育制度は国家の根幹だと考えられるようになり、そのうち大学は哲学を中心に擁しつつ教育界に人材を供給して初等・中等教育を導くことを使命としていたこと、しかるに教育におけるヘゲモニーを巡っての諸陣営の間で大きな争いがあったことがあります。特に宗教（しかもさまざまの派がある）が教育において占めるべき位置に関してはカトリックとその反対陣営とは違った主張をして熾烈な争いを繰り広げました。[3]

ところで、これらの政治的・社会的思想の諸タイプの出現と、互いに複雑な関係を取りながらの紆余曲折に満ちた動向とを理解するには、最初の革命から第一帝政、二度の王政復古、七月革命、二月革命へと動き続ける政治と、その底流にある社会と経済の動きを知る必要がありますが、これについてはよく調べられています。また、政治思想、社会思想に関してみられた、イギリスとフランスとの両国、更にイギリスのみならず或る意味ではフランスの子供でもあるアメリカをも含めた三国間の影響関係も、よく論じられます。ですが、自由主義と連携する一九世紀フランスの大学の哲学と、その哲学生成に英語圏、とりわけスコットランドの哲学が与えた影響については、暗いままに放置されている観があります。今日はここに若干の光を当てたいと思います。

(2) ロワイエ＝コラールにおけるコンディヤックとトマス・リード

一九世紀フランスを理解するためには、どのような仕方であれ、フランス大革命を考慮しなければならないことは言うまでもありません。最初に、革命が哲学の歴史にもたらした断絶を強調する人の中で、あのお喋りのイポリット・テーヌの語り口を紹介しましょう。[4]彼は、フランス革命のあとの真空状態の中で、一八世紀フランス哲学の感覚主義に反対する人々は、エディンバラの哲学者トマス・リードのうちに、お誂《あつら》えの支持基盤を見いだしたと述べます。

「一八一一年の或る朝、ソルボンヌ［すなわちパリ文科大学］の哲学教授に任命されたばかりのロワイエ＝コラールは、痛く困惑して［セーヌの］川岸を散歩した。彼は前の晩に時代の聖書たるコンディヤックを読み返していた。」ですが、ロワイエ＝コラールは、コンディヤックの諸々の公式から必然的に立ち昇ってくると彼には思われる「懐疑主義」と「唯物論」の毒気には嫌悪感を覚えていました。かと言って、彼は自分自身のドクトリンを持ってはいなかったとテーヌは言います。にも拘わらず、彼は立場上、何か一つのドクトリンを表明し、教授しなければならない、そう思案しながら散歩していた彼の目に、一冊の、「それまでは風がページをめくる以外は誰も開いたことのないような外国の本」がとまりました。リードの『常識の諸原理に基づく人間悟性についての研究』です。彼はその本を広げ、コンディヤック主義の反駁が書かれていることを理解しました。「この本は幾らです？」「三〇スーです。」彼は本を買い、こうしてフランスの新しい哲学が打ち建てられたと、いかにも皮肉屋のテーヌらしい、見てきたような描写です。

コンディヤックの感覚論から本当に懐疑主義と唯物論が帰結するかどうかは別問題です。思想史的に重要なのは、ナポレオン体制から王政復古期にかけてのフランスの指導者たちが、フランス革命を肯定と否定との両面で眺め、その否定的側面に責任あるものとして一八世紀哲学を批判したことです。詳しくは、彼等はフランス革命を一方では、自由の進展をもはや後戻りのできぬものにまで強力に推し進めた出来事であると評価しました。しかしながら、他方でもっと強く、ジャコバンの恐怖政治を頂点とする秩序崩壊と道徳の荒廃という相のもとで革命を見、その否定的側面が今なお尾を引く大きな問題となっていると考えました。そして、そこから振り返って、そのような秩序破壊と道徳の荒廃の到来を許す原理を内蔵したものとして一八世紀フランス哲学に批判の目を向けたのでした。こうして、一八世紀哲学の代表たるコンディヤック哲学（それと、もう一人エルヴェシウスの哲学）は主たる攻撃対象となりました。一八世紀哲学は一絡げに感覚主義と唯物論として総括され、認識と価値との双方に関する相対主義を招き、また人間を道徳的イニシアチヴをとることのできない自動機械のごときものと考える思想だと決めつけられました。そして、フランス革命後、今や人間の存在価値の根源をなすと考えられるようになった自由、まさにその国民の自由を可能にする秩序の創出を至上の課題として、普遍性に到達する力と自由の能力とが人にそなわっていることを提示せんと願ったのが、新しい哲学を求める一九世紀初頭の知識人たちだったのです。

では、どのようにしてコンディヤック哲学から一九世紀哲学への移り行きはなされたのでしょうか。また、その移行においてトマス・リードの哲学はどのような意味でコンディヤックの反駁たり得て、一つの役割を果たすことができたのでしょうか。

(3) 認識論の観点からみたコンディヤックからリードへの流れ

ヴォルテールが一八世紀フランス思想におけるイギリス哲学の影響の大きさを象徴的に告げ知らせる人物であるなら、コンディヤックは実質的にロックのイギリス哲学を消化し、それをいかにもフランス的に発展させた哲学者です。そして、ロックからは物体の存在に対する懐疑ないしは否定の主張をなすバークリが出てきましたが、それと平行的に、コンディヤックからも物体から成る外界の世界の存在を危うくする独我論が帰結しないか、危惧がありました。実際、その懼れをディドロは指摘し、その指摘を受けてコンディヤック自身、その懼れを拭う方向へと論を進めてゆきます。そして、その方向の延長線上にデステュット・ド・トラシらの観念学（イデオロジー）があります。すなわち諸々の感覚の中で触覚を重視する方向であり、更にそこに潜む運動に着目する方向へのシフトでした[5]。けれども、コンディヤックも観念学派（イデオロジストないしは、ナポレオンの言うところのイデオローグ）も、精神の諸作用を感覚からの発展と見なすことは撤回しませんでした。

すると、認識論の歴史という観点からするなら、ロックからバークリを経て経験論の流れがヒュームの懐疑主義に行き着いたところでトマス・リードによる転換が起きる、これと似たような展開がフランスでも遅れて起きる、すなわちフランスではロックがコンディヤックに継承され、その懐疑主義に通ずるという含みは観念学派の試みによっても解消されず、かくてリードに範を仰いでロワイエ＝コラール等によって懐疑主義反駁がなされる、こういう見取り図を描くことができます。そして、両者の間にドイツにおけるカントによる同様の試みを位置づけると、流れの歴史的必然性も理解できるということになります。

ですが、認識論の歴史という純哲学的な関心からだけみるのでなく、フランスで哲学の歴史を運んだ社会的政治的動きに少し目をやりたいと思います。すると、認識論上の懐疑主義の論駁が道徳の確立という要請を背後にもっているという、リードにもカントにも共通している事柄が、フランスではもっと強く働いていることも分かります。コンディヤック批判がエルヴェシウス批判等とセットでなされる理由に注意を払わなければならないのです。

(4)「自由」という主題

一九世紀の大学の哲学の誕生を認識論の歴史の観点から見るのでなく、政治的動きと重ねるとなりますと、様相は複雑です。第一に、フランス革命からロワイエ＝コラールによる大学の哲学の始まりまで、そこにはテーヌが言うように空白だけがあるのではありません。空白ということでもって、テーヌやその他、似たようなことを言う人（たとえば後の文部大臣、ジュール・シモン）は、単に思想的空白、前の時代からの思想的つながりが断ち切られたことだけを言うのでなく、現実的な人材の空白、すなわち革命と対外戦争が多数の知的指導者たちの命を奪ったことによる空白を指摘しています[6]。けれども、貴重な人命の抹殺の象徴たる恐怖政治のあとからナポレオン体制まで、人々は模索を続けていたのでして、その動きは一方で革命前の一八世紀に連なり、他方でナポレオン以降へとつながっていました。

そこで私は、一八世紀から一九世紀の哲学へとつながるテーマ、ひいては一九世紀後半のカンティスムと結びついて今世紀に花開く反省の哲学や、その傍らで生成したベルクソン哲学にまで、更には反省の哲学と現象学との統合が生んだ実存哲学にまで引き継がれ持続的に追求されるテーマは、「自由」だったと思います。そして、その連続の中で、なおかつ一九世紀前半に確立された大学の哲学に際立った特色を探せば、それは、自由の不可欠の条件として秩序を考え、かつ、秩序概念と一体となった道徳に重きをおいたことだと思います。そして、コンディヤック批判というものは、そのような、いわば強い秩序と普遍的道徳の要請という中でなされた事柄でした。

ですから連続面から考えると、ロベスピエール失脚後、未だナポレオンが圧倒的支配をなすに至らないまでの時期のフランス政治史で主導権を握ったグループが、哲学の立場で言うと、基本的にはコンディヤック哲学の継承者であったトラシやカバニスらの観念学派だったということも、不思議ではありません。彼等は、ロベスピエールが理想化された古代ローマのイメージのもとでルソー的な政治的社会的理念のもとで革命を進めたのに対し、モンテスキュー、ヴォルテール、コンドルセの流れに連なる理念にそった政治路線を取りましたが、それは明らかに批判的精神をもち啓蒙に力を注ぐ自由の価値を高らかに唱導する路線でした。一九世紀になって批判されるコンディヤックも、知的レヴェルでの人間の自由がいかにして可能となるのかに意を注いだ学説を建設した、この流れの中心にいたことを忘れてはいけません。そして、彼等はまた自由で自律的な人々を育成するための新しい教育制度の整備にも特別の意を尽くしたのです。一七九五年設立の学士院の名称「諸科学と諸技芸の国立学士院」はかつてコンドルセが提唱したものですし、その第二部門「精神科学・政治学」の中の「諸感覚と諸観念の分析」というセクション、観念学派の拠点となったセクションは、明らかにコンディヤックの理念に従って名付けられたものでした。しかも、同じ名称が同じ時期にごく短期間存続した中等教育機関である中央学校の教育科目としても採用されたのでした。

けれども、彼等の政治的立場はナポレオンが力を強めることと相関して弱まります。彼等のグループ多数を含む五百人委員会の当選は、フリュクティドールの無血クーデター（一七九七年）の際に無効とされ、ブリュメールの臨時執政政府成立（九九年）後は、彼等の活動余地は少なくなりました。そして、ナポレオンは学士院を改組し、その第二部門を解体しました（一八〇三年）。ナポレオンが未だ権力掌握には遠く、パリに現われたばかりの頃、カバニスによって支持されることを有り難がったこともあるなど、今やエピソードでしかありません[7]。そして、フランスの哲学の歴史にとって重要なのは、ナポレオンが新しい教育体制の整備（〇二―〇九年）をしたことです。ただし、ナポレオン学制は、その中にカバニスら観念学派を含む革命後期の教育改革論者たちの案と連続する面をもち、更に王政復古後に試行錯誤の中でその内容が固まってゆくという歴史をたどったことは付言しておかなければなりません。

(5) 自由主義の旗頭としてのロワイエ＝コラール

さて、ロワイエ＝コラールの哲学教育への登場はこのような背景をもっていました。すなわち、ナポレオン学制の要の一つをなす一八〇九年開設のパリ文科大学、ここの「哲学と哲学者たちの諸見解講座」の初代教授パストレが半年後に上院議員に移ったため、そのあとを学長職とともに一八一〇年に引き継ぎ実質的な初代教授をつとめたのがロワイエ＝コラールだったわけです。（ただしその時、「哲学」というポストが増設されて彼の講座名は「哲学史」となりました。そして「哲学」講座には、コンディヤック主義者ラロミギエールが就任します。それからまた、本質的には学位授与機関であったパリ文科大学の教授は同時に、教育者と研究者とのエリート養成機関たるパリのエコール・ノルマルの教授を兼ねるのが普通だったことにも注意したいと思います。ここに、以降、オーギュスト・コントなど在野の思想家たちももちろん多数輩出しますが、概して大学によった哲学研究という形がフランスで一般的となる道筋がつくられてゆくのです。）

ロワイエ＝コラールの政治的立場は敵対者たちからドクトリネール（純理派）と呼ばれますが、一九世紀前半のフランスの自由主義そのものです。彼の政治的活躍はナポレオン期であるよりは王政復古期であり、しかもその理念が実現するのはむしろ七月王政期であると思われます。確かに、彼が観念学派を一掃する強力な人物としてナポレオンによって歓迎されたということは、研究者によって決まって指摘されることではあります。その根拠として繰り返し引かれるのは、一八一一年のロワイエ＝コラールの開講講義録を国会図書館で読んだナポレオンがタレーランに語った言葉です[8]。けれども、ナポレオンは思い違いをしているとロワイエ＝コラールが言っていることの方にも注意しそこなってはいけません。実際、出版・新聞の自由、宗教・議会・司法官の自由を強く主張する彼は、ナポレオンの独裁よりは（後の）王政復古を好ましく思うのです。ルイ一八世のシャルト（欽定憲法）を実質的には人民憲法に変えて自由の後盾とし、反動と戦うことが戦略的に肝要だという立場です。ここで反動とはカトリックの陣営と結びついたユルトラ王権主義の勢力です。

ちなみに、マルクス主義の立場で一九世紀フランス哲学史を解読するルシアン・セーヴは、ロワイエ＝コラールに始まる大学の哲学の立場を、時の支配階級であるブルジョワを代弁し、歴史の進歩を停め宗教的信仰を復興させる反動的なものと図式的に強く論難するのですが、彼も、それでいてロワイエ＝コラール以下の哲学はカトリック教会と激しく敵対したと正しく指摘しています[9]。

（もっとも、このことと、ロワイエ＝コラールが敬虔なカトリック信仰者であったこととは別のことです。それから厳密に言えば、カトリックからの大学への哲学への激しい攻撃は主として、ロワイエ＝コラールの後継者ヴィクトル・クザンに対してのものでした。クザンは第一に絶えず汎神論の嫌疑にさらされていました。この嫌疑は、クザンがシェリングなどのドイツ哲学ふうの論述をしてみせたことと関係があります。クザンはその嫌疑が根拠がないことを長年にわたって何度も説得せんと努力しなければなりませんでした[10]。第二に、カトリックの陣営は、教会も、教会から離れたカトリック自由主義のラムネーやモンタランベールも、七月王政期にクザンが君臨する大学による哲学の独占を非難しました。それは本質的には全国に散らばるコレージュの教育の支配を巡る争いでありました。なお、クザンが活動の絶頂期にあった七月王政の時期こそ、今日のお話の冒頭で述べた、今日にまで至る政治的・社会的思想の諸タイプがほぼ出揃った時期だったことも想い起こしておくべきでしょう。クザンはそれらさまざまの思想潮流の中で保守的自由主義を守ることに腐心した哲学者だったのでした。それから序でながら、七月王政時にクザンと連携した歴史学者で、文部大臣、外務大臣、首相を歴任したギゾーはプロテスタントでした。）

そこで、セーヴの教えてくれるところによれば、第一王制復古のとき公教育大臣になったフレイシヌがカトリックの立場で王立のコレージュに課した哲学とは、ロワイエ＝コラールが導入したスコットランド哲学でなく、逆説的に、フランス革命に責任あると見なされていた百科全書主義、この「百科全書主義の香りを未だ保ったラロミギエールの哲学」[11]であったということです。この歴史的事実は図らずも、ナポレオンの誤解に関連して言ったロワイエ＝コラール自身の次の言葉と一致します。「デカルトの方がロックよりはずっと専制主義に容赦しない。［デカルトの］霊魂のドクトリンの方が［コンディヤックの］感覚変容説よりは市民の自由に対してはるかに好意的である。率直に言って、この［コンディヤック］理論の信奉者たちにとって権力への抵抗は概して首尾一貫しないことになる。我々においては、抵抗は仮借ないものとなる。[12]」一八一六年、下院議員になったロワイエ＝コラールは、憲章をないがしろにし「王よりも王党派的な」議会に対抗しては、ルイ一八世の方に味方します。一七年の選挙法は彼が中心につくったものです。彼はまた政治と宗教の分離を主張し、一八二五年の瀆聖罪に反対します。そして、王政復古が続いて政治が右傾化してゆき、二七年にシャルル一〇世とヴィレール内閣によって出版検閲計画が出されるまでになると、ロワイエ＝コラールはこれに断固反対し、選挙で勝利した彼は二八年に下院議長に就任し、学界ではアカデミー・フランセーズでラプラスの後任に選ばれます。そして、その動きは七月革命への流れにつながるものでした。ただ、七月革命後、彼自身は引退に近いような生活をします。その頃も、『アメリカのデモクラシー』を書いたトクヴィルから、政界に入るべきかどうかの相談を受けたりなどはしていますが。

ここでロワイエ＝コラールのコンディヤック批判に返りますと、非常に厳格な道徳教育を受けたロワイエ＝コラールにとって、感覚主義は快楽主義とエゴイズムを、結局は自由の成立をも崩壊させるエゴイズムを招くと思えたのでしょう。普遍的な拠り所のないところ、自由はないというのが彼の考えでした。しかるに、トマス・リードは、人間の自由と道徳と、両方が根拠づけられたものであることを示していたと思えたのでした。

(6) ロワイエ＝コラールにおけるリード以外の要素

さて、ロワイエ＝コラールはトマス・リードに全面的に依拠しているのでしょうか。彼の一番弟子で、一九世紀フランスの講壇哲学の精力的な指導者となるヴィクトル・クザン、スタンダールの口にも当時「パリの新しい哲学」の担い手だと上されたクザンは、自分の三人の師としてラロミギエールとロワイエ＝コラールとメーヌ・ド・ビランとを挙げながら、メーヌ・ド・ビランは自分自身からしか自分の哲学に到達しなかったが、ラロミギエールはコンディヤックから、ロワイエ＝コラールはスコットランド哲学から、そうして自分はスコットランド哲学とドイツ哲学から出発した、という言い方をしたことがあります[13]。それから、これは孫引きですが、一八四〇年にスコットランド哲学のハミルトンのフランス語訳の選集の序文でペイスという人物は、「フランスへのスコットランド哲学の輸入は完全に一式出来合いのものとしてなされた[14]」とさえ述べているそうです。この文章を一九六三年に紹介しているセーヴは、同じ出来事を普仏戦争における一八七一年の敗戦になぞらえて「哲学的セダン[15]」と呼んでいます。ちなみに既に一八四五年にエドガー・キネは、ロワイエ＝コラールでなくクザンを念頭においてのことですが、「哲学におけるスコットランドとドイツに対する降伏[16]」を論難しています。ドイツ哲学もまた言及されているのは、シェリングとヘーゲルのクザンに対する影響を過大評価してのことです。このように、ロワイエ＝コラールとその後のフランスの大学の哲学へのトマス・リードへの影響がいかに大きかったかは、当時の誰の目にも明白なことでした。

とはいうものの、ラヴェソンは次のように指摘しました。ロワイエ＝コラールは、コンディヤック、メーヌ・ド・ビラン、アンペールの三人がそれぞれに重要視し研究した、感覚、意志、(諸関係を把握し推論する能力としての) 理性の三つの要素を、スコットランド哲学に着想を得た認識論の中で結びつけた。そして、偏狭な経験主義が陥る懐疑主義に対抗して、人間の常識に保証を与えると思われる諸信念の存在を明るみに出した。このようにラヴェソンは概括してみせたのでした[17]。

アンペールとは、電流の強さの単位に名前が残る科学者ですが、当時やっと紹介され始めたばかりのカント哲学にひかれ、現象と本体との区分を認める認識論を主張してメーヌ・ド・ビランとよく議論をした人物です。彼はまた、一八〇二年にフランス学士院が出したコンクール、「習慣の思惟に及ぼす影響」という、メーヌ・ド・ビランが受賞することになる課題のコンクールに応募しようと論文を書き始めたこともあります。やはりラヴェソンの言い回しを紹介すればこうなります。「認識するとは一つに結びつけることだとカントは言っていた。それは能動的作用によって、意志によって結びつけることだとビランは言った。アンペールは付け加えた、認識するとは或る関係の助けを借りて結びつけることだと[18]。」「関係の助けを借りる」というのは変に思われるかも知れない物言いですが、最初に或る事柄の中に(見やすいものとしての)或る関係を発見し、次にその関係のもとで、他処でばらばらに与えられた諸要素を結びつけてゆこうとすることだと理解してください。

ところで、リードはと言えば、後でも述べますが、常識の中に互いに還元できない複数の諸原理を見いだして、それを見なかった近代哲学の狭さを批判したのでした。ですから、コンディヤックにとって原理の位置を占めた感覚、メーヌ・ド・ビランが発見した意志、アンペールが擁護した理性の持ち分を公平に認めるというのは、リードの精神に拠っているということになります。ともあれ、こうしてみますと、コンディヤックから一九世紀フランス哲学への移り行きの様相が、テーヌが揶揄して言うように、空白を挟んでの再出発、輸入品で急場を凌いだといった単純なものではないことも分かります。そして、ロワイエ＝コラールがリード哲学を見いだしたことに関しても、それは偶然にセーヌ川の岸辺の本屋でではなく、恐らくメーヌ・ド・ビランを通じてであったに違いないというマンズの意見[19]に分がありそうです。

ロワイエ＝コラールにおけるリード以外の要素を、もっと積極的に指摘できるでしょうか。ロワイエ＝コラールが最も多く議論を割いている主題である、外的物体の知覚の議論の中に見つけることができると、私は思います。知覚が主な主題とされた理由は、リードにおけると同様、この主題においてこそ常識に訴えて懐疑主義の馬鹿々々しさを告発することが容易だからだと思われます。それで、外的物体の存在や性質についての判断において働いているのはもちろん、その他のさまざまの場面でも働いている常識、その常識を構成しているさまざまの諸原理を摘出することにおいて、ロワイエ＝コラールはやはり基本的にはトマス・リードかデュガルド・ステュアートに従います。ただ「プリミティヴな事実」という概念の多用や因果原理の源泉に関する議論にはメーヌ・ド・ビランの影響が認められます。また、知覚されていないときの物体の存続や意識されていないときの自我の存続に関して帰納の働きを認める議論等にも、信念の理論を構築する頃の後期メーヌ・ド・ビランの周辺で形成されていた哲学サークルの状況が反映されていると思われます。すなわち、残された資料からするとロワイエ＝コラール自身のビランとの対話は無意識や夢の位置づけなどに関してなされることが多かったことがはっきり分かりますが[20]、他方で彼が、ビランとアンシロンやアンペール等ドイツ哲学の影響を受けた人々との間で交わされた議論からも糧を得ているのは間違いないと、私は思います。

(7) 一九世紀前半のフランス・スピリチュアリスム

さて、政治活動で忙しくなったロワイエ＝コラールは、名目的には教授職に（死去する）一八四五年まで留まりますが、既に一八一五年からはヴィクトル・クザンに代理講義をさせます。ですから、彼の講義の期間は短いものでした。そしてずっと後の毎回二、三千人が押しかけたクザンの講義と違って聴衆も限られていました。けれども、彼の講義は広範囲で大きな反響を呼びました。第三年度の開講講義はドイツ語に翻訳されたくらいです。そして、限られた聴衆といっても彼等はその後のフランス思想界をリードしてゆく立場の人々でした。ともあれ、知覚を主題にし物体の存在に関する懐疑主義を批判するという地味な認識論の展開のうちに人々が聴き取ったのは、自由と徳ある生活への呼びかけだったのです。

彼の懐疑主義批判は、デカルト以下の近代哲学全般をその観念の理論という根っこで押さえて告発するという、ここでもリードの哲学史観に従って展開されるものなのですが、彼の哲学史の扱いに特徴的なこととして目につくのは、ロックやヒュームでなくコンディヤックを最大の批判対象としている点、しかも、コンディヤック自身の思想の実際とは別に、コンディヤック哲学が孕んでいる懐疑主義を無神論や果てはニヒリズムとまで結びつけて批判する点にあります。認識論的問題の議論の背後で働いている道徳を基礎づけんとする強い意志、人柄の真っすぐさと厳しさで知られたロワイエ＝コラールの意志は、彼の力強い口調の中に鳴り響き、その精神性は若い弟子たちのうちに直ちにしっかりと根を張ったのです。そしてここに、彼から発する一九世紀の哲学が当時スピリチュアリスムと目された理由があります。

ところがフランス・スピリチュアリスムと言いますと、先ほどクザンの師の一人として、またロワイエ＝コラールの思想の一つの源泉としても言及されたメーヌ・ド・ビラン、彼を祖とするという哲学史の解釈が一般的です。この解釈史形成にはさまざまのいきさつがあるのですが、それを述べることは今日は割愛します[21]。ここでは、ロワイエ＝コラールから始まりクザンによって固められる大学の哲学が、当時、紛れもなくスピリチュアリスムとして受け取られていたことを、彼等における新しい近代哲学史の見方の成立の在りようをみることの中で確認したいと思います。

⑻ リード、ロワイエ＝コラール、クザンによる近代哲学史の新しい見方とスピリチュアリスム

まず、近代哲学史をデカルトから始めて理解する仕方はフランスでは一九世紀に一般的となったものであり、今日の私たちには馴染みかも知れませんが、一八世紀の見方とは違うものだということを確認しておきましょう。そうして、このような見方のフランスにおける成立に関しても、やはりトマス・リードの寄与があることを指摘しなければなりません。

一八世紀に一般的であった近代哲学史の見方の典型は、『百科全書序論』のダランベールに見られます。それは自然哲学の完成をニュートンに見、精神哲学、そして狭義の哲学の確かな足取りの始まりをロックに見、溯ってベーコンを先駆者と位置づけるものです。デカルトは建設者でなく古い偏見の破壊者として新哲学の準備をした者、条件づくりをした者としか見なされません。宇宙論と力学ではフォントネルなどのデカルト派はニュートン派に敗れ、認識論では生得観念説は見捨てられます。いずれも経験概念の重視によります。

では、この経験主義の一八世紀がどうして理性（と啓蒙）の世紀と呼ばれるのか、そこのところは今日の主題ではありませんので議論を省きます。今は、デカルトに重きをおかなかった一八世紀哲学も所詮はデカルトの命題を展開した帰結でしかないのだという形で近代の哲学の流れを概括する見方、ロックも、マルブランシュ同様、デカルトのあとに従って論を推し進めたに過ぎないという見方が、リード以降、前面に出ることに注意します。

このようなデカルトを主役とする見方の根本にはリードによる観念の理論の批判があり、付随的に、古代と近代とで異なっている哲学の方法についての考察があります。すなわちリードは、第一に古今を問わず諸哲学はなべて物体の直接的認識を認めず観念のような媒介物を虚構する点で常識から離れたと考えます。次いで明証性の原理を一つしか認めないことによって懐疑主義の帰結をもってしまう点に近代の哲学の古代哲学にはない特色を見、この図式において、新しい観念の理論の枠組みを定めたデカルトを近代哲学を開いた人物として位置づけたのです。[22]

では、このような近代哲学史の見方とスピリチュアリスムとはどのように関係しているのでしょうか。二つのことを考えたいと思います。一つは、デカルトの称揚です。もう一つは、哲学史の哲学とでもいうもの、つまりは哲学史研究の意義をどう考えるかに関わるものです。

二番目のことから述べます。ここでもリードの考えが最初の出発点を与えます。リードは哲学史を「才能ある人々の諸々の知的作用の地図[23]」と見立てました。すると、哲学史の研究から、人間の悟性（理解力）の有りようを照らす光が得られるということになります。その地図すなわち哲学史の研究からしか得られない光があるというのです。このような哲学史研究の効用に関するリードの考えを、ロワイエ＝コラールも引き継いでいると思われます。「人々の諸々の意見は人間の知的能力の諸結果だと考えられることができる[24]」というリードの言葉と似たようなことをロワイエ＝コラールも述べ、付け加えて、それぞれの哲学の原理はそれだけの数の知性の習慣であると性格づけ、それらの類似を調べ分類することの意義を指摘します[25]。哲学者たちの誤りすら人間の理解に役立つのです。

なお、哲学史に関するロワイエ＝コラールの考えの源泉がドイツでつとに盛んとなっていた哲学史研究にもあることは、彼が数人のドイツの学者たちの名前を挙げていることから確かめられます[26]。同時に、推測でしかありませんが、フランスにおける研究としてはドゥジェランド[27]による諸哲学体系の比較研究も刺激を与えていたかも知れません。また、すぐに「哲学史」という名称に改められた「哲学と哲学者たちの諸見解」という名の講座がパストレのもとで、実質はともかく法制上は「哲学」という講座に先だって設置された理由がどのあたりにあったのか知るよしもありませんが、ロワイエ＝コラールが講座名を意識して議論していると読めそうな箇所もあります[28]。

次に、哲学史研究の重要性を指摘したロワイエ＝コラールを受けて大規模な哲学史研究に自ら乗り出し、かつフランスの学界で哲学史研究が盛んになるレールを敷いたのは、クザンでした[29]。クザンの広範な哲学史への取り組みは、彼の持ち前の旺盛な勉強の意欲のもとで、リードとロワイエ＝コラールの方針を積極的に採用した結果うまれたものに違いありません。けれども、重要なのは、クザンが哲学史研究をエクレクティスムの旗のもとで推進し指導したことです。クザンはエクレクティスムの言葉と理念とをメーヌ・ド・ビランから得たのだという、アンリ・グイエの緻密な研究[30]がありますが、それはここでは関係ありません。またラヴェソンはクザンのエクレクティスムの理念と実際とは違うと批判しますが[31]、私の考えでは、クザンのエクレクティスムの理念を理解するには、それとスピリチュアリスムとの関係を理解することが鍵となります。それはどういうことかと言いますと、事情は次のようになっているからです。

諸々の哲学の良いところは進んで認めるというエクレクティスム、「見識ある（啓蒙された）エクレクティスム」[32]も、クザンが主張するように悪しきサンクレティスム（混淆主義）から区別されるには、一つには何が良いものかを識別する基準と、第二に、集められた良いものを一つの体系へと統合する原理を必要とします。ところが、一番目に言う基準とは実は一つの哲学そのものが投げかける光なのでありまして[33]、その哲学とはまさに二番目でいう総合の原理によって束ねられているものであるほかありません。そうして、クザンにあって、彼が総合の試みの原理の位置にあるものとして重視したものが、コンディヤックにおけるがごとく感覚でなく、人間の能動的活動性たる精神、更にはその精神の神へのつながりであってみれば、クザンのエクレクティスムは、さまざまの要素を含みながらも、全体としてはスピリチュアリスムだったのです。そして、だからこそクザンはロワイエ＝コラールとともに、一八世紀フランス哲学を声高に非難しながら、一七世紀を称揚するのです。懐疑主義の一八世紀はデカルトの一七世紀の息子でしかなく、その一八世紀が批判されるべきなら、その誕生に責任あるデカルトも批判されるべきとなりそうなのに、クザンはデカルトを、そのスピリチュアリスム的性格ゆえに高く評価するのです。こうして、私たちはもう一つの論点に導かれます。

(9) デカルトの復権

一八世紀の経験主義によって貶められたデカルトを復権することの内容は大きく二通りに読めます。

一つはリードがなしたことで、これは更に二つの内容をもっています。その第一の基本的内容は、近代哲学の本流を経験主義に見るのでなく、デカルトが設定した観念論に求め、ロックやヒュームの経験主義すら観念論の一種でしかないと見抜く、そのことに伴うデカルトの復権です。前世紀のダランベールが言うがごとくデカルトは過去の遺産を破壊しただけの脇役である、そうではないことを確認するという意味での復権です。（そして、ここには、後にクザンが、カントすら、その哲学が観念論である限りで結局は懐疑主義の軍門に降っているのだと位置づける[34]ことに連なる見方があります。）

それから、これを補足して、リードにはもう一つ、デカルトの方法に対する高い評価からくるデカルトの復権もあります。常識哲学と呼ばれるリードの哲学は、方法もなしに安易に適当に日常の考えを持ってきて、それを常識だと言うのではありません。常識を構成する諸原理というのは、他からは導き得ない原理、その明証性を認めざるを得ない諸原理として、意識のうちに反省と分析の方法によって発見されるのであり、ところが、その方法とはまさにデカルトが示してくれた方法なのであるとリードは考えるのです。ただ、常識は懐疑主義に無縁なのに、デカルトは近代の懐疑主義をもたらす始まりとなりました。すると、デカルトの過ちとは、先にも述べましたように、自分が示した方法を徹底しなかったこと、そこからくるということに、具体的には、ただ一つの明証性の原理をしか認めなかった狭さにある、ということになります。

デカルトの復権のもう一つの内容は、ロワイエ＝コラールと、とりわけクザンがなしたものです。そしてこれを動機づけているものこそ、一八世紀を唯物論に傾く世紀だと決めつける一九世紀前半のフランス・スピリチュアリスムなのです。

ベーコンやロックよりはデカルトを近代の先頭に置きたいというクザンの欲求には、愛国心の発露も見てとれないわけではありません。ですが、基本的には、彼のエクレクティスムの背後のスピリチュアリスムが、デカルトに高い地位を与え、デカルトを近代哲学における懐疑主義の到来に責任ある者として批判されるべき人物であることから救い出します。すなわち一八世紀が、精神活動に関する感覚一元論を取って唯物論に、そしてエルヴェシウスに典型が見られるようにエゴイズムに堕していったと断じられるのに対して、一七世紀のデカルトはソクラテスと並んだ偉大な改革者であるだけでなく、霊魂に価値をおく点でプラトンにすらつながる高貴な系譜に属するというわけです。クザンによれば、「方法、それも非常に厳密な形式の方法の高みにまで引き上げられた自由な反省[35]」をなしたことがデカルトを偉大ならしめているのですが、ここでクザンの力点が方法にあるのか自由の行使にあるのか、いずれにも読めます。（プラトンも自由な反省をした点でクザンによって高く評価されていて、そこでデカルトはプラトンに連なるほどに評価されるべきだというのなら後者で、デカルトは更に方法においてプラトンを凌駕するのだというふうに力点をおいて読むとしたら前者になります。）クザンは、哲学は時代精神の反映であるというヘーゲルをも想い起こさせる仕方で、文明の歴史に哲学の歴史を重ねて語ってゆくのを好みますが、デカルトは自由への道へと踏み出した一七世紀のフランスを表現していると理解されるのです。

⑽「真・美・善と自由」の理念——一九世紀前半のフランス哲学におけるスコットランド哲学の刻印——

けれども、このようなクザンの叙述の中では、ロワイエ＝コラールによって導入されたリードの刻印は、ロックでもベーコンでもなくデカルトを近代哲学の始まりとすることのほかでは、いつの間にか薄れてしまったようにもみえます。そして、哲学史観でなくクザンの体系そのものを振り返って考えますに、クザンは観念にあたかもマルブランシュが付与したような地位をさえあてがっているようにも読めます。つまり、諸観念の実質とは神であり、そこで、観念は事物の写しであるのではなく、反対に、神によって創造された事物の方こそが観念の反映だというような語り口をクザンはするのです。[36] ところが、リードはまさにマルブランシュを強く批判していたはずです。経験主義と感覚論の一八世紀を批判して一七世紀の再評価に進む中で、クザンはリードの教えを忘れたのでしょうか。リードの一九世紀フランスへの影響はロワイエ＝コラールに限定されたつかの間のことだったのでしょうか。

いいえ、クザンはやはり事物の認識のための媒介物の位置を観念に与えてはいません。そのような媒介物としての観念を虚構する理論こそがリードが執拗に批判する相手であったわけですから、クザンがリード以前の立場に舞い戻ったというのではありません。クザンでは、観念（イデー）は、日本語ではもはや「理念」と訳されたがよいような内容の語に変わっています。それはいわば理想を、真、美、善などに関わる理想を言い表す言葉にすらなってゆくのです。そして実はここに、トマス・リード等スコットランド哲学の一九世紀フランスへの流入がつかの間であったどころか、もっと長く続く、フランス・スピリチュアリスムへのあと一つの影響の始まりがあること、すなわち常識のうちに学の諸原理を求めてゆくということに加えてのあと一つの事柄を巡っての影響が見られることを、指摘することができるのです。それは美の存在論であり、しかも美のうちに道徳的完全性と善との表現を見るという発想です。そして、序でながら、このような発想は、クザンを強く批判したラヴェソン流のスピリチュアリスムにも共通するものなのです。

実際、マンズという研究者は、リードのテイスト（趣味）に関する理論ないし美学の、フランス美学への影響と発展を主題に一冊の書物を著しています。[37] 私にはこのテーマを追究することはできませんが、マンズによれば、美に関するリードの表現理論は、クザン、それから彼の一番弟子ジュフロワに発展的に受け継がれ、更に後続としては世紀末のスィリ・プルードムにおいて花開くに至るまで、間に私たちにも馴染みの人物としてはサント＝ブーヴなどをはさんで、連綿と続く影響を与えたと解釈できるそうです。私は、この歴史的文脈は措いて、そろそろ今日のお話を閉じるに当たり、ジュフロワに関しては、彼が議論の最後の拠り所として「常識」という言葉を畳み掛けるように繰り返し発するときの響きの中に、誰でもリードへの熱い想いを聞くことができることだけを言っておきます[38]。ジュフロワはデュガルド・ステュアートを翻訳し（一八二六年）、リードのフランス語版の全集を出しました（一八二八―三六年）。

ところで、今日の話の最初の方では、ハミルトンの翻訳が出されたことにも触れました。こうしてみますと、一九世紀前半のフランスは確かにスコットランド哲学が盛んに流入した時代でした。それは大学のスピリチュアリスムの中で一九世紀前半の現在を、その常識をつくりました[39]。それは未だ、「多数の暴政」もしくは「民主的専制」を恐れ、自由の実現を民主主義に託し得るとは夢にも思わず、立憲君主制のうちでのみ己を構想した時代の自由主義を支えるはずの常識でした。過去を回顧する勢力には打ち勝ちながら、しかしテクノクラートを魅了したサン・シモン主義と実証主義（ただし、生みの親であるサン・シモンとアンファンタン、コントを置き去りにしたサン・シモン主義と実証主義）が着実に未来を手中にしようとしていたことには気づかないままで、不安定な政治の季節を、自由のための秩序、そして秩序に支えられるゆえに可能な自由、これら二つの事柄の重要性を、高みから使命に燃えて国民に呼びかけたのが、一九世紀前半のフランスのスピリチュアリスムでした。真も美も善も、この自由と秩序との結びつきの表現として考えられたのです。そして、このような思想の形成のために、異国からきた思考の枠組みは十分に機能したのでした。なお、次に英語圏からの影響が訪れるのは、ダーウィンが与えた全ヨーロッパ的衝撃とともにだということになります。

註

これは、一九九九年三月二八日、東京大学を会場として開催された「日本イギリス哲学会第二三回研究大会」でなされた講演の原稿である。冒頭の、会場関係者としての挨拶とそれに附随する部分は除いた。なお、当日午後のシンポジウムは「トーマス・リードと常識学派」というものであり、それも考慮して、リード自身の学説には余り立ち入らず、或る時期のフランス哲学の動きを紹介することに眼目をおき、そこにリードがどのようにどの程度に絡んでいたか様子が分かればよし、とする方針で報告をした。印刷に付するに当たって、小見出しを付け、註を加えた。

1　後述の部分をも含め、教育制度やアカデミーの歴史に関しては次のものを参照。
渡邊誠『フランス革命期の教育』福村書店、一九五二年
松島鈞『フランス革命期における公教育制度の成立過程』亜紀書房、一九六八年
吉田正晴『フランス公教育政策の源流』風間書房、一九七七年
タレイラン、コンドルセ他著、松島鈞、志村鏡一郎他訳『フランス革命期の教育改革構想』、一九七二年
V. Barthélemy-Sain Hillaire, *Cousin, sa vie et sa correspondance*, 3vols, 1895. これらの著作や、他の諸文献に散在し、時に整合しない記述を含みもする諸資料を踏まえて、簡便に一九世紀前半のフランスにおける学問の制度化を概観したものとして、「19世紀フランス哲学・思想」——本書の論稿3——の(1)哲学研究と教育の制度化、「エクレクティスム」——本書の論稿10——。

2　このことに関して、クローチェ等が参考になる。
ベネデット・クローチェ著、坂井直芳訳『十九世紀ヨーロッパ史：自由の歴史』創文社、一九五七年
メイヤー著、五十嵐豊作訳『フランスの政治思想——大革命から第四共和政まで』岩波書店、一九五六年
なお、村松正隆氏から、次の書物を教えてもらった。一九世紀後半のフランス自由主義が中心主題であるが、役に立つ資料としてここに記載する。
ウィリアム・ローグ著、南充彦他訳『フランス自由主義の展開　1870〜1914——哲学から社会学へ——』ミネルヴァ書房、一九九八年

3　この事情については次のものが当時の雰囲気を伝えてくれる。また、これを収録している著作の巻末文献表記載のものの幾つかは、一般の歴史書と並んで、あるいはそれ以上に、歴史の確認に役立つであろう。
Vitor Cousin, "Les Discours de Victor Cousin à La Chambre des Pairs sur l'Enseignement de la Philosophie (avril-mai 1844)", dans : Claude

Bernard, *Victor Cousin ou La Religion de la Philosophie*, Presses Universitaires du Mirail, 1991.

4 Hippolyte Taine, *Les philosophes classiques du XIXe siècle en France*, 11e éd. 1912（1e éd. 1868）, pp.21-22.

5 コンディヤックの *Essai sur l'origine des connaissances humaines* が一七四六年、ディドロの *Lettre sur les aveugles à usage de ceux qui voient* が一七四九年、コンディヤックの *Traité des sensations* は一七五四年、それからトラシの *Idéologie proprement dite* が一八〇一年である。

6 Jule Simon, *Victor Cousin*, Librairie Hachette, 5e éd. 1921（1e éd.1887）, p.6. ちなみに、シモンはクザンの弟子の自由主義の哲学者（教授）の一人で、後に文部大臣や首相を務めた人物である。クーデタ後のルイ・ナポレオンへの忠誠の宣誓を拒否して反体制派になり、自由帝政期に政界に復帰、ティエール内閣を支え、マクマオン大統領によって首相兼内相を解任されるが、この解任劇に発する危機が却って第三共和政の形成、定着にとって決定的であったとされる。

7 このエピソードを記した文献を、いま確かめられない。草稿執筆は一年余り前（口頭報告は八カ月余り前）で、その前の一時期に乱読した歴史書のうちの一つ、エルヴェシウス夫人のサロンに関する記事が含まれるものの中でのことだが、書名等不明。次の文献にカバニスの立場についての記載がある。

Georges Poyer, *Cabanis*, Louis-Michaud. sans date (probablement 1910).

François Picavet, *Les idéologues — Essais sur l'histoire des idées et des théories scientifiques, philosophiques, religieuses, etc. en France depuis 1789*, Georg Olms Verlag, 1972.

8 Le duc de Broglie, *Mémoires de Talleyrand*, ロワイエ＝コラール著作集の編集者シャンベールがその序論（"Introduction sur la philosophie écossaise et spiritualiste au XIXe siècle"）の中で引用しているものが比較的に詳しい。Pierre-Paule Royer-Collard, *Les Fragments Philosophiques de Royer-Collard*, éd. André Schimberg, Férix Alcan, 1913, p.LXXXI.

9 Lucien Sève, *La philosophie française contemporaine et sa genèse de 1789 à nos jours*, précédé de *Philosophie et Politique*, Éditions Sociales, 1962, p.132.

10 Victor Cousin, *Cours de philosophie — Introduction à l'histoire de la philosophie*,（1828）, Fayard, 1991, p.127 など。

11 Lucien Sève, *op.cit.*, p.132.

12 Pierre-Paule Royer-Collard, *Les Fragments Philosophiques de Royer-Collard*, p.18. これは編集者シャンベールが、編集者による註の中で、ロワイエ=コラールの同僚、ヴィイユマンが伝えているものとして紹介しているものである。先述の「ナポレオンは思い違いをしている」という言葉もよく引かれるが、この言葉も同じくヴィイユマンが伝えたものである。

13 クザンが編集したメーヌ・ド・ビランの著作の序文の中の言葉。Maine de Biran, *Nouvelle considérations sur les rapports du physique et du moral de l'homme — ouvrage posthume de M.Maine de Biran*, éd. V.Cousin, 1834, p.C VI.

14 L.Peisse, “Préface” dans: W.Hamilton, *Fragments de philosophie*, 1840, p.XV.（Cité par Lucien Sève, *op.cit.*, p.14.）

15 Lucien Sève, *op.cit.*, p.115.

16 Edgar Quinet, *Le Christianisme et la révolution française*, Fayard, 1984, p.33. なお、既に一八三一年にキネが同様のことを言っていることを、註作成段階で気づいた。Edgar Quinet, “De la révolution et de la philosophie”,（Extrait de La *Revue des Deux Mondes*）, dans: *Philosophie, France, X IXe siècle — Écrits et Opuscules*, éd. S.Douailler, R.-P. Droit et P.Vermeren, Librairie Générale Française, 1994, p.154.

17 Félix Ravaisson, *Philosophie en France au X IXe siècle* 1867 suivie du *Rapport sur le Prix Victor Cousin* 1884, Librairie Hachette et Cie, 1885, p.18.

18 Félix Ravaisson, *op.cit.*, p.17.

19 James W.Manns, *Reid and his French Disciples — Aesthetics and Metaphysics —*, E.J.Brill, 1994, p.6.

20 Maine de Biran, “La discussion avec Royer-Collard sur l'existence d'un état purement affectif”, *Oeuvres*, éd. Azouvi, tome XI-3, pp.305-315.

21 これには特に一八六七年のラヴェソンの著作『19世紀フランスの哲学』の影響が大きく、キリスト教の立場を背景としてなされたナヴィル父子（とその協力者ドゥブリ）によるメーヌ・ド・ビランの生涯の紹介（一八五七年）と幾つかの著作の新しい編集・出版（一八五九年）、そして、それに対するカトリック陣営の反応等も与かっていると思われる。（この後者の事柄に関して若干の論及は、北明子『メーヌ・ド・ビランの世界』勁草書房、一九九七年、四〇―四五頁。）また、一九世紀後半からのカント主義、更にはベルクソンをどう位置づけるかなどの問題も絡んでいる。

22 たとえば次の箇所。
Thomas Reid, *An Inquiry into the Human Mind*, ed. T.Duggan, The University of Chicago Press, 1970, pp.255, 261-262. *Essays on the Intellectual*

Powers of Man, The M.I.T. Press, 1969, pp.137, 141, 150-152.

23 Thomas Reid, *Essays on the Intellectual Powers of Man*, p.56.

24 Thomas Reid, *ibid*, p.56.

25 Pierre-Paule Royer-Collard, "Discours prononcé à l'ouverture du Cours de l'histoire de la philosophie, le 4 décembre 1811", dans *Les Fragments Philosophiques de Royer-Collard*, p.12.

26 たとえば、前掲書一一頁では、Brucker, Meiners, Tiedemann, Buhle 等の名を挙げている。

27 Joseph-Marie Degérando, *Histoire comparée des systèmes de philosophie relativement aux principes des connaissances humaines*, 1804.

28 たとえば次の表現。「哲学の歴史は、人間精神についての哲学者たちの諸見解の歴史から始めなければならない。」Pierre-Paule Royer-Collard, *Les Fragments Philosophiques de Royer-Collard*, p.2.

29 クザンは数々の哲学史講義をなすほか、ドイツのテンネマンの『哲学史要綱』を翻訳、プラトン、プロクロス、アリストテレスの翻訳、デカルト、メーヌ・ド・ビラン、アベラールを編集し著作集を出版した（記載はそれぞれに年代順）。また、創出に尽力した「精神諸科学と政治諸学のアカデミー」（ナポレオンが解体した学士院第二部門を復活させたもの）では哲学史に関わる懸賞課題を提出したし、高等教育における哲学の必読書の指定などもした。

30 H.Gouhier, *Les Conversions de Maine de Biran*, Vrin, 1947, pp.248-252.

31 前掲書二〇頁。

32 Victor Cousin, *Du Vrai, du Beau et du Bien*（1818）, 27e éd. 1894, p.11.

33 Victor Cousin, *Du Vrai, du Beau et du Bien*, p.14-15.

32 Victor Cousin, *Du Vrai, du Beau et du Bien*, pp.54-63, *Cours de philosophie*, pp.156-157 など。

35 Victor Cousin, *Cours de philosophie*, p.61 など。

36 Victor Cousin, *Cours de philosophie*, p.129 など。

37 註12参照。

38 Théodore Jouffroy, "De la philosophie et du sens commun（1824）", dans le *Mélanges philosophiques*, Fayard, 1997, pp.119-134.

39　ただしブトルーによれば、スコットランド哲学の影響は一九世紀後半にまで及ぶものであった。彼は、スコットランド哲学がフランスの大学の哲学に影響を及ぼしたあと、大学から外へとコレージュでの教育を通じて社会全体に浸透してゆくその有り様を簡略にたどったあとで、スコットランド哲学の支配は一八七〇年の時点でも認められ、ブトルーの時代、すなわち一九世紀末までその余韻が働いていると記している。Émile Boutroux, "De l'influence de la philosophie écossaise sur la philosophie française", dans l'*Études d'histoire de la philosophie*, Félix Alcan, 1913.

10 エクレクティスム
——ヴィクトル・クザンが企図したもの

(1) 生涯と諸活動の通覧

クザンは、ナポレオン学制の骨格を前提に、それに中身を注ぎ、フランスで大学と師範学校《エコール・ノルマル》、それにアカデミーが、哲学の研究と教育の場の連携した一つの重要な中心となるべく力を注いだ人物である。しかも、一九六八年五月以来の大学改革を挟んでも現在にまで多くが引き継がれているこのような体制は、帝政から王政復古、七月革命、二月革命という大きな政治変動がある中で紆余曲折を経ながら固められていった。したがって、クザンの場合、他の哲学者たちについてよりは詳しくその生涯について、当時の政治的・社会的背景ともども、紹介したい。

彼は時計職人に雇われていたらしい宝石細工職人と洗濯婦を両親とした貧しい家庭に生まれた。一一歳間近の時、路地裏で遊んでいたクザンは、同級生集団にいじめられている少年を助け、それが縁で勉学の道が開ける。少年は後に師範学校のギリシア語教授になるヴィギュイエで、彼の母の援助でリセ・シャルルマーニュに入ったのである。一年に二クラスずつ進級、コンクールで軒並み賞をさらい、グラン・プリ・ドネールの褒賞として兵役免除と国務院で行政官僚となる道が提供されるが、クザンは新生師範学校の第一期生の道を選ぶ。(師範学校は一七九四年に発足し僅か四カ月で閉鎖された後、ナポレオンによって一八〇八年の法令で再開。翌年に教授ポスト任命。一〇年から学生受け入れ。)そこでラロミギエール（パリ文科大学哲学講座教授、在任一八〇九～三七年）を知り、哲学を志す。（パリ文科大学については、「一九世紀フランス哲学・思想」――本書の論稿３――を参照。）

一二年に師範学校で復習教師（フランス文学とラテン詩、ギリシア語）、一五年にパリ文科大学現代哲学史講座教授のロワイエ＝コラールの代講講師となり、大学と師範学校とで講義。（ロワイエ＝コラールは一八一〇～一五年にパリ文科大学学長、「哲学史」講座――一四年から「現代哲学史」講座に改め――教授として一八一〇～四五年の間、在任したが、公教育委員会総裁に就任して行政・政治活動に専念することになり、一五年以降、教授職は名目だけとなって代講を置いた。）

クザンは一三年に取得の学位論文ではラロミギエールの影響のもと、コンディヤックの感覚論の立場で分析の方法を扱ったが、就任講義はスコットランド哲学のリードを論ずることから始める。リードはロワイエ＝コラールがフランスに紹介したばかりであった。ロワイエ＝コラールは自国の一八世紀哲学を、感覚論を採った当然の帰結として相対主義に陥り秩序を崩壊させたものとして敵視し、理性に内在する普遍的原理の存在を力説する方向に合致するものとしてリードを評価したのであった。

ところで、このころクザンは、学説上で対立するラロミギエールとロワイエ＝コラールとの両者の傍らに、「内的観察の能力」に秀でた哲学の方法の第一人者としてメーヌ・ド・ビランを発見している。以降、彼等を己およびフランスの三人の師として繰り返し語る。ちなみにクザンが人間に認める、感覚、理性、意志の三能力は、ラロミギエールおよび彼の先達としてのコンディヤック、ロワイエ＝コラール、メーヌ・ド・ビランの三人がそれぞれに注目したものである。感覚は自明の能力だが主観的なものである。理性は個々の個性的人格から独立した普遍的なもので、因果性原理と実体の原理によって外的世界の実在への到達を人間の認識に許す。意志的事実は人間の自由を告げ、個人の人格を構成する。そして自由こそクザンが最も強く擁護したもの、人間性の核心をなすものである。

一七年、リフレッシュのためと、当時はまだ僅かしか紹介されていなかったカント以後のドイツ哲学を知るための二つの目的でドイツに旅行。ヘーゲル、テンネマン（彼の『哲学史要綱』は二九年にクザンによって翻訳され、フランスで標準的教科書として版を重ねる）、シュライエルマッヘル、ゲーテ等と会う。翌年はヤコビとシェリングを訪ねる。アレクサンドリア学派のプロティノス等への関心を誘われたのもドイツ旅行、特にクロイツェル（一八〇四―四八、ハイデルベルク大学哲学教授、古代民族の象徴と神話について研究）との歓談によってである。ドイツの学者たちとの交流は、この後も書簡その他を通じて長く続く。

この時期までの講義録は後に聴講者のノートをもとに出版。一六・一七年講義は『哲学の第一試論』*Premiers essai de philosophie*。（『現代哲学史講義』*Cours d'histoire de la philosophie moderne*, 五巻、一八四一年にも再録。）一八年講義は『真・善・美』*Du vrai, du beau et du bien*。一九年講義は『一八世紀における感覚論哲学』*Philosophie sensualiste au dix-huitième siècle*, および『スコットランド哲学』*Philosophie écossaise*。二〇年講義は『カント哲学講義』*Leçons sur la philosophie de Kant*。

輝かしい経歴の最中、二〇年二月の王位継承者ベリー大公暗殺事件後に一挙に表面化した政治の右傾化の中で、幾らかの折衝の後クザンは年末に大学での講義停止通知を受ける。理由は、彼の講義が、ギゾー、ヴィイユマンの講義と並んで、非常に多くの学内外の聴講者、特に若い聴講者を集めていて、その集まりから自由主義的興奮が流れ出すことを政府が警戒したからである。経歴によって守られておらず、攻撃しやすかったクザンだけが処分対象となった。とはいえ、ギゾーですら二二年には講義停止になり、そのときに師範学校は閉鎖となる。講義停止決定前に師範学校の教授団一三名が連名でクザンの講義継続の保証を求める手紙を校長に出し、公教育委員会に働きかけたが無駄であった。また講義停止措置の後、コレージュ・ド・フランスは、その自然法のポストがパストレ（一八〇九年開設のパリ文科大学初代学長および「哲学と哲学者たちの諸意見」講座初代教授――半年後上院議員就任に伴い両者の地位をロワイエ＝コラールに譲る、ただし講座名は「哲学史」講座に改め――、『法制史』一一巻等）の引退によって空席になったので、候補者名簿の第一位にクザンの名を挙げてクザン解任に抗議の意を表明したが、クザンはこちらのポストにも就けなかった。

資産がない彼はモンテベロ公爵の息子の家庭教師となる。イタリアにギリシア哲学の文献を求めて幾度も旅行。特にミラノにはプロクロスの手稿があった。デカルト著作集を編集し最初の七巻（全一一巻、終了は一八二六年）とプラトンの翻訳（全一三巻、終了は一八四〇年）を出版。二四年にモンテベロとドイツに旅行、その際にプロシアの官憲によって六カ月近く拘束される。カルボナリ党の密使として革命の扇動を企図したという拘束名目の説もあるが、フランス政府の陰の意向があった模様。二五年、ヘーゲルの働きかけなどもあり拘束を解かれパリに帰る。オランダ国王のブリュッセル大学哲学教授ポストの申し出を断る。

二六年、『哲学断片』(*Fragments philosophiques*) 刊行。（版を重ねる度に巻を増し、最終的に六五年版は五巻。）その序論で述べられたエクレクティスムの理念は賛否両論を惹き起こした。二七年プロクロスの編集と翻訳を終える（六巻、一八二〇〜二七年。ずっと良いとされる第二版は一八六四年。）

二七年に政府によって出版検閲の計画が出されると言論界は猛反対、その指導者の一人ロワイエ＝コラールがアカデミー・フランセーズでラプラスの後任に選ばれるほどの世情で、シャルル一〇世実施の下院選挙の結果は王の意に反して自由主義ブルジョワ党が第一党となり、二八年一月にヴィレール内閣がマルティニャック内閣に代わる。二月にユニヴェルシテ・アンペリアル（「大学」と混同されがちだが大学とは違うこの組織については、「一九世紀フランス哲学・思想——本書の論稿3——第1節を参照）の長官兼公教育大臣に就任した若いヴァティメスニルは、翌月クザンとギゾーとをパリ文科大学に呼び戻し、クザンは現代哲学史講座の助教授に任命された。（当講座の名目的教授は相変わらずロワイエ＝コラール。）クザンは四月からソルボンヌの大講堂で講義を開始、リセの学生から老人まで、一般市民から有名な学者たちまで、大聴衆が開講時間前から詰めかけた。その後も毎回二、三千人の聴衆を集めた一三回の講義は毎週出版され熱狂的に求められ、それが『哲学史序論』となる。（*Introduction à l'histoire de la philosophie*, 一八二八年。また週毎に英訳されアメリカに届けられていたが、三二年にボストンでまとまった英訳版が出る。）翌二九年の講義は哲学史本論で、ロックを扱う。(『一八世紀哲学史』*Histoire de la philosophie du XVIIIe siècle*, 二巻、『序論』と合わせて『哲学史講義』三巻、一八二九年。)しかし、二九年一二月からの冬学期の講義は、翌年に没する母の病ゆえの心労などで休む。

三〇年、熱伝導理論とフーリエ級数等の数学理論で有名なフーリエの後を襲いアカデミー・フランセーズ会員に選ばれる。(就任演説を伴う正式な選出は七月革命後。)続く学期も七月革命以降の政治情勢の中で休講、結局その後は教育行政の方に重点が移り(三〇年国務院委員、三二年公教育国家評議会委員)、古代哲学史講座教授に移ったが実質的には大学での講義から離れる。(五二年まで名目的には在職。代講にはダミロンや後に文部大臣―一八七〇年―と首相―一八七六年―になるジュール・シモン等。)ただ、三〇年に再建された、研究者養成機関としての師範学校での講義は続行、プラトンやアリストテレスを多く取り上げ、多数の弟子を育てることになる。

クザンは七月革命の推進者ではなかったのに、ティエールやギゾーを始めとする彼の友人たちが七月王政の担い手であり、クザンの登用は二八年のクザンの復帰に歓呼した自由主義的大衆の好みに応えるものであった。彼の最初の教育行政上の仕事は、初等教育体制の改革であった。三一年に、初等学校の整備がより進んでいたドイツの諸都市の視察を行い、その成果が、三二年から文部大臣の職にあったギゾーの大きな業績として知られる三三年の初等教育法の成立である。この法によって、すべての市町村に公立小学校の設置が義務づけられた。クザンが準備した議会への報告書は英語に訳され、アメリカにまで伝わるほどの反響を呼んだ。マサチューセッツでは州議会の法令によって全学校に配布された。クザンはこの法律の施行と強固化のために四五年まで諸法令、通達執筆等の業務に携わった。

三二年に、「精神諸科学と政治諸学のアカデミー」が、フランスの第五番目のアカデミーとしてギゾーの署名のもとで創出されるが、クザンはこの準備に関与。これは、一八〇三年にナポレオンが廃止した国立学士院第二部門の復活に他ならず、新しいアカデミーの第一部門たる哲学のセクションは旧学士院会員の生存者一〇名を当然の構成員に含む定員三〇名で発足(六六年に四〇名に拡充)。クザンはその最も若く、かつ牽引的立場の会員であった。ここで三三年には「アリストテレスの形而上学」を主題にしたコンクールを提示、三五年にラヴェソンとミシュレの二人を受賞者とする報告をクザンがなす。クザンはすでにプラトンの翻訳でギリシア哲学の紹介をしていたが、このコンクールはギリシア哲学研究がフランスで盛んになる基となった。（三五年の懸賞課題は「アリストテレスの論理学」、三七年にバルテレミー＝サン・ティレールが受賞。）この後、懸賞課題として、ドイツ哲学、デカルト主義、アレクサンドリア学派、スコラ哲学、アリストテレスの倫理学と政治学、トマス、ライプニッツ、マルブランシュ等が次々に選ばれ、哲学史研究を盛んにするのに貢献した。他方では、確実性、弁神論、心理学、眠り等の理論的問題も選ばれた。加えて、クザンは精力的に、アカデミーのうちに、教育、宗教、銀行、貧困等のアクチュアルな社会的諸問題についての議論を持ち込んだ。最後に最晩年の六五年、クザンはギリシア哲学研究のための基金を寄付し、アカデミーは毎年コンクールを開き、三年ごとに最優秀者に三〇〇〇フランを与えることになった。この表彰は九三年まで八回続いた。

翻りアカデミー・フランセーズの方の活動に目を移すと、フランス語辞典の編纂、懸賞課題の決定等に尽力。特に、パスカルが懸賞課題に選ばれたことをきっかけにパスカルの手稿を検討、それがそれまでに出版されたものと異なることを発見、四二年にパスカルの新編集の必要性を訴える報告書を多くの資料とともに提出、将来の出版の礎をつくった。

三二年はまた、クザンが上院議員に就任した年でもある。それから、すでにコンセイユ・ロワイヤルの八人の評議官の一人として師範学校の哲学部門の運営をしていた彼は、三四年に師範学校全体の監視官、三五年に校長となり、充実を目指して幾つかの改革をなす。特に四〇年にティエール内閣の文部大臣になった彼は（この時に評議官をジュフロワに譲るが、ジュフロワは四二年に死亡したため、復帰する）、四一年に師範学校を（現在に続く）ウルム街に移転するための政府支出を求め、法案交付に成功する。四七年に落成。その前四五年に高等師範学校《エコール・ノルマル・シュペリウール》と改称。

大臣在任僅か八カ月の間に彼は精力的に仕事をした。第一に、実用的教育を目指し中等教育の自由化を進め、第二に、単科大学を集めることによる総合・相乗効果を狙った知的センターをランス等の主要地方都市に創出することを企図し、一部実現。第三に、高等教育部門では、教授の補充がいつでもできる体制としての文学と科学の教授有資格者の制度をつくり、講師の供給に当てた。講師就任は今日では直接の任命制で当時はコンクール制という違いがあるが、この体制は今にまで続くものである。

（哲学に関してはその教授資格試験制度はすでに三四年にエルモポリス司教によって創設されていて、クザンはずっとその試験委員会の長であった。ここから、彼の哲学の「軍団」という呼称や、哲学の専制者、哲学の法王といった悪口が出ることになる。ちなみに、王立コレージュの四八の哲学ポストのうち二八がクザンの師範学校での弟子によって占められていた。ただ市町村立のコレージュでは実情は別であった。それに、クザンの弟子達が、カトリック教育を目指す視学官から圧力を受けるというようなことがしばしば起きている。クザンはユニヴェルシテの宗教的中立を守ることに努力したのである。しかし、四五年にサルヴァンディが公教育大臣とユニヴェルシテ・アンペリアル総裁に就任すると敗北感を持つ。コンセイユ・ロワイヤルの評議官は終身であったのに、終身評議官一〇名に加えて毎年大臣によって任命される二〇名の評議官から成る構成に変えられ、政治体制の変遷にも拘わらず比較的の独立を保ち得た教育行政が、政治の波に、そうして宗教界の圧力に、もろに翻弄されるようになったのである。）

また第四に、コレージュ・ド・フランスにスラヴ語スラヴ文学のポストをつくり、ショパンと並ぶポーランドの愛国的亡命者で詩人のミキエヴィッチを呼んだ。（彼の『ポーランド民族とその遍歴』は三二年に、他ならぬ、クザンの哲学と権力を攻撃して止まないカトリック自由主義のモンタランベールによって仏訳されていた。ちなみに同僚で、カトリック宣言をして三八年に開講していたミシュレは、四三年にミキエヴィッチの講義を聞いて感動の涙を流し、その刺激のもと直ちにキネと共著で『ジェズイット』を出版、ミキエヴィッチを含めた三人はカトリック教会の教育への干渉に対する抵抗運動を始めることになる。）クザンはさらにゲルマン語・ゲルマン文学のポストを開きグリムの招聘を目論んだが在任時間が足りず果たせず、このポストは後に開設されることになる。その他、大臣としては薬学学校の整備などもした。

五二年に公的生活から引退。五四年、ソルボンヌ教会の裏手に開かれた通りをナポレオン三世はヴィクトル・クザン通りと命名。『マテオ・ファルコーネ』、『カルメン』等の作品で有名な、皇帝后と旧知の文化財保護技監メリメの着想といわれる。六五年には上院議員の議席の申し出があるが辞退。

クザンはまた、短い評論や書評などの発表の場として『有識者雑誌』、『二世界評論』、『シャルト校叢書』の三つの雑誌を持っていた。最初のものの執筆者には早くも一六年に選ばれ、翌年にスコットランド哲学の代表者の一人、デュガルド・ステュアートの道徳哲学素描の分析を掲載したのを皮切りに、二〇〇篇ほどを寄稿した。『二世界評論』には三六年に『オランダの公教育についての報告』の抜粋を載せたのが最初で、クザンはこの雑誌がビュロッツのもとで発行部数を伸ばし、政治的独立を後々まで守り、国内外で権威を獲得し発展してゆく時代にほとんど中断なく寄稿し続けた。そうして、これらの雑誌で次第にクザンの主題として重きをなし始めたのはフランスの一七世紀の人物達に光を当てることであった。そのきっかけはパスカルの手稿の検討の際に浮かび上がった歴史的状況と、ロアネ嬢やパスカルの妹ジャックリーヌの存在であるという。ロングヴィイユ夫人をはじめ沢山の一七世紀の女性たち、そうしてフロンドの乱の頃のマザラン等を取り上げ、さらにクザンの筆は広がり、アンリ四世から一七世紀までのフランスの習俗を細かな資料を明記しつつ名文で蘇らせた。

また、以上で触れなかった仕事として、一八三四〜四一年のメーヌ・ド・ビラン著作集四巻、四九年と五九年のアベラール全集二巻の編集と出版がある。前者についてはその杜撰《ずさん》な編集が後のビラン研究者たちから強く非難され、クザンの評判を落とす作用をするはめになった。また、三五年の『アリストテレスの形而上学について』の論稿には『形而上学』の最初の二巻の翻訳を付した。それから、アカデミーで発表された論稿の中で、政府の要請に応えて社会主義批判の意図をもこめて書かれた、哲学教育に関する小論文、『正義と慈愛』（"Justice et charité". 一八四八年）は、哲学教育に関する四四年の上院での演説『教育の一般的政策』（"Les discours à la Chambre des Pairs sur l'enseignement de la philosophie",

一八四四年）と並んで重要で、前者は、立憲君主制についての二つの議論の抜粋とともに『感覚論哲学』の第三版に、後者は、後掲ベルナールの研究書に、それぞれ付録として収められている。

(2) エクレクティスム

クザンは、自分が創設する一九世紀フランスのあるべき哲学の旗印としてエクレクティスムの語を、一六年の講義以来、採用した。公刊された著作上では二六年の『断片』序文の議論が反響を呼んで重要だが、一七年講義録である『真・善・美』（初版一八三六年、少なくとも一八九四年の二八版までを数え得る、また第三版は発行されるやすぐに英訳本がニューヨークで出た）等で、彼の最初の理念を見ることができる。クザンはこの語をメーヌ・ド・ビランからとってきた。（ビランは一八〇五年の著作『思惟の分解』以来幾度か、この語を肯定的評価のもとで使用した。）若い時のクザンはビランの哲学談話会、金曜会の熱心な常連参加者であった。

エクレクティスムは古来、懐疑主義に対して真理を擁護する立場として折に触れ現れてきた。それぞれに論拠をもって互いに対立する立場の乱立は、真理の存在を疑わせかねないが、諸々の立場は本質においては一致するのだと、調和（折衷）を追求するのである。プラトンとアリストテレス、およびストア学派の一致を説いた紀元前のアスカロンのアンティオクス、同様のことを繰り返した六世紀のシムプリキウス、それから諸観点を調和させる宇宙論を描きつつ、諸学派の積極的主張における良い点、理に適う点を認めようとしたライプニッツも、精神においてはエクレクティスムを受け入れた。

クザンはアレクサンドリア学派の折衷主義の試みをサンクレティシスム（混淆主義）だとして貶めつつ、自分が推奨するのは「啓蒙（開明）されたエクレクティスム」だと言う。哲学とは人間の思惟の分析的解明に他ならないのだが、各学派は思惟を特定の観点から考察しており、その観点は正しいのだが不完全なのであり、それゆえに排他的になって他の観点に基づく真なる事柄を退けてしまい誤りに陥る。そこで、公平に好意的にあらゆる学派を判断して真なる部分を救い出してゆかなければならない。

彼のこの態度の背後には、一八世紀哲学とフランス革命に対する評価が横たわっている。一八世紀哲学は仮説を恐れ事実に密着すると主張しすべてを例外なく分析の吟味にかけ、しかしながら結果としては何もかもを（自分に先行する形而上学を、芸術を、政府を、宗教を）破壊してしまった。ただ、真理への熱烈な愛だけを遺産として残して。革命も意図において人間の自由を目指し、結果としては無秩序と不和をもたらした。クザンが望むのは和解の精神であり、過去を否定して零から出発しようとするのでなく、また過去の対立に意気阻喪して懐疑主義に捕らえられてしまうのでなく、過去のうちに未来の諸原理を発見して真なる秩序を創設することである。

(3) 方法としての心理学と歴史学との一致

エクレクティスムの理念から、哲学史研究の重要性が出てくる。けれども、過去の諸哲学の中から真理を見分けるには哲学そのものが必要である。結局、「哲学が哲学史の対象であると同時にその松明《たいまつ》」なのである。では、哲学そのものの方法は何か。思惟の自己解明としての心理学的分析である。ただ、その遂行はデカルト以降の歴史が示すように困難であり、その分析結果の正しさを確認するために歴史に訴えることがやはり要請される。心理学的分析によって確証された内的事実が歴史において確かめられる外的事実と一致していることを求めるという方法が、洗練されねばならないのである。しかも、『哲学史序論』におけるクザンにとっては、その歴史はもはや哲学史に限定されず、人間の歴史一般、すなわち文明史である。

心理学的分析は人間の本性の必然的欲求を表す観念として、有用性、正義、美、完全性の諸観念を見いだす。しかるに、これらはそれぞれに自然学と産業、国家、芸術、宗教を産み出し、そのことは歴史的に確かめられる。詳しくは、人間はまず有用なものを求めて事物を変形しそれに己の形式を与える力をもつ。その道具が数学、自然学、経済学であり、結果が諸産業である。次に、正義とは人間の相互的自由を維持することであり、己の自由こそ基本的権利、他人の自由の尊重が義務である。構成された正義、それが国家であり、国家は、確かに肉体的条件その他に関しては不平等である人間を、自由においては平等なものとして存在することを許すものとして、秩序づけられた社会として現れる。

第三に、人は生を魅する美を感受する心をもち、しかも美が人間精神に内在する限りで、技芸の美は自然の美に優る。芸術は人間の歴史のあるところ、すなわちあらゆる文明において見いだされる。四番目に、人は世界の背後に、その実体、原因、力と完全性の範型として神を不可抗的に想定し、自然宗教を発生させる。けれども、自然宗教のあとに、人間が創造するものとしての礼拝が産み出される。礼拝と自然的宗教との関係は、芸術の自然的美に対する関係、国家と原始的社会、産業の世界と自然の世界との関係に等しい。つまり礼拝は宗教的感情の発展であり実現である。礼拝は、神を垣間見た熱狂のつかの間を永続的なものに変える。人間と世界と両者の神との関係を、外的諸形式のもと、すなわち生きたイメージとしての象徴のもとで提示することによってである。

ところで、このような事柄を示す哲学自身はどのような位置にあるのか。哲学とは己を理解する思惟であり、諸観念が哲学の対象である。哲学もまた人間の本性の欲求の必然的発展である。そこで、たとえば象徴のうちに、見える仕方では含まれないものを認める熱狂と信仰とは、外的形式に頼らずに直截に理解する欲求としての人間の知性の最終段階ではあり得ない。かくて詩と賛美歌に代わって反省が、しかもすべてを分析にかけ真の観念に変換する、方法の権威にまで高められた哲学的反省が必要とされる。こうして産業、国家、芸術、宗教が産み出されたのと同じように、哲学もまた人間の文明の歴史の中で形成されるのである。そしてここに、哲学における心理学的分析の結果を文明史と照合するという一般的要求の中で、特に哲学の誕生とその歴史を調べることが一つの課題となり、エクレクティスムの精神による哲学史研究の要請に合流する。たとえばソクラテスが自由な反省をなし、デカルトが方法にまで高められた反省を始めたことが理解されて、一方ではそれぞれの哲学が時代の自己理解であり、逆に歴史が人間精神の判定者であることが分かり、同時に他方で、諸哲学の誕生の理由を理解し判定するエクレクティスムが、真正の哲学であることも確証される。そして、多様な哲学体系は、細かな差異を除けば、感覚主義、イデアリスム、懐疑主義、神秘主義の四類型に帰着し、それぞれがその現れる時代に対応したものであることも理解される。

(4) 自発的理性と反省的理性

最後に、哲学を推進する反省というもの自身は人間の諸能力の中でどのような位置を占めるとクザンは考えたのか、また彼は己の哲学を己の時代のうちにどのように位置づけたのか、これら二つのことが問題となる。前者に関して重要なのは、理性の自発的働きと反省的使用との区別である。反省は、人間が経験する世界は人間の認識能力に相対的であるかのように見いだしてしまうが、反省の前には理性の自発的働きがある。その働きにあっては人は実在そのものに触れると信じており、この信念の正当性を否定することはできない。このことを見なかったカントは、その主張に反して、ヒュームの懐疑主義を克服するどころかその軍門に下っているのである。

次に、クザンにとって、彼の哲学は彼の時代、一九世紀という特殊な時代に相応しいものであるはずであった。他方、哲学は普遍性の要求を携えるものであった。これら二つの特質はどのように調和するのか。クザンは個々の文明の特殊性を挟む二つの普遍性を考えたと思われる。一つは時代を反映した諸哲学の不完全な諸観点を克服してゆく果てに得られるであろう完成された哲学、すなわちエクレクティスムが持つ普遍性、もう一つは、特殊性へと分かれてゆく前の基本的事柄の普遍性。前者は、科学と産業や芸術、そうして宗教のあとから、人間理性の十全な開花としてやってくる哲学の、専門の研究者が目指すべきものであり、後者は良きフランス国民たるべき者が中等教育において学ぶべき普遍性である。後者は、自由を中心にした人間の基本的な、したがって普遍的な条件を理解することに留まるが、多様性を許す社会の秩序の形成と維持のために必要とされるものであり、前者は基本的条件を満たした上で許される多様性をその発生の理由とともに理解し、多様なものの対立を越えてそれらを和解させる力を持つ普遍性として、やはりクザンの時代のフランスによって要求されるものであった。

この二つの要求は、クザンがカトリックに対抗して教育の世俗化に腐心したことと、ルイ一八世の憲章を擁護し続けたことに対応するものでもある。カトリックは、フランス革命の一時期の非キリスト教化政策にも拘わらず、またナポレオンのローマ法王庁との協約によるキリスト教の国家への従属という条件のもとでの復権の後で、さらに、王政復古時の勢力回復に水を差す七月革命の痛手を受けてもなお、根強くフランス社会に浸透し続け、特に教育の支配を目論んだ。クザンは、カトリックのマジョリテゆえの国家的重要性は承認するが、宗教上の寛容は自由に必須の条件であること、自由を本質とする人間性の涵養が求められる教育の場の特定の宗派による支配は退けられるべきことを断固主張した。他方、クザンは、王党派と共和派の間で自由主義者として、国民の自由が得られる最良の政体を、絶対君主制と、無政府的秩序の崩壊と暴力の支配に行き着く過度の民主制の間の、立憲君主制、和解の表現としての立憲君主制にみたのであった。

Cousin, Victor　(1792-1867)

[文献] 飯塚勝久『フランス歴史哲学の発見』第一章四、未来社、一九九五。
P.Leroux, *Réfutation de l'éclectisme*, 1839.
J.E.Alaux, *La philosophie de M.Cousin*, 1864.
P.Janet, *Victor Cousin et son œuvre*, 1885.

J.Simon, *Victor Cousin*, 1887（5ed. 1921）.

Ch.Adam, *La philosophie en France*（*première moitié du XIX*^{e} *siècle*）, 1894.

V.Barthélemy-Saint Hilaire, *Cousin, sa vie et sa correspondance*, 3vols, 1895.

H.Taine, *Les philosophes classiques en France*, 11e éd. 1912.

C.Bernard, *Victor Cousin ou la religion de la philosophie*, Presses Universitaires du Mirail 1991.

J.W.Manns, *Reid and his French disciples*, E.J.Brill, Leiden-New York-Köln 1994.

〈付論1〉 生命思想

一八世紀フランスを自然科学の進展を考える観点からみれば、それは第一に博物誌の時代（代表ビュフォン）、それも、前世紀に近代科学としての天文学と力学が確立され、哲学で精神実体と物体実体との峻別がなされたあとの博物誌の時代であり、第二に化学の誕生（代表ラヴォワジェ）、第三に近代諸科学への仲間入りができるような性格をもった生物学の準備の時代である。そして博物誌もすぐに（一九世紀初頭に）進化論（ラマルク）に活かされることにおいて、化学も一九世紀後半の生体における物質変化過程の究明（パストゥール、クロード・ベルナール等）において、それぞれ近代生物学の誕生にも一役買うが、第三の新しい生物学誕生を準備したものとしては、解剖学を基礎にした生理学と医学の研究の中で生命に固有な特性を求めた人々の研究（代表バルテズ）を忘れるわけにはゆかない。その生命論は、精神を生命の一つの発展的形としてみることにおいて近代の自然概念の基本的枠組みをはみ出る内容を含みつつ、科学の枠を越えた哲学的問題を提起し、その問題は今日においても解決されているどころではない。

アリストテレス的自然像と対比的に、近代自然科学が描く自然像は、精神ないし精神類似的存在とそれらが携える目的論的構造を内に含まない。そこで、デカルトによる精神と物体との二実体の区別という一七世紀哲学の基本的枠組みの中で生命の秩序が物体の秩序のうちに解消されたとき、その解消は生命現象からもその内に潜む自発的力、目的論的力を追放することを含んでいた。このような生命観は大勢として哲学の主導によるものであり、生命現象の物質過程への解消仕方は生体を力学的ないし水力学的機械とみるような粗雑なもので、すぐに捨てられるべきものでしかなかった。にも拘わらず近代自然科学は生命を一つの物質過程として見る見方を貫徹し、貫徹したからこそ生命現象の複雑さを徐々に、主として間もなく（それ自身がまさに生命現象の研究とも連携しながら）確立してきた化学の力を借りて咀嚼し得てきたのであった。

けれども、その行き着く先としての今日の分子生物学等の傍らで、動物行動学のような学問もある。生物学は、あらゆる生命体に共通な生命過程を分析的に解明せんと願いつつ生物化学や生物物理（これらは厳密に言って、生命過程についての化学や物理学であって、生命学そのものではないと言わねばならない面がある！）として発展する学問と、諸々の生物種を扱う古くからの分類的学問の方向のものとに引き裂かれている。そうして後者だけが、人間を特徴づけるものとしての精神を生命の一様態として考察する可能性を、動物の種別ごとの行動様式の研究の延長上に垣間見せてくれているに過ぎない。

ことは、「物質」と「生命」と「精神」との三つの言葉で表せる事柄の間の関係をどう考えるかに関わっている。（この考察の必要がないところに物理学や化学のすっきりした体系と、それに向かってその学問史を描く場合の道筋の分かりやすさもある。）そして、ここに、生物学史に属しつつも哲学史と絡み合った「生命」とは何かを論ずる生命思想の歴史、これを語るべき必然性と複雑さがある。

一七世紀の近代科学の誕生の後なるものとはいえ、一八世紀博物誌が描く自然はその重要な要素としてさまざまの種の生物を含みそこに階層性をもみる限りで、法則に従って運動する物質という均質なものから成るという自然、近代科学の先兵たる力学の対象に完全に変えられてしまった自然ではない。それは確かに少数の自然法則によって支配されているであろうが、単にその運動だけが問題であるような自然ではなく、限りなく豊饒な自然であった。その豊饒さへの着目はむしろ、一七世紀哲学の物質と精神の二元論の枠組みを流動化させようとする動きをもたらした。

博物誌的好奇心のもとで新しく開ける生物の世界の豊かさを前に（植民地からの珍奇な動植物の流入、化石、顕微鏡下の世界、動物と植物と両方の性質をもつようなポリプの発見、アリマキにおける受精なしの発生―単為生殖―の確認等）、最も簡便な思弁は、ライプニッツ的に諸存在者の階層性と連続性とをともに承認することである（ロビネ、ボネ）。固定された数の生物種が創造されたとする聖書記述と合致しないという難点はあっても、連続性を言うとは自然の豊かさを言うことで、神を賛美することとして許されよう。そして、階層性を認めることは博物誌の常道で常識を満足させ、そこに更に連続性を承認すると、人間を、身体という物体と精神との相容れぬ二つのものに引き裂かずに丸ごと、自然の中に位置づけることができる。その上で、その連続性を階層の下方に引き付けて解釈すれば唯物論に傾き（ラ・メトリ）、多様性の源泉に思いを致すと物活論的になる（モーペルテュイ）。

だが、最も重要な枠組みの組み替えは、思弁においてでなく、厳密に実験的手続きに従う生体の研究、解剖学と生理学において、その生気論的解釈としてなされた。デカルトの分割線を移動させ、一方では、運動の原理を外部にもち力学的法則に従う無生の物質と、外部の力に抵抗し自発的運動でもって己を維持すると捉えられた生命の働きと、両者の間に深淵が穿たれ、他方で、霊魂によって生命作用を説明するアニミスム（シュタール）とは反対に、精神は生命の発展形態として位置づけられることになったのである。アニミスムは生体がもつ病気からの自然治癒力の評価に発し、生体の統合性に心奪われるところに生まれたが、生気論は、疾病の場を生体の構成要素たる繊維ないしは組織に見いだすという、解剖学に支えられた医学的知見に重ねて、その部位がもつ生命力、測定さえできる生命力を考えるところに生まれた。

生体の部分がもつ生命力という概念は生命の単位の問題を押し出し、生命の研究の医学からの出発には、生命の営みにおける価値序列を承認するといった観点が隠されている。前者は細胞説の登場を促して近代生物学の確立に寄与し、さらに今日のＤＮＡの取り出し等の試みにまで通ずる。重要なのは、この方向での探求では、無生の単なる物質から生命体を隔てる最小の間隙を決定すること、時にその埋まりようを調べることの中に生命とは何かという問題の答があると考えられていることである。しかるに二番目の観点は反対に、生命の最高度の開花という考え方を潜ませていて、すると生命は何かという問いの答は、無生の物質からは最も遠い在り方をするものの中に求めることの方が適切になる。

医学は主として人間の生命を死との対比のもとで考察し、病気や傷害を健康から区別し、死よりは生を、病気よりは健康を、良いことと判断して始まる研究である。そして、一方では健康の更に先に、生きていることのより高価値の様態が序列的に並ぶ線が延び、そこに精神の次元をおくことが予想され、他方で、医学が家畜等に関しても広げられる時それは人間にとっての価値の観点からであり、根底には自然の中で人間という生物を価値的に最上位におく階層構造を見て取るという態度がある。この構造に連続性を時間的要素を入れつつ導入すると、哲学ではスピリチュアリスムに、生物学では進化論となる。ただ、後者は自然科学に属するものであるためには、目的論的説明を排除して、進化の変化に関して偶然的性格（淘汰という保存要件に関しては制約的）を言うことまで進まなければならなかった。最後にこの階層性という論点を生命の単位の問題と突き合わせると、単細胞生物が進化の始まりに位置し、かつ最下等生物と評価されること、それから、受精卵からの発生の論理とは、機能を特化させた諸部分の統合的分化であること、これら二つの事柄の意味を考えるべく誘われる。

〈付論2〉　近代科学の分析の方法と生命科学

A　近代科学の方法

(1) 近代科学と生命科学

生命についての考察は非常に古いと同時に新しいものであります。古いと申しますのは、人間は自分たちが生きているもので、そして、そのことを知っている存在でありますから、また、死ぬという事実、確実であるけれども謎でもある死という、生命の消滅の事実の前で生きているわけですから、いつの世も人は生命と死というものについて考えないわけにはゆかなかったからでしょう。その上、人間にとって、第一に、生きるために不可欠な食物とは動植物のことであるし、また、或る生物は危険であり、数多くの生物は有用でありますから、生物についての知識は、どの民族においても、蓄積されてきた知識の大きな部分を占めるものでした。しかし、にも拘わらず、ヨーロッパの一七世紀以降の近代科学の流れの中では、生物学は遅れてきたランナーでしかありませんでした。生物学は今世紀後半にこそ最も脚光を浴びることになった学問です。

では、この遅れの理由は何でしょうか。近代科学は天文学から始まったから、その流れの中では生物への関心の到来は遅れるしかなかったとでも言うのでしょうか。いいえ、近代科学誕生の次の世紀、ヨーロッパの一八世紀は生物への関心が非常に高まった時代です。動物とも植物ともすぐには判別がつかないポリプのトランブレによる発見は、当時のオーストリア王位継承戦争に負けないばかりの話題を呼んだそうです。ボネによるアリマキの単為生殖の発見も人々の興奮を惹き起こしました。ビュフォンの『博物誌』は最高の売れ行きを示した本でした。また、新旧の植民地からの珍しい動植物の移入は人々を喜ばせていたのですが、各地で植物園や動物園が設置、整備され、一般にも公開されるようになりました。

ですが、「生物学 biologie」という言葉が提唱されたのですら、やっと一八〇二年、七年後にダーウィンに五〇年先立って進化論を提唱することになるラマルクらによってでした。（トレヴィラヌスらもほとんど同時にこの語を使用しました[1]。）しかも、彼の『動物哲学』という表題の書物に見られるその生物学の中に、今日の生物学と通ずるような雰囲気と言いますか、そのようなものを認めることは到底できません。それは、今日の物理学者がガリレイの著作を繙《ひもと》くと違和感を覚えるかも知れない、そのような、時代の表現法の違いに由来するとかの事柄、これ以前の問題です。他方の物理学では、一七八八年にラグランジュの『解析力学』が出版されているのです。近代的生物学は力学のように明確な統一体としては姿を見せず、多方面から扱われて徐々に輪郭を取るに過ぎません。そして、それは、その名称の成立より更に遅れるのです。

とはいえ、現在、生物学は隆盛の時期を迎えています。（ただし、「生物学」という、博物誌の重要な一部門を思わせる名称よりは、生化学などによって主導されている現今の研究は「生命科学」と呼ばれるのが相応しいものになっています。）なぜでしょうか。バイオ技術に対する旺盛な社会的需要が側面的援護をしているのは事実ですが、その需要は、先に生命科学の目覚ましい進展があったればこそ湧き起こったのです。してみると、理由は学問に内在する要因に求められるべきでしょう。そして実際、生命科学の隆盛は、近代科学を推進してきた分析（アナリシス）の方法が生命の現象にもやっと適用できるようになったことの反映だと見ることができます。すると、①分析とはどのような方法か、②なぜその生物学への適用は遅れたのか、③更に今は何が求められているのか。シンセシスに基づく生命の理解を標榜するメタバイオティクスの理念を位置づけるには、このように問うてみるとよいと思います。

⑵　近代科学における分析という方法

アナリシス、分析という方法は、それは物事を細かく分けて調べてゆく方法だと素朴に考えるなら、何事かについて詳しく知ろうとするならおのずと採用される方法です。ですが、そのような方法が問題なら、分析は近代科学を待たずに、いつでもどの領域でも使用されておりました。ここで問題なのは、天文学と力学との結合において始まった近代科学における分析、生物学への適用は自然科学の中では最後に行われた種類の分析なのです。近代科学における分析の特質は、それが一方で数学的処理と、他方で技術的操作と結びつけられたことにあります。

近代科学における数学の重要性は誰もが知っています。それで、人々は近代生物学の成立の遅れの理由を、しばしば生命現象の数量化的処理の困難さ、もしくは不適切さに求めてきました。だから、たとえばメンデルによる遺伝の研究を評価するに、その統計的処理による新しい生物学の切り開きという側面を強調したりもするのです。

しかし、私は、分析の根本はその操作性にあることを見抜くべきだと思います。そうして、生命現象の分析的研究の遅れは、この操作性の確保が生命の領域においては難しかったゆえのものだったと思われます[2]。また、メタバイオティクスが敢えてシンセシスに基づく生命の理解をスローガンに掲げることの意味も、この操作性の意味を振り返ることによって明瞭となると、私は思います。

(3) 技術的操作と結びついた分析、および分類のためでなく分析のための定義

近代科学を発展させた、技術的操作と結びついた分析の威力、これを理解するには、新しい分析の方法と新しい定義の遣り方との結合をみてみるとよいと思います。そこで私は、具体例として、落下（物が落ちる）という非常に単純に思われる出来事の分析的研究の在りようを、整理したいと思います[3]。

(ⅰ) 落下の二つの定義

落ちることがどのようなことか、誰でも知っています。物が運ばれるのでなく、また鳥が地面の虫を捕まえようと急降下するような運動の場合でもなく、下に移動してゆくこと、これが落ちること、落下です。

さて、私は今、「これが落下です」と述べました。そう、私の叙述は既に一つの定義の形をとっています。そして、このように、或る事柄の特徴を挙げ、更に、それと類似した他の事柄との違いを言うことでもって補うこと、これが古典的な定義の遣り方です。類と種差とを言うと表現してもよいでしょう。ところで、私は、このような定義は、典型の把握に寄りかかって一つの分類を言葉のレベルで成し遂げようとする努力だと性格づけたいと思います。ところが、近代科学は、典型に寄りかかり類似のものを取りまとめるのに終始するのではない定義、操作に基づく定義を受け入れ、これを分類のためにでなく分析のために用いました。

落ちるという事柄で考えましょう。落ちることの具体例はいっぱい思いつくでしょうが、銀杏の実が落ちるのと銀杏の葉っぱが落ちるのとを取り上げ、これらを私たちがどう理解するか、考えてみましょう。

それで、まず、これら二つは、今、落ちることの例として挙げたわけですから、私たちが普通、両方とも落ちることだと理解していることは言うまでもありません。けれども、もちろん二つの落ち方は違います。銀杏の実はストンと真っ直ぐ下に落ち、葉っぱはひらひらとゆっくり落ちます。すると、落ちることの日常的理解、分類は、それが多様性を含むことを承認しています。

しかし、物理学者が言う落下とはどのようなものでしょうか。落下とは鉛直下方への運動のみを言います。そうであってこそ、ガリレイの落下の法則は成り立ちます。すると、考えてください。銀杏の実の運動の方は落下だけれど、銀杏の葉っぱの運動の方は落下運動ではないことになります。

いや、物理学者だって、銀杏の葉っぱの運動は落下運動ではない、なんて言わないぞと、皆さんは言われるかも知れません。日常生活では言わないでしょう。ですが、物理学では、彼等は、銀杏の葉っぱの運動は落下プラス別の運動の合成だ、と主張します。

ところで、このような主張は、ここにいられる皆さんには当たり前の内容でしかないでしょうが、考えてみれば不思議なものではないでしょうか。というのも、銀杏の葉っぱにおいて私たちが目にするのは、合成された二つの運動ではないからです。葉っぱは鉛直下方に運動し次に水平方向に動くとかするのではありません。曲線を描く一つの運動が見られるのです。誤解を招かないように厳密に言いますと、葉っぱは右に行ったり左下に行ったりの幾つかの運動をするにせよ、一つの時間には一つの運動しかしません。けれども、運動の合成を言うとは、一つの時間における二つの運動を主張しているのです。しかし、それは現実ではないから、物理学者は、合成を言うとき、その前に、一つの時間における一つの運動を二つに分析しているのです。葉っぱの運動を概念のレベルで分解しています。

しかるに、二つに分析する際に、分析によって見いだされるべき一つの要素は、鉛直下方の運動だと、もう決められています。そこで、物理学者の鉛直下方という落下の定義は、或る運動を丸ごと捉えて、それの分類されるべき宛て先を「落下」としてよいかどうかの判定規準として働くような種類の普通の定義ではなく、その運動を分解してみるべく導いている種類の定義なのです。つまりは、ここでは、定義は分類を目指しているのではなく、分析を目指しているのです

では、この定義を支えているものは何でしょうか。物を鉛直下方に落とすことを度々できるという技術的操作を物

理学者が手にしていることです。

（ⅱ）鉛直下方に落ちさせることと、多様な落下の分析

物を落とすことに技術も何もあるものか、物は支えがなければ自然に落ちてゆくものだ、こう思われるかも知れません。けれども、まさにその自然に落ちることは、物の種類に応じたさまざまな仕方での落ちることです。そして、物理学者の定義を満たすような仕方で何かが落ちてゆくのを自然の中で目撃するのは、案外と少ないのではないでしょうか。（序でながら、雨滴が「鉛直下方への運動」という定義には叶う落下運動はしても、科学が言う落下法則に従う等加速度での落下運動をするわけではない、という日常のことも考えてみる価値があります。）

物理学者は、何かの落下が自然現象として生ずるのを待って、それを観察したり測定したりして研究するのではありません。物をさまざまに落としてみるのです。そして、おのずと、鉛直下方に落ちるもの、鉛直下方に落ちさせることができるものを、実験材料に選ぶようになります。ふわふわした綿の塊を落としてその落ち方を調べるというようなことを最初からやることは決してありません。なぜなら、綿は落とすたびに確かにふわふわした仕方で落ちる、そのような、形容詞で表現する限りでは同じと言える仕方で落ちますが、けれども、運動の経路まで同じに落ちるのではありません。人は綿の落下の繰り返しには、類似を認めるに留まるしかありません。ところが、もしいつも鉛直下方に落ちるものなら、その反復は、許容できるずれを別にすれば、運動の経路まで同じだと言うことができます。そこで物理学者は、必要ならわざわざ鉄の球を拵《こしら》えたりして実験——鉛直下方に落ちさせること——がうまくゆくような材料を用意して、それを落ちさせます。これはどういうことでしょうか。（それに、いったん落ちた鉄球は落下先に留まり続け、それが再び落下することはありません。調査を繰り返す、続けるには、人が持ち上げて、もう一度落としてやらなければなりません。）

物理学者が調べるのは、自分のイニシアチブのもとで生じさせることが反復可能な事柄だ、ということです。（もちろん、反復とは、無視できる差異が付随することを許容しての反復です。）類似でなく反復を求める、と定式化しましょう。これに反対して、反復とは、結局は異なるものでしかない幾つかの出来事に類似が見られるときに言われることであって、だから類似と反復とを鋭く対比させることはできないと疑義を唱える向きもあるでしょうが、反復は人が意志的になす行為の概念と結びついてこそ意義が確定できる概念で、やはり類似に解消できません[4]。ちなみに、単なる観察と思えるものさえ、その観察されるべきことを用意する（そのように人が行為する）ことが必要で、しかも、それは繰り返し用意することができなければなりません。少なくとも望まれます。そして、すぐには得られない新しい観察内容を供給するのは実験ですが、その実験とは原則的に追試、つまりは反復ができるものなのです。また、近代物理学は、実験でどうこうできるわけがない天体の運動の観察から始まったじゃないかと指摘されれば、天文学は、実験可能な地上の力学等と結びつかなければ暦作成のための材料を提供すること等を越えなかったはずだ、と答えましょう。

けれども次に、自分のイニシアチブのもとで反復的に生じさせ得る事柄を調べるというだけのことなら、未だ大したことではありません。真っ直ぐ下に落ちるのが普通のものだけを選んで相手に研究するのでは、落下という出来事の分類枠を普通よりは非常に狭く取って、その枠内に納まる事象を調べるということでしかないではありませんか。ところが、近代物理学が人々の自然像を変えるほどの力を手に入れたのは、物の鉛直下方への運動を研究したあとで、普通は真っ直ぐ下に落ちないものにまで、それを真っ直ぐに落ちさせようと試みて成功した、このようなたぐいの事柄ゆえなのです。そうして、物事の分析は、このような試みによって以前の分析と違った鋭いものになり、類似に基づく分類による理解という大枠のうちで進められることから外れて、技術的操作に基づく事象の説明という道を突き進むことになったのです。また、定義は、その技術的操作に対応したものになり、物事を分類するための基準としてではなく、分析するための道具として用いられるものとなりました[5]。

実際、真空に近い状態をつくってそこで葉っぱや綿を落とせば、葉っぱも綿も真っ直ぐ鉛直下方に落ちます。すると、物理学者は考えます、ものが落ちるとは鉛直下方に落ちることが本来なのではないか、そして、だとしたら、葉っぱや綿がひらひらとかふわふわとか落ちるのはどうしてなのか、その理由を、本来の落ちることとは別のところに求めねばなるまいと。

葉っぱは葉っぱだからひらひら落ちるのだ、ストンと落ちる性質を持つ石や銀杏の実とは違うのだと、分類の精神で理解するので終わりにするのが私たちの日常の理解です。けれども、物理学者はもはや分類に頓着せずに、鉛直下方への運動という要素をひらひら運動の中に探します。そしてそれは同時に、鉛直下方への運動をベースにそれに加わることによって全体の運動をひらひら運動に仕立てるものを探すことでもあります。こうして、ひらひら落ちる運動は葉っぱが葉っぱであるゆえに持つ性質だとして丸ごと受け入れられるのでなくして、分析されるべき対象となります。そして同時に、木の実と木の葉とのものの種類の違いは基本的なものではないと考えられます。どちらも、両者に共通な何か、「物質」と呼ばれたり「質点」と呼ばれたりするものに還元する試みがなされます。さまざまの種類のものから成る世界の代わりに、一元的な物質世界という描像が力をもってくるのです。

⑷　分析とシンセシス

銀杏の葉っぱがひらひら落ちるのにまかせず、それを鉛直下方に落とすことに成功するなら、またそのときに初めて、次は、葉っぱを鉛直下方に落とすことに加えて何をすれば再び葉っぱにひらひら舞い降りる運動をさせ得るかを探す番がきます。これは復元であって、最初から丸ごとの出来事として葉っぱにひらひら運動をさせることとは違います。そして、復元が成功するなら、その復元の過程が含む幾つかの要素にひらひら運動は既に分解されているのです。そして逆に、せめて理論の上ででも復元の過程を示せない限り、分析の完全さは証明されないことになります。つまり今の例で言えば、復元の過程が示せないことと（あるいはシミュレーションによっても復元がうまくゆかないなら、そのことと）鉛直下方への運動に加わるはずの別の成分が見つからないこととは同じことで、その成分に関しての分析はできていないということです。それで、ここでメタバイオティクスが方法として掲げるシンセシスについて、差し当たり一般的な文脈でですが、是非とも言及しておく必要がありましょう。なぜなら、復元とは諸要素からの合成、すなわちシンセシス以外の何物でもないでしょうから。

　分析の後にしか復元は来ず、それは成功するとは限らないわけですから、分析は必ずシンセシスを伴うとは申せません。或る事柄の復元に必要な全部の要素でなくても一つないしは二つの要素を取り出すことができるとき、それをもってその事柄を分析したと主張することは認められます。ですが、完全な分析は復元すなわちシンセシスに引き継がれ裏打ちされることを理想とすることは念頭に置くべきであります。このことは近代科学の意味での分析が、単に対象を詳しく細かに見ることではなく、一つの技術的操作であることに対応した事柄で、シンセシスは分析の技術を前提したもう一つの技術的操作であります[6]。それで、メタバイオティクスが言うところの、生命の科学におけるシンセティックな方法の意義、内実については、生命という研究対象の特殊性と関係づけて、後で述べたいと思います。

(5) 分類的理解から関係的理解へ

　さて、銀杏の葉っぱがひらひら落ちるのにまかせず、それを鉛直下方に落とす、これは何でもないことのように見えます。しかし、このことは、ひらひら運動を銀杏の葉っぱから引っ剥がすこと、それから葉っぱの性質であるという資格を奪うことです。そして、葉っぱの方は、落下に関して葉っぱという分類が意味をなす水準から連れ去られて単なる物質という身分のものに置き換えられ、かつ、運動は葉っぱの運動でありながら、説明されるには葉っぱとは別のものをも必要とすることになりました。以上は近代科学の重要な手続きの代表をなすものです。ですから、少しこだわって説明します。

考えてみましょう。「落ちる」という言葉が、普通は互いに似ているけれども多様であり得る或る幾つかの種類の出来事をひとまとめに考える分類に関わっていることは見てきた通りですが、実は、これはものの分類と連動しています。つまり、落ちるとは何かが落ちることであり、すると、或るものについて、それが落ちるものかどうか、落ちるという出来事が生じ得る性質を持つものかどうかが確認され、それによる分類がなされるわけです。[7] たとえば銀杏の実や葉っぱは落ちるもののグループに入れられ、空に向かって上がる焚き火の煙のようなものとは区別されます。また、銀杏の葉っぱは、落ちるものの中で、更に細かく、ひらひら落ちるものの種類に属すると、分類的に理解されます。また、ゆっくり落ちるものは軽いもののグループと等しく、勢いよく落ちるグループは重いもののグループと等しいなどと考えられます。

ところが、今や近代の力学において、落ちるとは鉛直下方への運動であると定義され、落下の多様性は排除されました。それに伴って、運動する物の種別は問題でなくなります。運動体はすべて物質であり、質点として表現されます。そもそも、運動は運動するものからではなく運動させるものの側から説明されるようになったのです。（このことと慣性の原理とを結びつけて考えることもできます。）正確には、運動は関係的概念になり、「石が運動する（落ちる）」と必ず言うべきとはならず、「地球が石に向かって運動する」と述べても滑稽なことにはならなくなります。石の運動と考えられるときも、その運動の有り方は石の性質であると理解されることをやめ、石と地球というものとの間で働く引力（これは当初は「普遍重力」と呼ばれました）によって生じさせられるものと――いや、もっと正確には、石と地球との二つの物体があることにおいて生じる事柄であると――理解されることに移行します。同様に、葉っぱがひらひらして落ちるものなら、それも葉っぱの性質がそうであるからではなく、葉っぱと地球との関係によって決まる運動（いわゆる鉛直下方運動）に、更に別の要素、葉っぱ（と、葉っぱと作用を及ぼし合う物体として考えられた限りの地球、大気の運動としての風の現象などには目もくれずに捉えられた地球との双方）の外側の風だとかの要素が加わるゆえなのです。

しかるに、注意すべきは、以上の事柄を明るみに出すには（あるいは以上のように考えを転換するには）、葉っぱが自然に落ちる（運動する）にまかせるのではなく、葉っぱにさまざまな運動をさせる操作的技術（ないしその想定）が必要なことです。一方で、風のない状態にする、勢いよく真下に投げつける、真空にした容器の中で落とす等々、他方で、落下途上の葉に強い風を吹きつけるなど。少なくともシミュレーションにおいて、葉をまずは鉛直下方に運動させ、次に別方向に運動させ（そのために、その方向へ運動させるものを想定し）、それらの組み合わせを考える。

葉っぱは葉っぱであるゆえに定まった種類の運動をするものではなくなり、他のさまざまなもの（地球や空気）との関係で初めてどのような運動をするかが決まる或る運動の可能体へと、単なる質点へと転換されます。そして、特定の運動を説明するとは、その運動がどのようにして産出されるのか、その産出仕方を述べることに他ならなくなります。運動体が何であるかが運動の内容を説明するのではなくなります。

⑹ 分析の過程で対象の同一性が維持できるか

ところで、葉っぱに鉛直下方への運動をさせるためにそれを真空中に置こうと、葉っぱが葉っぱであることに変わりはありません。また、葉っぱだからひらひら舞い落ちる運動をするのだ、という説明をしなくなり、地球との関係と空気との関係でそのような運動をするのだと考えるようになっても、人は相変わらず葉っぱという対象の運動、これ以外の何かについて述べているなど思いもしません。

しかしながら、次のような場合を考えてみましょう。葉っぱでなく、ふわふわした仕方でしか落ちていかないゴム風船を真っ直ぐ下に落ちさせようとして、それを真空の中に入れる場合です。どうなるでしょうか。たちまち破裂してしまうでしょう。では、破裂しても風船は風船でしょうか――実験対象は同一なのでしょうか――。それはゴムではあってももはや風船ではない、これが常識的答え方でしょう。

それから、あと一つ考えてみます。風船をしぼませて落とすことを想像しましょう。すると、風船は破裂せず風船のままで、しかもほぼ真っ直ぐ下に落ちる。ならば、こうして、風船本来のふわふわした運動にもその基本的運動として鉛直下方への運動を見て取り、その上で次に、膨らんだ風船に加わる空気の抵抗力ゆえの別方向への運動の加わりを考える、という分析と総合の道筋ができそうです。ところで、このとき、膨らんだ風船をしぼませて、それから再び膨らますということを私たちがやれ、その操作の間、ずっと風船は同じ風船という対象であるのだという、当たり前の前提に注意しましょう。翻って破裂した風船の場合、もう膨らますことはできない、だから、もう風船ではない、単なるゴム片だ、と考えるわけです。(とは言っても、物質としては同じだと考えてゆくこともちろんできます。)

さて、このような、些細な事柄にしか見えない例をなぜ挙げるのか。生き物を相手に調べるときに、研究対象の同一性が、研究そのことを通じて保たれるか、という論点に話をつなげるためです。この論点は、生体の分析においては無視できない大きな問題になります。

B 生命科学の方法

(7) 研究対象としての生体の同一性をどう考えるか

エドガー・アラン・ポーの『黄金虫』というタイトルの、海賊キッドの宝探しの小説をご存じでしょうか。この小説では、木の枝にくくりつけられた、どくろ(しゃれこうべ)の左の目からカブト虫を落とすことによって宝の在処を見つけるという重要な場面がでてきます。それで、そのカブト虫は非常に重いものであることが強調されていますが、もちろん、落とされるときには死んでいるものです。重くなければいけない理由に関する事柄は、これまでの議論にすぐに連なっています。すなわち、軽ければ真下に落ちてくれない、これが常識で、この実際的立場でポーは行動していますが、他方、近代力学はそれをいったんは否定してみせた……という論が展開され得ます。（重さに関係なく物体はどれも鉛直下方に等加速度運動をするというのは、日常世界ではありません。）しかし、このことはおいて、今はカブト虫が死んでいてくれなければ困ることに注意しましょう。生きていれば、カブト虫は手から離れるや、飛んでゆくでしょう。

さて、生きたカブト虫が真下に落ちないことは、木の葉がひらひら舞って真下に落ちないことと同様のことでしょうか。物理学的にみれば、どちらの運動も空気があればこそ生ずる運動です。カブト虫も真空中で放せば、羽根の運動が空気の抵抗を受けることはありませんから、飛べずに真っ直ぐ下に落ちてゆきます。

けれども第一に、空気があるときに木の葉とは違う運動をカブト虫がするのは、木の実がストンと落ちて、ひらひら舞い落ちる木の葉とは違う運動をするのと同様なことではありません。カブト虫は飛びます。また、雲雀が高い空から麦畑へ真っ直ぐ下に向かうように落下するように見えても、それは落下を利用しつつやはり飛んでいるのであって、落ちているのではありません。第二に、カブト虫は真空中では羽根をばたつかせる前に呼吸ができなくて死んでしまうことにも注意しなければなりません。

第二の事柄から考えます。或る生体を調べようとしてそれを或るシチュエーションに置いた場合、それが死んでしまうことがあります。それは風船を破裂させる場合に類比的で、元に戻りません。しぼんだ風船を再び膨らませるような具合にはゆかないのです。（それでいて、死んで間もないカブト虫と、じっと動かないだけのカブト虫を目で見分けることは難しい、膨らんだ風船としぼんだ風船とは、同一であり続けてもすぐに区別できるのに。）そして、死んでしまったものが示す事柄が、それが生きているときの何に関して教えてくれるのか、これは難しい問題です。たとえば解剖によって発見される生体の或る構造は何を教えてくれるのでしょうか。生きているときの生理を調べた上で関係づけることなしではどうしようもありません。それから、解剖の場合には生体に対する直接の働きかけによって生体を殺さざるを得ない場合ですが、生体が置かれた環境、たとえば温度、湿度、外気の組成などを変えることなどの間接的な仕方で生体を死なせてしまうこともあります。

それでも、解剖のときのように、研究対象である生体が今は死んだ状態で調査に委ねられているという場合、研究者はそのことに気づいているわけで、だからおのずと、死んだ対象を相手に得られる情報を生命の研究にどう活かすべきか、慎重に論を進めるでしょう。(このことは生物が対象でない他の学問の場合と同様です。或る物質の成分を調べるためにさまざまな試薬と反応させたり、燃やしたりしてみる、これは調査対象をもはや同一と言えないものに変えるわけですが、研究者はそれを承知していて、だから、反応後や燃焼後の物質から元の対象の成分を突き止めても、その成分が元の対象においてどのような仕方で含まれていたか、それも分かったなどと考えるはずもありません。)生体とその死んだあとの体(死体)とは或る意味で同一で[8]、しかしながら、生命とは何か、生きているとはどのようなことかを研究するにあたっては決定的に違う対象です。

ところが、以上のような場合に対し、生体が研究対象であるときには思わぬ落とし穴があります。すなわち、生体にとってその外界は交渉相手なのであって、その交渉の仕方は可変的です。すると、外界に加えられた変更は、生体が死なないままである場合にも生体の側の交渉仕方に変化を引き起こすものでありますが、ただ、研究者は、生体が相変わらず生きているゆえに、その変化が生じたことに気づかないかも知れない、このような場合があるのです。たとえば、或る微生物を材料に呼吸の在り方を調べようと、微生物を当然に酸素が供給される環境の中に置いて酸素の消費量を測定したりするとき、研究者は満足のゆく結果を得たと思うかも知れません。ところが、その微生物は通常は無気呼吸を行うのに、研究者が測定を目論んで設定した酸素濃度下では有気呼吸に切り替える種類の生物であったらどうでしょうか。研究者は気づかないまま、その微生物にとっては特殊な条件を研究の過程で課していて、その条件下でのみ特殊に見せる微生物の振る舞いを、誤ってそれの通常の振る舞いと考えてしまうことになるでしょう。[9]

(8) 生体と外部環境との交渉

さて、話は既に先のカブト虫の事例での第一の事柄におのずと移りつつあります。つまり、空気を吸う呼吸だけでなく、空気の抵抗を利用する仕方でさまざまに羽根を動かすことも、要はカブト虫の外界との交渉であること、環境を構成する諸要素のうちの特定のものをカブト虫側から選別しての交渉であることが、重要な点として浮かび上がってきています。

生体と環境との交渉という事情から、生体の分析的研究は二つの方向で追及されることになります。一つは生体を取り巻く外界の中のどんな要素と生体は交渉しているのかを突き止めること、もう一つは、その交渉を担うのは生体のどのような構造であり生理であるかを調べること。たとえば鳶が羽根をあまり動かさずにゆったりと円を描くように飛べるのはどうしてかの考案は、一方で鳶が身をおく上昇気流に目を注ぐべく要求し、他方で羽根の構造その他へと目を向けさせます。[10] それで、このような考察は確かに生体の研究にのみ特有なことではありません。鉄が錆びるとき、その要因を人は一方では鉄が置かれた環境に探しにゆき、水分や酸素を外界のおびただしい要素の中から取り出しますし、他方で鉄のどのような構造が錆を許すのかを調べます。では、生体の場合と鉄の場合と、どこか研究上、違うところがあるのでしょうか。

私が先にお話ししてきたところからしますと、研究者がイニシアチブをとって鉄を錆びさせる仕方を手に入れることが鉄錆現象の分析の道に他なりません。そうして、鉄は鉄を錆びさせようと人が次々に試してみるさまざまの条件の中に入っていってくれ、錆を生じさせる条件を純粋化する人の操作に、いわば付き合ってくれ、こうして分析はうまくゆきます。ですが、鳶はどうでしょうか。上昇気流があるところに鳶を連れていって、さあ気流に乗ってゆったりと飛ぶかと調べようとしますと、これ幸いと猛スピードで山に逃げてゆくのがおちでしょう。(空気の抵抗がなければ真っ直ぐ鉛直下方に落ちるかと、真空中に入れれば、今度は確かにこちらの思惑どおり真っ直ぐに落ちてくれますが、そのときそれは、呼吸できずに死んだ鳶の運動となり、生きている限りの鳶に特有な運動については教えてくれません。また、死んだ鳶は生きた鳶ではないことの区別は生命とは何かの研究において決定的に重要な論点であり、従って研究上での位置づけが細心の注意をもってなされなければなりませんが、錆び付いた鉄はもはや鉄ではないとする区別の方は、特別に慎重な取り扱いなしで鉄についての研究のうちに自然に取り込まれ、適切な位置をとります。)

ここで振り返り、そもそも鳶が飛ぶことについて調べるとは、いったいどのようなことか、考えてみる必要があります。鳶が上昇気流に乗るか山に逃げるか、それぞれには理由があります。いずれも鳶が生きる上での活動の一局面でしかありません。鳶に即してなら、鳶の生命活動という根本に照らしながら調べなければならないのです。飛ぶことのさまざまに関する調査が生命活動とは何かについて教えてくれることがあるとすれば、それはどのようなことかと考える、このような姿勢を取らねばなりません。

手短かに言って、生体と外界との交渉のさまざまには生きることにとっての重要性の度合いのヒエラルキーがあります。鳶が生き延びることを尺度にすれば、餌を見つけるために上昇気流に乗って舞い飛ぶ場合と危険から逃れるために山へ飛び去ることとでは、後者がより重要です。そして飛ぶことより呼吸することはもっと重要です。飛ばないでも生きておれますが、呼吸しなければ生きられません。すると、もし生命とは何かに研究者が関心をもつならその限りでは、彼はこの重要性のヒエラルキーを発見し、より重要だと思われる事柄を優先的にテーマにすべきことになります。ところが、これが一見よりは難しいことなのです。物の落下を研究する場合、ふわふわ落ちようとひらひら落ちようと、結局重要な要素は下に落ちることであること、これはすぐに見えます。(しかも、重要であると言っても、落下物自身にとって重要であるというのではありません。研究者の目に、あるいは日常生活を送る私たちにとって重要であるというのです。翻り、生き物という研究対象に関しては、対象自身にとっての重要性がどのようなものであるかが問題なのです。）そして、このことは、落ちることの典型とは鉛直下方に落ちることだ、という私たちの直観的理解に支えられています。ところで、これに対応するような直観的理解が、生物を対象とする場合にもあるでしょうか。

(9) 分類的理解の中心をなす典型把握に依りつつ分析的操作的説明へ移行すること

私は先に、分類的理解から技術的操作（ないし産出）に基づく分析的説明へという標語のもとで近代科学の方法の革新を説明しました。けれども、そのとき、わざと、分析が分類の枠組みを壊すという側面を強調しておきました。しかし今は、分析も或る対象を分析するのである限り、その対象を他から選別して取り上げるという分類に先立たれないわけにはゆかないことも話題にする必要があります。そして、この関係を、直観的になされる典型の把握から出発しての技術を工夫した分析の始まりと定式化しましょう。

物理学者は、銀杏の葉っぱのひらひらする仕方での落下運動の中に、なぜ鉛直下方への運動を探すのか。これは、さまざまに多様であり得る落下の中では鉛直下方への運動が典型であるからです。

次に鉄の場合を考えてみましょう。典型的な鉄が光沢を持ち堅いものだと把握されているなら、錆びていたり、脆かったり柔らかかったりする鉄は、その理由を問われ、こうして分析が始まります。そして分析は、錆びてない（純粋な）鉄のみを鉄とする定義と結びつきながら、鉄から錆を除去すること、逆に鉄を人が錆びさせること（シンセシス）、また脆くさせること、柔らかいものにすること等、それができる技術の獲得の過程で実現されます。（なお、私たちが目にする鉄というものは既に人間によって作られてきたものですから、特殊な事情があります。つまり、鉄を作る技術、製鉄技術がおのずと一般に鉄と呼ばれるものの分析を実現してしまっているということがあります。鉄は他の物質との化合物の形で存在したり、さまざまな不純物をいろいろな濃度で含んでいたりするのですが、科学者や製鉄業者は、少なくとも始めは、おのずと純粋な鉄を求めてゆきます。後では、用途によりわざと鉄以外の成分を含ませたりもするでしょうが。そして、純鉄の成分を鉄鉱石や精錬生産物、普通鉄や合金鉄の中に見いだすことそのことが、鉄鉱石、精錬生産物、普通鉄や合金鉄の分析の遂行となります。)

それから、人が、鉄とは何かでなく、一般に金属とは何かの研究に進むとき、人は自分たちが金属の典型と見なす鉄や銅の持つ特性を他の典型的でない金属のうちに探すという仕方をとります。こうして錫やゲルマニウムなど半金属のものにも鉄に関してと同じような事柄を生じさせようとする試みなどを通して分析が進展し、金属とは何かの理解が進展します。そして、人の操作能力、技術の進展はいつも既になされていた分類の枠組みを壊し、既存の分類は、より基礎的な分類事象の組み合わせによって産出された諸対象に関するものであったのだ、と理解してゆきます。

さて、では、生命の研究においても、以上のような事柄が簡単に実現するものでしょうか。

⑽ 生命の研究が出会う特有な諸事情

幾つかの事情が互いに関連しつつ、邪魔をします。第一には、既に指摘しましたように、生物は無生物と違って、研究者の関心のままにそれをさまざまの状況のうちへと引き回そうとすることに付き合ってはくれないことです。研究者の扱いによっては、また、環境を変えるだけでも、死んでしまいますし、死なないときには生物は自分自身にとっての重要性の尺度に従って振る舞い、いずれにせよ生物は研究者の思惑を越え、操作の対象であることから逃れてゆきます。つまりは、生物は研究者中心の分析を拒もうとするのです。

鉄についてなら、鉄の錆び方が重要な事柄となるか、堅さや脆さの在り方か、あるいは熱との関係が重要になるかは、人の関心によります。鉄自身にとっての重要性の度合いの順序などを言おうとしても意味のあることとは思えません。(もちろん、鉄の一見ばらばらなさまざまな性質の間には、依存関係が示す順序が発見され得ます。色や堅さはその格子構造によって説明され――依存関係が示され――、電気伝導性や錆発生の可能性は電子の挙動によって説明されるなどです。けれども、或る格子構造をとることが鉄にとっての至上課題であるとかいうことは意味をなしません。）ですから、人は、自分が鉄と関わる中で生ずるであろう場面へといわば鉄を引き回し、そして、鉄の方はその引き回しに付き合ってくれます。また、その過程で鉄が鉄とは違ったものになろうと、そのことを調べることも鉄についての研究の部分をなします。鉄を対象とする分析という方法の実質的内容をなすのは、鉄がおかれるさまざまの場面を操作的に純粋化することであり、鉄を知るとは、それらの場合での鉄の在りよう、変化の仕方を知ることに尽きるのです。というのも、一般にものの性質とは、そのものが他のさまざまなものと出会うときにどのようなことが生ずるのか、その潜在性の束から成るに他ならないからです。たとえば鉄の堅さでさえ、常温常圧という環境で鉄が或る力を受けるときにのみ顕わになる、鉄の一つの潜在性でしかありません。

けれども、生物を知るとは、私たちの相手としてそれがどのようなものとして現われるのかを見ればよいのではありません。生物自身にとってのさまざまの事柄の重要性の順序を知ることをどうしても含まなければなりません。しかも、事柄は生物の外の事柄（環境内の何か）であることもあれば、生物の器官や組織、あるいはさまざまな機能でもあり、かつ、両者は絡んでいます。音を出せる機能よりは呼吸できることが重要であることは分かりやすいですが、呼吸の重要性と外界に酸素があることの重要性は連動しているようでいて、或る微生物にとってはそうではない、無気呼吸が普通の生存形式なのだから、ということもあります。それぞれの生物が生きる上での重要性の序列に、どのような要素がどういう仕方で入り込んでいるのか、これを見極める作業が必要です。これが、生体研究に特有な事情の第一のものであり、また困難さの理由でもあります。

しかも、生物は途方もなく多様で、これが第二の事情をなします。生物の世界こそ分類的理解が際立って働く世界であり、そこで生物の種ごとの典型の把握は容易ですが（他方で、種の周縁ないしは他の種との境界に位置するものも多数あるという曖昧さも見られます）、その多様性に即して、個々の生物種にとっての諸々の事柄の重要性の序列を探るとしても、それは古来の分類的な生物学の延長でしかないでしょう。そこで、その作業を生命とはどのようなものかという、生命科学一般の研究につなげようとするとき、生体自身にとっての重要性の順序という概念に現実に内容を盛り込むのは何になるのか、分かりづらくなります。いわば、種の典型の把握の容易さの代わりに、却って種を越えたと言うか、種の根底にあると言うか、生命一般の典型像を描くことは困難だと言ってもよいかも知れません。

もちろん、どの生体にとっても重要な事柄は何なのか、これを指摘するのは困難であるとも見えません。ただ、その事柄の在り方が生物の種によってかなり異なるのです。たとえば代謝が生命にとって基本的なことは見やすいでしょう。けれども外界からのエネルギーの取り入れ方も、生体内でのエネルギー形態の変換仕方も、生物によって違います。研究者たちは、私たちの日常的理解に直結する動物の食物摂取やそれと類比的に考え得る植物における水や肥料の必要性とから、緑色植物の光合成過程の解明にゆく、また、人間の口や肺による呼吸から無脊椎動物の皮膚呼吸、植物の呼吸にも目を向け、更に細胞の呼吸へと考察を進めるなど、してきましたが、その道程は直観的に見通せるものでは決してありません。今日の研究者にとっては自明と見える幾つかの分析の着手点も、すぐに明確に見いだせるものではないのです。そして、この困難さは、生物の種の途方もない多様さに由来するだけでなく、個々の生物種において、生命の営みが多様で複雑な要素を抱え込んでいることと連動していて、かつ、第一の特有な事情として述べたことにもつながっています。つまり、どの要素にどういう理由（重要度）で着目し、そこから分析を始めればよいのか、見極めが難しいのです。

それから、生命研究の第三の特有事情とは、私たち自身が生きているものであることにあります。すなわち、こうです。生体の途方もない多様性を前に、私たちは筋道を付けようとします。そして、その結果、私たちはおのずと生体の下等・高等の区別や、単純・複雑の区別に誘われます。すると、一方で人は、下等で単純な生体が生体であるのに必要なミニマムの要件を見いだすべきだと考えたくなり、他方では、高等で複雑な生体のうちにこそ生命の本質が開花した姿で見られるのではないかと考えたりします。

ここにおいでの皆さんには前者の考えが当然と思われるかも知れません。けれども、後者の考えこそむしろ、下等な生体から高等な生体へ、単純な生体から複雑な生体へという歴史的発生の順序があると思われる進化論の発想を持たないときでさえ、おのずと生まれるものです。そこには、生物を理解しようとする私たち自身が生物の一種であるという事情、しかも最高の生物であるという意識を持って生きているという事情も働いています。そして、この事情ゆえにまた、生命を持たない存在物についてすら擬人的理解をするのが自然である人間は、自分もその仲間である生体を理解しようとするときは尚更、知らず知らず自分自身についての了解を一つの導きとなすべく仕向けられがちとなるのは不可避なのです。

さて、以上、生体の研究が出会う特有な諸事情を述べてきましたが、それが同時にそのまま、近代科学を推進してきた分析の方法の生物学への適用がなぜ遅れたのかの説明になっていれば、と希望します。

⑾ 生命活動の分析

とはいえ、以上の諸事情にも拘わらず、近代科学の全般的状況下で、ともかく実際に着手できることに目をつける研究者は、自分が関心を持つ生体の特徴を調べるのに扱いやすい生体を材料に選び、生命全般の秘密ではないにしても、生命の営みの調べがつく限りの側面は明らかにしようと努力してきました。そして、扱いやすい材料が得られる、というか、見つけられるにしたがって、生物学でも、物理学に遅れをとりながらも、近代科学的分析の手法が少しずつ採り入れられてくるという歴史が進行したのでした。その歴史を振り返ることは、ここではしません。ただ、本日のお話の冒頭で述べたような生物への関心の非常な高まりという一般的な雰囲気を背景に、医学的立場からの生理学研究と、呼吸と燃焼というテーマにおけるものを始めとする化学と結びついた仕方での生命現象の或る側面の解明という二つの道が、大きなものだったと思われることだけを申しておきましょう。

さて、今や生命現象の分析は加速度的に進歩しています。けれども、今日、メタバイオティクスという学問の旗揚げの機会に、次のことは指摘しないわけにはゆきません。すなわち、生命現象を対象にしたテーマの選択は、ほとんど無数にあり得ること、そうして、それらは生命とは何かの大問題に一直線に向かう性質のものにはなりにくいのは致し方ないということです。生物の種の多様性ということから切り離して、あらゆる生体に共通の事柄と思えることだけを取り上げても、その特徴の多さ、多面性、複雑性は他の研究対象と比べて、群を抜いています。そして、物の落下における鉛直下方への運動、金属における結晶の構造や電子の挙動に当たるような基本になるものを指摘することは容易ではありません。それで、人々はテーマごとに研究を進めます。近代の全自然科学と技術が動員され、研究は精扱なものになりつつあります。けれども、たとえば、生化学は生命における化学的現象に関する学問ではあるけれども、化学的生命学であるとは言い切れないのではないでしょうか。生物物理学も生物における物理学であって生物学そのものを構成するまでには至りません。

これはどうしてか。生命は、ドリーシュが仮定するようなエンテレキーとかの特別のものによって説明される必要はありません。物理学や化学において確立された法則は生命現象においても貫徹されます。そして、その貫徹の具体相を一つ一つ確認してゆくところに分析の道があります。けれども、私の考えでは、生命現象が物理現象や化学現象ではないゆえんのものを自覚しておかないわけにはゆきません。生体における化学現象や物理現象は、生命現象から離れたところで見られる化学現象、物理現象と何ら変わらないからといって、変わらないことを研究がますます明らかにしてゆくからといって、無生の物質と生体との差は消去されるばかりだと考えるのは不用意です。それら化学現象や物理現象が生体では複雑に絡み合っていると言うだけでは不十分です。

「複雑」とは相対的でしかない曖昧な概念です。鍵は、生体は第一に環境なしでは生きてゆけず（この点に敏感で、かつ環境に対する生物の交渉のダイナミズムにも目配りをするのは、むしろ博物学の一領域としての旧来の生物学です）、そうして第二に、己のうちにその（外部の）環境の許容された変化から相対的に独立した内部環境をつくる仕方で生きるものであること、ここに注目することにあると、私は思います。（内部環境の概念は、クロード・ベルナールによって、生理学、病理学、治療学の三組の研究の中でもたらされました[10]。）そして、この文脈においてこそメタバイオティクスの理念の登場の余地があります。

私は次のように思います。生命科学における分析という方法の位置を巡って考察されるべきことが二つあり、そのうちの一つが、分析を補うシンセティックな方法に基づく生命の理解を標傍するメタバイオティクスが解決に幾らか寄与できる問題を構成していると。考察されるべきことの一つは、生体にとっての環境（普通の意味での環境、外部環境）というものをどう位置づけつつ研究を進めるのかという、既に言及してきた問題であり、あと一つは、生体に関して内部環境という概念を持ち出す必要があることに関係する問題です。

時間もありませんので、メタバイオティクスの理念とより直接的な関係をもっと思われる後者、すなわち内部環境が関わる問題点について述べます。

ここにおられる皆さんの中には、試験管内タンパク質合成や試験管内DNA組み替えなどを手がけていらっしゃる方も多数おいでだと思います。生体内 in vivo で見られるのと同じ現象を、試験管内 in vitro で生じさせるのは難しいことは誰もが知っています。けれども、どうして試験管内で実現したいのか。それは、試験管内で実現するとは、そこでの現象の産出のコントロールができるということだからです。

生体内で生じている、研究者が特に注目した或る現象を試験管内で生じさせることが難しいのは、その現象にとって生体が自分のうちに用意するものが不可欠の環境であるからです。これは、その現象にとっては外部の環境であるのですが、生体のうちに実現されている環境であって、個体としての生体の外部環境ではありませんから、「内部環境」

と呼ぶことができるでしょう。

それで、第一段階として、in vivo での研究をやるとは、その内部環境がどのような事柄で成り立っているのかその詳細を知らないままで、内部環境に委ねて或る現象の産出を図り、その上でそれを調べるわけです。ただ、調べることが対象をさまざまの場面へと引き回すことを含まない限りは、調査は単なる注意深い観察のレベルで止まってしまいます。対象をいったんは孤立させ、更《あらた》めて研究者がコントロール諸条件の中で入り込ませることで、対象の諸側面が明らかになります。けれども、研究対象である現象そのものが in vivo でしか手に入らない（生成しない）となると、対象現象と対象現象の外の諸条件（私が内部環境と呼んでいるもの）とを分離できません。人はせめて、内部環境の成立を前提に（生体がそれを産出してくれるのをあてにして）そこにあれこれの軽微な（すなわち内部環境の成立を損なわない範囲での）人為的な変更を加え、研究対象である現象に見られる変移、更には現象の妨害、不成立等を見る、そのことによって、現象の産出の過程を推測するという方法を取るわけです。対照例を見ることで分析を進行させるという方法の基本は追求され得ます。

けれども、もし同じ現象を試験管内 in vitro で実現できるなら、どうでしょうか。内部環境のうちでその現象に必要なものが何であるのかを、研究者は自分が試験管内に整えた事柄として確認することができます。

ところで、その現象を生体内の他の諸現象から特にそれとして切り出してその実現の術を手にすること、操作技術を手に入れることはすなわち、二重の意味での分析を行ったということです。なぜかなら、第一に、その現象を一つのまとまった事柄として注目し更めて他の生体内諸現象と関係づけることは、既に生体がなす活動全体についての分析の一局面であります。第二に、その特定の現象を産出する諸要素、諸条件を言うことは、既に述べましたように、その現象に関する分析そのことであります。

ここで確認すべきは次のことです、このように生体内の諸現象について二重の意味で分析に成功したとしても、なお、それら諸現象というものは、やはり生命の営みそのことではないことです。生命の営みとは、それら諸現象を含みつつ更に、その諸現象の出現をサポートするもの、すなわち内部環境と私が呼んだものをも産出するものなのであります。そして一般に、或る現象の生成を可能にしている生体の内部環境の産出自身が、逆にその現象が滞りなく起きることを一条件としている場合がほとんどであるに違いないのです。

　生命以外のものを対象とする自然科学では、内部環境といった概念なしで済ませられます。（あるいは、もしそれに類するものがあったとしても無視できるか、その構造がほぼ見通せるものでしかないでしょう。）ですから、現象の分析は容易にその復元、つまりはシンセシスへと引き継がれ、分析は完成します。それに対し、生命に関する事柄が対象である場合、生命活動の一局面としての或る現象を一つのまとまった過程として注目することから始まる分析は、三段階を通らざるを得ません。すなわち、まず in vivo での分析、次に in vitro での現象産出と分析との同時進行、最後に、in vitro で当の現象産出を可能にした諸条件自身の産出する仕方を、in vivo に戻すことなく探ってゆくこと、言い換えれば、或る現象の探求から翻ってその現象成立を可能にする限りでの生体の内部環境の本質的部分をば、生きた生体の全般的活動に頼らずに産出することを目指し、そのことにより全般的活動が含む不透明部分を消してゆくこと。ただし、この最後のことは、実にその営みが隅々まで分かった生命を人工的に作り出すことにも等しく、実際にはできないことと思われます。そして、ここにメタバイオティクス登場の意義があると、私は考えます。

　メタバイオティクスが言うところのシンセシスとは、それが生命の謎に迫ろうと意志するものである限りで、生命活動の或る一局面をなす現象だけの分析に留まらず、また、その分析の完全性の証明としてのシンセシス、つまり、その現象だけの復元という意味でのシンセシスにも留まらず、当該現象を可能にしている生体の内部環境に相当するものの産出をもできる限り現象の復元の試みに組み込んでゆく、そういう意味でのシンセシスだ、これが私の解釈です。そして、これが人の手による生命そのものの創造でなく生体に擬似的でしかないものの産出に留まらざるを得ない理由は、二つあります。一つには生命現象は余りに複雑なので、この産出がモデル的なものとか、ときにはシミュレーション上でのものの産出とかに留まらざるを得ないような困難な状況がまだまだあること。そうして、二つめにもっと根本的なこととして、具体的にシンセティックな方法で作り出されるものがあった場合にも、そのものと外部環境との交渉、これを研究者がコントロールするしかないという状況があることによります。そうして、ここで私は再び外部環境と生体との交渉の意味の重要性というテーマに出会うわけですが、このテーマに関しては今は、生命の研究者はいつも、研究の過程そのことによって不可避的に、自分が扱っている対象がその環境との間にもつ関係に己が介入しているのだということ、だから、このことの意味を測定する言葉も必要だということ、このことだけに注意を喚起して、今日の話を結びたいと思います。

C　補遺ⅰ　生命活動の最前線——細胞膜あるいは皮膚——と内部環境の概念

⑿ 内部環境という概念

生命とは何か、生きているとはどのようなことか、と包括的な問題を立てるよりは、生体内で見られる生体に特有と思われる諸現象のうちのどれかを選んで特に研究テーマにするというのは、普通の遣り方である。その選択の理由は、材料が扱いやすいということであったりする。けれども、その現象をどこで研究するか、本来の場所、生体内 in vivo でか、それとも生体からいったん離して試験管内 in vitro でか、それによって研究の意義は異なるであろう。

生体内で生じている、研究者が特に注目した現象を試験管内で生じさせることが難しいのは、その現象にとっては、生体が己が内部に用意するものが不可欠の環境であるからである。これを、「内部環境」と呼ぶことができるであろう。そこで私は、現象研究に当たって、その場が in vivo、in vitro いずれであっても、内部環境という概念を考慮することによって研究の意義の位置づけができると、あるいは裏から述べて、内部環境の重要性を見落とすと研究の意義を位置づけそこなう、と主張する。

　内部環境の概念を私は、クロード・ベルナールの内部環境の概念はもとより、その後キャノンによってホメオスタシス（恒常性）という概念へと改変されたものより更に拡張的に使っている。クロード・ベルナールとキャノンにとって、内部環境の概念は多細胞生物で構想された概念である。けれども、たとえば試験官内タンパク質合成の話題は細胞内合成との対比でなされているのであるが、この対比の意味を考えるためにも内部環境の概念が活用できると、私は思っているのである。つまり私は、タンパク質生成が可能になるタンパク質生成にとっての環境を、それ自身が自分の外部をもつ一つの細胞が己のうちにつくる内部環境として捉える、このようなことを試みている。なお、多細胞生物の場合、一つの細胞の外部は生物がつくりだす内部環境である。（一方でこのとき、生物はもちろん外部環境と交渉しつつ生きているのであるが。）だから、タンパク質生成という現象を考えるとき、その現象が生じる場としての細胞の内側だけを内部環境の概念で捉えることもできれば、しかしながら、その内部の生成自身が、当該細胞を取りまくもの、すなわち個体としての多細胞生物自身が自分の内側に用意したものを条件としているなら、広く、生体内部に整えられたものすべてに内部環境という概念を適用すべきだ、ということになる。

　では、後者の内部環境の概念に一本化せずに、なぜ敢えて狭義の内部環境の概念を持ちだすのか。旧来の分類的な生物学と違って、生化学や生物物理学のような種類の生命科学が、生物個体（ときに種や個体集団）というものを対象とせずに、生体内で見られる或る特定の現象の詳細を解明することに向かうとき、その研究をどう位置づけるべきか、これを考えるためになのである。

　こうして私は、生体内で着目される諸現象の一々にその環境を内部環境の資格で言うことができると考えたい。（その環境は生体が自らつくりあげ、維持しているものであるゆえに外的環境ではなく内部環境なのである。）すると、たとえば生体内で行われる或る化学反応過程にとってのそれが置かれた細胞環境、受精卵の胚形成期における或る細胞の分化過程にとっての周辺の分裂細胞群、あるいは動物の臓器の活動にとっての血液系など、現象とその環境（現象にとっては外側だけれども内部環境であるもの）の概念は対になったさまざまのレベルで言われ得る。（もちろん、繰り返すが、さまざまのレベルの内部環境を認めたがよいとはいえ、それらが層を成しつつ構成するものとして内部環境は結局は一つの個体の内側全体となるのもまた当然である。けれども、このことは逆に、内部環境の概念は、生体の交渉相手としての外部環境の概念と一揃いで、そもそも生命の単位というものをどのように考えればよいのかの一般的な問題を解決するためにも採用されるべきものであることを示唆していると、私は思う[11]。）

また、生物が自分でつくりだすものを不可欠の環境にするということで言えば、或る動物は尿や爪痕によるマークづけを繰り返して縄張りをつくりあげ、これが己の生存に不可欠となる場合もある。けれども、縄張りは所詮は既に在る自然の一部の占有を目指し僅かの変形をもたらすだけのことでしかなく、外部環境にとどまる。しかるに、内部環境は生体が初めて創設するものであり、かつ、その重要性は、外部環境の或る許容範囲の変動にも拘わらず、非常に安定したものとして己を構成すること、また、外部環境においては散在している生命活動にとっての必要物（摂取されるべきもののみならず老廃物や余分の発生熱を運び去るものをも含めての必要物）を集中的に保持しているものであること、この二つからくる。「必要物」という表現は、内部環境の生成自身が生命活動そのことであるから幾分は奇異な感じもするが、内部環境の概念を、或る着目した生命現象にとってそのつど設定できるものとして考えることは許されるし、また事態を分かりやすくすることだと思われる。なお、内部環境のこの二点の重要性を考えると、生物個体の内部環境の外部環境からの独立性の程度の大きさをもって生命進化の物差しにすることもできるのではないかと思われる。これは、生命の系統樹と突き合わせてなされるべき検討課題である。生体や、あるいは受精卵や種子が、己に直《じか》に触れる水もしくは水分のある環境から離脱してゆく方向とか、変温動物から恒温動物への移り行きとか、その例を人はすぐに思いつくであろう。

(13) in vitro での生命現象研究と生命の単位の問題

さて、或る現象の生成過程についての研究を in vivo でやるとは、その現象にとっての内部環境がどのような事柄で成り立っているのかその詳細を知らないままで、内部環境に委ねて或る現象の産出を図り、その上でそれを調べることになる。

しかるに、生体内で見られるのと同じ現象をもし試験管内 in vitro で実現できるなら、どうであろうか。それは、内部環境のうちでその現象に必要なものが何であるのかを、研究者は自分が試験管内に整えた事柄として確認することができるようになったことを意味する。けれども、このとき私としては次のことの重要性を指摘しないわけにはゆかない。それは、in vitro での研究の成功による、或る生体の内側で生ずる或る特定現象に対応する内部環境（現象にとっては外側だけれども生体の内部であるもの）に相当するものの透明化は、引き換えに元の生体にとっての外部環境と内部環境との区別の喪失を招いているということである。つまりは、当然と言えば当然のことでしかないが、その生体が自己を外界から分離するという生命の根本をなす営みは破壊されているということである。そして、仮になおも生体としての活動が語られ得る場合には（そうでない場合もあるが）、そのときそれは新しい生命単位においてであり、そして、その生命単位の成立はそれが内側に元の生命個体とは別の水準での内部環境を抱え込む限りで可能である。

例解しよう。まず、新しい生命単位が出現する場合の方から。

一九〇七年にハリソンが成功させた神経組織の生体外の培養は次のようなものだった。カエルの神経胚から切り出した神経組織の小片を、カエルの凝固リンパ液の懸滴の中で培養すると、神経芽細胞から原形質が糸状に伸長して神経繊維が形成されてゆくのが顕微鏡で観察された。そのすぐ後、バローズやカレルは、哺乳類の成体から取った組織の培養、増殖に成功した。これらの例を、コッホがなした結核菌やコレラ菌の純粋培養と比較しながら考える。

細菌の純粋培養において、肉汁を最適環境（外的環境）として細菌が増殖すること、いや増殖する前に一個の菌として生きること、これは肉汁が研究者によって培地として用意されたのであろうと、細菌の自然な営み、細菌という生体の生命活動である。すると類比的に、リンパ液の中で成長するカエルの神経繊維（もちろん突起部分だけでなく細胞体を含んだもの）をも一つの生体と考えることが順当となる。裏から言えば、もはや神経繊維はカエルという一個の生体の部分ではない。このことはカレルがニワトリから採取した細胞を三十四年間も生かし、その寿命がニワトリの寿命を越えていることなども考え合わせるのがよいであろう。また、一九五八年にスチュワードがなしたカルスについての実験、すなわちニンジンから得た一個の培養細胞から、根、苗条、維管束を備えた完全なニンジン個体を再生させた実験を、植物の受精によらないさまざまの生殖方法とともに考えれば、生体外での細胞や組織培養は、生殖による新しい個体の出現になぞらえて理解すべきことも明らかである。

（これに反論して、生体外培養では神経細胞は神経繊維を伸長させるだけで増殖しない、だから、この培養では生体の部分が問題になっているのであり、神経細胞を一つの生体と見なすのはおかしい、という意見も出るであろう。これに対しては、私は主張しなければならない。個体を越えた種としての生命や、種をも越えた生命の流れというような概念は抽象であって、生命とは生きている個体に即して捉えられるべきことなのであり、増殖は生体にとっては不可欠の要素ではない、と。[12]）

そして、神経繊維が新しい一つの生体であることに対応して、リンパ液は結核菌にとっての肉汁と同様、神経繊維にとっての外部環境である。カエルという生体においてはリンパ液は血液などとともに神経繊維の内部環境をなしていたはずだが、そうなのである。どういうことか。リンパ液を内部環境に留めおくためのもの、カエルの皮膚に当たるもの、そして、リンパ液を自らつくる働きをなすものが神経繊維やその周りにはないのである。研究者が用意したリンパ液の容器は、容器の外を外部環境と位置づけつつ一つの生命個体を限定する、このようなものとして働きはしない。それは神経繊維が生きてゆけない普通環境と、生きてゆける人工的環境（しかし飽くまで外部環境であるもの）とを分離するものに過ぎない。

⒁ 生命活動としての化学的現象と単なる化学的現象との差異

けれども、次に、元々は或る生体の一部だった組織や細胞をその生体の外で培養することを、試験管内でタンパク質を合成することと比べるとどうか。タンパク質の生成、すなわち各種アミノ酸が或る配列で重合して鎖が伸びてゆくことは、神経繊維の伸長と同じような事柄か。いや、それとは違って、生体の生存という現象ではない。一つの有機化学的現象でしかない。確かに普通は生体内で行われる基本的な生命現象の一つではあるのだが。いったい、この差はどこから出てくるのか。

神経繊維の伸長を可能にする一要件としての「培地から神経繊維への栄養物の移動」、これを主導するのは神経繊維を突起として伸ばしてゆく神経の細胞体である。この主導、細胞体の活動そのことが生命の営みである。これについて、栄養物の移動は細胞膜の両側での浸透圧の差の結果ひとりでに起きると、言いたい人は言ってよい。肝心なのは、その細胞膜を細胞膜として維持しているのは、培地でなく神経繊維内部において生じている諸々の事柄であることである。細胞膜の維持は静的な事態ではない。内部での互いに支えあった諸活動なしではなされない。そして、栄養物の移動だけでは神経繊維が伸びてゆかないのも、もちろんである。伸長は細胞体におけるタンパク質やリン脂質の合成なしではあり得ない。かくて、一つに、細胞膜が神経繊維（突起部分）の髄鞘やシュワン鞘ともども己の内側を確保し自分の外部を外部として指定するものであること、すなわち外部と交渉しつつ己を一つの生体として限定するものであること、もう一つとして、その内側で生じて細胞膜という境界そのものを維持しつつその内側の総体という己自身を産出し維持している活動が生命活動であること、この二つが理解される。

ところが、対するに、試験管の中でアミノ酸の鎖を伸びさせるのは、既に重合したアミノ酸列としての小さなタンパク質（の活動）であるのではない。鎖の外のリボソームや酵素、mRNA、tRNAなどの仕業でアミノ酸は結合されてゆくのである。また、神経細胞は突起を伸ばしてゆくことにおいて別のものに変わるのではないが、新たなアミノ酸の付け加わりはタンパク質の種類を変えてゆくと解釈するのが妥当であろう。タンパク質生成とは、タンパク質が自らを同一性の規定のもとで変容をも許しつつ生成することではない。試験管でのタンパク質生成の現象は単なる有機化学的現象である。

　では、そうだとして、ならばタンパク質の生成現象をも含み込んだリボソームやmRNAの混合液全体の在りようの方は、一種の生命現象を示していると言えるのではないか。やはり言えない。タンパク質が浸されている混合液は、かつて細胞の内側で生ずるタンパク質生成という特定現象と対になった内部環境であったもののうちの重要諸要素の再構成として得られているのだが、しかしながら、それは今や内部環境の資格を失っている。これは、神経細胞が浸された試験管内のリンパ液がそうであるのと同じである。しかし次に、リンパ液は内部環境の構成者であったものから神経細胞にとっての外部環境へとその意味を変えたのだが、それと違って、いま問題の混合液の方は、タンパク質生成という有機化学現象の単なる産出条件をなすものになっている。生成してゆくタンパク質は（神経細胞と異なって）自らの内部環境を抱え込むものではないゆえに、タンパク質の周りの状況は、内部環境と対になってこそ意義を持つ外部環境と特徴づけるわけにはゆかないのである。かくて、かつて生命活動の一環としての現象であったタンパク質生成は、もはや生命を離れた現象、生命を構成しない無生の出来事となっている。

　だが、翻り、では、細胞内ではタンパク質生成は、なぜに生命活動の一環をなしていたのか？　己（タンパク質）の生成を可能にしているリボソームやmRNAの混合のみならず己自身もまた合わさって、細胞という生きたもの（生命活動のより大きな単位）の内部環境をなしていたからである。

しかし、試験管の内側もまた、やはり、「リボソームやmRNAの混合プラス生成してくるタンパク質」から成っているのではないか？　この集まりと細胞の内側の集まりとどこが違うのか？

細胞の内側にはもっと沢山のものが含まれているというのは本質的なことではない。試験管壁と細胞膜の違いが決定的な事柄なのである。試験管壁はリボソーム等の混合液を他から分離するだけである。そして、分離するだけだとしても、なぜ試験管が必要かと言えば、試験管の内側の集まりは、全体を一つにとりまとめる原理を己のうちに持たないからである。試験管壁という外的なものだけが一つであることを強制している。しかるに細胞膜はリボソーム等の混合から成る己の内側を一つにまとめ、結果として、それを外から分離する。しかも肝心なのは、分離しつつ、内と外との交渉を司ることである。（そして、先に述べたように、細胞膜の維持そのものは膜に包まれた内側で起きる諸現象による。）そうして、この交渉ゆえに、内側でのタンパク質生成は生命現象の一つ、生命活動となる。タンパク質の生成が進行すべきか控えられるべきか、その決定は件の交渉からやってくる。ところが、試験管内では、それを決めるのは化学的条件でしかない。制禦と呼ぶに値する事柄は見られないのである。[13]

⒂ 最適環境としての培地・内部環境であったものが外部環境に変じたものとしての培地・その代替物——或る生命現象の物理的有機化学的現象への還元——

さて、in vitroでのタンパク質合成は、もはや生命の論理から脱して化学の論理にしか従っていないものとはいえ、その論理のもとで振る舞うリボソームや酵素などは生体起源のものである。だから、合成の成功は、細胞の内側で生ずるタンパク質生成という特定現象の生成を可能にしていた生体の内部環境であったもののうちの重要諸要素を選び出すことにはやはり成功したということであり、その意味での分析の実現である。そうして、仮にこれら生命起源のものないしはそれに代わり得るものを人が生体に頼らずに用意できるなら、少なくともタンパク質生成の論理の方に関しては、もう一段の分析が進んだと言ってよいことは明らかである。（「少なくとも」という限定が必要なのは、代替物の場合、タンパク質生成に必須の内部環境を構成していたものそのものの方の分析にはならないからである。しかし、代替物と内部環境とがどの程度まで重なるのか、この検討が来るべき分析を導くであろう。）

さて、代替物が見つかることの意義を考えるために、多細胞生物から採取した一部組織や細胞の培養における、①天然培地と②合成培地の差異を、③細菌の培養のための培地の位置との比較ともども、手掛かりにしたい。

③細菌の培養の場合、培地の選択では二つのことが考慮される。一つには、培地の調製とは、細菌にとってと、および研究者が容易く用意できるという課題にとってと、両方を満足させる最適環境の発見という意味をもつ。二つめに、培地は、培養を目指す細菌とは異種の細菌の繁殖を妨げる環境でもなければならない。しかし、いずれにせよ、培地の問題は環境（外的環境）を知るということ以上の事柄ではない。北極熊が赤道直下でも生息できるか否か、これと同類の問題である。そして、環境とは人が用意しようとも元々は自然の一部、その中で生物も生きているけれども、無生の物体、物質からも成る自然の一部のことであり、ただ人為的環境では環境のコントロールや小環境の創設が試みられるのである。

しかるに、話を一般化して、たとえば動物園や植物園を考えれば分かるように、人為的環境をば、動植物にとっての自然な環境の代替物だと考えてもよい。そして、家庭や農業水産業での動植物の飼育や栽培の場合も、人は飼育や栽培環境を工夫し、その操作可能性に応じて、問題の生物の生存に必要な最低限ないしはより望ましい条件についての知識を得るわけである。特に、栄養源として他の生物を必要としない植物の場合、原理的には人為的環境を今日の物理学や化学が到達した水準で完全に操作的なものになし、従ってその植物の環境についての知識も一段と透明なものとなすことも見込める。なお、翻って細菌の培養の場合、それが単細胞動物であるゆえに、生体一般の生存の仕組みの最も基礎の部分の解明に役立つことが期待される。けれども、細菌の種ごとの特性は大きな問題であり続け、最適環境もこの特性の端的な表現なのである。

次に、組織や臓器、細胞の培養の場合はどうか。ここで①天然培地とは、人為的でない自然の環境であるということではない。リンパ液であれ灌流血液であれ、細胞にとって必須の生体内部環境から細胞の生存に必要最小限のものを抽出して得られた培地であるということに他ならない。つまり、これは生体が自分のうちに産み出したものから成っている。そして、抽出はそのまま内部環境の第一段階の分析となっている。培地は既に内部環境でなく外部環境に変じているのではあるが。

それで、天然培地の②合成培地への置き換え、これは代替物の採用である。そして、細菌の培養の場合の培地組成の透明化の努力は、もともと外部環境であったものの洗練（最低必要条件の特定ないし最適環境の追求）の努力でしかないが、ここでは組成の分かった合成培地の採用の成功は、生体が産み出す内部環境に相当するものの人工的創設の成功に他ならない。単に、かつて内部環境であったものの外部環境への位置の変化が問題となっているだけではない。ただ、先に述べたように、にも拘わらず、人工的に創設されたこのものは、細胞という新しい生命単位の生存にとっての外部環境になっている。

ところで、翻り再び試験管内タンパク質合成に返るに、仮にリボソームなどの混合液全体に相当する役割を果たすものを、ちょうど合成培地を調製するように生体に頼らずに研究者が調達できるなら、そのとき、生体内で行われるタンパク質生成という現象すべてが徹底して無生のレヴェルの事柄として生じさせられることになる。タンパク質生成という生命現象は物理的有機化学的現象へ還元される。タンパク質合成のために内部環境として必要されたものに相当するものの創設は、ここでは外部環境でもない。なぜなら、外部環境という概念に意味を与える一つの生命個体をそもそも言うことができないから。そして、だからと言って、その全体を取りあげても、それが生命体に擬似的なものの産出にはなっているわけでは依然ない。先に述べたように、生体の細胞膜に相当するものという、決定的なものが未だ欠けているからである。それは確かに或る段階まで到達したシンセシスではある。けれども、そのようなシンセシスを越えてメタバイオティクスが目指すもの（すなわち擬似生体）は、前節最後に言及した、生体の外部環境に対する最前線である細胞膜を根本の震源地とする、制御の論理の取り込みをはかるまでは実現されない。

⒃ 擬似生体の創出に向けての課題

制御というものは、振り返ればクロード・ベルナールの内部環境の概念でもキャノンのホメオスタシスの概念でも、鍵概念であった。そして今日、生命科学のみならず工学でも社会学でも、重要な役割を期待されている概念である。それで、制御というものを念頭に生体を研究するとき、二つの方面へと努力は傾けられなければならない。

一つは、或る生命現象が、その現象の成立を可能にする生体内部環境、これ自身の成立そのことを可能にする条件ともなっているという、組み込みの事態を解きほぐしてゆくという課題である。これは言うなら、有機体論や一般システム理論が示す事柄に肉付けを与える方向であると言えよう。もう一つは、有機体論でも強調される解放系の「解放」ということの、やはり実質を探ることである。それに当たって私は、一般の趨勢として制御の概念が情報処理の観点のもとで考察されると、おのずと中枢という概念の特別視を招くのではないかと危惧し、中枢の概念は末梢あってのものであるという順序、原理に格別の注意を促したい。特に生体に関しては、末梢の存在と維持こそが生命の出現であり、生存そのことなのである（なぜかなら、結局、人が対象化的に把捉できる限りでの生命の営みの本体である代謝過程という物質とエネルギーの流れは、生体の内と外とを分かつ末梢における外部との交渉においてこそ決定的な意味をもつのであるから）、このことを、ゆめ忘れてはならないと私は思う。そして、私の、細胞膜や体表（および体表の分化）の重視はここから出てくるし、組み込みの事態も（実際上は末梢の在り方の研究から独立に調べられるべきことが、あまたあるとはいえ）理屈としては、末梢の動向にこそ生命の賭け金があることに由来することでしかないのである。

さて、このことの確認を最後に、今や、以上、近代の自然科学を推進した分析という方法の内実についての吟味から始めて、生命の研究が関わるあれこれの事柄のやや煩瑣すぎるくらいな位置づけに至るまでの試論を受けて、生命科学の目標を描き、それをメタバイオティクスの理念と結びつける段取りまできたったと思われる。以下、門外漢の発言ゆえに例の取り方に不適切さが多く含まれたりして滑稽の譏《そし》りを受ける覚悟で、図式的に述べてみる。

順序はこうなる。

(イ) 或る生体内現象(たとえばタンパク質生成)の in vivo での分析。(マークした元素の送り込み、移動の追跡などを通じての、限定的シンセシスの手続きを含む。)

(ロ) 同じ現象の in vitro での再現(シンセシス)。

(ハ) その現象を可能にする条件を構成するさまざまのもの(たとえば各種 RNA)の生成の順次的な in vivo での分析。

(ニ) (ハ) で調べられたさまざまのものの in vitro での再現。

なお、(ハ) と (ニ) とは (ロ) に先行する場合もある。(たとえば或る RNA 分子の化学的合成が先行し、これや精製した天然の RNA ── mRNA など──その他と一緒にしたものを使って、目指すタンパク質を合成する。)

また、以上の段階は、既に前節までにその可能性と意義について述べたものである。

(ホ) (ロ) と (ニ) を同時進行させることの可能性の追及。これは、先に指摘した組み込みの事態を解きほぐす試みに相当する。そして、ここに、シンセティックな方法でもって、これまでに行われてきた生命科学の限界を乗り越えようとするメタバイオティクスの、一つの具体的形態があると思われる。繰り返せば、生命の営みでは、或る現象の生成を可能にしているもの、ないしはサポートしているものがその現象にとっての生体内部環境としてあり、そうして、この内部環境を産出すること自身が生命の営みでもあり、また、或る現象を可能にする内部環境の産出は逆にその現象が滞りなく起きることを一条件として可能となっている場合が多い。そこで、メタバイオティクスが言うところのシンセシスとは、生命活動の或る一局面をなす諸現象の一つ一つの分析の寄せ集めに留まらず、また、その分析の完全性の証明としてのシンセシス、つまり、それら諸現象を一つずつ復元してみるという意味でのシンセシスの寄せ集めにも留まらず、各現象を可能にする内部環境に相当するものの産出をも、できる限り当該現象の復元の試みに組み込んでゆく、そういう意味でのシンセシスであるべきであって、そうであってこそ、それは、生命の謎に迫ろうと意志するものであると主張できるのである。

次に、これまで議論してきたことから望まれることは、(へ)細胞膜に相当するものの合成であると、私には思われる。研究は既に、細胞膜の構造解明や生きた細胞において細胞膜に見られるダイナミズム、またその生成の或る部分の解明へと、他の膜構造の解明やそれら膜構造と細胞膜との諸関係に関する究明とともに進んでいるようだが、一歩進んで、細胞を破壊して取り出した細胞内物質を材料に、それらから再び細胞膜を出現させるのは一つの向かうべき夢ではないか。少なくとも、或る生命現象の **in vitro** での研究（たとえばタンパク質の試験管内合成といった研究）を次のようなステップへと発展させることは可能ではないのだろうか。つまり、その現象を生じさせることができるようになった試料全体（たとえばタンパク質合成の場である混合液）を包むものが細胞膜の代わりになるようなものとなることを目指し、そのいわば包みを、生体から取り出した組織液（ないしは、できればそれに相当する合成液）の中に浸し、そうして、研究対象である現象（たとえばタンパク質合成）の制御の達成を目指してみる、このような方向である。

ともあれ、生命の基本単位が細胞に見いだされる限りは、細胞膜研究は生命科学がどうしても向かうべき最重要な部門の一つであることは動かないのではないか。そして、メタバイオティクスが目指す擬似生体の創出は、いずれにしても、この問題（ないしは類似の問題――多細胞の生体の場合も、とにかく生体は内側に内部環境をつくりながら自らを外部環境から分離する体表を、外部環境との交渉を可能にするものとして構成せざるを得ない、その体表生成の研究という問題――）の所在を忘れるわけにはゆかないのである。

ところで、私は先に、単純な生体と高等・複雑な生体との対比がある中で生命とは何かを考えることの難しさを述べた。しかるに、物理学や化学を動員した分析や合成の技術は、どうしても細胞レベルにその適用の場を求めてゆくことになり、私も、そのことを念頭においた議論をしてきた。けれども、制御の問題が特に情報処理の観点から近づかれると、研究の場は大きく広がるし、ときに、むしろ人間という、いわゆる最高度に高等な生き物を参照項として、その人間による情報処理仕方を参考に進められることにもなる。それは、言うまでもなくロボット工学で代表される行き方である。（人間の知覚処理と行動を真似たロボットでなく、たとえば魚の泳ぎを真似たロボットの作成でも、人は自分達の知覚や行動を一つの記述の枠として使ってやっているのである。）しかし、この方面の事柄に関して、いま私には何かコメントする余裕はない。そこで、最後に、次の点だけに注意を促し、論を締めくくろうと思う。すなわち、生命の研究者はいつも、研究の過程そのことによって不可避的に、自分が扱っている対象（生体であれ、生体起源のもはや化学物質でしかないものであれ、そのモデル――擬似物――であれ、生命の営みについて教えてくれることを期待して扱う材料）が、研究対象を生命現象として見立てた場合にその現象にとっての内部環境および生体の外部環境に相当するはずのものとの間に持つ関係、これに己が介入しているのだということ、これを自覚しておくべきだし、そうして、この介入の意味を考慮しなければ生命現象の本当の姿を取り違える虞れがあるということ、このことに注意を喚起したい。そうして、付け加えれば、まさにメタバイオティクスはこの点を自覚すればこそ、従来の生命科学もまた分析とともに既にシンセティックな方法を携えているのに、それを越えて、なおかつ、自ら（メタバイオティクス）こそがシンセシスという方法の生命科学における採用の格別の意義を認めるものだと主張する、その権利をもつのである。何となれば、自分達がシンセシスによって産み出すものを擬似生体であると位置づけるとき、メタバイオティクスの研究者は、その位置づけの根拠を、上記の自覚のもとで探し、提出するしかないのだから。

D 補遺ⅱ 新しい生命科学の可能性──メタバイオティクス・シンポジウム開催に寄せて──

「バイオ」という言葉が、私たちの日常の生活に入り込んで久しい。この言葉は生命現象に関係する事柄になら何にでもくっつけられ、さまざまな商品の広告でお目にかかる。株式市場でバイオ関連の銘柄がもてはやされることは度々である。それほどに昨今の生命科学とその応用技術の進歩は著しい。

けれども、多様化する諸応用技術はもとより、基礎となる生命科学の方も、個々の研究は複雑な生命現象の違った諸側面にそれぞれ関わり、生命の全体像を描ききるには至っていない。また、結集して生命の本質とは何かにまで迫るという動きはなかなか持てない。

生命というものがどのようなものかは、誰でも直観的な仕方では知っている。また、動植物を食べるという基本的なことは別にした生命活動の利用ということでは、味噌やブドウ酒を作ったりすることに見られるように、その仕組みの理論的解明はなされない時代でも、実際的知識というものはプロにとって完璧である。しかし近代科学が力学と天文学で一七世紀に幕を開けた中で、近代生物学の確立は遅れたし、今もその日覚ましい隆盛にもかかわらず、生命の謎は手に負えないようなものとして人間の理解の挑戦を退けている。

さて、このような状況で、ここ日本で生命科学に新しい試みが生まれようとしていることに注目したい。メタバイオティクスという名称のもと、異分野の研究者が集まって相互協力を目指す態勢が急ピッチでつくられている。それは、近代生物学の方法、すなわち自然界に存在する生物そのものを対象に分析的方法を取ることの限界を自覚し、人工的に擬似生体を作り出すというシンセティックな（総合、合成的）手法でもって生命活動を探求しようというものである。

この方向は既に、全く違った分野の研究者達が別個に潜在的には取りつつあつたと言ってもよい。しかし、今やそれを各研究分野を横断する共通の認識にし、一致した明確な目標を立てる段階である。メタバイオティクス研究会はこのような判断にもとづき結成され、更に近々、第一回メタバイオティクス・シンポジウム開催の運びにもなつている。

一見は異分野の研究として、次のようなものがある。従来の生化学に最も近いところでは、細胞の生死と増殖の制御や、タンパク質の無細胞合成つまり試験管内合成、また ATP（エネルギー物質）の再生等を研究する化学生命工学（東大の鈴木栄二氏）、自己複製能力を持つという意味で最初の生体だったのではないかと推測される種類の RNA 群（註 a）を人工的に試験管内で作り、更にその進化を追う分子進化工学（東大、横山茂之氏）。同じく進化に関して、実験や実証が不可能ともいえる局面のコンピューター上でのシミュレーションを行い、状況証拠を積み上げて生命のあり得る姿を描く **A-Life**（人工生命）研究（ソニー CSL の北野宏明氏）。人が新しい運動機能を学習習得するさいのダイナミクスについての脳と神経の計算理論（ATR 人間情報通信研究所の川人光男氏）。より工学的なところでは、バイオリアクターの計測制御を手掛け、人工物と生物との共通領域を探る方向でのロボティクス（理化学研究所の遠藤勲氏）、学習をしながら泳ぐ海中ロボットの製作（理研の藤井輝夫氏）。それから、マイクロケモメカトロニクス（名大、生田幸士氏）については、この分野が開発した装置を使って他の研究者達が共同研究をするという事情があるので、少し詳しい説明をしたい。

装置の基本ユニットは次のようなものの結合から成り立つ。①紫外線で固まる樹脂で造形した、髪の毛の七分の一ほどの細さの微小な管からなり、ポンプや弁などを備えた化学流体の配管系、②送り込まれた化学物質に生化学反応を生じさせるマイクロリアクター、③流体の移動等を制御し、反応の観測、計測、演算等を行う六ミリ角のシリコン半導体。このように微小な（マイクロ）化学解析装置作成の技術は世界一といってよく、また、内部に化学反応（ケモ）システムを持つ流体回路と、電子回路（エレクトロニクス＝メカトロニクス）とをくっつけるという考え方はこれまでにないものである。そして、この装置を使って、かつては不可能であった組み合わせの生化学反応を細胞外で合成的に行わせ、解析することができる。

さて、以上の諸研究は、それぞれに特有の目的を持ち得る。鈴木氏の研究は抗ガン剤として知られるインターフェロンなどの物質の作用の解明に役立つし、川人氏の研究はより良い義肢の開発に結びつく等。けれども、いずれも別の目でみれば、自然界の生体が持つ特定の生命機能を抽出し、それに関してのモデル実験を行っているのである。そして、この側面を自覚し、そもそも生命とは何か、その本質に迫ろうとする意志を研究者が持つとき、それぞれが開発し蓄積してきたノウハウや見解は、新しい生命科学ないしは超生命科学としてのメタバイオティクスの理念の中で活かされることになる。

なまの生体に即しての研究というものは、研究対象として選ばれた機能が他の諸々の生体機能の中に埋め込まれた仕方であるゆえに、その研究成果の解釈に或る不透明さが残ることを払拭できない。分析的方法は、生体が外部環境と交渉し内部環境を持って生き延びるものであるゆえに、物理学や化学が出会わなかった限界にぶつからざるを得ないのである。

そこで、人工的に用意した、外乱のない整備された環境で、生命の営みと極度に類似した現象を合成し、もって生命の本質に迫るメタバイオティクスが大きな意義を持つ。たとえばコンピューターでのシミュレーションは、生命活動においてどのような現象がありそうなのかを告げ、生産的であり得る具体的実験を示唆できるであろうし、また、起こり得ないに違いないことについての判定を可能にしよう。それから、生化学的手法が手に入れるさまざまの物質を、次には人工的なマイクロスペースに充填し、そこでのエネルギーと物質の供給のありよう、合成物や代謝物、老廃物の生成移動を見届けるならどうか。いわば人工の細胞における諸現象の曇りなき解明によって、実際の生命の仕組みについての理解が深まるに違いない。そうして更には、そのような人工細胞ないしは細胞機械を、実際に生きているものとの適合を考えた装置へと発展させ、生体に埋め込んでその働き具合を見るなら、研究は一層、生命の内奥の秘密に迫ることができるであろう。メタバイオティクスの進展が望まれ注目されるゆえんである。

（註a）現在の生体では、遺伝情報を持ち自己複製をするのはDNAで、RNAウイルスを除いた普通のRNAは自己複製能力を持たず、DNAの塩基配列を写しとって合成される。そしてRNAはDNAの情報にもとづくタンパク質合成過程にさまざまの仕方で関与している。また、タンパク質は生体のいわば肉（基本物質）であるのみならず、さまざまの生体内化学変化の酵素として働く重要な役割を持ち、こうしてDNA、RNA、タンパク質の三者はどれも生体に不可欠のものとなっている。

註

本稿の主旨は、メタバイオティクスという名のもとで結集して、生命とは何かを研究しようとする科学者集団の共通の方法理念、すなわち、個々の研究の具体的で多様であらざるを得ない諸方法をなおも貫いてそれらを導く、シンセシスという方法理念の意義を説明し、その位置を測定することにある。そして付随的に、筆者は生命科学の門外漢ではあるが、生命科学がミクロのレベルで目指すべき重要な研究主題としては、細胞膜に相当するものを作り出すこと、そして、シミュレーションのレベルでは、多細胞生物における体表の分化とそれに相即した内部の物質流動系と情報伝達系のモデルを構築すること、この二つが挙げられるべきだと提案したい。この二つの主題の要請は、生体とは自己を外界から分離しつつ外界と交渉する活動体であること、そして外部環境を必要としながら内部環境を必須のものとして自分でつくるものであること、この二点から帰結することである。ただ、本稿では第一の主題へと収斂する方向で論を構成した。

1　「二つの生命と二つの生命特性」（本書の論稿16）註**1**を参照。なお、ラマルクの一八〇二年の著作は、次の二つ。LAMARCK, *Hydrologie, Recherche sur l'organisation des corps vivants.*「biologie」という言葉は後者の九、一二三、一二四頁に見られるが、より先の著作である前者で既に使用しているはずである。後者の中で、「Hydrologie, 一八八頁を見よ」という指示がある。だが、私はこの書物を参照できなかった。

2 人間は動物を飼い慣らし家畜化し、また養殖し、植物を栽培し、動植物の品種改良をしてきた長い歴史をもつ。また、新聞記事にも書いたように、味噌作りやお酒作りなどで生体を存分に利用する技術をも得てきた。けれども、それらの技術は、他方で人間が、車輪をつくり、挺子の原理を応用し、摩擦力を利用したりそれと戦ったり、石鹸を作ったり染め物の技術を蓄積したりしてきた、そのような技術と同列に考えるべきことである。けれども、操作性を言うとき、私は、近代自然科学とともに出現した、まさに分析の方法と一体になった種類の技術のことを念頭においている。それはもちろんさまざまな技術に連続するものであるが、或る特徴を強調するために、わざと鋭い限定を与えて語を用いているのである。

3 この話題を、自然の法則性ないしは科学法則や、因果性の位置とも関連させて論じたものとして、次のものを参照。松永澄夫『知覚する私・理解する私』第三章、第四章。勁草書房、一九九三年。

4 前掲書『知覚する……』参照。

5 しかし、一般的には、定義が有効になるためには、物事を分類するための場合にも、定義の操作性は確保されなければならない。特に社会的領域ではこのことは不可欠で、法、行政、経済等はこの確保の上で動いている。たとえば次のような考察をしてみればよい。

「禿げ頭」というものはどんなものか、誰でも知っている。けれども、それは直観的な仕方で、典型において知っているのである。それで、人は禿げ頭をわざわざ定義しようとはしない。それは普通は馬鹿げた試みだ。個別の事例というものは少しずつ典型から隔たってゆくもので、すると、そのうちに、或る事例を典型が代表する事柄と同じ種のものと分類してもよいものかどうか、私たちは自信を持てなくなるのが普通となる。しかし、典型から隔たったものについては、分類できなくても構わない、そのように私たちの日常生活での理解の要求水準はできている。典型とは生活の中で分類の必要があるところに結ばれた像であり、それから隔たったものは、事柄として大して重要でなく、それで分類の網の周縁部の曖昧な場所にとどまっていて、ちっとも差し支えないのである。だから、禿げ頭がどんなものかよく知っているけれども、或る幾分か髪が薄い頭についてはそれを「禿げ頭」と呼んでよいものかどうか不確かだという状況があるのは当然で、しかし、これが由々しき事態だということは普通は決してない。

だが、たとえば強欲な王が何にでも税金をかけ、そのうちに種がなくなって、「そうだ、禿げ頭の者から禿げ頭税を取ろう」と思いついたとするなら、事態は一変する。税金取り立ての役人は、誰が禿げ頭で誰がそうでないかを決める、明確な手続き、いつでも確実に反復できる手続きを必要とする。その手続きが整えられない限り、いかな強欲で権力をもつ王も、税を徴収できない。――禿げ頭に税をかけられるのが納得できないことより、税徴収の手続きが一貫しないことの方が、もっと人々の不満を招く。執行役人の匙加減一つでどうにでもなる法、裁量余地の多い法は、良い法ではない。そして、手続きは一つの技術なのである。そして、その技術とは、それを駆使することを通じて実際的効果（たとえば税の取り立て）を惹き起こす手段を手に入れることに主眼があるのであって、だから、技術としての定義は、定義に従って分類された事柄を理解することを導くためのものなどではないのである。この、或る意味では専断を含まざるを得ない手続きの決定の仕方はどのようなものか、また、手続きが特殊技術となってしまうことに伴って専門家が出現すること、そして、そのことから生まれる、権限などの独特の社会的力の在りようなど、哲学や社会学、政治学にとっては興味深い論点が多数あるが、ここではもちろん論じない。

6　或る二つの気体から一つの化合物をつくる技術があるとしても、その化合物から元の二つの気体を分離して取り出せる技術もあるとは限らない。だから、シンセシスの技術は必ず分離的分析の技術を伴うとは言えないが、シンセシスは、それが産み出すものの構成要素の指摘に関わる限りの分析の成立は前提している。

7　私たちが生きている世界は絶えず変化が生じている出来事の世界、時間がものを言う世界である。にも拘わらず私たちはまず或る時間を存続する物、あるいは時間のことを考えなくてもよい物を考え、次いでそれに或る変化が降りかかると、このような発想によって世界を捉えるのが普通である。この発想の理由、意味等については、前掲書『知覚する私・理解する私』の、特に第二章第2節（36）以下および第四章第2節（85）以下を参照。

8　同一性を保証する次のような承認の論理があるからである。すなわち、或るものを一つのものとして、その周りのものから切り離して独立に考えると、その時間空間の中での位置が決まるが、この位置変化に関してたどり得る連続性があることがものの同一性を保証するという考えがあるのである。この論理は、私たち人間が肉体の動きを通じてものと交渉する、その交渉の論理に根差している。

9　次のような事例も参考になる。たとえば交感神経をすっかり切除した動物（ネコやサル）が目立った障害もなく生き続けるのを観察すれば、人は交感神経の働きは大して重要ではないと思うだろう。けれども、それはキャノンが言うごとく「一年を通じて激しい温度変化もなく、食物のために争う心配もなく、敵から逃れる必要も出血の危険もない、安全な実験室の限られた条件の中での話」なのである。交感神経切除によって動物において生じるはずの変更が、変動するはずの動物の外界を研究者が無自覚的無変動のものへとコントロールすることで相殺され、見えなくなるわけだ。そして、交感神経が関わる活動を分析的に取り出すことができなくなっているし、その重要性も分からなくなっている。W. B. キャノン『からだの知恵――この不思議なはたらき――』舘鄰・舘澄江共訳、講談社学術文庫、二九九頁。

10 CLAUDE BERNARD, L'Introduction a l'etude de la medicine experimentale, 1865.

11 歴史的に、生命の単位は必ずしも個体として考えられていない。今日の脳死や心臓死などについての議論も考えればよい。生命論の歴史に即しては、「二つの生命と二つの生命特性」（本書の論稿16）を参照。

12 生物学誕生前夜の時代のビシャが、生殖活動を生命の基本的活動から除外したのも同じ理由による。「二つの生命と二つの生命特性」（本書の論稿16）を参照。

13 東京大学工学部化学生命工学科の鈴木栄二助教授は、無細胞タンパク質合成反応を制御する側のタンパク質も無細胞で同時進行で作らせて制御させる研究をしている。これは非常に重要な意義をもつことである。すると今度は、制御の役割を果たすタンパク質の生成そのことの制御はどうなっているのか、ここに興味が移ってゆかざるを得ない。ともあれ、私の本論での趣旨は、外部環境との関係において進行する生体内部での制御の現象は、後に述べるように、細胞膜に相当するものを実験の中に入れ込むのでなければ完全には理解できない、というものである。

■近代生物学の誕生に至るまでの歴史の回顧

生物への関心が高まった一八世紀（前世紀は天文学と力学の結合による近代科学の確立期）

a　顕微鏡下の解剖学が開いた驚異の世界（前世紀より）――造物主である神を讃える神学との結びつき

スワンメルダム『昆虫の一般史』一六八二年、『自然のバイブル』一七三七～三八年（死後出版）、赤血球の発見は一六五八年

マルピーギ『カイコの研究』一六六九年、『植物解剖学』一六七五～七九年

b　常識の揺らぎ

ボネによるアリマキの単為生殖の発見　一七四〇年　『昆虫論』一七四五年

トランブレによるポリプの発見　一七四一年（ポリプ：ヒドロ虫綱の定着型――遊泳型はクラゲ型――、再生の現象・動物か植物か。命名はレオミュールによる。レオミュールの著作は『昆虫誌』六巻、一七三四～四二年、『消化の第二研究』一七五二年）

c　進化論前夜
地質学（地球起源論）
古生物学への興味と種の固定性の問題（レオナルド・ダ・ヴィンチ以来の化石の問題。古生物学の名称は一八三四年、ド・ブレンビルとフォン・ワルトハイムによる。）
胚の前成説は維持できるか――遺伝物質の探求。
モーペルテュイ『自然の体系』一七六八年
ビュフォン『自然史（博物誌）』四四巻、一七四九～八八年の驚異的売れ行き

d　自然発生説論争
ニーダム対スパランツァニ『発生の歴史のための諸実験』一七八五年
クロード・ベルナール対パストゥール「科学の夕べ」講演（白鳥の首のフラスコ）一八六四年、葡萄酵母に関する実験、一八七八年

e　生理学と医学と生命主義（生命の特異性の、個体でなく組織レベルでの実験的研究）
ハラーによる神経と筋肉の研究『動物の体における感覚的性質と刺激感応的性質についての覚書』一七五七年
バルテズのモンペリエ学派『人間学の新原理』一七七八年
ビシャのパリ学派『生命と死についての生理学的研究』一七九九年
『生理学と医学に応用された一般解剖学』一八〇一年

生物学（BIOLOGIE）という言葉の誕生（一八〇二年　ラマルク、トレヴィラヌス、オーケン）と一九世紀

f　ラマルク『動物哲学』一八〇九年（進化論、無脊椎動物の研究）
ダーウィン『種の起源』一八五九年
メンデル『植物雑種の研究』一八六六年（ド・フリースによる再発見は一九〇〇年）

g　細胞説
植物――シュライデン、一八三八年

動物――シュワン、一八三九年
(先だって構造物としては、フック(一六六五年)、レーウェンフック(一六七四年)による発見。しかし、一八世紀は生命単位は「繊維」であるという説の時代)

h パストゥール『いわゆる乳酸発酵に関する覚書』一八五七年(微生物学と生化学の始まり)
クロード・ベルナール『実験医学序説』一八六五年

その他
ハーヴィの血液循環理論『動物における心臓の運動に関する解剖学的研究』一六二八年
リンネの二命名法『自然の体系』一七三五年、『植物の種誌』一七五三年
ラヴォワジェの酸素による燃焼理論と呼吸の化学への展望『化学要論』一七八九年
パストゥールによる嫌気(無気)呼吸の発見『ビールの研究』一八七五年
ドリーシュによるウニの胚の研究(一八九一年)と生気論哲学への転向
ハリソンによる蛙の神経組織の生体外培養(一九〇七年)
クレブスによるオルニチン回路(一九三三年)、クエン酸回路(一九四四年)の解明
ワトソンとクリックによるDNAの二重らせんモデル(一九五三年)
ニーレンバーグ、コラナ、オチョアによる、遺伝暗号表の決定とそのタンパク質生合成における役割の解明(一九六一～六五年)

Ⅲ 著作家の思考をほぐす（1）

11　世界の私性格について
――意識と世界とを巡る考察（デカルト『省察』に拠る）――

(1)　意識と世界

今世紀前半に世界なる概念が哲学的関心の主要な的の一つとなり、また、世界に住まう人間の地位についても種々の視点からの検討が加えられた。その際も西洋近世の遺産である意識による人間の規定は中心的主題であり続け、かつ、一層、鍛え直された。だが、意識が世界を包み、かつ、世界が意識を包むような謎めいた事態は、恰も美が我々を誘うごとく魅惑的に知の冒険を喚起し、しかも確実に概念規定を逃れているように思われる。そこで、本稿の狙いは、この概念規定がもたらされるには、なお何が主題化されるべきであるか、これを、既に主題化され解明された事態との対比において、述べることにある。

このために我々はデカルトの『省察』の検討と解釈とを媒体とする道を選んだ[1]。というのも、今日における世界概念の検討とそれに対応した新しい意識概念の構築の努力とは、デカルトおよび彼に規定された近世哲学の成果に立脚しているものであるから。『省察』検討を導く問いとして、我々は次の問いを立てる。すなわち、「世界が存在する」と、また「世界内に或る事物が存在する」と我々が言うとき、それらの「存在」の意味は、「我が存在する」と我々が言うときの「存在」の意味とどのような関係にあるのか。以下、我々はデカルトにおける唯我論という一時的構図の検討から始める。なぜなら、デカルトの懐疑とその結果招来された唯我論の構図を経てこそ、西洋近世の哲学が倦むことなく探求し続けることになる意識の概念、並びに、これと世界との関係を論ずる際に意識にその規定として与えられる主観性なる概念は、取り出されたのであるから。

(2) 意識と主観性

デカルトにおける唯我論の構図とは、言うまでもなく、第二省察において形而上学的懐疑のただ中でただ一つ我の現存が確認されてから、第三省察で神の存在が証明されるまでに見られる過度的な構図であり、ここでは我は全くの「存在論的孤独[2]」の中にあるものとして示される。「唯我論」なる概念自身は、我とは異なった諸存在がたとえ諸懐疑によって葬られていてもその現存の可能性まで否定されたのではなく、この可能性が我の現実性と対照させられるから、明確な規定を有している。ところで、それら諸存在の可能性が立てられるのも、それらを互いに区別して表象する現実的なもの、規定的構造を持った諸観念[3]があるからで、そして、これら諸観念の現実性は挙げて我の現実性に支えられ、我の「意識」と呼ばれるものの内実の大部を成す。さて、この意識は、唯我論において、「主観性」という規定を持ち得るであろうか。

確かに、我ないし意識の現存と他存在の可能性との対照において唯我論が規定されるのと同様な仕方で、我の意識内容たる諸観念が持つ諸規定は、それらに対応して表象される可能的諸存在が持つ自体的諸規定との対照において、主観的なものという性格を与えられるように思われる。しかし、見かけに反して、可能的諸存在が我の意識から独立な何らかの現実的なものに支えられているということが唯我論ではあり得ないのだから、この対照と称するものは意識に新たな規定、主観性なる性格を与える力を持たない。つまり、対照自体、意識内容たる観念の表象性格に吸収されて、意識内容に対峙してそれと緊張関係を保つ真に自体的なものなどありはしない。そこで、「我の——我が持つ

――意識がある」なる命題よりより豊かな内容を持つ、「我の意識は主観性である」なる命題は今のところ出て来ない。

(3) 現存する我の本質自体とその本質についての観念との緊張関係

それでは、主観性観念はデカルトが一時的構図と見做した唯我論には見られず、『省察』の次の段階において、つまり、表象性格を持つ観念――意識内容――に相関的な自体的存在の現実性が認められてから、初めて姿を現わすのであろうか。けれども、仮にそうだとしても、デカルトは唯我論から抜け出すために観念の表象性格に頼っている。だから、これの吟味なくしては次段階を云々できない。それに、実のところ唯我論なる規定自身、それに必要な可能的存在の規定に際して観念の表象性格に拠っているのであり、従って、唯我論の枠内で、観念の表象性格の必要最少規定はなされているはずである。ところが、これを取り出すことはそのまま唯我論における主観性概念の規定を見ることに他ならない。

デカルトが我の現存の確認から我の本質の探求に転じる際、彼は既に十分に規定された主観性概念を観念の表象性格とともに使用している。すなわち、我の本質についての思惟内容は我の本質自体を表象するがこれと対照させられるべきものとされ、この対照は、我の本質は現存する我の本質であり、従ってそれについての意識の現実性と対抗する現実性を持つものであるから、現実的な緊張関係を持っている。こうして、思惟内容――観念――はそれから現実に独立なもの――本質自体――に面して主観的なものという規定を取る。「意識は主観性である」なる漠然たる命題ではなく、「或る存在の本質について我が持つ意識は主観的なものである」なる命題が、我の意識が該存在の自体的現存の知をも含み持つ限りで妥当する。そうして、この際、観念の表象性格とは自らを主観的なものとして自体的なものと相関させる性格であるから、観念の成立は自体性の意義理解を前提する。観念は仮に其物が実際には存在しなくてもいつも自体的な或るものについての観念である。(ここに唯我論規定の要素がある。)けれども、この自体的なものなる概念は我が一般に観念を持つという事態に先なる事態に意義の源泉を持つのでなければならない。なぜなら、様態たる身分の観念は他処に自体性の意義を仰ぐしかないから。ところで、その源泉は我の現存知にある。また、かくてこそ唯我論の存続する間に、現実に自体的なことが当然に知られている我の本質とそれについての観念とだけが、真に自体＝主観関係を構成するのである。

(4) 我の現存知・我の本質についての観念・我の本質

観念を持つということと我の現存知との関係をもう少し詳しく見よう。

デカルトの数学主義と呼ばれるものによれば、本質から存在への道は良い。他方、本質は思惟内容あるいは思惟の直接的対象と言われる観念によって表象されることになっている。だから、観念から本質へ、本質から存在へと、この道が正しい知の道である。

ところで、いま最初に我々が出会った主観的なものないし観念は、「我の本質についての主観的な知」ないし「我の本質についての観念」であった。この知は右述の通り我の現存の知に先立たれそれを前提としている。つまり、我の存在と本質並びに観念を巡っては、数学主義の公準は適用されていない[4]。この事態を徹底的に見据えよう。すると、我々はデカルトを理解しつつデカルトの意見に逆い、我の現存知は思惟――観念を対象としてもつことを本来とする思惟、純粋悟性――によってもたらされるのではない、と言わねばならない。しかもその意味は、我の現存は思惟の対象として知られるのではない、という常々議論される意味でではなく、思惟は我の現存知を根拠としているが我の現存知は思惟を必要とはしない、という意味で解されるべきである。「我疑う、ゆえに我在り」は回心の表現である、すなわち、疑うことの現実性において我の現存知はいわば純粋化される[5]。

デカルトの例の公準は、存在判断が下されるためには実体の区別が要求されてあることを、また、この区別の知は思惟において観念の包摂という仕方で確定されることを言い表わしている。だが、これにおいて、実体性の、より適切には自体存在性の意義理解が既に得られていることは前提されているのであり、これは思惟の手前で我の現存知に際し経験されている。我の現存知は「現存の観念」としての知ではない。主観＝自体関係の手前の知、存在の意義到来そのものである。この存在意義は、観念を直接的対象とする思惟とともに主観性概念が出現する際、自体存在と解されてこの出現に一役買う。また、我は様態という観念の規定とともに実体と規定され、こうして実体性の規定と自体存在性のそれとは重ね合わされる。――「我なる実体の様態たる観念の一つ、我についての観念は、自体的な我の本質についての主観的な知を構成する」、これが我の現存知の後、思惟の最初の内容ある成果である。そうして、この成果を範例に思惟は、以後、我ならざる諸存在に関して、観念としての主観的知から出発し、本質、存在へと知の道を進めようとするのである。

観念から本質へ、本質から存在へ、それはどのようにして辿られ得るのであろうか。

(5) 思惟の自己解明――不動の秩序の中に自らを組み込む限りで思惟であること――

「思惟の直接的対象は観念であり、観念は我なる実体の様態である。」「観念は思惟から独立したものを表象する。」これら二命題のうち前者は、思惟自身の身分を、すなわち、思惟は我を主体とする思惟以外のものではあり得ないことを、表明している。思惟がもたらす知で、非人称的な知、我なる主体に所有されない知は無い。他方、後の命題は、思惟のもたらす知は或る自体存在に関する知として自らを規定しようとすることを表明している。――この思惟のいわば傾向は、単なる傾向でしかないのか。元来、思惟の現実性は思惟から独立したものに自らを関係させることなしにはあり得ないのではないか。

唯我論を現出させたのは懐疑である。というのも、懐疑の現実性こそあらゆる知の根拠たる我の現存を輝き出させ、かくて、知の我に内属するという根本的身分を唯我論なる形の下で顕わにするものだから。[6] けれども思惟もまたもたらす知の内属身分でなく、思惟の活動そのものを規定しようとすると、思惟は我を限定して唯我論を突破する限りで思惟であることが判明するのではないか。ところで実際、思惟実体たる我の本質についての完全な観念が得られる第三省察では、一方で該観念は神の観念から切り離せずこれに依存していることが明かされ、他方で神の観念は神の存在を要求し唯我論の構図を破ることが論証される。更に、我の観念のみならず一般の諸々の観念を直接的対象とする際も思惟は、神の観念と存在とを前提して初めて実効的に機能することが示される。

我々の考えでは、神の観念から神の存在へと到る証明の道は、思惟の自己解明の道である。

完全で無限な存在の観念は思惟に包摂不能である。従って、それは適切には我の様態身分たる普通の観念ではない。思惟から独立な存在そのものである。[7] しかも、このものについての思惟は思惟の主体たる我の有限性の意識から不可分離なものだから、この存在は我とは異なった存在である。――そもそも、完全で無限なものの思惟包摂不能な観念とは、どのようにして我の知に到来するのか。

神の存在証明においては、普通の認識活動におけるがごとき、悟性による直観と意志による判断とが働くのではない。直観と判断とからなる思惟全体の事態が実効的なものとして成立する根拠が、思惟身分の反省によって洞察されるのである。観念の直観――我の主観的知――が意志の判断を動機づけることができるのは、言い換えれば、認識を目指す純粋思惟が（広義の思惟の一部をなす）疑いや想像やとは異なった特有の現実性を持ち得るのは、思惟は本性上、観念の直観において存在――思惟から独立な自体存在――の意識を含み持つから、言うならば思惟は超越性格を持つからである。存在の思惟でない思惟はない。存在の観念でない観念はない。

しかし、思惟のこのような構造自体の洞察は、一般のあれこれの観念の直観において得られるのではない。思惟が己の固有性を振り返る時にこそ、思惟は己を制限しつつ根拠づけている超越者に出会う。我の思惟が出会うのである。思惟は不動の秩序の中に自らを組み込む限りで思惟である。この条件の思惟による反省――自己解明――は、思惟超越者が我の思惟と関係を結びこれによってのみ我の思惟を現実的なものとなすことの洞察であり、かくて「包摂不能の＝観念」という特殊概念を規定する。「超越的なものの＝我の思惟の自己規定による我の知への到来」、これがデカルトにおいて我々が理解できる神の観念の内実である。神の観念の発見において、つまりは思惟の自己解明において、思惟は己固有の現実性の根拠を洞察し、その根拠において自らを、また思惟実体たる我を、有限なものと規定しつつ、自律性を獲得する。さて、思惟は今や諸観念の世界に己が主管する広大な領土を見出す。

(6) 思惟の二つの根拠

思惟の現実性は我と観念との間の関係では尽くされない。観念が思惟から独立な存在に支えられていて初めて、観念を包摂する思惟は実効的な思惟、存在の思惟である。――では、そもそも、「思惟の直接的対象は思惟実体の様態たる観念である」と言うことを止めて、トミストのごとく、「思惟の対象は存在である」と言うべきではないのか。前者の言い回しは、唯我論という一時的構図のためにのみ採用せざるを得なかった虚構ではないのか。否。先述したように、観念の身分は知の根本性格を、我に内属するという性格を体現している。思惟の直接的対象が観念であって初めて、思惟は超越存在と関係しつつも我に内面を与え得、我を主体とする思惟として自らを規定し得る。思惟は我の思惟であり、思惟がもたらす知は我の知である。思惟にとって我の実体性は思惟内容たる観念の様態性なしではあり得ない。しかして、これはこれで我の現存知が思惟に先立つ思惟の根拠であることを前提している。

従って、思惟の一つの根拠、思惟に先立つ我の現存の知を指し示すために、我々は飽くまで、思惟の直接的対象は観念である、と言わねばならない。そこで、思惟はしかしながら我とは他の存在へ超越するものであると、観念は存在を表象すると、付け加えるとき、我々は思惟のもう一つの根拠、我の内面性を制限する大いなる不動の秩序を指し示すのである。（あれこれの観念が相関するあれこれの存在は、無限なる絶対的な存在の充実――神の存在性――を分有する限りで、存在性を得ている。）そうして、この秩序との、存在の充実との関係こそが、我に内属する諸機能の一つとしての思惟――純粋悟性――を他の諸機能から区別し、かつ、独り思惟だけに我の認識を、我の有限性や我の本質についての認識を、許すのである。思惟の光は思惟が超越者に突き当たることを離れてはあり得ない。

観念は我の様態である。思惟にその内容として包摂された、従って思惟にその諸規定が全く透明な、いわば可視的なものである。けれども、この可視性は非実体性の謂でもある。或る観念を一つたらしめているもの、或る観念の諸規定を一つのものへの内属として統一しているものは、我の思惟作用の統一である。かくて、観念は我に支えられた我の様態である。しかし、思惟はその自律的運動において、観念が己を制限するものであることを、己は観念を通じて我を超えた大いなる秩序に従うものであることを、要求する。観念は直観において受容されるべきものであり、従って、思惟の向うの存在に支えられているべきものである。そんなわけで、観念は思惟から独立したものを表象する限りで、実効的な思惟の対象である。観念はその可視的規定を本質として具現した存在を後立てとして思惟を従える。かくて、或る観念の単一性は我の外から、不可視の存在からやってくることになる。表象とは、可視的観念による不可視の存在の本質の表象である。

だが、我の内面から他存在への超越に関し、己の自律性の根拠を問う以上のことはできない思惟にとって、観念を後見する不可視の存在は、大いなる秩序、無限の充実、絶対者、神でしかあり得ない。すると、個々の観念が各々に表象する諸本質を各々具現した諸存在の自体的現存について思惟は知り得ず、ただ、それら全諸本質を統一的に支えている神だけが要請されることになる。こうして、神が我の持つ思惟の光と諸本質と双方の産出者であること、これが、思惟が我に属しつつ我とは異なる存在へと超越するという事態を巡って思惟がなす、自己洞察の結果の最終的表現である。

(7) 可能的存在の思惟

観念は諸本質を表象する。ところで、これら諸本質の存在性が我の現存という存在性とは異なるのは、右に述べたことから明らかである。それにまた、デカルトが、延長の観念に対応する延長の本質の知の後で、延長するものの現存証明を行わねばならなかった事情からも、このことは明らかである。

本質は実体性を持たない。だが、観念と対峙するために本質は思惟から独立な存在の後見を要する。この存在は神である。しかしながら、諸本質は神に支えられているのであっても、神の本質ではない。諸本質は、思惟がそれらを表象する諸観念を包摂し区別するに応じて、互いに区別される。諸本質は単一性を持つ不可視の諸存在に各々内属するものとして可視的諸観念によって表象される。これら単一的存在はもし現存するなら実体である。ただ、これらの現存は観念としての知に入り来たらず、思惟に知られていない。かくて、諸本質は諸々の可能的存在の各本質としてのみ思惟される。

可能的存在こそ思惟の真の相関者である。デカルトの数学主義の公準もこの事態に由来する。思惟に完全に透明な諸規定——観念によって表象される本質——を持ち、しかも思惟実体に他なる、観念の単一性を保障する存在、これが可能的存在である。これはその存在性を思惟固有の根拠たる神に、思惟が超越性格を持たざるを得ないことに、仰いでいるが、もし現存すれば実体たる資格で存在する。思惟は諸観念を包摂しそのことによりこれらを区別する。諸観念の区別は諸本質の区別に対応し、従って、諸々の可能的実体の区別に対応する。思惟は観念において実体を区別し、かくて、存在判断の準備を完了するのである。存在するものは単一的にある[8]、単一性は諸観念の包摂における諸観念の区別によって知られる、これら二つの事態がデカルトの公準を正当化する。数学主義はなによりも存在の概念によって導かれている。

思惟の我への内属と我からの超越との二重性格が思惟固有の要求として洞察されると、神に支えられた諸可能的存在の広大な世界と相関する、主観性——諸観念から成る我の内面、意識——の広大な領域が規定される。そして、諸観念の秩序は可能的世界の秩序を厳密に写し取り、かくて、主観性と世界とは互いに存在仕方を異にすることによって截然と区別されつつも、両者の間には和解的関係がある。また、既に唯我論において見られた我についての観念と我の本質との間の主観＝自体関係もまた、思惟の自律性要求が満たされることによって、緊張的なものから和解的なものに変容する。

⑻　現存するもの

だが、可能的世界と意識との間の自体＝主観関係と、我の本質と我の観念との間のそれと、両関係は厳密に同じ性格のものであろうか。前者において主観的に対立するものは可能的なものの本質的構造であり、後者においては現存者の本質であるから、全き同等性があり得ないことは直ちに頷ける。その違いを見極めよう。

可能的存在は真の存在ではない、ただ神という無限存在に与ることによって存在性を得ている。可能的世界の統一も、諸可能的存在の共通の産出者が神であることに拠っている。そこで、可能的世界は我の彼方、思惟の超越の根拠そのものに位して主観性と対峙している、と言っても良い。可能的世界の思惟において、思惟の運動は上昇的、超越の根拠に関して根拠回帰的である。この思惟がもたらす知は、そもそも思惟が光たり得るなら予め持つことが当然の自らの宝蔵から汲まれたものである。（生得観念説は、思惟の根拠づけられた超越性格の是認に他ならない。）

それに対して、我についての観念としての知は我の本質自体と対峙することによって主観性の刻印を帯びるが、この関係において、主観＝自体関係は同時に様態＝実体関係でもある。つまり、思惟は自体的なもの――我――から生い出でてこれに内属するが、その超越の要求をここでは内属の根拠自体に向けている。従って、可能的世界と主観性との間の相関関係の基礎はただ神にのみあるが、我の本質自体と我についての主観的知との間には、思惟の光の根拠としての神による同様な和解的相関関係があると同時に、加えて、我の（現存性を根拠としている）実体性によるより強い結びつきがある。

ところで、世界と主観性との間にも同じような深い結びつきがあるのではないだろうか。しかして、実際、デカルトは最終省察で現実的な世界を、遙か彼方から主観性と対峙するのでなく、従ってまた、我なる存在自身を思惟関係の外では相変わらず孤独の中に打ち棄てて置くのではなく、主観性を、そこでまた我なる存在自身を、その内部に現出させている世界を、つまり、我なる実体が我ならざる実体と実体的合一をなし、我を含めて神ならざるすべての実体が共属する世界を、見出すのである。

⑼ 自然の秩序の自足性

思惟にとって世界の現実性は証明されるべき事柄である。しかし、それは人間における自然によって既に生きられている。そこで、証明は思惟による自然の是認という形を取る。判決を下すのは飽くまで思惟であるが、自然は己が論理を貫き通す。

我々は神の存在証明と物体の現存証明との違いの考察を糸口に、つまり思惟との関係から始めて、この自然の意味を究明したい。

或る観念から該観念の原因としての我ならざる存在へ、これが神と物体と両方の存在証明に際して取られた共通な道である。その限り、両証明は共に因果性原理に拠っていると言える。だが、結果としての神の観念と感覚的観念と、両者が我に強いる受動性の経験は性格を異にし、それに応じて因果性原理の意味も異なっている。

神の存在証明における決定的契機、すなわち神の観念が持つ存在性の思惟包摂不能性は、先述の通り、思惟による自らの制限性の発見である。思惟は己を超えた秩序に従うという条件でのみ思惟固有の現実性を持つ。そこで、神の観念が我に経験させる受動性とは、それ自身自由に行使される思惟が、まさに己の正当な自由な働きを条件づけるためのものとして観念において認識する事柄であり、この認識を通じて思惟はまた己の主体たる我の有限性を自覚する。（従って、神の認識と共にのみ我の本質の完全な認識が思惟に許される。）

ところが、感覚的観念は意識の自発性そのものに対抗するという意味で受動性の経験を我に強いる。そこで、この経験において思惟が自らの本質に光を投げかけることなどなく、それどころか我はあれこれの触発様態に変様させられて現存する。（従って、これまで述べてきた一般の観念と感覚的観念とは、同じような意味で意識に内属するのではない。このことの検討が本稿の後半の主題をなす。）

観念が我に強いる受動性の意味が異なるに応じて、因果性原理も違った相の下で機能する。神の存在証明においては原理は「原因は結果と同量もしくはより大きな量の存在性を持つ」と定式化される。だが、この下に推論を行うために該定式が共通概念として最初から立てられるのではない[9]。むしろ思惟の自己解明の結果がこのような表現を取ったのである。思惟は結果から原因へ、可視的なものから不可視のものへ遡る。直観における観念の受容において、観念にその力を与える我ならざる存在が判断される。かくてのみ思惟は現実的思惟たり得るのである。こうして、我の様態たる観念、客在的存在はいつも、原因として形相的存在もしくは優勝的存在を要求する。神の観念から神の存在へと論証する因果性原理の適用とは、むしろ、可視的観念と不可視の存在との必然的関係の規定としての該原理の発見である。

ところが、物体の現存証明においても存在の量的関係に関するものとしての因果性原理の使用があるにしても[10]、ここでより重要な役割を果たすのは別のものである。ここでは原理は存在の概念に導かれている。すなわち、我の主体性原理そのものと対抗する他の主体性原理が、受動＝能動の相関関係を利用して思惟によって立てられる。

しかし、これがどのような事態であるのかの究明は後に譲って、件の因果的思惟も物体の現存証明全体の中では一契機でしかないことに注意しよう。全体の重点は思惟に先立つ事態に存する。すなわち、思惟は、我のそのつどの変様状態を構成する感覚的観念がそのつど現存しているかくかくの物体によって産出されたと信ずる（と思惟が判断する）自然の傾向を発見し、これを是認することによってのみ証明を果たす。そして、因果的思惟はこの是認の予備段階を構成するに過ぎず、決定的段階は神の誠実に訴える是認そのものである。この際に注目すべきは、デカルトが神の誠実なる概念の自然の傾向への適用において考慮した留保、すなわち、件の自然の傾向と対立してこれを訂正するいかなる機能も我々にはない限り、という条件確認である。この条件の確認は、自然の秩序の自足性の思惟による批判的確認である。

⑽　思惟の普遍的性格と私性格——方法の問題——

この自足せる自然の概念の検討の前に、二つのことを調べて置こう。一つは、思惟によって物体の現存証明がなされながら未だ精神と物体との実体的合一が証明されていない段階で、世界と主観性との関係がどうなっているか、二つは、思惟の論理と自然の論理とを前にした方法の問題。

まず、延長についての観念は、今や単に可能的存在の本質との間に主観＝自体関係を持つのでなく、現存者の本質（ただし本質だけ）との間に該関係を持つ。そうして、観念としての主観的知は現実的世界の本質的構造自体を写し取っており、この調和的関係は諸観念と可能的世界の本質的構造との間の同じ関係を引き継いだものである。言い換えれば、調和的関係を維持するのはここでも、超越性格を持たざるを得ない思惟の自律性である。そこでまた、現存物体の本質とそれについて我が持つ観念との間の結びつきの基礎は、両者の外、神にのみ、あるいは思惟の光にのみあり、意識を内属させる我と物体とは共に現存しつつも、決して本当に一なる世界に共属しているわけではない。（我を内に含む世界の概念が取り出されるのは、精神と物体との実体的合一の証明まで延ばされる。）

次に、感覚的観念と物体の本質との間には範型＝コピー関係はない。両者間の関係の検討は、実体的合一の議論とも絡めてなされねばならない。

最後に、物体の現存の意識と実際の物体の現存との間の関係はどんなものか。両者の間には思惟の眼からすればやはり主観＝自体関係があるが、また、だからこそ思惟は物体の現存を証明しなければならないのだが、思惟が主観性と自体性との距たりを埋めるために利用する自然の論理自身において、現存自体と現存の信との区別と架橋とが経験されているかどうか、これは別問題である。これを検討するためには我々は、自然の論理と思惟の論理との双方の関係を見極めながら、方法について反省しなければならない。また、この反省の後で初めて我々は、デカルトにおける思惟実体と延長実体との実体的合一の思惟による証明、人間における狭義の自然概念の規定をも、良く理解し得るであろう。

思惟による物体の現存証明は、感覚的観念に関連した議論だけに限れば[11]、先述したように二段階を踏んでいる。しかして、最初の段階は、思惟が己とは異質なもの——感覚的観念——を外から輪郭づけることによって得る、最大限に目的に添いつつも目的に到達しない知——感覚的観念の原因として我とは他の存在があることの知——を結論とし、結局のところ、思惟は第二段階で自然の傾向に頼ってのみ目的を達する。すると、第二段階だけで十分であり、第一段階は余分の手続きに見える。だが、自然の論理に訴えるに先立って、思惟は何が真の自然の論理であるのか、これを見かけのものから区別して確定せねばならない。先述したように、他のいかなる機能によっても訂正されずかくてこそ自足せるものとして判断される自然を見出すには、自然より上位の機能たる思惟は、自然的機能が関すると同じ主題を巡って、己固有の力の到達範囲内でどのような秩序が知として確定されるか、前もって調べておかなければならない。そこで、証明の第一段階は、一つには、感覚的観念という思惟に不透明な或るものに即してではあれ、思惟の光だけによってもたらし得る自体的知の範囲を明確にするために、二つには、その結論が第二段階の結論の一部と排反することがないかを見るために、どうしても必要なのである。

だが、思惟のこのような手続きからもわかるように、思惟の関心は専ら自体的知の確定にある。そこで、第二段階における思惟による自然の傾向の是認と言っても、是認による該傾向の利用とその結果得られる知が問題なのであり、傾向自身の主題化が問題なのではない。だから、デカルトは、最終省察で自然の傾向を、一般に人間における自然を叙述する際、第五省察までの思惟による成果を基にした言葉での翻訳――自然的機能を思惟的機能の代用物と見ること――に終始する。そしてまた、かくすることによってのみ彼は、徹頭徹尾思惟の普遍的性格を固持しつつ我と世界とについての知を確定せんことを望み得たのであった。しかし、彼は、思惟固有の超越性格およびその結果としての普遍性格そのものに関しては神の存在証明と諸本質の理論とにおいて見事な解明をなしたが、思惟の私性格――我を主体とする性格――を暗がりに放置したまま、言い換えれば、我の現存知と思惟との関係を規定しないまま、我を思惟実体と見なし、それに伴い、物体の現在と世界の現実性とに関して我がなす経験を適切な諸概念で規定し得なかった。

ところで、後の仕事をやり直すことは、デカルトにおける人間の自然の概念を、第五省察までの思惟の道行きの延長上でつかまえるのでなく、それ自体として検分することに他ならず、この作業は我の現存知についても、またその結果、思惟の私性格に関しても、新たな発見をもたらすであろう。我々は思惟から自然へと進んだデカルトを受けて、自然から思惟へと考察の方向を向け直す。自然に語らせ、その自然の地盤の中でどのようにして思惟の諸概念が生い育つか、これを我々は見るべきである[12]。ところで、自然に語らせるために、デカルトの思惟が設定した基礎概念、思惟実体と延長実体との実体的複合としての人間の自然という概念を参考にするのは有効である。

⑾ 感覚的質の帰属先

思惟によって得られた諸概念による人間の自然の翻訳という資格で、利用したい『省察』におけるデカルトの成果を列挙しよう。

感覚は現存物体の我に対する実的作用の結果受容された我の変様であり、この事実ゆえにこれは思惟に不透明なものを含む[13]。そこで、我の様態としての感覚に、普通の観念と同じような自体的な事態を表象する性格を求めるなら、感覚的観念なる主観的知に対応するのは或る自体的存在の本質でなく、精神と物体——身体——との全的相互作用すなわち実体的合一という自体的関係である。そして、この関係を通して間接的に身体ならざる諸物体が我と取り結ぶ諸関係もまた、従って諸物体自身の多様性もまた、感覚の多様性に対応する。そんなわけでか感覚の多様性には二面があり、一面は、喜びや痛みや空腹やの感情の多様性で、これは関係の多様性に対応しつつ実体的合一の維持のための効用的機能を果たし、他面は香りや堅さや熱さやの質の多様性で、これは諸物体の本質そのものの規定を写し取ってはいないにしても、諸物体の多様性を表微する機能を果たす。

さて、これらの知が確定される手続きを吟味すると、我々は、このような翻訳を行った思惟の論理は自然の論理に従って鍛え直されるべきであることを見出す。

まず、思惟は、我の様態なる感覚的観念の原因は物体であると、自然の傾向に教えられると見るのだが、もし、自然の傾向自身において感覚と原因との区別と対応づけとが見られるのだとしたら、傾向はどのようにして、かくかくの感覚（主観的知）の原因がこれこれの現存物体（自体的事態）であると同定するのであろうか。思惟にできないことがなぜ自然にできるのか。この前提の下での唯一の望みありそうな解決は、この同定の根拠を特定の延長の観念と特定の感覚的観念との恒常的結合に求めることであろう。このとき、感覚なる主観的知は同じく主観的な延長の観念を通じて自体的な延長の本質に結びつけられ、また、感覚が我に強いる受動性の経験が、該結合を因果関係と見なさせるであろう。

だが、問題が二つある。第一点は、この際この自体的延長がどうして可能的存在でなく現存物体であるかの理由が見出されない点。確かに、もしそれが可能的存在に過ぎないなら、それは実のところ神に支えられており、他方、感覚の思惟に異質な部分を解明するには、精神的ならざるもの、それゆえ神ならざるものが感覚の原因として要求されるから、従ってそれは現存物体である、と思惟は推論することができる。（実はこの議論は実体的合一の証明に利用される。しかるに、思惟による実体的合一の証明は、物体の現存証明の後に来る。）しかし、ここでは自然の傾向自身が現存物体に辿り着くことが問題なのである。第二点は、結合が可能であるには、思惟だけが延長の概念を包摂できるのだから、自然の傾向は思惟を、自己を展開しきった思惟を利用すると認めなければならない点。これは、思惟こそが自然を限界づけ裁くという根本的前提に反する。

そこで結局我々は、自然の傾向自身においては感覚とその原因なる物体との区別と架橋という二段階が取られているのではない、と結論せねばならぬ。裏返しに言えば、人間における自然は感覚そのものに、思惟によって延長実体とよばれることになるもの――以後〈物体〉と記す――の現存を見ていることになる。そうして、感覚はそのつどの経験において転変するものであるから、〈物体〉の〈本質〉でなく〈様態〉、すなわち、質である。すると、〈物体〉とその質とを各々延長実体と我の様態と解し、質は偽りの自然によって延長実体に帰せられると判断する、思惟の論理の方が正当であるか、これこそ吟味されなければならない。

『省察』における思惟による自然批判と限界づけによるその知に対する権利回復とは、見かけに反して矛盾を内蔵している。批判によれば感覚的質を〈物体〉そのものに帰す自然的態度は偽りの自然である。なぜなら、感覚は時として欺き、感覚において欺かれるのは我だから、感覚的質は我の様態とされるべきゆえに。しかし、他方、思惟は自然の傾向が感覚的質の原因を物体と信じていると判断し、これを真の自然として正当化するが、実は、デカルトが主題化していないこの信といわれるのに相当する事態が成立し得るとしたら、それはただ自然の傾向が感覚的質を〈物体〉の様態と見なす限りでである。明らかに我々は、〈物体〉と我と、延長実体と思惟実体と、これらが正当にはどのように規定されるべきかを学び直すべく指示されている。

⑿ 形容的我

感覚の欺瞞性に対する嫌疑から一連の懐疑が始まり、それによって唯我論が招来され、かつ、我の内面には主観性規定が与えられた――この道行きは正当に見える。だが、最初に見たように、唯我論を規定するのも、意識の主観性規定で重要な役割を果たすのも、感覚的観念ならざる普通の観念――以下、思惟観念と呼ぶ――の表象性格である。ところで、我々はわざと懐疑から始めずに唯我論の吟味から始めたが、実のところ、懐疑によってその現存知が純粋化される我（あらゆる形態の知の内属者）と、暫定的に唯我論を許し、かつ、その内面が主観性として規定される我（諸思惟観念を様態とする思惟実体）とは同じものではない。そうして、真の徹底的な懐疑は、思惟の観念からすれば自然な動機を持つ感覚に対する嫌疑でもなく、やはり思惟の観点からなされる思惟自身に対する形而上学的懐疑でもなく、感覚自身の観点からの感覚に対する懐疑である。というのも、この懐疑の結果として感覚のそれへの内属が明らかにされる我こそ、感覚のみならず諸思惟観念をも内属させる「我の意識」を規定する、形容的我であるから[14]。それに対し、二番目の懐疑は、それが直ちに神の存在証明によって補われることからわかるように、ただ思惟実体としての我を構成するだけである。何となれば、思惟にできることは、諸思惟観念の包摂と諸存在の本質への超越とにおいて、諸思惟観念の様態化によってのみ内面を持つ思惟実体を限界づけることであるから。（形容的我は限界づけられない。それは能動の相関なき絶対的受動――絶対的訪れ――であるゆえに、限定されない。）しかして、『省察』の関心は思惟の普遍性を巡ってであり、そこで、思惟実体としての我の分析とその地盤からの他実体の認識が専らの主題となった。ただ、最初の懐疑によって取り出された感覚的観念なる身分が曖昧なものの吟味とともに、実体的我とやはり思惟によって規定された延長実体と、両実体の実体的合一という概念を通じて、形容的我が発見されることになる。つまり、感覚は思惟実体をいわば食《は》み出していることが確認され、しかも我に内属していなければならないとされる。

実のところ、感覚的質は形容的我の意識に内属しつつも、思惟実体としての我の外に、ないしは思惟実体が構成される以前に、〈物体〉の質として人間の自然によって生きられている。感覚的質は思惟に規定された諸概念から見れば、謎めいた自然の表象なき超越[15]によって経験される事柄と見え、思惟に先立つ自然自体においては、或る現存者の絶対的湧出を告げるものである。

思惟観念は可能的存在の本質をしか表象しないのに、なぜ感覚的質においては現存者が告げられるのか。また、感覚的質が告げる〈物体〉の現存は、懐疑の後、最初に輝き出でた我の現存知とどう関係しているのか。

⒀ 形容的我・身体・〈物体〉

我の現存知は知が帰属する我の、つまり、意識形容的我の現存知である。この現存知に関して、我々は未だ、これが思惟――観念を対象とすることを本来とする思惟――に先立つものであるとしか規定していない。ところで、感覚的質を知としてもたらす自然もまた思惟に先立っている。（感覚的観念という概念は、本来の観念の後で、デカルトの論構成が招かざるを得なかった雑種的な概念である）それでは、〈物体〉の現存の告知と我の現存知と、両者が共通して思惟と対比的である点があるのではないか。先に我々は、思惟観念の表象性格は思惟の自由な行使から切り離せず、他方、感覚は意識の自発性そのものに対抗し、意識のそのつどの変様そのものである、と述べた。しかるに、この意識が実体でないなら、この変様と呼ばれるものは他のもの（実体）に支えられた様態でなく、それ自身が意識存在そのものであり、これこそ現存（そのつどの現実存在）に意識を与えるものである。意識の変様は絶対的に訪れる。変様がそのまま意識（我の現存知）であり、この変様においてまた〈物体〉の現存が告知される。我々は、知への絶対的訪れ、絶対的受容における知としての輝き、これが現存の謂と考える。現存知は存在であり、現存者は知である。

だが、すると、絶対的訪れにおける我と〈物体〉との分節――いわば現存せる我の意識を背景として感覚的質において現存〈物体〉が告知されるという構造――はどのようにして生ずるのか。右に述べた変様がデカルトでは感覚の質としてよりも感情として把握されていることに注意しよう。感情こそ思惟実体と延長実体との実体的合一そのものの表れである、つまり、形容的我の意識の全幅を満たすものである。感情こそ現存する我（形容的我）の内実であり、我の現存の知である[16]。そこで、感情に根拠づけられつつ感覚において〈物体〉が――感覚をその質として――見出されるという経緯を見ることが、デカルトの術語では、実体的合一なる関係の表徴から、関係の一項、延長実体の性質の表徴への移行を理解することが、先の分節に関する問いに答えることである。

デカルトは感情に実体的合一の維持のための効用的機能を認めたが、感情の指示に従ってプラクシスなる概念によって規定されるべき事態が起こるのは、感覚的質を持った〈物体〉と身体との間においてである。しかして、〈物体〉と身体との対極が生じるのは、感覚的質をもたらすいわゆる外的感覚器官が自らを身体の表面に位するものとして規定することによってである。感覚的質とともに、絶対的訪れ、すなわち能動の相関なき受動である感情を背景に、「我能う」が目覚める。言い換えれば、現存の重みを曳き摺って行為が始まる。感覚的質は、一方で感情に裏づけられ、他方で身体を限定して介在させることによって、現存する〈物体〉を、受容的我の意識の中、プラクシス主体たる我の向こうに告知する。[17]

さて、最後に、〈物体〉と延長実体との関係はどんなものか。思惟は普遍性の要求においてプラクシスを透明化する。プラクシス主体たる我の代わりに思惟実体が、〈物体〉の代わりに可能的存在たる延長実体が、不動の秩序の中に規定される。

⒁　意識形容的我とプラクシス主体としての我

世界の存在、世界内事物の存在、我の存在の意義関係を軸に、得られた成果を確認しよう。

感覚的質における〈物体〉の現存の告知の考察によって、思惟実体としての我の他に、二種の我の規定が、すなわち、あらゆる知の内属者たる意識形容的我と、身体と〈物体〉との分極によって規定されるプラクシス主体たる我との、両規定が取り出された。これらはともに、思惟の秩序に先立つ人間における自然の秩序において描かれているもので、我の現存と世界の現実性とに関する知の構造を規定している。すなわち、我と世界との現存の値はひとえに感情なる、絶対的受容における知によって成立し、従って、現存に関し、「我在り」と「世界在り」とは全く同一の事態を表明する命題でしかない。しかし、我と世界とは、プラクシス主体たる我の規定とともに分節される。すなわち、外的感覚器官によって限定される身体と〈物体〉との分極によって、我はプラクシス主体として、世界内——形容的我の意識内——の感覚的質を持った〈物体〉に向い、世界は我の諸能力が現実化される場所となる。

さて、こうして世界は私性格を持つことが究明されたが、しかし、このことは決して世界が唯我論的ないし単子論的世界であることを意味しない。何となれば、我々が規定した世界は確かにその現存の重みを、感情なる我の現存の到来自身に等しいものに負っているが、しかし、我に支えられたもの（実体に対する様態）であるわけではないから。我と世界との現存は共なる絶対的訪れであり、一方が他方を担うという関係にはない。世界は決して我の表象ではない。我は諸能力を持つがその現存は絶対受容的知において受け取らねばならないごとく、また、この知自身こそ我の現存の謂であるごとく、世界は我の諸能力が展開される場所であるがその現存は絶対受容的知として告知され、また、この知こそ世界の現存そのものである。更に、この世界内で〈物体〉は我の主体性に対抗するが、我ならざる他の諸プラクシス主体がその中に存し得る世界、これは決して単子論的世界ではない。

また、世界が私性格を持つことは、世界は我の状況としてのみ規定される、ということとも異なる。世界の私性格は世界の現存の告知に関するものであり、この告知は我の現存知と根拠を同じうすることによって私性格を取るが、決して、該性格を我がプラクシス主体としても規定されるという事実から汲むのではない。しかるに我の状況は、まさにそれに先立つ、世界の現存を地盤にあれやこれやのものとして、現存に支えられた我の能力のあれこれに応じて、規定されてくるものである。

最後に、世界内事物は感覚的質を持つものとしていつもプラクシス主体たる我と対峙しているが、その現存の告知はただ、「我在り」と「世界在り」との両命題が無差別にその意義を汲むと同じ事態に根拠づけられている。すなわち、感覚的質が感情を曳き摺り、その絶対者の背景の中で経験されることにより、〈物体〉はただ一つの現存世界へ内属させられる。

なお、思惟はプラクシスを透明化して己の主体たる我の現存が絶対的受動において知となることを忘れようとする。思惟の自己定立としての我の概念は、内属の根拠――私性格――なき超越の要求という矛盾概念である。

註

1　以下我々が試みることは、デカルトを余りに今日的関心に引きつけて解釈したものと見なされるかも知れない。だが、デカルトを理解するには彼の時代とともに彼を見ることが必要であると同時に、彼を納得する――同じ事柄に関しては真理は一つしかないと信ずる我々が我々に真理と思われるものの光で照らして彼の思惟を活かす――ためには、我々は自らの関心が作る文脈の中に彼の思惟を引き入れもしなければならない。また、我々が見出そうとするデカルトの合理主義の背後の自然主義は、マルブランシュを経て十八世紀の自然主義者たちが辿った歴史的事実において、既に或る仕方で掘り起こされていたのである。なお、この歴史的経緯に関しては次のものを参照。F. Alquié, *Le Cartésianisme de Malebranche*.

2　G. Schmidt, *Aufklärung und Metaphysik*, p.68.

3　これらの観念は感覚的観念ならざる一般の観念――思惟観念――である。

4　ゲルーは我の存在についても件の公準が遵守されていると見る。(M. Gueroult, *Descartes, selon l'ordre des Raisons*, vol.I, p.126.) しかし、他方で彼は、第二省察における我の本質についての知が未だ主観的値をしか持たず、これについて客観的値を持ちかつ完全な知が得られるのは神の存在証明を経てである、ということを見事に示しているが (*op.cit.*, vol.II, p.158, p.228)、両方の主張を突き合わせると、我の現存知は神の認識に従属していると認めなければならなくなる。

5　アルキエ氏は「我疑う」から「我在り」への推移に水準の反転を見るが (F. Alquié, *La Découverte Métaphysique de l'Homme chez Descartes*, pp.185-186.)、我々もこの意見に組する。我々は「純粋化」という言葉で、メーヌ・ド・ビランの「個別化」なる概念を想い起こす (Maine de Biran, *Mémoire sur la Décomposition de la Pensée*, vol.I, p.54)。また、我々は従って、思惟の自己定立によって「我在り」が根拠づけられるとは思わない。そこで、件の推移をグイエ氏のごとく「否定できないもの」の発見へ向かう実験的手続きと見ることは、解釈に曖昧さを残すと思う (H. Gouhier, *La Pensée Métaphysique de Descartes*, pp.28-31)。

6　実のところ、懐疑からは実体的我の独存は出て来ず、ただ意識形容的我の現存が確認される。第12節（二四〇頁以下）参照。

7　こんなわけだから、アルキエ氏は神の観念を(我の観念とともに)「形而上学的観念」と呼び、一般の観念から区別する。氏によれば「形而上学的観念は適切には「現前」と名づけられるべきものである (F. Alquié, *La Découverte*……, p.229)。

8　存在の概念と単一性の概念との不可分離性についての深い反省に基いて、最近シャンボン氏は非常に興味深い体系を展開している (R. Chambon, *Le Monde comme Perception et Réalité*.)。件の不可分離性についての最初の言及は、二九頁参照。

9　我々は因果性原理についてと同じ事情が、「思惟するためには存在しなければならない」とか「無は属性を持たない」とかの原理にもある、と考える。

10　つまり、デカルトが、感覚的観念に含まれる存在性の量の考察からその可能的原因を種別しようとする際 (Descartes, *Oeuvres Philosophiques*, éd. par F. Alquié, T.II, p.227, p.490)。

11　その他に、延長の明晰判明な観念に関連した延長実体の現存の可能性の考察、想像機能の吟味による蓋然性の考察がある。

12　この理念は一八〇〇年前後に活躍したフランス観念学者たちの理念であり、彼等は彼等で該理念をコンディヤックに発見し、コンディヤック自身はロックに範を仰いでいる。

13　これに対し、一般の観念は神なる精神的なものに支えられた諸本質を表象するのであるから、思惟に全く透明である。

14　形容的我の概念に関しては次の本が参考になる。J. Échevarria, *Réflexions Métaphysiques sur la Mort et le Problème du Sujet.*

15　人々は、意識の中への幽閉から抜け出すために、表象概念を追放して超越概念を持って来ようとした。スコットランド学派も、現代現象学もそうである。しかし、先に示したように、超越という概念は思惟によって表象概念とともに構成されるのであり、表象なき超越なる概念は思惟の秩序と自然の秩序との混同から来る雑種概念である。

16　我の不可視の本質を感情に求めたのはアンリ氏である (M. Henry, *L'Essence de la Manifestation*. 2 vol.)。先に言及したシャンボン氏は、アンリ氏の仕事を受けた上で、それと後期のメルロー＝ポンティやフィンク氏の成果とを総合しつつ、リュイエが構築した基礎概念の上に、自分の体系を建てようとしている。

17　意識——我々の「形容的我の意識」と同じもの——の概念から出発して、ラントゥリ＝ローラ氏はプラクシス主体としての主観性の概念に到達した (G. Lanteri-Laura, *Phénoménologie de la Subjecivité*.)。しかし、氏の概念は前期メルロー＝ポンティの主観性概念と同じく、「私性格」を欠いている。

12 観念の理論と感覚の問題

A 観念の理論と懐疑主義

(1) はじめに

本稿はリードの知覚論を材料とするが、主眼は、知覚と感覚との両事態の適切な把握のために、地ならしをすることにある。つまり、たとえば、林檎の甘酢っぱい薫りが部屋中に漂っていることに気づくこと、林檎の赤い色を見ること、林檎に触れて冷たいと感じ、触れた指先にも冷たさを感ずること、林檎を噛み砕き、それで林檎の固さやざらつきを測り、林檎を消費することによってその甘さを味わうこと、また、部屋の暖かさを感じ、身体が温もったと感ずること、ナイフで指を切り、痛みを感ずること、腹痛を起こすこと、空腹を覚えること、眠気を感ずること、だるさを感ずること、心地良く感ずること、苛立ちを覚えること、腹立たしく思うこと、このような多様な事態の、互いに似通った点、微妙にあるいは大きく異なった点、これらを組織立てて述べる適切な仕方を見出すことを最終の目標としている仕事の中に、本稿は位置すべきものなのである。

リードの仕事を材料に選んだのには種々の理由がある。右に挙げた多様な事態は、我々が日常、それらの間の関係がどうなっているのかには思い煩わずに、しかし、易々と互いを区別して経験している事態である。しかるに、他方、リードは常識の立場がどんなものであるのか、これを尊重し、整理しようとしている。そこで、その整理がどのようなものか、参考にしようというのが第一の理由である。

そして、その大枠の理由を受けて、特に関心を惹かれる事柄として、リードの哲学史上の位置がある。すなわち、リードは知覚の固有性を言い立てることによって、精神による物体の認識という近代哲学の大問題に一つの解決を与えようとした。しかるに、我々自身の問題というのは、これを近代哲学の枠組の中で表現するなら（本当に表現し得るかどうかは別問題として）、やはり同じ問題の中なるものとなろう。そこで、リードの遣り方が我々の問題に解決の道筋を与える力を持つか、吟味したくなるわけである。

ところが、第三に、実際にリードの仕事を吟味すると分かってくる事柄、これこそが実にこの論稿で我々がリードを、我々の最終目的のための地ならしとして取り上げる、最大の理由を与えるのである。すなわち、諸々の哲学を批判するために常識の立場をそれらに対比させるという作業をなすリードが、実のところ、己が敵手と同様の発想の中に陥ってしまっていると我々は判断するのであり、そこで、このことの意味を考えることこそが本稿の狙いであり、そこへと本稿の歩みは収斂させられる。

リードが知覚と感覚とを区別したことには我々は敬意を払わねばならない。しかし、リードが感覚に与えた身分をば、我々は徹底的に問題にすべきである。感覚において精神の作用とその対象とは同じことであるという主張が意味し得る事柄、それから、感覚の成立に適用される因果的思考の背後にある事柄、これらが我々の主題となろう。そうして、これら二点は、リードの、感覚の関与が知覚の成立を可能にし、また、それに不可欠であるという考えにつながっているのであれば、感覚の概念の問題性を考えることは、リードの知覚論が孕む問題性の核心を考えることになるのである。

とはいえ、まずはリードの主張を、批判を加える前に、輪郭づけるべきである。

(2) 物体の現存についての懐疑

ヒュームの懐疑主義と呼び慣わされているものへの対抗を一契機として現われた有力な哲学の立場には、カントの先験的観念論のみならず、トマス・リードの常識哲学がある。ヒュームの実際の主要関心がいずれにあったかはともかく、また、懐疑主義なるもののおよぶ範囲が何処にまで達するかはさておき、諸作用の主体としての精神の存在をすら疑問に付し、そうして、自身の論証そのものにも何らの蓋然性すら残さないことになるヒュームの極度の懐疑主義にリードが驚かされて批判の筆を起こしたのは間違いない。しかし、リードが反駁の主要相手としたのは、精神の存在についての懐疑であるより前に、物質的諸対象の現存についての懐疑であり、これはまた、因果律の客観的妥当性や学問成立の可能性に関する懐疑の前に解決されるべきものなのである。

物体の現存に関する懐疑が特に問題であったことは、彼の最初の主要著作『人間精神探究』が五つの感官作用を論じたものであること、後期の主著の一つ『人間の知的能力論』の中では知覚の理論に大きな比重が与えられていることが、はっきり語っている。感覚作用ないし知覚によって人間精神は物質的存在を認識するものであること、このことを、これを否定しようとする懐疑主義の論理の虚妄性を衝きながら示すことが、リードの仕事の中心の一つをなすのである。

ところで、リードはヒュームの懐疑主義、精神と物体と両方の存在に関する懐疑を、デカルト以降の近代哲学の必然的帰結と考え、そこでヒュームより広範な哲学者たちを敵手として狙う。「現代の懐疑主義は新体系の自然な帰結である。新体系は〔ヒュームの『人性論』が出版された〕一七三九年まではこの怪物を誕生させなかったが、当初から内に妊んでいたと言ってよい。[1]」

では、懐疑主義を招来せざるを得なかったのは、近代哲学のどのような点なのか？　既に『精神探究』の中でも、また『知的能力論』の中では一層強く、リードはデカルト以降の観念の理論の中に、懐疑主義の根を見ている。前著の中でリードは言う、「彼等〔バークリとヒューム〕の結論は、かくも普遍的に受け入れられて来た観念の理論から正当に引き出されたのである。[2]」「思考のどの対象も印象であるか観念、すなわち、何か先行する印象のぼんやりしたコピーである、こういうのが観念的体系の根本原理である。……彼〔ヒューム〕が形而上学的エンジンを始動し、天と地とを、物体と精神とをひっくり返したのは、この原理を支点にしてである。……諸観念は本性上、他の現存物と何かしっくりいかないものを持っているように思われる。諸観念は最初、諸事物の像、ないし、表象者〔代理者〕としてのつつましい性格を与えられて、哲学の中に導入された。……しかし、諸観念は徐々に、自分らが代表しているところの当の事物にとって替わり、自分ら以外のあらゆるものの現存を浸蝕した。……諸観念の勝利は〔ヒュームの〕『人性論』によって完全なものになった。『人性論』は、〔先行の哲学者たちが、最初は物体の第二性質を、次に物体自身を追放したのに続いて〕、精神をも処分してしまい、宇宙における唯一の現存物として、諸観念と諸印象とのみを残した。[3]」

『知的能力論』の中でも、リードは繰り返し語っている。「デカルトと彼に続く者たちが、物質的諸対象の現存を証明することが必要であると考えたのはなぜかと言うと、この観念の理論がそう仕向けたのである。……しかし、観念の教説のこれらすべての帰結は、徐々にバークリとヒュームによって発見された帰結に比ぶれば、まだ我慢できる。……〔ヒュームの帰結によれば〕空間も時間も、物体も精神も一切がなく、諸印象と諸観念のみがあるばかりである。[4]」「これら諸観念は次第に、知覚作用、対象、更には精神そのものの地位すら占取し、諸観念によって説明されるはずだったあらゆるものにとって替わった、諸観念が導入されたのはそれらを説明するためであったのに。[5]」

こうして、懐疑主義を断つために観念の理論を批判するという、とりわけ『知的能力論』におけるリードの戦略が出てくる。そして、リードが特に問題にしているのが物体の現存についての懐疑であるゆえに、どうしても知覚作用の説明を目論む場面での観念の理論が、吟味の主たる相手となる。観念の理論が知覚の成立のために観念なる概念に与えた役割は虚妄であること、観念なる概念を介在させることが知覚に固有な事態を見失わせ、物質的諸対象を認識するという知覚の権利を否認するように仕向けていること、これらが論じられるわけである。

⑶ 懐疑主義の出発点としてのデカルト

しかし、リードによる観念の理論の批判は、懐疑主義の根を断つためのものであるという点を越えた射程をも有している。第一に、『知的能力論』では、観念なる概念は、知覚作用に関してのみならず、想起作用、想念作用、判断作用等に関しても哲学者たちを誤らせた共通因として論じられていて、そこでの哲学者たちの誤りとは懐疑主義には限られない。そこでの議論は、観念の概念に与えられた一般的役割や性質を一層鮮明にし、かくて知覚論における観念の理論と懐疑主義批判とを側面から照らし援護してくれるとはいえ、そのことから独立した価値を有している。

第二に、既に見たようにリードは懐疑主義への進行の出発点はデカルトにあると見ているのだが、或る箇所では彼は観念の理論はすなわちデカルト以降の哲学に固有でその根幹を成すかのごとく語りながら、他の箇所ではむしろ、デカルトの観念の理論には二千年の前史があることを力説する。[6] そうして後の場合、彼は観念の理論の古典的諸形態をも、それらが近代の観念の理論と共通の発想の下で生まれたものとして批判する。しかるに、観念の理論の古典的諸形態は懐疑主義への傾きをいささかも持たない、これまたリードの考えである。だから、この点からも、観念の理論の批判は懐疑主義批判とは切り離されても、固有の意義を持ち得ることが分かる。

ところが、とりわけ第二の点、すなわち、観念の理論の古典的諸形態は懐疑主義とは無縁であるということ、このことから、リードにおける懐疑主義打破の企図と観念の理論の批判との関係は、観念の理論と懐疑主義との親子関係を主張する先の引用文の類が山とあり、従って、大勢として、観念の理論の批判によって懐疑主義の打倒を企てるという方向が明白であるにも拘らず、幾分か不透明な相を呈することになる。

そもそもデカルトは物体の現存は確固たる事柄だと考えた。彼の方法的懐疑自身は、リードが言うヒューム的懐疑主義とは異なる。けれども、デカルトの観念の理論の帰結として、バークリやヒュームによる物体の存在の解消があると、リードは考えている。デカルトからヒュームへ、それは潜在的なものが顕在化する過程だと位置づけられている。「デカルトとロックは、その終点を知らずに、懐疑主義に至る道をとった。[7]」

では、観念の理論の古典的諸形態に関しても、同じく懐疑主義は潜在的状態の内に留まっているのだと考えてもよいのだろうか？　リードは決してそう考えてはいない。「古い体系は……懐疑主義への傾向を少しも持たない。[8]」

(4) 観念の理論の古典的形態と方法の問題

先の引用文で、デカルトが物体の現存を証明しなければならなかったことをリードが指摘していることを想い起こそう。デカルトにおける物体の現存のきっぱりした承認は最初には存在せず、結論においてのみ場所を占め得ているのである。そこで、証明に欠陥があるならどうなるか？[9]　物体の現存はあやふやな事柄になる。しかるに、古代の哲学では、観念の理論が採用されているとはいえ、物体の現存は最初から承認されている。このような対比をリードが考えているのは間違いない。すると、観念の理論が懐疑主義の親となったのは、物体の現存は証明されねばならないとするような、近代哲学に特有な或る条件の下でであったことが理解される。

しかして、この条件が方法に関するものであるとリードが考えていることは、『精神探究』の中での方が読み取りやすい。先に引用した、古代哲学が懐疑主義とは無縁であることを言った文章は、次のように始まっている。「古い体系は常識の諸原理をすべて、それらの証明を何ら求めることなく第一原理として認めた。従って、その推論はいつも曖昧で、類似に基き、暗いが、しかし、旧体系は広い基礎の上に建てられ、懐疑主義への傾向を少しも持たない。[10]」これに対し、「新体系は常識の諸原理の内、一つだけを承認する。そして、他のすべてをこれらから厳密な論理によって演繹すると主張する。我々の思考、我々の感覚、そして我々が意識するあらゆるものは真に現存しているということ、これがこの体系において第一原理として承認されたものである。他のすべては理性の光によって明証的なものにされねばならない。理性が、この意識の原理だけに拠って、知識の全部を紡ぎ出さねばならない[11]」

もちろん、「他のすべて」の中に物体の現存も入るわけである。対比は二つ語られている。学の基礎の広狭、ないし第一原理とされるものの多数性と唯一性との対比が第一、曖昧さを含む類比的思考ないし推論と、明証性を基礎にした厳密な論証という方法上の対比が第二。しかして、第一原理設定の際のデカルトの手続きを考えるなら、方法の差異が第一原理に関する差異を規定しているものであることは明らかである。

ただ、だとすると、次のような疑念が生ずるかも知れない。すなわち、デカルトの方法はロック、バークリ、ヒューム等によっては捨てられたのではないか、数学主義と経験主義、演繹と事実観察とかいった両者間の対立を見逃していいのだろうか、だから、デカルトの方法をヒュームの懐疑主義と結びつけるのはおかしくないか、と。これに対し我々はリードの心を汲んで言わねばならない。リードは確かに、新体系における、物体の現存の唯一原理からの演繹的論証、の試みを語ることを好み、その表現はどうしてもデカルトのみを想い起こさせる嫌いがあるが、しかし、リードの念頭にある新体系に属する哲学者すべてに共通する方法、というよりは方法以前の、方法を導く理念とは、明証性を重んずるということであり、この要点からするなら、演繹とはこの原則を体現しているたかだか一つの方法でしかない二義的なものに過ぎない。そうして、この明証性の理念から、リードが、（おそらく精神に関する学問を念頭におきながら）、古代の類推の方法と近代の反省の方法とを対比させることも理解できる[12]。しかるに、反省によって明証性を求めるとき、新体系の全哲学者たちは一様に意識にのみ明証性の在処を求めることになったのであり、これが重要なのである。こうして、意識の事実から出発して物体の現存の知へ到達し得るか否かという問題が生じた、これがリードの診断であろう。

(5) 観念の理論の批判と懐疑主義批判

けれども、このように懐疑主義の到来に際して近代の哲学の方法的側面が果たした役割を強調するとき、今度は、肝心の観念の理論が占めた位置がはっきりしなくなる虞れがある。もっとも、それもそのはずで、方法の重要性が読み取りやすい『精神探究』では、実はそもそも観念の理論の限定が曖昧なのである。多くの箇所では、リードが近代の諸哲学を一括して呼ぶところの「観念的体系」がすなわち観念の理論であるかのごとく語られている[13]。しかし、或る箇所では、観念という概念の古今を問わない普通的採用が指摘されている[14]。そこで『精神探究』において観念の理論ないし教説と呼ばれるものは、観念の存在を主張する教説一般でなく、「思考のどの対象も[15]」観念であるとする考えであると理解したがよさそうである。

すると、このことと、方法の考察とを結びつけると、『精神探究』では、観念の理論は近代哲学に固有な方法あるいは方法理念に由来するものであるかのごとく叙述されている観がある。そして、このような読み込みは避けられないものである。なぜなら、デカルトの方法、デカルトの観念の理論、デカルトにおける物体の現存の論証の必要性、後継者による物体の否認、これら一連の、先行者による後行者の条件づけの系列を考えることは極く普通のことだからである。

ただ、しかしながら、我々にとっての方法の問題の議論の出発点は、『知的能力論』をも踏まえて、新旧両哲学に共通だとされる観念の理論の一方だけがなぜ、懐疑主義への道に通じているか、その理由を探すことであった。デカルトにおける観念の理論と彼の方法との関係が如何なるものであるかはさておき、一般に観念の理論はデカルトの方法に先立って成立していた、これが最終的なものとしてのリードの考えなのである。

つまり、最終的なものとしては、観念の存在を主張する教説すべてが、リードによって観念の理論と呼ばれるのである。そして重要なことは、その際、観念は虚妄の産物である、実際には存在せず、哲学者たちによって仮定され虚構物であるというのが、リードの裁定であるということである。「俗人はこの観念について何も知らない。それは哲学の産物である。」[16]翻り『精神探究』の段階ではどうか？　先に引用された、新旧両体系の方法を対照させた文章の第二のものを、観念の理論からの懐疑主義の誕生を語る幾多の文章と突き合わせて読むと、『精神探究』では、思考や感覚の現存を認めることと観念の存在を言うこととは一般に同じことであるかのごとく読めてしまう。しかるに、同じ引用文は何と言っているか？　思考や感覚の現存を承認することは常識の諸現理の一つだということになっている。ところで、『精神探究』でも既に常識と哲学との対置が見られ、それは健全さと不条理との対比に容易に移行し得る素地のものとして描かれている。[17]

してみれば、新哲学の場合は、その誤りは常識の諸原理の中のこの一つ、思考や感覚の現存の承認だけしか受け入れなかった狭さにあり、そこから懐疑主義の不条理も生ずるという論の体裁になっている。すると恰も、難ぜられるべき観念の理論とは、観念の存在を主張することとそのことでなく（つまり、『精神探究』では、観念の存在を語ることそれ自体が虚妄であるという指摘、ここまでは進んでいないようであり）、ただ、常識のたかだか一つの原理でしかないものが全原理にとって代わらされていることにおいて生じたものであるかのごとくである。[18]しかしながら、思考や感覚の現存を承認するという、常識にも属する立場と、観念の存在を言い立てるという哲学の虚妄でしかない立場と、両者間の距離をはっきりさせることは、『知的能力論』の重要な論点の一つになっている。

してみると、『精神探究』に比して、『知的能力論』の観念の理論の分析はずっと熟成したものである。既述のごとく、観念の理論の批判は、知覚論においてだけでなく、想念論、判断論などにおいてもなされるし、近代哲学においてのみならず古代哲学においてもなされる。観念という概念を持ち出すことそのことが、あらゆる場面で批判されるのである。ただ、批判されるべき観念の理論の拡張のために、先にも述べたように、観念の理論と懐疑主義の親子関係という、『精神探究』におけるよりも増して執拗に繰り返されるテーゼに、却って若干の靄《もや》がかかる。すなわち、古代哲学における観念の理論の存在と懐疑主義の欠如とをどう考えるのか、という問題が、浮上せずにはおれないのである。しかるに、この問題の処理に関し、リードの叙述は親切でない。なぜなら、この問題を見出す者には必要な解決を与えてはいるが、リード自身が明確な問題意識を持った上で与えた解決であるというわけではない、そのような具合でしかないからである。

⑹　三つの立場

さて、『知的能力論』におけるリードによれば、最広義での観念の理論の下に総称される諸体系、諸哲学に共通な仮定はただ一つ、観念というものの現存を認めることである。「哲学者たちは、諸観念の現存については一致しているのに、諸観念に関する他のことではほとんど一事たりとも同意見であることがない。[19]」観念の起源、観念の存立する場所、抽象観念を認めるか否か等、不一致は多様な論点に及ぶ。ともあれ、一致は旧と新との両体系におよび、不一致は各体系内部の諸哲学間に見られる。

では、当然に次なる問題はこうではなかろうか。新体系と旧体系との二群をそれぞれに取りまとめ互いに対立させる共通点と差異とは何であるとリードは考えているのか？　ところが、こう問うてみると気づかれるのだが、リードが新旧の両体系を対立させて考える場面は、専ら知覚理論において観念なる概念が占める位置に関わっている。しかるに、まさに知覚とは、哲学の歴史において、物体の現存やその認識、またそれらに関する懐疑が問題になってきた場面である。そこで、物体の現存に関する懐疑主義に無縁な古代の体系と、懐疑主義へ必然的に向かわざるを得ない近代の体系との差異が（主題となるというよりは単に）触れられるその時点で、つまりは新旧の知覚理論を比較する中で、観念に関する二つの大きな考えの区分が、知覚の成立に際し観念なるものが占める位置の違いとして、語られることになる。長いが（原文では一頁足らずのものだが）、新旧の両体系と更に常識の立場、三者を比較して述べている文章を、全文、引用しよう。

「学のある人も無学の人も次のことは第一原理として承認していると思われる。すなわち、真に知覚されたものは現存し、現存しないものを知覚することは不可能であると。ここまでは無学の人も哲学者も一致する。無学の人は言う、私は外的対象を知覚し、私はそれが現存すると知覚する。これを疑うことよりも馬鹿気たことはない。逍遙学派は言う、私が知覚するものは対象とまさに同一の形相であり、これは対象からやって来たもので、恰度、印鑑が蝋の上にするように、私の心に印象を作る。従って、私は、その形相を自分が知覚する或る対象の現存について全然疑いを持たない。しかるに、デカルト学派は何と言うか？　私は外的対象そのものを知覚しないと言う。ここまではデカルト学派は逍遙学派と一致していて、無学の人とは異なっている。しかし、私は私自身の心、あるいは私の脳の内にある像、形相、ないしは観念を知覚する。観念の現存は私には確かである、なぜなら、私はそれを直接に知覚するのだから。けれども、この観念がどのようにして作られるのか、あるいは、それが何を表象しているのか、これらのことは自明でなく、従って、私は、自分が知覚する観念の現存から出発して、観念が表象する外的対象の現存を推論できるような論証を、見つけなければならない。

「私は、以上のごとくが、無学の人、逍遙学派、デカルト学派の人々の諸原理についての正しい見方だと思うので、私が考えるに、彼等はそれぞれ、自分たちの幾つかの諸原理から次のような帰結を推論するのである。すなわち、デカルト学派は外的対象の現存について疑う強い理由を持っている。逍遙学派は疑いの理由をほとんど持たない。そうして、無学の人は全く持たない。そして、彼等の状況の違いは次のことから来るのである。無学の人は何の仮定もしない。逍遙学派は一つの仮説に寄りかかる。そして、デカルト学派はその仮定の半分に寄りかかっている。[20]」

ここで、「仮定をなす」とはもちろん、虚構物をでっちあげるという悪い意味で使われている。では、何ゆえに無学の人つまりは常識人と異なって、哲学者たちは観念なる虚構物を知覚の成立に介入させるか、この点の考察は次節に譲る。今は、新旧両哲学の知覚理論における観念なる概念の扱い方が何ゆえに違うか、その理由についてのリードの考えを確かめたい。

我々が既に『精神探究』で確認したことからするなら、『知的能力論』の中でも、件《くだん》の違いが、新旧両体系の方法、ないし学問態度の差異に由来すると考えられているだろうことは、当然に期待でき、実際、そうであることを窺わせる文章を我々は拾うことができる。リードは書いている、「逍遙学派の支配の間、人々は疑う傾向をほとんど持たず、ずっと独断的であった。感官の諸対象の現存は第一原理として考えられた。そうして、受け入れられた教説とは次のようなものである。感覚的形質ないし観念は外的対象のまさに形相であり、外的対象から分離され、知覚されるべく精神に送り込まれたものである。だから、この哲学の下では、物質の現存についての懐疑主義の出番は全くない。

「デカルトは第一原理として考えられてきたこれらの事柄をすら疑うよう人々に教えた。彼は、諸対象からやってくる形質ないし観念という教説を退けた。しかし、彼は、我々が直接に知覚するのは外的対象でなく我々の精神の内にある外的対象の観念ないし像であると、相変わらず主張したのである。これに導かれてデカルトの弟子達の何人かは自我主義に到り、宇宙の中には己と己が持つ諸観念を除いては何らかの被造物が現存するとは信じなくなったのである[21]。」

ここで、デカルトの弟子たる自我主義者の中にバークリやヒュームが属するわけではないが、これは本筋には関係ない。また、デカルトの懐疑の勧め自体は、リードが懐疑主義と呼んでいるものでないことも既述の通りである。けれども、少なくとも示されていることは、デカルトの方法としての懐疑が結論としての懐疑主義の出発点にあり、それは、観念の概念に対して、古代の体系におけると違った位置付けを与えることを介してであると、リードが考えていることである。ただ、とはいうものの、真実の所ここでの叙述も、方法の関与の具体的ありように関してはほとんど語っていないに等しい。この文章や、先に引用した、デカルト学派が「仮定の半分に寄りかかっている」という表現や、更にその他の箇所[22]をも考慮すると、デカルトの方法の役割は、古代の観念の理論の半分を葬り去ることにあったように読める。つまり、デカルトの方法としての懐疑は最初、感官の諸対象の現存の承認を第一原理として受け入れることを拒否すべく仕向け、次でその結果、観念が現存する物体に由来すると考えることを放棄することになった、このような段取りをリードが考えているように読める。

しかし、デカルトの方法によれば何ゆえに件の第一原理は疑われなければならなかったのか？　他方で、知覚の直接的対象は観念であるという主張は否認されなかったのに。前者は常識の諸原理の中でも根本的なものであり、従ってリードの観点からは受け入れられるべきであり、後者は反対に単に哲学的意見に過ぎず、誤ちとして捨て去られるべきはずなのである。疑わしきものと当然な事柄との在処《ありか》が反対なのである。この点が説明されなければ、観念の概念の位置づけに際しての方法の関与の具体性はさっぱりないということになろう。

(7) デカルトの反省的方法と古代哲学の類推的思考

そこで、やはり『精神探究』での新旧両体系の方法の対照的考察に関する議論を活かさねばならない。すなわち、意識の明証性のみを基礎とすることに辿り着く反省という方法が、印鑑と蝋との間の関係から類推して知覚の成立を考えるような仕方を追放したのであると、このように考えるものとしてリードの考えを焙り出さねばならない。リードは、デカルトが精神的事柄と物質的事柄とを峻別したことを高く評価している[23]。そこで、リードの意を汲めば、デカルトの同じ業績が、物質界における因果関係に類比的な事柄を知覚という精神的出来事の成立に持ち込んで説明することを禁じた、これが古代の観念の理論からその半分が捨てられたことの意味である。

では、なぜもう半分をデカルトは捨てなかったのか？　我々の考えでは、反省的方法が意識の明証性に辿り着いたときに生じたことが問題である。意識の明証性は、思考や感覚の現存を承認することを第一原理の資格とすべく命じたであろう。ところが、思考や感覚の現存を承認することと観念の現存を主張することとの間には距離がある。我々は既に、『精神探究』の現況としては（リードにおける真実がどうであれ、文章の形では）この距離が見えるものにさせられていないことを指摘しておいた。しかるに、まさにデカルトにおいて、そして後に続く者において生じた状況もこれと同じではなかろうか。ちなみに、リードが自分自身に関し、こう語っている文章がある。「もし、私が自分自身の心持ちについて敢えて述べてよければ、私はかつてこの観念の教説を非常に固く信じていたので……」[24]。リードは、後にこの教説の後立てとなるものとしては哲学者たちの権威以外の何ものも見出さなかったと語っているが、果たして、哲学者たちの権威ゆえだけで、信じ込んだのだろうか？

さて、『知的能力論』では、思考の現存を言うことと観念を語ることの間の曖昧な関係を問題にする議論がみられる。そうして、『知的能力論』でのリードの分析によれば、そして我々はその一部分を次節で吟味するが、哲学の新旧を通じての歴史の中で一貫して語られる限りの観念なる概念は、実に最も頑固な類推的思考の産物なのである。そこで、我々はリードの考えをこうも纏め得よう、デカルトとその継承者たちにおける反省的方法の不徹底が、観念なる概念の存続、古代からの生き残りを許した、と[25]。つまり、デカルトの方法が観念の理論を生み出したどころか、彼の方法の不徹底が観念の理論の存続を許した、その方法は本当は観念の理論の廃棄に通ずるはずだったのに、ということになる。もちろん、ここで方法とは、実際にデカルトが従った方法ではなく、デカルトの方向で見出されるべきもの、そうして、リードが実現した真の方法である、というふうに解さねばならない。

デカルトの現実の方法は観念の理論を保存し、これを懐疑主義へ向かう道の方に招き入れる役割を果たしただけである。リードは、デカルトの、反省に関してでなく方法としての懐疑に関してであるが、次のように皮肉めかして漏らしている。「この哲学者が、教育の諸偏見を投げ捨て、自分のかつての諸意見をすべて葬り、自分の同意を強いる明証性を見つけるまでは何事にも同意すまいとして払った大きな骨折りにも拘らず、古代哲学のこの〔観念の現存を主張する〕意見を疑うには至らなかったのは奇妙に思える。それは明らかに哲学的意見なのである[26]。」

それでは最後に、この疑うべきものを当然なことと受け入れてしまったのは反省の不徹底によるとして、他方の、当然に第一原理の資格を認めるべきであったものをいったんは疑い、更めて証明されるべきものと――従って第一原理でなく他のものによって基礎づけられるものと――したことに責任があるのはいったい、何なのか？

リード自身は知覚作用の反省的分析によって件の第一原理の是認を引き出しているのであってみれば、やはり、精神作用の或るものに関しての反省の不徹底ないし不適切さに、責任があるということになろう。真の反省が明らかにするのは、精神には互いに還元できない固有の権利を持つ種々の作用があることであるが、デカルトは、ないし少なくとも彼の後継者たちの大部分は、精神の諸作用の一元化へ進む誤ちを犯したのである[27]。デカルトに関してはリードは次のように語っている。「彼は従って、他の第一原理がないかどうかを、それ固有の光と明証性によって健全な判断力を持つ誰からも承認されるよう第一原理が他にもないかどうかを、調べる労を取らなかったようである。人の心に自然である単純性の愛好ゆえに、彼はこの一つの原理の上に知識の全部を築こうと努力し、より広い基礎を求めることをしなかったのである[28]。」そこで、観念の理論と懐疑主義との関係についてのリードの考えを、我々は以下のように整理することができよう。

より広い基礎を提供するのは常識の諸原理である。これらを古代の体系は受け入れたゆえに、誤まって類推にもとづく観念の理論を懐きながらも、物体の現存に関する懐疑主義とは無縁であった。近代の体系は、古代の類推的思考に替えて反省的思考を、すなわち、意識の明証性に訴える方法を取り、かくて諸々の教説を退けた。が、観念の現存そのものの承認の理由となった類推的思考にまではその破壊力は及ばず、ただ、観念の起源に関する説明部分だけを放棄したのである。そして、この後者の点は、反省的思考のもう一つの不徹底さと連動している。すなわち、反省が辿り着いた明証性の場としての意識に関する概念の狭さ、ないし、意識の適切な分析の欠如ゆえに、知覚という意識作用の対象、つまり物体の現存を端的に承認することがためられたことと連動している。そうして、このような状況下における近代の観念の理論は、観念なる概念が独り肥大していく中で懐疑主義の道を突き進むことになる。

B　類推的思考

⑻　ヒュームの印象という概念

リードによる観念の理論の批判と懐疑主義批判とが結びつく最も重要な場面は、知覚理論に見出される。そして、観念の理論の批判が最も説得的であるのも、ここ、知覚の分析においてである。リードが言うように、「知覚」という言葉の日常的使用ではこの言葉を、「我々が感官によって外的諸対象について持つ明証性に適用する[29]」のであるが、しかるに一般に、普通の言葉というのは、人間の精神の諸々の働きを、実生活に必要な限りで忠実に反映しているものなのである[30]。そこで、「知覚」という語の普通の言葉遣いが証している、現存する物体の認識をなすという、知覚本来あるがままの権利を認めてやるなら、物体の現存に関する限りの懐疑主義は失墜するはずである。しかして、リードによればこの懐疑主義は、近代の観念の理論による知覚の説明の中で生い育ったものである。観念の理論は、知覚を説明すると称して、知覚の本来を覆い隠してしまった。観念という虚構の存在を仮定することが、知覚の権利に疑問符を突きつけることを導いたのである。

観念の存在を語ることはことごとく虚妄であるのかどうかの吟味は今は措《お》く。少なくとも知覚の対象としての観念という概念は虚妄であるという、常識人とリードとが、いささかのためらいもなく一致できる点に話を終って、考察を進めよう。しかして、実際、知覚を含めてあらゆる精神作用の直接の対象は観念であるとする近代哲学の有力な傾向があり、これとリードは対決するのである。ところが、デカルト以降の認識論の中で我がもの顔で通用しているところの観念という概念に制限を加えること、それも、知覚の事態の叙述から観念なる概念をいったんは追放することが問題であるのなら[31]、既に他ならぬヒュームが、実にリードの最大の敵手たるヒュームが、言っていたのである。「恐らく私は、むしろ観念という言葉を本来の意味に戻したのである。ロック氏はこの語でもって我々の全知覚を意味するようにさせることによって、本来の意味からずれさせたのである[32]。」

　ヒュームは観念の外に印象を括り出した。そして、これを精神の諸々の働きの区分に関わるものとみるなら、その限りでは日常の言葉遣いに幾分か近づいたものと考え得る。ヒュームが印象と観念との区別を、「感知することと思うこと[33]」との区別に対応させているのは、乱暴ではあるが、観念は印象のいわばコピーであると言っている点とあわせて、或る事柄に一次的に関わる精神の作用と、同じ事柄に二次的に、遅れて関わる作用との二大区分を言っていると考えれば、その限りでの納得はゆく。（ヒュームは更に、観念の生気の程度によって、想起と想像との二種の作用の区別をも企てる細かさを見せている。）そして、明らかに、（ヒュームは「知覚」という言葉を、見る、聞く等の事態を意味させるという日常的使用におけるよりは広い意味で使っているゆえ[34]表現上のややこしさがあるが、日常的言葉遣いで言う本来の）知覚の場面は、事柄に一次的に関わる作用であるゆえ、まずは印象の概念の下にあるはずである。

　けれども、観念と区別された印象の概念をもってすることによって、知覚本来の事態を適切に叙述することができるようになるのか？　前節で引用した、リードがヒュームの懐疑主義は観念の理論からの帰結であると論じている文章からも窺えるが、リードはヒュームの印象と観念との二概念を共に、自分の総称による観念の理論でいうところの観念なる概念に属するものだと、断じている。リードは、ヒュームにおける印象と観念との原物・コピー関係よりは、生気の程度の強弱による両者の区別の方に力点をおいて解釈し、すると両者は同一種に属するものになる。「種において異なることと、程度において異なることとは全く別の事柄である。程度においてのみ異なるものは同種のものでなければならない[35]。」そうして、リードは、ヒュームの観念とは弱い印象であるとするよりは、ヒュームの印象とは「単により生き生きした観念でしかない[36]」と考える。

ヒュームにあっては明らかに印象が観念に先行する。印象が弱まって観念が生ずるのである。にも拘らず、リードがヒュームの印象の概念を観念の概念の一例と考えるのはどうしてだろうか？　ヒュームの印象の概念は、精神の或る諸作用の対象であるのか、作用そのものであるのか、はたまた精神自体ですらあるのか定かでないが、あるいは、というよりは、作用主体、作用、作用対象の三分節を呑み込んで、それら三者の区別を消去してしまった唯一者と言えようが、少なくとも、精神の外なる存在とは言えないもの、或る精神的存在者とされていて、元々観念なる概念に与えられた身分を保持しているからである。従って、印象による知覚の説明も、観念による説明と何ら変わるところがない[37]、知覚における現存する物体の認識は、印象による知覚の説明の中でも、権利を奪われているのである。

そこで、リードは、ヒュームの観念よりはむしろ印象の概念をこそ、知覚に関わる限りでのロックの観念と並べて、広い哲学史の中に位置づけ得たのである。「プラトンの地下の洞窟、ロックの暗い小部屋は、これまで発明されてきた知覚に関する理論体系のすべてに、易々と応用できよう。というのも、それらの体系は皆、我々は外的諸対象を直接に知覚するのでなく、知覚の直接的対象は外的諸対象の或る影でしかないと仮定するのであるから。これらの影、ないし、像は、古代の諸体系では、形質、形相、幻像と呼ばれた。デカルトの時代以降は一般に観念と呼ばれ、ヒュームによっては印象と呼ばれた。しかし、あらゆる哲学者たちは、プラトンからヒュームに至るまで、次の点では一致している。すなわち、我々は外的諸対象を直接には知覚しない、そして、知覚の直接的対象は、精神に現前する何らかの像でなければならない。ここまでは全員一致がみられる、このように難解な点に関してのこのような一致は、哲学者たちの間では滅多にみられないのではあるが[38]。」

(9) 第四項としての観念

さて、精神に現前する或る像のようなもの、観念を、リードは、現実に存在する三つの事柄から成る事態に哲学者たちによって付け加えられた(ないし、挿入された)第四番目のもの、他の三つと異なって虚構でしかないものと決めつける。「外的対象の知覚においては、諸言語はすべて三つの事柄を区別している。すなわち、知覚する精神、その精神の働きで、知覚と呼ばれるもの、そうして、知覚される対象である。哲学の教えを受けてない人には、これら三者は互いに関係づけられているが決して混同されてはならない明確に別のものであること、このこと以上に明らかなことはない。あらゆる言語がこの区別を前提し、この区別の上に組み立てられている。哲学者たちはこのプロセスの中に四番目のものを、彼等が対象の観念と呼ぶものを導入した。観念は対象の像、ないしは表象〔代理物〕と仮定され、〔知覚の〕直接的対象であると言われている。俗人はこの観念について何も知らない。それは、我々が外的諸対象を知覚する仕方を説明し、明白にするために導入された、哲学の産物である。[39]」

もちろん、ここで観念が第四番手であるというのは、リードの観点からしてのことである。批判される観念の理論の信奉者たちにしてみれば、外的対象こそ観念を通じてやっと語られ得る第四番手で、観念の方が、精神、知覚作用、知覚対象の三つ組の一角に位置するものであったり、時に、観念は他の三項を呑み込んで唯一項の地位を占めることもあろう。しかし、リードがかく語る時、前節で論じた、常識の立場、古代の観念の理論、近代の観念の理論、三者間の関係についてのリードの考えがよく見えるものとなっている。すなわち、常識の三つ組に観念という第四項を闖入させたのが古代の観念の理論であり、しかるに、近代の観念の理論は、観念とその手前の項とを保存し、現存する物体の項を、それと観念との関係ともども、いったん破棄したのである。近代の観念の理論が古代の観念の理論の仮定の半分を受けついだと言われるゆえんである。

⑽　不在のもの

　さて、いったい、知覚の場面で人はなぜ、精神に現前する或る像のようなもの、観念を想定するのだろうか？　リードは指摘する、想定するのは、何もかもを説明したがる哲学者たちだけであると。「俗人は、自分たちがどのようにして対象を知覚するかについて全く思い煩わない。彼等は自分たちが意識することを表現し、それを適切に表現する。しかし、哲学者たちは、我々がどのようにして知覚するのかを知ろうと渇望する。[40]」もちろん、この渇望は単に知覚の如何に関してだけに限られない。リードは、知覚、記憶、想像の三者を並列させて語ることをしばしば好む。「俗人は自分たちの精神の諸々の働きを説明するような理論を何も求めない。彼等は、自分たちが見ること、聞くこと、想い出すこと、想像することを知っている。そして、明確に考える人はこれらの働きを明確に表現する、自分たちの意識がそれらを精神に表象する通りに。しかし、哲学者たちは、そのような働きがあるということだけでなく、どのようにそれらの働きが遂行されるかを、自分たちは知らねばならないと思う。[41]」しかして、実は観念の想定は、知覚のみならず、精神の知的働きの一切を説明するようにみえたのである。続けてリードは書いている。「哲学者たちは、これらの働きを精神の内なる観念ないし像によって説明する理論を発明したので……。[42]」

　しかし、まずは知覚に限って言えば、説明の欲求が向けられた点すなわち、哲学者たちに問題と見えたのはいったい、何なのだろうか？　驚くべきことに、リードはこのような問いを正面から提出してはいない。それはリードにとって余りに自明だったのだと思われる。（もっとも、自明的に問題の所在が告げられるのであるなら、俗人もまたこれを気に懸けはすまいか？　それとも、哲学の歴史を知る者にとっては自明だというのか？）問題が、我々はいかにして離れた物を知覚するのか、というものであったとリードが考えていることを示す文章を、我々は幾つか拾うことができる。「我々は自分たちが離れた対象を知覚するのはどのようにしてか、過去の事柄をどのようにして想い出すのか、現存しない事柄をどのようにして想像するのか、これらを知ろうとして途方に暮れる。精神の内における観念は、これらすべての働きを説明するように見えた。[43]」「外的諸対象は精神に直接に働きかけるには余りに離れているので、精神に現前していて知覚の直接の対象であるところの、それら離れた事物の何か像ないし影のようなものがなければならぬという考えに、哲学者たちは導かれた。[44]」

しかして、二つの引用文を突き合わせて考えると、問題とその解決とは、精神に対する現前とその欠如——これを我々は便宜的に「不在」と表現しよう——との対比の中で考えられていることが分かる。離在的にのみ現存するもの、過去にあってもはや現にないもの、端的に現存しないもの、いずれも精神の前には不在であるものであり、すると、そのようなものは精神の対象にならず、作用の対象としての観念という精神への現前物を介してのみ狙われねばならぬ、こういう論理が、観念の理論を採る哲学者たちにおいて働いていると、リードは考えている。けれども、こうなると、観念の理論の考察が知覚の場面におけるものを離れて一般的なものになるのは、必然の成り行きである。

実際、精神の諸作用の対象は精神に現前するものでなければならないという考えを偏見として定式的に掘り起こし、これと他の偏見とが一緒になって観念の理論の形成を引き出したのだという見解をリードがはっきり提出するのは、想念作用の内に観念の存在を想定する哲学者たちの動機を分析する際なのである。その箇所で彼は書いている、「二千年を越える歴史の中で種々の形態をとって現われた観念の理論を生じさせたと私に思われる二つの偏見がある。……第一、悟性のあらゆる働きの際には、精神とその対象との間には、一方が他方に働きかけ得るように何か直接的交流があるべきであるとすること、第二、悟性のあらゆる働きの際には、我々がそれを考えている間は真に現存している思考の対象があるべきであること、別言すれば、幾人かの哲学者たちが語るごとく、存在しないものは理解されるものたり得ないとすること。[45]」

リードは二番目の偏見がより重要であると言っている。なぜなら、これが誤りであるなら第一のものも倒れるからである。しかし、第二の偏見は、現存すべき精神の対象が精神に現前して現存すべきことまでは要求していない。それではこの要求が出て来るのはどうしてとリードが考えているのか、それには二通りあると思われる。一つは、第一の偏見で言う、精神と対象との直接的交流の要求という偏見からくるもので、これはとりわけ知覚の場面で観念を介在させずにはおかない考えの背後で働いているものだろう。けれども、リードはもう一通り考えていると推測される。そして、実はこれこそ、我々の考えでは、一般に観念なる概念の最も強力な起源なのであり、そして想像作用をどう考えるかということに関わっている。すなわち、決して現存したことのないもの、現存していないものを想い浮かべるとき、それでも何かが想い浮かべられるわけで、そのものは想い浮かべられる仕方で存在し、存在するとしたら精神の内に在るしかない、このような考えが、精神に現前する或る対象物という概念を生み出したと言ってよいと思われる。

二つの偏見を提示した少し後で、リードは書いている、「……我々は決して現存したことのないものの明確な想念を持つことができる。これは疑いもなく、哲学の教えを受けたことのない人々の共通の信念である。彼等はこれに反対することも、これを推論によって支持しようとすることも滑稽なことだと考えるだろう。哲学者たちは言う、現存しない遠い対象はあり得るかもしれないが、真実に現存する直接の対象があるべきである。なぜなら、存在しないものは思考の対象であり得ないからである。観念が精神によって知覚されねばならない。そして、もし観念がそこ［精神の内］に現存してないなら、その観念の知覚、それについての精神の作用は、一切あり得ない[46]」

しかるに、このような考えに関してはリードは既に、観念という語の多義性、中でも観念という語の幾分は日常的な使用の正確な意味、これらを分析するという文脈の中で、幾度か批判を加えていた。それが、件の引用文が書かれた箇所では、このような発想の起源に溯っての批判が展開されるわけである。批判は、観念の概念の成立に責任あるものとしての類推的思考をあばくという形を取る。ただ、この類推的思考が想念作用の場面を中心に告発されるのであってみれば、我々は今はリードの議論のこの方面に入ることをば観念という語の多義性に関するリードの議論の検討とともに、避けたい。この方面はすなわち、我々が先にひとまずは脇にのけた問題、観念の存在を語ることはこと、ごとく虚妄であるかどうかという問題の核心部をなすに他ならないからである。これの吟味は広くかつ入り組んだ議論を要し、現時点では混乱を招きかねないと判断される。

⑾　類推的思考

しかし、想念作用が主題であるときに、観念なる概念の起源が類推的思考にあるのだと正面から指摘されてみれば、この箇所で述べられている三つの類推とは違った類推ではあるが、やはり或る類推的思考が観念の理論の形成に関与していることが、知覚の場面に関するものとして折に触れて語られていたことが、更《あらた》めてクローズアップされてくる。それらを拾ってみよう。

既に印象の観念を論じた折りに、しかし、やはり知覚が問題である文脈で、リードは書いていた。「精神というものを、その働きに関し物体に何らか類似していると思う偏見ほどに人にとって自然なものはない。ここから人々はこう想像しがちなのである。物体は隣接する物体によって加えられる衝撃ないし刻印によって動かされるから、精神は、隣接する対象によって精神の上になされた何らかの刻印〔印象〕ないし、何らかの衝撃によって、考えたり知覚したりさせられると[47]。」リードの反論はこうである。「しかし、もし我々が精神を非物質的なものと考えるなら、そして、このことには我々は実に強固な証明を有しているのであるが、精神の上になされた刻印という表現に意味を与えることは困難だということが分かろうというものである[48]。」

確かに、リードの反論にも拘らず、類比をもっともらしいものに見せかける要因はある。「我々は対象が感覚器官の上に、そうして、神経と脳の上に或る刻印をなすときにのみ、対象を知覚する[49]」のである。これに対してはリードはこう言う、「しかし、次のことが注意されるべきである。物体〔身体〕というのは己に刻印される何らかの力によってでなければ己が状態を変え得ない。これが物体の本性なのである。けれども、これは精神の本性ではない[50]。」このリードの言い分は余りはっきりしないが、感覚器官に関する議論の所でリードが述べていることを加味するとよかろう。彼は書いていた、「知覚においては感覚器官や神経、脳にもたらされる刻印がある。それらは自然の法則によって精神の或る働きを伴う。これら二つの事柄は混同されやすい。だが、注意深く区別されねばならない[51]。」そして最後に、知覚論の真ただ中にある文章はこうである。「対象は知覚される際に働きかけるわけでは全然ない。私は自分が座っている部屋の壁を見る。しかし、壁は完全に不活発であり、従って精神に働きかけない。……我々が精神についての諸観念を作る際に、精神と物体との間に想定する幾らかの類似に従ってなすという強い傾向、これがもしなかったなら、人は、知覚は対象が精神になす何らかの作用のお蔭であるという考えに入っていかなかっただろう。精神における思考は、物体における運動と何か似ていると想定される。そして、或る物体は何か他の物体によって働きかけられて運動し始めるので、我々は、精神は対象から受けとる何らかの衝撃によって知覚させられると考えがちなのである。しかし、そのような類似から引き出される推論は決して信用してはならない。そのような推論は、精神に関する我々の誤りのうち大部分のものの原因である[52]。」

⑿　二元論の前提

さて、こうして知覚に関する類推的思考についてのリードの批判を集めてみると、実に彼が精神と物体との二元論の上に立って論を展開していることが分かる。そうして、もちろん、身体は物体の側に属せられている。誤った類推とは（ここでは吟味しないところの、想念作用を理解しようとして観念の概念を想定してしまう類推も含めて）、精神の秩序に属する事柄を物体の秩序に属する事柄になぞらえて理解しようとする試みに他ならない。すると、ここで、古代の類推的思考の方法と、近代の――必ずしも徹底されたものではないが――反省の方法とを対比させ、後者を称揚したリード、精神と物体との峻別に関してデカルトを高く評価したリードが想い起こされる。近代の観念の理論とその帰結としての懐疑主義とを批判するリードは、まさに近代哲学の正統な後継者として、他の哲学者たちの不徹底を難じている、このような構図を描くことすらできる。

リードは断固考える。知覚は物体から出発して理解されてはならない。知覚は精神の、己固有の本性に従った活動であると。「私が自分の部屋の壁を見る場合、壁が私に働きかけることは全然ないし、できもしない。壁を知覚することは私の内における作用ないし働きである[53]。」しかして、私の内における働きを我々が理解し得るのは、独り反省によってのみである。反省によってのみ、精神の諸々の活動は各々の固有な姿において理解され得る。では、その反省によって、知覚という精神の働きはどのようなものとして描き出されるのか、どのようにリードは描き出すのか？

これの吟味は次節以下の課題である。本節と前節では、リードによる他の哲学者たちの知覚論の批判の大枠が問題であり、しかるに、知覚の事態の成立をどうリード自身が考えているかは、次の段階の事柄である。ただ、予め言っておけば、問題は精神の作用に関してその対象を語るとはどういうことか、この点に集約される。我々は、リードが知覚を含めた精神の諸作用の特質を言うために「内在的行為」という既存の概念を援用していることを取っかかりに、この問題を考えたい。すると、我々は漸くにして、想起や想像の作用の対象をリードがどう位置づけ、それとの関連で観念の概念をどう捌いているのか、考察する段取りに至ろう。そうして、これと関連して、他方で、知覚の成立に不可欠だと言われる感覚に関しては作用と対象とが区別されないとリードによって言われるのは、どのように理解され得るか、これを考えることも必要となろう。しかして、結局、我々はリードにおける観念の理論の最終的支配という、彼の意図を裏切る事態を明かるみに出しつつ、観念の理論と因果的思考との関係へと主題を進めていきたい。

C　知覚対象の現存の信憑

⒀ 知覚における想念、信憑、感覚

知覚の事態を自らがどう理解しているかを積極的に提示するにあたって、リードは次のように、知覚に三つの事柄が見いだされることを指摘することから始める。「第一に、知覚される対象の何らかの想念、ないし、概念。第二に、この対象が現在存在していることの強力で不可抗的な確信。そして第三に、この確信と信憑とが直接的であって、推論の結果ではないこと。[54]」なるほど、と思って読みながらしかし、我々はすぐに気づく。想念も確信ないし信憑も、何も知覚においてのみ見られる事柄ではないのである。そこで最も重要なのは、確信が対象の現存に関わっていることであることが分かる。そうして、実際、リードは、知覚の対象としての物体の現存に否定的な懐疑主義をこそ論敵として論述を進めたのであるから、これは合点がいく。しかし、やはりリードが取り出した道具立てでは何とも心細い。

ところが、リードには第二群の記述があって、そこでは知覚に対する感覚の不可欠の関与が主張されている。それは、知覚論の一角、知覚に関する哲学者たちのさまざまの意見を批判した後、知覚の対象とは何かを論ずる前の位置での議論である。曰く、「我々のほとんど全ての知覚は、それらに常に伴う、対応する感覚を持っている。[55]」こうして、我々は漸く、リードの意見では知覚においてのみ見られる要素を手に入れるわけである。ただ我々は、リードによれば感覚とは何か、そして、感覚と知覚との対応とは何かと尋ねながら、その際、何ゆえに感覚の関与が、第一群の記述の際には指摘されなかったのかをも、考えないわけにはいくまい。ほとんど全ての知覚であって、例外なく全部の知覚が、対応する感覚を持つのではないから、なのか？　ところが、我々は、引用文に続く一連の議論の中で、次の文章に出会わすし、そして、議論の運びから判断して、こちらの方こそ、リードの真の考えを表明していると理解すべきなのである。曰く、「どの異なった知覚も、己に固有の感覚と結合している。[56]」

ともあれ、我々は知覚に関するリードの見解を、大筋としては、信憑、想念、感覚の順序で吟味していこう。

⒁ 知覚における信憑の直接性

確信、ないし、信憑の概念から検討を始めよう。知覚の中に想念とともに確信、信憑が見いだせることを指摘した知覚についての最初の吟味の中で、リードは、この確信ないし信憑自体がどのような事柄であるかについての考究は行わない。むしろ、夕暮れ時の知覚とか狂人の知覚とか、知覚には知覚対象の現存の確信が含まれているという主張を脅かすと受け取られるかも知れない特殊例についてのコメントを加えることが重要だと考えているようである。信憑、確信が何かは、論ずるまでもない自明のことだという考えが基調にある。そこで、彼が是非とも指摘すべきこととして向かう論点は、知覚に含まれる確信ないし信憑の直接性、即座性である。「この〔知覚が担う〕確信は、不可抗的であるだけでなく、直接的なものである。すなわち、我々が知覚するものの現存を確信するようになるのは、一連の推論や議論によってではない。我々は、対象の現存に味方する議論を何も求めない。ただ、我々が知覚するということだけを求める。知覚は己自身の権威に基づいて我々の信憑を要求し支配する[57]。」知覚における直接的な確信は、まずは推論に基づく判断と対比されている。

しかしこの対比だけでは不十分である。なぜなら、数学における公理もまた、推論を要さずして不可抗的確信を人に迫るものだからである。だが、リードは、「両者において、確信は同様に直接的であり、同様に不可抗的である[58]」が、「自明的公理の直接的確信を持つことと、我々が見るものの現存についての直接的確信を持つこととは、疑いもなく、別の事柄である[59]」と言って、それ以上の考察を行わない。両者は、悟性と知覚能力という別の能力が関与する別の事柄だとして済ますわけである[60]。我々は、知覚と数学の公理の把握と、両者に見られる確信の直接性が積極的な意味で同様のものであるか、訝しく思う。両者とも推論を要さないという否定面からは共通であるというに過ぎないのではないか。そこで、考察を進めるために、我々は、確信ないし信憑の問題を広く判断論の文脈におくことを試みよう。ただ、そのためには、信憑や判断についてリードが『知的能力論』で与えた叙述の、著書の構成上の位置について、若干の事柄を踏まえて置くが望ましいと思われる。

⒂　想念と信憑についての叙述が占める位置

信憑を主題的に扱った僅かばかりの文章の冒頭で、リードは書いている、「信憑、同意、確信は論理的には定義できない言葉だと私は考える。なぜなら、これらの言葉によって意味されている精神の作用は申し分なく単純であり、固有の種類の作用であるからである。[61]」信憑が精神の作用であること、これは、言うまでもないことであるように思えるかも知れない。しかし、精神の諸作用として通例リードが挙げるものの中に、信憑作用は入ってない。知覚、想起、想念、この三者が一番頻繁に、そして必ず挙げられる精神の作用である。また、これに、感覚の作用を、あるいは意識の作用を加えるのが当然だと受け取られる文章の運び、論述は指摘しきれぬ位に数限りなくあるし、他方、抽象、判断、推論、審美の諸能力、従って、それら能力の作用が、これらは精神の作用例が挙げられる普通の場合には触れられないにも拘らず、著書、『知的能力論』の構成上では前三者と並ぶ資格で論じられている。そうして、信憑は『知的能力論』の中では、知覚論の中のつつましい一章の、しかも一部を与えられているに過ぎない。それも、随分と後の方、知覚論の主要な議論が済んだ後の箇所でである。[62]これはどのような事情によるのか？　上述の引用文でははっきりと、信憑は他に還元できない独自の作用であることが述べられているのである。

精神の諸々の作用の固有性を示すことがリードの、観念の理論の批判における戦略であったことには、我々は既に言及した。[63]けれども、我々が信憑を論じようとしているのは、これが知覚という精神の一作用の中に見いだされるとリードが言うからであった。しかるに、知覚自身、想起や想念の作用から区別される一個の独自な作用と位置づけられているのである。いったい、精神の一作用（知覚）の中に、もう一つ別の作用（信憑）が見いだされるとはどのようなことなのか、必ずしも判然としないのではないか？

我々の見るところ、リードが精神の作用の列挙の際に、知覚、想起、想念、それから感覚や意識を挙げる場合、作用の対象の区別を念頭になしていると思われる。作用の固有性は対象の固有性と相関している。しかるに、『知的能力論』の構成は、概ね、精神の知的能力の発達順序を尊重して吟味されるという体裁になっている[64]。そうして、その順序に従った最初の三つは、対象の区別を尊重しての列挙に重なり合ってはいるが、その三番目のもの、すなわち、想念以降に論ぜられる能力の場合、各作用の対象は一通りに定まらないのである。そこで、想念に関して言えば、知覚や想起と並べて挙げられる場合には想念の対象は存在していないものという対象として考えられているのだが、いざ想念が主題として論ぜられる時には想念の対象はあらゆるものに及ぶことが認められ、かくて、想念は、現存する対象やかつて実在した対象と関わる知覚や想起において既に働いているものであることが主張される[65]。つまり、知覚や想起の一成分たる身分としての想念が想念論の中でも確認され、知覚や想起が主題として論じられた際の叙述内容との整合性が維持されるわけである。しかして、知覚や想起の一成分として働く想念は、人間の知的能力の使用の一等最初から機能しているのであり、そこで、想念の作用が著書の構成上は三番目に置かれているのは、裸の想念、すなわち、他の精神作用の中に入り込まず、単独で働く想念の作用は、知的能力の発達史において遅れて来るものだからであると、こう我々は解釈する[66]。（しかして、想念の扱いのこの二重性こそ、リードによる観念の理論の批判の成功を危うくするものであることを、我々はおいおい見ていくことになろう。）

翻り、信憑という作用であるが、これの位置はどう見るべきなのだろうか？　信憑の対象に関して言うなら、事情は想念の事情に似ていると、我々は思う。数学的公理に対する信憑が語られていることからも分かる通り、信憑の対象もまた一通りに定まらない。信憑は、他の諸作用の出現と共に適用対象範囲を拡大していく。想念作用との共通点はもう一つある。信憑が知覚に含まれるとは、やはり想念作用と同じく、精神の働きの最初期から機能していることを物語っている。けれども、信憑は想念と同じような扱いを受けていない。これはどうしてか？

想念の扱いとの違いは二方面にわたっている。一つは知覚論の中での取り扱いで、想念も信憑も知覚に見いだされる事柄として最初に指摘され、その際に両者についての（吟味というよりは）簡単な解説が与えられるのだが、信憑のみが更めて、（知覚論の中の）独立した章の中で議論し直される。その代わりに、これが二番目の違いだが、想念は知覚論全体と（分量的にはともかく、著書の構成上は）同等の重さを与えられて論じられるのに、信憑に関してはそれは見られない。

しかして、前者に関しては、リード自身、信憑についての議論をその箇所でなすときに考慮した事柄があるはずで、これは、感官に関する一連の議論が自ずと信憑に触れることを要求した、というのが実情だろう、こう我々は推測する。信憑は感官の明証性についての論述と組になってなされ、感官の改善、感官の過ちについての論述に先立つことがどうしても必要だったのである。しかるに、知覚における限りの想念という主題は、実はまさに知覚論における観念の理論の批判という形で扱われていると言えないこともないのである。ただ、その内容は我々が既に見た他の哲学者たちの見解の破壊的作業であり、リード自身の理論の積極的提示が、破壊との対照によるものを越えてなされているとは言い難い。

では、第二の違い、信憑が想念のように知覚と並ぶ資格での独立的扱いを受けなかったのはどうしてだろうか？我々の考えでは二つの理由がある。想念とともに精神に新たに広大な対象領域が開けるのに対し、信憑とは既に或る対象が与えられてある場面でその適用が問題になる類の作用でしかないこと、これが一つ。（ただ、対象の種類を選ばない、すなわち、対象は一通りに定まらず、対象領域の増大と共に信憑の適用領域も増えていく。）もう一つの理由は、信憑の問題は実質的には判断論の枠内で処理できるようにリードの体系ではなっていることである。実際、我々は、信憑は判断に含まれるものとリードが考えていると解釈できることを示したい。（といっても、その意味は、判断があるならそれに信憑が必ず含まれているというのではなく、それが言えるかはともかく、信憑が現れる限りでは信憑は判断の中なるものとしてのみ実現されるという意味である。）

ところで、判断は『知的能力論』の構成上は想念の後で扱われる。ということは、精神の知的能力の発達史において、知覚等よりは遅れて成熟するものだとする考えがリードにあるわけである。我々の見るところ、このような考えを採る際にリードの念頭に範型としてあるのは、裸の想念作用が働く発達段階に精神が達した後で、そのような想念をのみ前提として生ずる判断である。（そして、これが後に我々が重視しようと考えている、純粋な判断作用に他ならない。）

しかし、信憑が知覚の必要構成物であり、かつ信憑の実現は判断においてであるなら、判断は既に知覚の中で働いていることになる。すると、想念に関して我々が指摘したと同じ事態にぶつかる。すなわち、独立的成熟以前に働いている想念という考えに見合ったもので、知覚や想起から解放される以前に、それらの中に閉じ込められて働いている判断、という考えを見いだすことになるのである。

⒃ 信憑と判断

信憑が判断の中なるものであるとリードが考えていることを窺える材料として、最初に次の文章を拾おう。「己の源泉が判断の機能にある諸概念、ないし、諸観念がある。なぜなら、もし我々が判断の機能を持たないなら、それらの概念が我々の精神の内に入ることはできなかっただろうから。……これらの概念の中に、我々はまず判断自身を数え入れることができよう。それから、命題、その主語、述語、コプラ。更に、肯定と否定、真と偽、知識、信憑、不信、意見、同意、明証性をも、数え入れることができる。……我々はこれらの概念を、我々の判断について反省することによる以外のどんな源泉からも手に入れることはできない[67]。」この文章は決して分かりやすいものではないけれども、信憑とは（少なくとも或る種の）判断作用に含まれているものであるとリードによって考えられていることを示すものと受け取っていい。なぜなら、この文章の前にリードは、この文章で信憑と並べて挙げられた諸概念を使って判断とは何かを述べているし、すぐ後では、判断と信憑とを言い換え的な仕方で併記したり、信憑を判断の本質的随伴物として述べているからである。曰く、「我々が判断を表現するのは、肯定か否定かによってである。[68]」「判断は命題によってのみ表現され得る。[69]」「判断はどれも真か偽かのいずれかである。[70]」他方で曰く、「人生の最初の時期に、幼児が何らかの判断、ないし、信憑を持つものかどうか、疑問があり得よう。[71]」「これら〔感覚、知覚、想起等の諸作用〕のすべてが、何事かが真、もしくは、偽である、という決定に、そうして、その結果たる信憑に伴われているのは、確かである。もし、この決定が判断でないなら、それは名前を得てない或る作用である。……それは精神的な肯定、もしくは否定である。それは肯定的、もしくは否定的命題によって表現されることができ、確固たる信憑を伴う。これらは判断に特徴的な事柄であり、他の名前を見つけることができるまでは、この決定を私は判断と呼ばねばならない。[72]」

けれども、右の最初の文章で列挙されたさまざまのもの、すなわち、命題、真と偽、信憑等が判断に含まれる仕方は、一様ではあるまい。命題は、判断が表現される限りでは、その必然的形式である。ただ、判断は表現されるとは限らない。次に、判断は真か偽かいずれかである。では、信憑と判断との関わりはどんなものか？　上の引用の最後の文章では、判断には必ず信憑が伴うとリードが考えているように読めるけれども、そこでは感覚や知覚等における判断が問題であるからかも知れない。（知覚では判断は必ず確固たる信憑という形を取ると、リードが考えていること、これを直ぐに我々は示すことになろう。）実際、信憑と不信とは対立するわけで、不信が判断に含まれる（ないし、随伴する）ことがあるなら、信憑が判断に含まれないこともあるはずではないのか？[73]　しかして、信憑と不信との対立は、真と偽との二者択一的対立とは異なろう。というのも、信憑や不信の次に挙げられている意見や同意は、両者の中間で成立するものだろうから。ロックの知識と判断との区別に批判的註解を加える箇所で、リードは書いている。「知識において、我々は疑うことなく判断する。意見において、幾らかの疑いをまぜて判断する。[74]」「判断は、蓋然的であったり確実であったりするあらゆる種類の明証性、あらゆる程度における同意と不同意にまで広がっている。[75]」疑いをまぜたり、蓋然的なものと自己規定する判断を、信憑を含む判断と言えようか？

けれども、リードの《信憑》という言葉の使い方は二義的である。多くの場合、《信憑》は《確信》と同義に使用されている。この意義を採るなら、判断が必ず信憑を含むとは確かに言えない。しかし、広義では《信憑》はありとある程度を容れ、不信から確信までは連続的推移となり、そこで信憑はむしろ、あらゆる判断の核心部をなすものとなる。この後者の場合、信憑は恰も判断と同義であるかのごとき文章すらみられる。曰く、「信憑は言語においてはいつも、何事かが肯定されたり否定されたりする命題によって表現される。[76]」しかるに、判断に関してリードは、古くからの次の定義を受け入れるのである。「判断とは、それによって或ることが肯定されたり否定されたりする精神の一作用である。[77]」そうして、判断は表現されるとは限らないが、もし表現されるなら肯定命題や否定命題によって表現されると言われる。[78]しかして、我々が関心を持っている文章は次のように続いている。「信憑なしには肯定も否定もあり得ないし、肯定や否定を表す言葉の形式を何か我々が持つこともなかっただろう。信憑には、ほんの微かな怪しみから満々たる確信まで、ありとある程度が認められ得る。[79]」このような広義の場合、信憑作用が判断作用の中核をなしつつ判断作用とほとんど重なり合うことは、次の二つの文を比べてみると、実感される。「我々は何であれ、信憑の根拠であるものを明証性の名で呼ぶ。[80]」「明証性は判断の根拠である。[81]」

しかして、広義なら、判断という言葉を使用すれば十分であろうから、以下、我々は《信憑》という言葉を確固たる信憑の意味で、すなわち、《確信》と同義のものとして狭く解して使うことにする。（従って、判断に必ず含まれるとは限らない確固たる信憑について語ることになる。）そして、リードの使い方で広義のものと解釈すべきときは、注意を与えれば済むであろう。ともあれ、我々が一番関心を持っている知覚においては、確信が問題であるのは言うまでもない。

⒄ 知覚に含まれる判断

さて、知覚に含まれる信憑とはどのようなものか？　前節の考察を受けて我々はこの問いを、知覚において働いている、信憑を伴った判断とはどのようなものか、と置き換えることができよう。そして、こう置き換えることによって、知覚における信憑を論ずるためのより広い枠組みを手に入れ得ると信ずる。というのも、こうして我々は、知覚における信憑を、知覚における判断として、（後述する）純粋な判断との対比で理解する術を手に入れるからである。しかして、純粋な判断において理解されねばならないもの一つとして、数学的公理に対する信憑があり、すると、この信憑の不可抗性や直接性と、知覚における信憑の不可抗性や直接性との違いは、判断の種類の違いとして見えてくることが期待されるわけである。そこで問いはまた、知覚においては判断は必ず即座の信憑作用となるとはどういうことか、どのような仕方でそうなるのか、との形に仕立てることもできよう。しかして、リードも、知覚の分析を主題とするところでは判断に触れていないけれども、判断論においては、知覚を判断の機能だとする一般的な考えを是認している。「一般的な言葉では、感官、想起、意識が判断する能力だと考えられていることを示す沢山の言い回しがある。我々は言う、人は目で色を、耳で音を判断すると[82]。」

けれども、我々の関心は、かといってリードが、知覚自体、ないし、全体を判断の一種だとしているかというと、そうではないことにある。彼は反対に、判断を知覚という独自な事態の中に取り込まれたものとする。「判断がこれら〔感覚、知覚、想起等〕の働きの必然的随伴物と呼ばれるべきか、それとも、むしろ、それらの働きの部分、ないし、成分と呼ばれるべきか、私は争わない[83]。」肝心なことは、判断の作用が必ず現れることであり、しかも、知覚の作用に基づいて現れることである。「私の判断は私の知覚に根拠づけられており、私の知覚の必然的随伴物、ないし、成分である。[84]」

判断は、いわば自律的なもの、すなわち、知覚が与えてくれる材料を検分し、己の責任において下されるもの、自己決定的なものとは考えられていない。別言すれば、知覚に関わる限りでの判断の機能を、いわゆる感覚的なものに（それよりは高級なものたる資格で）介入してくる上級審的機能とするような考えを、リードは採らないのである。あるいは、判断が知覚を己の高みにまで引き上げ、そうすることによって知覚を判断の一種として完成させると考えるのでなく、判断は逆に知覚の中に引きずり込まれ、それに従属させられるものであることを認めるのである。

もっとも、これゆえに、知覚における判断は特殊な判断だ、というふうに解釈すべきと我々は考える。実際、リード自身も、この判断と区別されたものとしての純粋な判断について、通りすがりの仕方ででしかないが、語っており、すると、この判断は、本来《判断》なる名称の下で理解されるものから、若干ずれているものということになりはしないか？　そうして、ここから、恐らく、先の引用文におけるリードの遠慮、問題の作用を判断と呼ぶべきかどうかについての遠慮も出て来るのだろう[85]。

そして、或る箇所でリードは、《自然の判断》という言葉を決然と採用する。これは恰も、マルブランシュにおいて、知覚の際に働く自然的判断が、本来の自由な判断から区別され、結局は名目的なものになってしまったことを想い起こさせる。（ただ、マルブランシュの自然的判断の概念が含むところは、リードの自然の判断の概念よりはずっと複雑なものである。）リードは書いている、「この種の〔すなわち、知覚等における〕判断は純粋に自然の贈り物である。……この信憑を、我々は我々の自然の構成的本質によって、我々自身の何の努力もせずに持つのだから、我々のどんな努力もこれを覆すことはできない。……これらの判断は、厳密な意味で、自然の判断と呼ばれることができよう。我々が欲っしようと否と、自然は我々をこの判断の下に置くのである[86]。」

知覚における判断は、自由な判断ではない。従って、また、判断の根拠を考慮することも、逡巡も疑いも見られない。

判断は常に即座の信憑を伴う。もっと適切に言えば、知覚における判断は、否応無しの信憑として常に既に実現し終えたものとして姿を現す。また、だから、この引用文におけるごとく、（ここでは《確信》と同義の狭い意味における信憑が問題であるのに）、《判断》と《信憑》とが無造作に（リード自身は恐らく無自覚に）入れ換え可能な語として使用されもしているのである。

けれども、知覚における判断が純粋なものではない、というのはどういうことか？　判断自体を越えたものに依存している、ということか？　純粋な判断についてリードは次のように述べている。「そのような必然的命題に対する我々の同意は、感官や想起や意識などのどの作用にもとづいていないし、これらの協働を要求もしない。それは想念の作用以外の何の作用も伴わないが、想念はあらゆる判断に随伴しなければならないのである。それゆえ、我々はこの必然的事柄についての判断を純粋な判断と呼ぶことができよう[87]。」

だが、すると純粋でない判断とは逆に、たとえば感官の作用にもとづいたり、その協働を要求する判断だということになろうが、純粋でない判断たる自然の判断は知覚の中、すなわち、感官の作用[88]の中に含まれているのではなかったか？　そうなら、自然の判断では自らが自らに依存していることが主張されているだけなのか？　仮に、判断は知覚に随伴するものであって、知覚の中なるものではないという、リードが認めるかも知れない可能性を採ったとしても、その時、感官の作用の中に何が残るだろうか？　知覚には想念と信憑、つまりは想念と或る種の判断だけがあるとするリードの公式的見解から判断を取り去れば、想念しか残らない。（同じ議論は想起に関しても展開できるゆえ、知覚には感覚の関与があるという主題は、いったん脇に除けておく。）してみれば、純粋な判断とそうでない判断との差異はどこにあるのか？

我々は、通りすがり的に書かれた《純粋な判断》という言葉に拘泥しているだけなのだろうか？　否、これが重要な論点として機能するのは間違いない。詳論は次章で想念と判断との関係についてのリードの考えが吟味され終えるまで留保されねばならないが、今は、純粋な判断が必然的事柄に関するものとして提示されていることに注目したい。翻り、感官や想起が関わるのは、偶然的事柄なのである。そこで、我々は、必然的事柄と偶然的事柄との対照を、明証性についてのリードの見解の検討に絡めてなしたいと思う。ちなみに、信憑を主題とした僅かばかりのリードの論述は感官の明証性を論ずる過程でなされたのであるし、また、判断と信憑との関係について我々が論じた際に、我々は、明証性が判断の根拠、信憑の根拠として言及されている文章に出会わしていたのである。

⒅ 明証性に程度を認めるのか

まず、周縁的問題から解決しておこう。先に引用した文章の中で、明証性に蓋然的なものがあることを言っている文章は、我々を戸惑わせる。普通の言葉遣いに照らしてもそうだし、リード自身の、「明証性は判断の根拠である」という、やはり先に引用した文章に続く、「そして、我々が明証性を見る時、判断しないことは不可能である[89]」という文章の含むところからしても、そうである。見られた明証性が蓋然的でしかないことがあるなら、その時、人は判断を保留することをよくなすのではないか？　すると、蓋然的明証性の可能性に触れていると読める文章は、単なる筆の辷りなのか？　そうでもなさそうである。明証性を主題的に論じたまさにその場所で、リードはやはり、「明証性のさまざまの種類と程度」を二度も口にするのだから[90]。

我々は次のように解釈するしかないと思う。明証性を言うとは明証性を担う事柄を言うことである。しかして、その事柄についての判断は当の明証性を見る限りで不可避のものたらざるを得ない。この、明証性から判断への方向におけるものとして明証性を考えるとき、明証性に蓋然性を語ること、程度を認めることは不適切である。（だから、また、その判断は必ず確信を含んだものとなる。）そうでなければ、どうして明証性が判断の根拠になり得ようか？

しかし、他方、或る事柄について判断しようとする場合にその根拠として明証性を考えるとき、明証性の程度を言うことはやはり理に適っている。しかし、その内実にあるのは、判断を下そうとしている事柄と明証性を担う事柄との不一致でしかなく、明証性を担う事柄自身の明証性に程度を言うことは意味をなさない。明証性を見るときに判断しないことは不可能であるが、しかし、そもそも、判断は根拠として明証性を持つことなしにでもなされ得る、この方向の違いを解釈の中心に据えなければならない。リードは書いている、「人々がしばしば信ずべき正当な根拠が何らないのに信ずることは……余りに明白で否定できない[91]。」だから、或る事柄についての判断は、その事柄自身或るいはその全体は明証性を有していなくとも、何らかの根拠に基づいてなされ、根拠とされた事柄が（これは判断される事柄の部分である場合が多かろうが）それ自身の明証性を持っていることは大いにあり得、その明証性は問題の判断にとっては不十分であるかも知れないが、同時に、明証性の担い手に関して端的に（すなわち程度を語ることを無意味とする仕方で）明証的なのである。

我々の解釈がリードの考えに合致していることは、判断の表現に関してリードが与えたコメントからも支持される。判断が表現されているのであるにも拘わらず判断であることが明示されない命題が多数あるのは、理由あることだ、とリードは言うのだが、その際、彼はこう述べているのである。「それ〔すなわち、判断〕が必然的に含まれていることを誰もが理解しているときに、判断が明示的に言及されないのには立派な理由がある。……そのような場合、我々は辛うじて明証性（証拠）にのみ言及するのである[92]。」この文章に先立つ箇所は、明証性を言えば判断したことをも当然に言ったことになるとされるその判断とは、真であらざるを得ない判断であることを示している。すると逆に、続く文章、一見、明証性に程度を認めているかに読める文章が、実は明証性と判断との根拠づけの関係を前提した上で、下された判断を全面的に根拠づけるためには明証性がどれ程の分量（すなわち、判断される事柄の範囲全体に見合うだけの広さ）必要かを物語っていること、決して、どの程度の明証性が要求されるかを言っているのではないこと、また、明証性の量が不十分でも（場合によっては零であっても）人は判断し得るとリードが考えていることを示唆していること、が理解される。曰く、「言及された明証性が疑いの余地を残すときは、余分でも同語反復をなすのでもなく、我々は事柄がこれこれであると判断すると言う、なぜなら、このこと〔こう判断すること〕は前に述べられたこと〔すなわち、言及された明証性、および、その明証性が当然に含む真である判断〕の中には含まれていないからである。」[93]

⒆ 明証性の種類

しかして、リードの主張で重要なのは、明証性に程度を認めるべきか否かという論点でなく、明証性にさまざまの種類を区別しなければならないという論点である。この論点を持ち込むことによって、知覚におけると数学におけるとで信憑はいずれの場合も不可抗的で直接的であるが、にも拘わらず、表面の一致の背後で両者は実質的には違っていること、このことが顕わになり始める。つまり、両者の差異が、知覚能力と悟性という精神の知的能力の例の異なりによって説明されるに留どまらず、対象の側の異なりに対応するものとしても浮き彫りにされることが期待される。[94] 実際、両者は各々、偶然的事柄と必然的事柄とに関わっているのである。

明証性のさまざまの種類の区別を尊重することは、精神の諸々の作用の固有性を認めるべきというリードの姿勢と直結している。明証性をただ一種のものに還元しようとすること、あらゆる真理に共通の基準を求めようとすること、第一原理の多様性を認めないこと、精神の知的作用をことごとく（哲学的な意味での）観念の把握として考えること（すなわち、観念の理論を或る仕方で持つこと）、これらは皆、リードが近代哲学に見た欠点の異なった表現に過ぎない。（序ながら、近代哲学の批判が観念の理論の批判を主軸になされる以上、近代哲学が明証性に関して持つ考え方を批判することも、観念の理論の批判に結びつけてなされる道が開けているはずである。）

さて、知覚における判断の特殊性を我々は強調したいわけであるが、この特殊性は、知覚の事態が担う明証性の特性から浮き彫りにされることができるだろうか？　明証性に関する議論でリードは、明証性を判断との関係においてでなく、信憑との関係において扱っているが、そのことは明証性から出発しての（判断、ないし、信憑へ向かう）方向が問題であるゆえ、先の我々の議論に照らして、支障を生じさせない。《信憑》という言葉の広狭二義という問題点も尚更に内容に響かない。

さて、リードは感官の明証性を、推論の明証性、公理ないし自己明証的真理の明証性、証言の明証性、それから記憶の明証性と比較し、似通った点、相違点を挙げつつ、感官の明証性がそれらのいずれにも換言できない独自の性質を持ったものであることを示す。我々は彼の議論を逐一追うことはせず、彼の指摘内容を我々なりの遣り方で再編した上で、重要な二つの対照を取り上げよう。

この箇所でリードが検討した明証性は網羅的なものではないが[95]、知覚の明証性の特性を示すのに必要な対照項を十分に含んでいる。第一の対照は、推論の明証性と他のものの明証性との間で描かれる。推論の明証性は、「既に知られ信じられている命題[96]」を前提し、これからの帰結たる資格で獲得されるものであるが、他の明証性は己固有の権威によって明証的なのである。この対照が、（明証性に基づく）信憑の直接性と間接性との対照の基礎をなしていることは言うまでもなく、だからその叙述は、この後者に関する先の引用文で既に述べられていたことの反復でしかない。そもそも、直接性の定義が推論の不要性なのである。

我々としては、ここで、直接的に明証的なものは第一原理の身分を与えられ、かくて、リードではさまざまの種類の第一原理が認められていることが、ここの議論に連ねられ得るはずだ、ということを指摘したい[97]。だから、知覚対象の現存を信ずることはもちろん、第一原理に数え上げるべきものなのである。この点を考慮すると、「自分が見たり触れたりするものを信ずることの理由を求める人は誰もいない[98]」が、哲学者たちはその理由を求め、見つけ出さずにいることを指摘しているリードの背後の問題意識が理解される。知覚対象の現存の信憑の理由を探す哲学者たちは既に、いか程か懐疑の道に入り込んでいるのであり、第一原理の在処を狭く取り過ぎている、そうして、本来第一原理であるものを他のものによって説明しようとしても、できるはずがない、そういう批判として件の指摘はあるのである[99]。そうして、これを明証性に関する見方との関連でいえば、我々は次のように補いたい。すなわち、近代哲学は明証性の場を意識の明証性に限定したと。（ところで、興味深いことに、意識の明証性とはリードによれば、感官の明証性や想起の明証性と非常に似通った種類の明証性で、数学的公理の明証性とは大きく異なるものであるのだが、近代哲学の初期においては、意識の明証性の中で、数学的公理の明証性等は所を得させられたのである。そこからリードの解釈に至るまでには、意識の明証性が意識事実の明証性として位置づけられる過程が踏まれなければならなかったのである。）

第二の対照は、明証的なものだとして知られる事柄の内容に関わっていて、第一の対照のごとく事柄の知られ方に関するものではない。すなわち、推論の明証性と公理の明証性とは必然的真理の持つ明証性であり、しかるに知覚や記憶等の明証性は偶然的事柄の明証性である、という対照である。しかして、必然性と偶然性との対照は、「物事の抽象的関係」と「本当に現存するか実在したもの」との区別に割り振られると、リードは考えている[100]。そこで、知覚における判断の特殊性を考えるには、この対照が重要だと我々は考える。元々、知覚対象に含まれる信憑（従って判断）は、知覚対象の現存についての信憑、無条件の肯定判断として語り出されたのであったのだから。こうして、必然性と偶然性、抽象的関係と実在性、純粋な判断と自然の判断との三つの対概念が、リードの分析を支配していることが分かってくる。

⑳ 偶然的なものの明証性

偶然的なものとはどんなものか？ 或る限定された時間と空間においてのみ真理であるもの、従って、いつでも何処でも変わることなく真理であるわけではないもののこととリードが考えていることは、彼の文章からすぐに読み取れる。そうして、同じく偶然的なものでしかない想起の明証性と知覚の明証性とを区別する第一の事柄は、実に単純に、その限定された時間が過去の時間か現在の時間かの違いだ、とリードは言うのである。[101] しかるに、この時空の限定は正面きっては言われないけれども、実在するものに関わる。実在するものは、そうして実在するものだけが、いつか何処かに、限定された時空の中なるものとして己を規定する。

さて、時空において限定されてある実在するものの明証性、これは当然に、やはりその限定された時空と特別な関係にある或る限定された時空の中で実在する者に対してのみ明証的であるのではないだろうか？　誰もが知っていること、法隆寺を見るには法隆寺のある場所に行かねばならず、その鐘の音を聴くためには鐘の音が聞こえる場所に、音がしているときに、行かねばならないこと、この至極単純なことを我々は取り上げねばならない。この余りに当然のことであるがゆえに却って真剣に吟味の主題に上せられることの少ない事柄に、リードは、知覚の明証性と想起の明証性との差異の二番目の事柄として次のことを指摘したとき、瞬時、触れている。

「私は自分の目で、そうして目が対象に向けられ、対象が照明されている時にのみ、見る。しかし、私の想起は、私が知る限りのどんな身体的器官によっても、光や暗さによっても、制限を受けない。想起は別の種類の制限を持ってはいるけれども。[102]」しかし、この知覚に課せられた制限は、論じられるときには、印象〔刻印〕の概念の下で、そうして心身関係の問題に取り込まれるべきものとして、論じられるのが普通であり、ここでの言及を別にすれば、リードでもそうである。だが、この制限を飽くまで明証性との関係で考えていくならどうだろうか。偶然的なものの明証性とは、明証性を担うものが時空的に限定されたものであるばかりでなく、明証性を見ることとそのことも時空的に限定され、[103] それゆえ、その明証性に基づく判断は無制限に反復できる類の判断ではない、このような理解へと進まねばなるまい。しかるに、普通、判断とは、判断されるべき事柄が時空的に限定された事柄であっても、反復され得るのが当たり前ではないのか？[104]

さて、このような理解へ進んで初めて、我々は純粋な判断と自然の判断との違いの一端を把握することができると思う。（もう一端は、普通の想念と判断の場合に両者に見られる相互要求的構造が明らかにされるまで、放置せざるを得ない。）自然の判断が純粋な判断と違って想念以外の作用、感官、もしくは想起、或るいは意識の作用を要求するということの内実は、自然の判断が特定の時空にいわば閉じ込められていることに他ならない。感官、すなわち知覚や、想起に課せられた制限は、それらが出来事となることに関する制限である。そこで、知覚の対象や想起の対象が偶然的事柄であるだけでなく、知覚や想起の出来事自体が偶然的な事柄になってしまうのである。

無論、リードが別のところで言うように、どの精神作用も（実際に遂行される作用である限り）個的作用である[105]。個的作用であるゆえに、限定された時空において生ずる。そうして、この限定について偶然性を言うことはできよう。しかし、この偶然性をいわば克服するかのごときものとして、作用の反復可能性というものがあり得る。そして、実際、必然的明証性を根拠とする判断、つまりは、純粋な判断は、特定の時空に束縛されることなく自己を反復するのである。しかして、何ゆえに反復可能なのか？　純粋な判断は想念作用だけしか必要としないからである。無論、ここで想念作用とは裸の想念作用のこととしなければならない。そうして、この反復可能性の内に判断の自律性と呼ばれるものがあると我々は考えていきたい。（だが、この点の詳細は、先に言及した、想念と判断との相互依存関係の明確化の後で論じられるべきである。）我々の考えでは、このように解釈されてのみ、先の純粋な判断について述べられた文章は内容を得る。

翻り、知覚における判断は自由に自己を反復する判断ではない。判断の根拠としての明証性がおかれてある特定の時空につながれることから決して解放されない。偶然的なものの明証性は、明証性が偶然的であることを含意する。そして、明証性の偶然性は、それに基づく判断をも偶然的なもの、一回限りの、特定の時空に貼り付いたものにする。明証性から判断は不可避のものとして、すなわち必然的に出て来る。しかし、明証性と判断との全体が偶然性の刻印を免れない、その全体が一つの偶然的出来事なのである。

そうして、我々が考えるに、恐らく事情がこうであるゆえ、知覚における判断、つまりは信憑自身の起源を問う試みとその挫折も出てくるのである。何ゆえにかく判断するか、何ゆえに信ずるのか、理由を問うのでなく、どのような出来事の系列を経て、判断、ないし、信憑という出来事が生ずるのかと、問うことが生じ、だが、この出来事と他の事柄との結びつきは人智では説明できないのである。（しかして、説明できないと言われるときには、説明とは再び、必然的な結びつきを示すことだと考えられている。）人々は、「平面上の三角形の三つの角の和は二直角である」と信ずることの理由を問い、かつ、説明しても、その信憑がどのようにして生じたかを問いはしない。その信憑が出来事の系列によって説明できる類のものだとは考えないからである。「一が二の半分である」ことに対する信憑に関しても、その起源が問われることはない[106]。しかし、知覚に含まれる物体の現存の信憑については、その成立の仕組みを解明しようとする。これは、この信憑が基づく明証性を担うものが出来事としてのみ成立しており、かつ、その出来事と信憑とが出来事たる資格で結びつき、この結びつきから明証性が生じている、ここに目を向けるところに動機を持っていると、こう解さなければならない[107]。

リードがこのような事情にまで注意を向けたとは我々は言わない。彼は幾分混乱した論理の中で、「この信憑の起源を追跡しようと望む[108]」試みが生まれることを認め、しかし、それが無益であることを言い、だが、試みが成功しないからといって、信憑の権利が否認されるべきことには少しもならないことを指摘する。彼は、「自然が闇の中で仕事をし」、我々はその結果を受け入れるしかないことを繰り返す。この言明の中に、我々は、偶然的な事柄の明証性はすべて孤立したものであるとされていることを読み取らねばならない。

リードは書いている、「ある刻印〔印象〕が我々の器官、脳、神経にもたらされたときに、或る対応する感覚が感じられ、そして、或る対象が想われ、かつ、現存することが信ぜられること、それを我々は知っている。しかし、この一連の作用において自然は暗がりで仕事をする。我々はそれらの作用のどれについてもその原因を知らないし、互いの間の必然的結合も少しも知りはしない[109]。」

リードは、器官における変化がなくとも、或るいは感覚が生じなくとも、我々が外的対象の知覚をなすように造られたかも知れないことを想像してみせる。物体の秩序と精神の秩序との間の働きかけ合いの関係も必然的結合の関係も認めないのは固より、感覚と知覚という共に精神の秩序に属するものどうしの間にすら、必然的関係を何ら承認しないのである。しかし、これらの一切が本来ばらばらで、それらは偶然的な事柄であるとしか見なされないとしても、また、それらの事実的結合関係の在りようが精密に見いだされたとしても、それらのことは知覚の事態そのものの明証性を暗くすることにも増すことにも何ら関係ない。リードは結局、知覚の明証性を「自然からの贈り物[110]」として受け取り、それ自体で固有の権威を持つことを認めねばならないと主張する。思えば、彼は知覚に含まれる判断を、自然の判断と呼んだのであった。

だが、我々はといえば、「自然の贈り物」ということの意味と、「自然が闇の中で仕事をする」ことの意味と、両者の違いを、よく嗅ぎ分けねばならない。贈り物をいうなら、判断の能力も推論の能力も、人の知的能力はすべて贈り物である。しかし、知覚における信憑、ないし、信憑としての判断というものは、能力として見た場合にもちろん自然の贈り物なのであるが、更にその能力の特定の発動、これこれの時にこれこれの事柄を信ずるということが出来事として生ずることもまた自然からの贈り物といえ、しかし、より適切には、自然がその時になした仕事の結果なのである。つまり、一般に被造物としての人間の能力は自然の贈り物でありながら、その能力をどう使うかは各人に委ねられているのである(また、ここから責任も由来する)が、知覚の中に含まれる信憑の場合、各人が欲っするか否かに無関係に、知覚の事態が生じている限りで、信憑能力は常に使用済みのものとして行使されている、リードの考えではこうなっているのである。

そこで、《自然の判断》という呼び名を導入する際にリードが《自然の贈り物》としてそれを性格づけたとき、彼は、知覚に見られる信憑の実態を見誤らせる種を蒔いたと言えなくもない。なぜなら、明らかに、自然の判断、すなわち、知覚における信憑は、自然が我々の内で我々に知られない仕方でなした仕事の結果、我々が受け取るものだからである。別言すれば、我々は信憑を、知覚の中で既に実現され終えているものとして見いだすのである。

(21) 知覚に含まれる信憑についてのリードの記述の曖昧な点

自然の贈り物を言うときリードは、あらゆることを知りたがり説明しようとする哲学者たちの試みを無益だとして遮断し、対するに、被造物としての人間がその「構成的本質[111]」に従って実生活を生きるべきこと、日常人の立場に立つべきことを主張しているのでもある。そこで、この主張を知覚の事態に適用すれば、人は己が知覚の能力を天与のものとして受け入れ、これを信頼して実生活に役立てよ、ということになる。しかして、この信頼は厳密に言えば知覚に対する信頼であって、知覚の中に含まれる信憑とは異なる。（両者の異なりは恰度、知覚力という自然の贈り物と、自然がその時々に知覚の出来事を成立させるためになす仕事との違いに対応している。）ところが、実は、リードが知覚における信憑について議論するとき、ともするとこの、知覚に対する信頼と、知覚に含まれる信憑とが混同されることが生ずる。そこで、この曖昧さを指摘し、それでもって、知覚における信憑の問題から知覚に含まれる想念の問題への橋渡しとしよう。

これまでの叙述から分かる通り、知覚における信憑でもってリードは概ね知覚対象の現存の信憑を考えている。これは、彼の最大の関心が物体の現存に関する懐疑主義の批判であることから、よく理解できる。けれども、時にこの限定が解かれ、知覚に対する信頼という形での叙述も見られる[112]。しかし、こちらの形は実は、知覚の中に信憑が含まれているかどうかとは無関係な内容を表明しているのである。それはたとえば、私が太郎を信頼し、しかるに太郎がネス湖の怪獣の存在を疑っているなら、私もネッシーの存在を疑うことになることを考えれば分かる。私の太郎に対する信頼は、太郎がネッシーの存在を信じていることを含意しない。

とはいえ、知覚に対する信頼が語られる場合、その背景にあるのは、知覚を知覚外の論理によって裁こうとする哲学に対抗し、知覚を第一原理に数え入れる常識の立場に立とうとする姿勢である。しかるに、この姿勢そのものは知覚の外で、知覚に関し、争われ選ばれているものである。そうして、対抗すべき哲学が物体の現存に否定的な懐疑主義の哲学であるゆえに、知覚に対する信頼の含みは、知覚対象としての物体の現存を支持するということである。けれども、この場合、やはり知覚という事態の立ち入った分析、反省による細部の吟味がなされている、いないは無関係である。そこで、厳密に言うなら、知覚対象の現存の支持が、現存の信憑という形であるべきかどうかは、未決定の事柄に属する。支持とは肯定であり、信憑とは確信を持った肯定判断であるのだから、このような区別は実質的でないように思えるかも知れないが、たとえば、現存の支持が信憑から自由に、要請としてなされる場合だってあり得るのである[113]。

ところが、知覚に対する信頼とは、ともかく知覚の全体を一切、無条件に肯定することである。すると、もし知覚の分析の結果、知覚の中になにがしかの信憑が含まれているなら、信頼は無論この信憑を承認する。しかるに、或る対象の知覚の中には、何もその対象が現存していることの信憑だけでなく、その対象が何であり、どのようなものであるかについての信憑も含まれているのである。そこで、知覚に対する信頼を語りつつ、その含みが知覚対象の現存の信憑に限定されていない文章の運びも、リードの叙述には散見されることになる[114]。

しかして、知覚対象が何であるかに関わるもの、これがリード言うところの、知覚に含まれる知覚対象の想念であるのは言うまでもない。「我々の感官が何であれ或る対象についての信憑を我々に与えることは、同時にそのものについての何らかの想念を与えることがなければできない[115]。」そうして、この想念は実は、知覚対象が何で、あ、る、かに関する信憑の中のみならず、知覚対象の現存についての信憑の中にも含まれていることが要求されるのである。なぜというに、或るものの現存を信ずるには、そもそも何に関して現存が信ぜられているかの決定が先決要件としてあるゆえに。

（ただ、後者の信憑が問題である場合、更に現存の想念が前提されるとリードは言う。しかも、現存の想念は抽象的なものであり、知覚の中に本来的に含まれているのではない類の判断の助けがあって初めて可能となる想念だと言う。[116]――この主張には混乱が潜んでいるが、それは措く。――また、リードの同じ要求の源は、そもそも信憑が判断であり、判断は命題の形式を取るゆえ、信憑が前提する想念というものは、命題の主語となるものの想念と述語となるものの想念と、二つながら必要になる、というところにある。[117]しかして、命題表現を取ったときの主語と述語との関係について、主語が個体である場合と普遍的なものである場合と、両者を分けつつ、かつ、両者の関係を追及しつつ、次章で論ずる。しかるに、この命題表現の問題に、抽象的なものとしての現存の想念という問題が重なってくるだろうことは、容易に想像がつくであろう。）

しかして、我々の関心は、現存する対象の想念と、単なる対象の想念と、両者の構造の違いを明らかにすることである。これをおいて、知覚に含まれる想念の特殊性に接近する道はないと考えるからである。しかるに、こうして我々はまた、知覚対象の現存の信憑の問題を、現存する対象の想念の問題へと移し変えてもいるのである。リードの叙述における「対象の想念、プラス、対象の現存の信憑」という列挙を統合して、「現存する対象の想念」という、本来見られるはずのものに近づいた形のもの、これを調べようというわけである。

D　知覚における想念

(22) 知覚対象についての二つの想念

リードは知覚について論じ始めた際の第一の事柄として、こう書いてる。「知覚するものについての何らかの概念、ないし、想念を持つことなしに或る対象を知覚することは不可能である。[118]」けれども、知覚を主題にしたそこの議論の中でリードが、知覚に含まれる想念について、議論を尽くしているかというに、全然そうでない。彼は想念が含まれていることは余りに明白なことだとしているのである。

彼が加える注意事項は三点だけである。第一、「我々は普通は対象を知覚するときの方が、それを知覚していないときに想い出したり想像したりするときよりは、対象のより明瞭で安定した概念を持つ[119]。」第二、「知覚においても、我々の感官が対象について与えてくれる概念は、より明瞭であったりなかったり、より判明であったりなかったりして、それには、ありとあり得る限りの程度がある[120]。」第三、「我々が或る対象について、外的感官によってのみ得る概念は、同じ対象について人が理解力の進んだ年齢になって持つ、もっと科学的な概念と混同されてはならない。人が科学的概念を持つのは、対象の多様な諸属性、ないし、多様な諸部分、そうして、それら属性、ないし、部分の相互間の関係、全体との関係に注意を払うことによってである[121]。」

そして、第一点に関してはこの文章だけで、例解も考察もなし、第二点には、距離の違いや明るさの違いによって見え方が違うことが例として、半頁にも満たない文章で綴られているだけである。第三点についても、この知覚論の場所では、焼き肉の串を回転させるジャックという装置について子供が持つ概念と、その仕組みを理解する大人が持つ概念とが違うことを例として述べる、やはり半頁足らずの文章しか与えられていない。ただ、同じ主題は、同じ例をまじえながら、判断について議論する箇所で再び取り上げられ、幾分かは詳しく扱われている。けれども、その議論は、或る知覚された対象についての科学的な、ないし、少なくとも判明な概念を手に入れることがどのようにして可能なのか、それには判断の働きが不可欠であるという点を説得することに照準がおかれているのであって、翻り、知覚だけの作用によって得られる対象の想念がどんなものか、科学的概念との対照が指摘されるのではあるが、判然とした叙述がなされているとはお世辞にも言えない。議論が判断論の中に置かれているはずである。

では、どのように我々は考察を進めればよいのか？　順序としてはやはり上述の判断論の箇所を、すなわち、知覚の対象には二つの由来を異にする想念があると論じている箇所を、幾分なりとも役立てねばなるまい。それが正面からの考察を提供し得ないにしてもである。その代わり、この箇所の考察は、リードが一般に判断と想念との関係をどう考えているかを確認し、かくて、（現存する対象の想念でなく）単なる対象の想念の構造がどうなっているとリードが考えているのかを知るのに役立とう。しかし、予め言っておけば、知覚に含まれる想念をリードがどう考えているか、これの考察に必要な材料を我々が見いだすのは、知覚の対象とは何かについてのリードの議論の中にである。それもそのはずで、知覚の対象と、知覚に含まれる想念の対象とは全く重なり合うのである。しかるに、知覚の対象とは何かに関するリードの議論の中で、我々は漸く、知覚に関与するあと一つのもの、感覚に関するリードの主張に出会う。すなわち、知覚においては、対象の想念を得るためには感覚が必要だとリードは主張するのである。しかして、我々は今はむしろ、知覚の対象に関し、知覚外から、従って感覚外からもたらされる想念、これについてのリードの考えを見、知覚に本来的に含まれる想念を、外から輪郭づけようというわけである。

(23)《観念》《想念》《概念》という言葉についての注意

しかし、議論を進める前に、《想念》とか《概念》とかの言葉についてのリードの注意を得心しておかなければならない。（その注意の中にリードによる観念の理論の批判の一根幹があり、同時に、注意内容を彼自身が貫き得ないところに、彼の挫折が見られること、これを我々はおいおい見ていくことになろう。）

まず、《想念》、《概念》、そうして、（リードが批判する哲学者たちの使い方におけるものでなく、日常の使い方として許される意味での）《観念》、これらが同義語であることをも言いながら、これら名詞形の言葉が、実際上は能動動詞形で表されるべき作用を表現するものであること、これを述べた次の文章を引用しよう。「精神の諸作用は、最も適切かつ自然には、また、あらゆる通俗言語において最も普通には、能動動詞で表現されるのだけれども、それら諸作用を表現する、もっと普通ではないが、やはりよく理解されはする別の表現がある。……或ることを想うことと、それの想念、概念、あるいは観念を持つことは、全く同義の言い回しである。これらの言い回しにおいて……想念、概念、観念は、想うという作用以外の何も意味しない[122]。」そうして、文章は《観念》という言葉の多義性を論ずる箇所で書かれたものであるゆえ、文章は次のように続いている。「明晰で判明な観念を持つとは、この意味で、事柄を明晰判明に想うこと以外の何ものでもない[123]。」同じ趣旨のことは、序論の言葉の説明の所でも既に述べられていて、そこでは更に、《想念》と《理解》とが同義語であることも言われている。すなわち、「通俗の言葉では、観念は、想念、理解、概念と同じ事柄を意味する。何であれ或るものの観念を持つとは、それを想うことである。判明な観念を持つとは、それを判明に想うことである。それについて何の観念も持たぬとは、それを全く想わないことである[124]。」

しかして、日常的使用における《観念》なる語の意味を中心に書かれたこれらの引用文の背後には、対するに、同じ《観念》なる語の哲学的意味での使用を批判する意図が基調にある。そこで、《観念》、《想念》、《概念》などの言葉が、精神の作用を表現する言葉であることを述べている上述の文章の趣意は、更に次のように敷延されねばならない。すなわち、《観念を持つ》等の言い回しは、目的語たる名詞部と他動詞部とに分かたれ得ない一纏まりのものなのであり、従って、観念というものが、持たれたり持たれなかったりするものとして、(観念を)持つという作用から独立してあるのではない。《観念》という名詞が使用されていても、それに対応する対象的存在物があるわけではない。観念は、持つという作用の対象であるのではなく、観念を持つということ自身が一つの作用をなしているのである。だからもちろん、この作用の対象の方は《観念》という言葉で指示されるべきものではない。《「何々」の・観念を・持つ》という表現は、《「何々」の観念》と《持つ》とに分かたれてはならず、《「何々」》と《観念を持つ(すなわち、想う)》とに分けられるべきで、この「何々」が、観念を持つという精神の作用の唯一の対象なのである。

そして、このように《観念》なる語の通俗的意味を説いてみせながらリードは、同時に、《観念》なる語の哲学的使用の虚妄性を衝く取っかかりを作っているのである。つまり、彼によれば、哲学者たちは観念に、精神の作用の対象たる身分を与えている。観念は精神と他の或るものとを、「そのものの・観念」として媒介するものとされ、《「何々」の・観念を・持つ》という表現は、精神が観念を直接的対象とすることによって「何々」という本来的に精神が狙っている対象と媒介的に関係を持つことを表現しているものとされる。けれども、このような観念に対する考え方、リードが観念の理論と呼ぶ考え方は、誤っている。なぜなら、精神の作用の対象というものは、彼によれば、異なる諸作用各々に応じて、現存する事物だったり（知覚作用の場合）、過去に存在したものだったり（想起作用）、現在、過去を問わず、端的に存在しないものだったり（想念作用）するのであり[125]、決して、観念というものではないのだから。そこで、哲学の中で語られる観念というものは、これら精神の諸作用を説明するために、精神、その作用、その作用の対象、これら三つ組に哲学者たちによって差し当たりは第四項として闖入させられた虚構物である、しかも、次いで、他の三者を侵食していくことになる思想的怪物である。以上のようにリードの見解を纏め得よう。

さて、すると、我々は《観念》なる語に関して言われた注意をそっくりそのまま、《想念》、《概念》という言葉でも引き継がねばならないことになる。このことには、次のような事情ゆえに、一層、心しなければならない。すなわち、リードは観念の理論の批判を力を込めて繰り返し行い、そのために《観念》なる語の使用を自分が批判しようとする相手方の意味におけるものに、つまり、哲学的意味におけるものに限ろうと努力し、翻り、その日常的意味、従って、許される意味に相当するものは、これを《想念》や《概念》という言葉が引き受けるに任せようとするのである[126]。そこで、我々としては、《想念》や《概念》という言葉が、《観念》という言葉の哲学的意味を纏ってしまうことのないように、纏わせて受け取ったりしないように、注意しなければならないのである。

《観念》という言葉には哲学者たちがでっちあげの意味を結びつけたけれど、《想念》や《概念》という言葉に関してはそのようなことが見られないから、その心配には及ばない、と言ってよいだろうか？　そう考えるとするなら、それは楽観的過ぎるというものである。リード自身は事の重要性に気づいていないけれども、日常的意味においては何ゆえに《観念》なる語は《想念》や《概念》に同義の語であり、たとえば《知覚》とは同義語ではないのか、他方で、哲学的意味において《観念》は、(想う働き、作用としてでなく、精神の作用の対象となる存在物として) 想念作用と同様、知覚作用の直接的対象ともされるのに？ 我々は既に、リードによる観念の理論の批判が知覚の場面でなされる様を見た。しかして、その際に我々は気楽に事を進め得た。というのも、知覚の対象としての観念という概念は虚妄であるという点に関しては、常識人とリードとは、ためらうことなく一致できると考えたからである。実際、知覚の対象は壁や机であり、壁の観念や机の観念ではないとするのは普通の考えである。しかし、この考えはまさに、知覚外の場面で壁や机の観念を語ることが自然であるとする考えと連帯しているのではないか？ そして、その知覚外の場面が、想念や概念が語られる場面に他ならないわけであろう。もちろん、リードはそれを認めているからこそ、《観念》なる語の日常的意味について発言するのではある。そうして、先の引用文が示す通りに、その場面でも、すなわち、リードが公式的に採用する用語では想念の場面でも、観念、想念、概念は、精神の作用の対象であるのではないこと、これらの言葉は、精神の作用そのものを表現するものであることを、読者に説得しようとする。けれども、我々としては気にしないわけにはゆかない、リードが《想念》や《概念》という言葉を (批判の対象としてでなく積極的に活用して) 使用するとき、彼の使用法は、彼が《観念》なる語の日序的意味に加えた注意を生かし切ったものになっているのかを。

(24) 知覚対象に向けられる知覚外の判断

さて、以上の言葉に関する説明を踏まえ、知覚の対象についての二種の想念、ないし、概念が指摘されるに至る箇所を見よう。それは、「物事についての正確で判明な概念を作るためには或る程度の判断が必要であること[127]」を論じた箇所で、リードが、この原則は感官の対象についての概念を持つことにおいても適用されることを述べた部分である。彼は例を幾つか挙げた後で議論をこう締めくくっている。「従って、感官の対象についての大ざっぱで不明瞭な概念があるし、判明で科学的な他の概念がある。前者は感官だけから得られることができるが、後者は或る程度の判断なしには得られることができない[128]。」ここで言われる判断が、我々が論じた、知覚の内に含まれる判断、信憑としてのみ実現される判断、自然の判断ではあり得ないのは明らかである。自然の判断は想念に付随する。ここでは、想念の前提としての判断が語られている。両者では、判断と想念との順序関係が逆なのである。そこで、知覚の対象に関して二組の想念と判断との組み合わせがあることになる。すなわち、感官だけから得られる不明瞭な想念とそれに付随する自然の判断、ならびに、感官の中に組み込まれているのではない判断とその判断の助けのもとで初めて得られる科学的想念。

これら二組の内容を、《想念》や《概念》という言葉をリードの言うもっと日常的な言葉に換えて、言い直してみよう。我々が思うに、次のように《理解》という言葉を中心に据えて解釈するのが適切だと思われる。すなわち、知覚することの内には知覚対象を理解することが必ず含まれているが、その理解は大ざっぱで曖昧なものでしかない。けれども、その理解された内容が真であることは必ず同時に信じられている。それは人間の構成的本質によるもの、自然が知覚の中で、隠れたところで仕事をした結果なのである。しかし、他方で、同じ知覚対象を判明に理解する仕方もある。が、それは知覚に含まれていることが必須であるわけではない類の判断の作用があってのみ可能である。（そして恐らく、その内容が真であるかどうかは検討の余地がある、つまり、人はそれを欲っすると否とに拘わらず信じなければならないようにはなっていない。）さて、我々の目標は、後者の理解仕方の内実を検討することによって前者の理解仕方の内容を外から（ないし、対照を通じて）限定することである。しかして、一般的なものと個的なもの、言葉の介入と不在、これら二つの対照を読み込むことによってのみ、リードの主張は納得のいくものになる、というのが我々の診断である。

ところで、感官に本来的に含まれている理解仕方と科学的理解仕方とは無論、全く切り離されたものであるわけにはいかない。リードは無邪気に、何の躊躇いもなく、両者とも、同じ、知覚の対象に関わっているとしている。そうして、前者から後者へ導くもの、それが知覚外の判断の働きというわけである。リードは書いている。「感覚的対象について我々が手に入れる最初の概念は、外的感官のみによって得られ、恐らく判断がなされる前に得られる。そうして、これらの最初の概念は単純でもなく、正確でも判明でもない。それらは大ざっぱで不明確で、カオスのごときもの、無定形で無秩序な塊である。この塊についての判明な概念を持つことができるには、塊は分析されねばならない。異質の諸部分が我々の想念作用において分かたれ、共通の塊の中に隠れて横たわっていた単純な諸要素がまず区別され、次いで一つの全体の中に一緒に置かれねばならない[129]。」

　しかし、この移りゆきにおいて、対象は個的なものから一般的なものへ姿を変え、言表以前のものから言表され得るものへ浮上する。だが、いったい、この移りゆきにおいて、本当に同じ対象が問題であり続けるのか？　そうだとするなら、想念の異なりとそれらの対象の同一とを可能にしているのは何なのか？　我々のこだわりは、現存する対象の想念における現存という述語の位置への問いに発している。現存の述語抜きにはあり得ない想念とそうでない想念と、両者を結びつける仕組みは何か？　我々は、個体については人は関係的想念をしか持ち得ないというリードの考えと、人が類や種についての判明な想念を持つとはどのようなことかに関する彼の考えを二つながら視野に収めつつ、首尾一貫した説明の可能性をいわばモザイクを組み合わせるように追及していくと、答えが出る、こう信ずる。しかして、関係的想念に関しては、個体とその一般的属性と両者を関係づける自然の判断、並びに、知覚への感覚の関与、類や種についての想念に関連しては、純粋な判断と定義、これらについてのリードの叙述を、モザイクの断片として収集することが必要であろう。

註

1 Thomas REID, *An Inquiry into the Human Mind*, ed. T. DUGGAN, The University of Chicago Press 1970（以下 *IHM* と略記）, p.261.

2 *IHM*, p.87.

3 *IHM*, pp.32-33.

4 Thomas REID, *Essays on the Intellectual Powers of Man*, M.I.T.Press 1969（以下 *EIPM* と略記）, p.231.

5 *EIPM*, p.200.

6 大勢としては、『精神探究』では前者の傾向が強く、『知的能力論』では後者が支配的である。しかし、『精神探究』でも、観念なる概念には長い歴史があることが考慮されている。後述、および註**14**を参照。

7 *IHM*, p.265. 次のような表現は至る所に見られる。「もし彼等〔バークリ、デカルト、ロック〕がこの〔観念の〕教説の帰結のすべてを、先に言及された著者〔ヒューム〕と同様に明白に見届けたのなら、彼等はこの教説を強く疑い、自分たちがなしたよりはずっと注意深く吟味しただろう。」*IHM*, p.87.

8 *IHM*, p.261.

9 「観念の教説は我々の外なる〔我々なしでも存立する〕物質的世界の現存を証明することを必要としたと同時に、困難にした。……デカルトのみならず、マルブランシュ、アルノー、ノリスもこの困難を認め、困難を取り除こうとしてほとんど成功しなかった。ロック氏も同じことを試みた。しかし、彼の論証は脆弱なものである。」*EIPM*, p.154.「この困難な問題は逍遙学派には思いつかれなかったようである。デカルトは困難を見、我々の幻像ないし観念から外的対象の現存を推論できる論証を見つけ出そうと努力した。同じ道が、マルブランシュ、アルノー、ロックによって辿られた。しかし、バークリとヒュームは易々と、彼等の論証を反駁し、それらの論証には何の堅固さもないことを示したのである。」*EIPM*, p.376.

10 *IHM*, p.261.

11 *IHM*, p.262.

12 『精神探究』の結論部は、古代の類似に基づく推論の方法と、近代の反省の方法との対比的考察にあてられている。先に我々が引用した、新旧両体系と懐疑主義との関係を対比的に述べた二つの文章は、いずれもこの章に属するものである。

13 リードは一九頁で、人間悟性についてのデカルトの体系を「観念的体系」と呼ぶと断っているが、その後、「観念の理論ないし教説」と、「観念的体系」とを、互いに入れ替え可能な語として使うことが多い。典型的には、たとえば、三二頁。

14 「プラトン主義者とマルブランシュとを例外として、私が知る限りの他の哲学者たちは皆、人間の精神の内に、もしくは少なくとも、精神が位置していると想定されている脳のどこかに、思考のどの対象に関しても観念ないし像があると考えてきた。」*IHM*, p.257. プラトン主義者とマルブランシュとが除外されたのは、観念の在る場所に関しての彼等の説のゆえであるに過ぎない。

15 *IHM*, p.32.「思考のどの対象も、印象、もしくは観念、すなわち何か先行する印象の淡いコピーでなければならないとするのが、観念的体系の根本原理である。」しかるに、リードの考えでは思考の一形態である知覚の対象は、物体そのものなのである。

16 *EIPM*, p.200.

17 「もし或る諸原理があって、また、私はあると考えるのだが、我々が本性上それらを信ずるように造られていて、また、生活を営んでいく上では、それらに理由を与えることはできないけれどもそれらを当然だと見なすことが我々に必要なのなら、これらが常識の諸原理と我々が呼ぶものである。そうして、これらに明白に抵触するものこそ、我々が不条理と呼ぶ事柄である。」*IHM*, p.32.

18 とはいっても、古代哲学における観念なる概念の登場をリードは類推的思考の結果だとし、その限りで、根拠のない仮構物だと考えている。また、新体系に関しても、観念を、外的対象に似た像、すなわち、コピーのようなものと考える限りでは、それが仮説に過ぎぬことを論じている。「彼等〔デカルト、マルブランシュ、ロック〕は、形態、広がり、固さは触覚の感覚によって知覚されることを知っていた。ここから彼等は軽卒に、これらの感覚は形態、広がり、固さの像、類似物であるに違いないと結論した。受け入れられていた観念の仮説のために自ずと彼等はこの結論に至ったのであり、実際、他ではあり得なかった。なぜなら、この仮説によれば、外的事物は精神の内にあるそれらの像によって知覚されるべきであるとされているからである。しかるに精神の内なる外的事物の像とは、我々がそれによって外的事物を知覚する感覚以外の何であろうか？〔リードの考えでは、我々が感覚を持ち、それによって外的事物を知覚するのは事実である。しかし、感覚は外的事物に似ているそれらの像ではない。〕」*IHM*, pp.84-85. しかし、我々が気にかけているのは、「或ることを思考すること」を「或る観念を持つこと」と言い換えるときに生じかねない余分な存在物、すなわち観念という存在の仮定、この事態についての突っ込んだ議論を、リードは未だしていないということなのである。

19 *EIPM*, p.228.「これらの〔観念の在処や起源などの〕諸点に関し、異った著者たちは異った意見を有している。そして同じ著者が、時に揺れ動き、自信がない。しかし、観念の現存に関しては一致が見られる。」*EIPM*, p.418.

20 *EIPM*, pp.151-152.

21 *EIPM*, p.180.

22 デカルトの観念の理論が彼独自の立場に由来するというよりは、その基礎には古代の観念の理論があったとする見解は、たとえば次の文章が示している。「観念に関する近代の哲学者たちの教説は逍遙学派の理論の上に建てられている。」*EIPM*, p.19. この理由は、リードの次のような考えによると思われる。本来、観念の理論は古代の体系における形態が完全なワンセットであり、近代の観念の理論はそれを不自然に分離したのだ、と。ここから、「古代の観念の理論をなす仮説の半分」を残したという表現が出てくる。また、同じ理由で、捨てられた半分が執拗に復活しようとすることをも、リードは指摘している。「旧体系は両者を一貫して主張した。しかし、新体系は諸感官によって導き入れられる像に関する教説を退け、にも拘らず、精神の内には像があると考え続けた。そうして、分離されてはならない二つの教説を不自然に引き離してしまったものだから、保持された方がしばしば、退けられた側を不本意ながら呼び戻すのである。」*EIPM*, p.223. また、デカルトが一方を退けたのは、彼の学問の方法に従ってであることは、次の文章に読みとれよう。「古代の観念の理論は二つの部分に分けられよう。……最初の部分をデカルトと彼の後続者たちは退け、堅固な論証によって反駁した。」*EIPM*, p.151-152.（傍点は引用者による。なお、実際に論証が堅固であるかどうかは別問題であるのはもちろんである。）

23 「デカルトには、物質界と叡知界との明確な境界線を引いた最初の人物であるという栄誉が与えられるべきであろう。……この区別が、物体の哲学と精神の哲学との両者における近代の改善に対していかに寄与したかは、容易く表現できないくらいである。」*EIPM*, p.141.

24 *EIPM*, p.172.

25 『精神探究』の中に次のような表現が見られる。「旧哲学は純粋に類推的であったようである。新哲学は反省から導かれることがずっと多い。しかし、古い類推的諸概念をかなり混入させている。」*IHM*, p.255. ただ、近代哲学に残存する類推的思考がどのような点に現われているかの突っこんだ議論はなされていない。

26 *EIPM*, p.151.

27 後に論ずる場所があろうと思うが、リードは観念なる存在を仮定することこそ、精神の諸作用をすべて同質化することを招いた張本人だと考えている。これに対し、我々としては、やはり近代の意識の概念の役割を考えるべきだと思う。

28 *EIPM*, p.137.

29 *EIPM*, p.9.

30 このことは至る所で述べられ、前提されている。中でも、言葉と常識とのつながりに関しては次の簡潔な文章がある。「あらゆる言語の構造は共通概念〔常識概念〕を基礎としている。」*EIPM*, p.27. 言葉の分析が学問の有力な武器となることに関しては、次の文章が明言している。「精神に関する知識の主たる、また固有な源泉は我々の精神の働きについての反省である。……〔しかし〕、補助的な他の二つの源泉がある。第一は、言語の構造に注意することである。人類の言語は、人間の思考および、精神の多様な作用を表現している。」*EIPM*, p.54. リードはあらゆる諸国語に共通な構造を見出すことが重要だと考えている。

しかし、言語が精神の諸作用の有りようを反映するのは実生活に必要な限りでであるというリードの考えを示している文章としては、次を挙げよう。「言語は日常の会話に役立つように作られている。そこで、普通の〔常識的〕使用に役立たない区別を言語がなすことを期待する理由は全くない。」*EIPM*, p.242. この場合、我々は言葉の構造に頼らず、というより、言葉に欺かれないように気をつけながら、反省によって、より細心に精神の諸作用を吟味すべきとなる。

31 「いったんは」と限定したのは、ヒュームにおいて、知覚は経験ないし習慣の結果、核となる印象に諸々の観念を連合的に纏わせたものとして成立するようになる、と考えられている事情があるからである。

32 David HUME, *A Treatise of Human Nature*, ed. L.A.SELBY-BIGGE, the Clarendon Press 1888, p.2, n.1.

33 D. Hume, *A Treatise*..., p.2.

34 これを受けて今度はリードが、「知覚」という言葉の日常的使用に見合った意味を、哲学の文献の中でも回復しようと努めることになるわけである。「この〔『知覚』という語の〕濫用はヒューム氏一人に責任があるのではないが、しかし、彼が濫用を最高度にまで進めたと私は思う。……〔たとえば〕私が信ずるに、かつて彼以前の英国の著作家の誰も、何らかの情念や情動に知覚という名前を与えたことはなかった。」*EIPM*, p.9. 「ヒュームは精神のどの作用にも知覚という名前を与える。愛は知覚であり、憎しみも知覚である。……これは、どんな哲学者も導入する権限を持たない、堪え難い言語の濫用である。」*EIPM*, p.22. 実はこの濫用は、リードによれば、精神のどの作用の対象も直接的には観念であるという主張と連動している。また、このことが、先に述べられた、精神の諸作用の一元化という事態にもつながっているわけである。

35 *EIPM*, p.22.

36 *EIPM*, p.201.

37 ただし、註**31**で述べられた事情は、議論の本筋に影響しないが、留意されるべきである。

38 *EIPM*, p.124. 傍点は我々による。

39 *EIPM*, p.200.

40 *EIPM*, pp.101-102. なお、「自分たちが意識することを」という表現や、次の引用文における「自分たちの意識がそれらを精神に表象する通りに」という表現は、人々が日常生活の中で既に反省の方法を実践していることを語っているとも解釈できよう。

41 *EIPM*, p.166.

42 *EIPM*, p.166.

43 *EIPM*, p.229. 過去の事柄に関しても「離れた」という言葉を使用し得ることを示す文章としては次のものを挙げ得る。「従って、時間もしくは空間において離れている対象は、精神、もしくは脳の内に表象物〔代理物〕を持たねばならない。すなわち、精神が観想する対象であるところの、それら離れた事象の何らかの像ないし画像を持たねばならない。」*EIPM*, p.159. 傍点は我々による。

44 *EIPM*, p.406-407. この、非常に単純でしかないリードの指摘がやはり妥当していることを納得するために、マルブランシュの次の表現を想い起こそう。「私は、我々が自分たちの外にある諸対象をそれら自身によって覚知するのでは全くないことについて、誰もが同意すると思う。……魂がいわば空の中に散歩に出かけ、そこでそれら〔太陽や星々という〕対象を眺めるということはありそうもない。従って、魂をそれらを見るのではない。我々の精神が太陽を見るとき、精神の直接的対象は太陽でなく、我々の魂に密接に結合した何ものかであり、これを私は観念と呼ぶ。」Malebranche, *De la Recherche de la Vérité*, III, 2, i (l' édition G.Lewis, t.I, p.234.) また、マルブランシュのこの表現は間違いなく、コンディヤックの次の表現の下敷きにあるものである。「我々が比喩的に語るとして、空の高みに昇ろうと、地の深淵まで降りて行こうと、我々は自分自身の外に出るのでは決してない。我々が覚知するのは我々自身の思惟でしかない。」Condillac, *Essai sur l'Origine des Connoissances Humaines*, l'édition G.Le Roy, t.I, p.6. とはいっても、マルブランシュとコンディヤックとの立場は違い、前者にとって観念は神の内に在り、後者にとって観念は魂の変様である。

45 *EIPM*, p.406.「悟性」と訳す習わしのこの語は、人間の知的能力全般、理解力を指すと解されるべきであり、たとえば、想像力や感覚と区別される純粋悟性を指すものではない。

46 *EIPM*, pp.407-408. この文章では、「知覚」という語は、本来的意味においてでなく、註**34**でリードが難じた、近代の哲学で一般に使用される仕方で、使われている。

47 *EIPM*, p.100.

48 *EIPM*, p.101.

49 *EIPM*, p.102.

50 *EIPM*, p.102.

51 *EIPM*, pp.75-76.

52 *EIPM*, pp.218-219.

53 *EIPM*, p.101. 傍点は我々による。

54 *EIPM*, pp.111-112.

55 *EIPM*, p.242. 傍点は我々による

56 *EIPM*, p.249. 傍点は我々による。

57 *EIPM*, p.116. リードの関心は直接性に向かうが、不可抗性についての議論は不十分である。後に我々は明証性に関連してこの点を若干は補おう。

58 *EIPM*, p.116.

59 *EIPM*, p.116. 傍点は我々による。

60「我々の悟性の成り立ちが、我々が数学的公理の真理を第一原理と見なすようにさせるのであり、……我々の知覚力の成り立ちが、我々が判明に知覚するものの現存を第一原理と見なすようにさせるのである。」*EIPM*, pp.116-117.

61 *EIPM*, p.289.

62 知覚、想起、想念、判断等に関しては、リードの考えが述べられた後、章を更めて、その主題に関する哲学者たちの意見を批判す

ることがなされる。しかし、信憑に関してはそのようなことも見られない。僅かにヒュームの信憑についての考えが、想起論の箇所（*EIPM*, p.379.）で吟味の対象となっている。なお、《想起》は“memory”の訳である。《記憶》と訳さなかったのは、記憶内容とか覚えていることとかでなく、想い起こす作用が問題とされているからである。ここでは、《或るいは》という曖昧な言葉でつなぐ仕方で提示するに留める。

63 二六一頁。註**34**も参照。

64 「我々の精神の作用のすべての中で、外的対象の知覚が最も馴染みがある。感官は他の諸力が未だ現れない揺籃期にすら成熟に達する。……これらの理由により、感官は最初に考察されるべきことを要求する。」（*EIPM*, p.75.）「揺籃期から成熟期に至る人間の漸進的発達には、人間の諸能力が展開される或る順序があるが、この順序はこれら能力を論ずる際に我々が従うべき最良のものだと思われる。」（*EIPM*, p.324.）

65 「想念は精神の働きのいずれの中にも、その一要素として入り込んで入る。」（*EIPM*, p.384. 傍点は我々による。）

66 「単純な理解〔すなわち、裸の想念〕は最も単純なものではあるが、悟性の最初の作用であるというわけではない。」（*EIPM*, p.428.）

67 *EIPM*, p.535. 傍点は我々による。

68 *EIPM*, p.532.

69 *EIPM*, p.534.

70 *EIPM*, p.535.

71 *EIPM*, p.536. この文章は、判断や信憑が精神の働きの最初期から機能しているとリードが考えていると解釈した先の我々の叙述を否定するようにも読めそうである。しかし、少なくとも知覚の成熟と同じ時期には判断も信憑も働き始めていると、こうリードは考えている。

72 *EIPM*, p.536.

73 或る命題を否定することは、それを偽と断定することであり、従って、その偽なることが真であることを肯定することである、このように考えて、判断は肯定もしくは否定を含むのでなく、常に肯定および否定を含むとすることにも一理があろう。すると、同様に、或る命題を信じないとは、それの反対命題を信ずることを含むとする論理も成り立つ。しかし、このような論理は、判断に対する判断があらゆる判断に内在することを主張することになろうゆえに、不適切だと考える。

74 *EIPM*, p.570.

75 *EIPM*, p.571.

76 *EIPM*, p.289.

77 *EIPM*, p.532.

78 「我々が判断を表現するのは肯定か否定かによってである。しかし、表現されない判断もあり得る。」(*EIPM*, p.532.)

79 *EIPM*, p.289.

80 *EIPM*, p.290.

81 *EIPM*, p.537.

82 *EIPM*, p.537.《感官》と訳した言葉の原語は"sense"である。ところで、これはもっと広い意味を持つが、次のリードの文章、常識〔コモン・センス〕とは何かを論じた箇所に見られる文章は興味深い。「見ることや聞くことが哲学者たちによってセンスと呼ばれるのは、それらによって我々が観念を手に入れるからである。普通の人々は、我々がそれらによって判断するゆえに、それらをセンスと呼ぶ。」(*EIPM*, p.557.)「センスとは、最も普通の意味で、従って最も適切な意味では、判断を意味する。」(*EIPM*, p.560.) なお、註**88**を参照。

83 *EIPM*, p.536.

84 *EIPM*, p.537.

85 とはいっても、結局、リードはこれを判断だと解するのである。リードの判断の概念は広い。「真であるもの、もしくは偽であるものに関しての精神のどの決定にも、私は判断という名称を与える。」(*EIPM*, p.539.)

86 *EIPM*, p.540.

87 *EIPM*, p.537.

88 リードでは無造作に、《知覚》と《感官》とはほとんど入れ換え可能な語として使われている。しかし、感官は複数形になり、それは自ずと、見る、聞く、等に分化することを予想させ、更には感覚器官の関与を指示する勢いを持つ。しかして、この関与の問題はリードの立論を紛糾させずにはおかないのである。感官が複数になることから生ずる問題群は、感官の誤りについて彼が論ずることと、知覚を一般的に論ずることとの間に見られる不整合性の中に、看取できる。しかし、また、註**82**を参照。

89 *EIPM*, p.537. また、次の文章も見いだされる。「我々が望むがままに判断することは我々の力のうちにない。判断は本当のものであれ見掛けのものであれ、明証性によって必然的に生じさせられる。」(*EIPM*, p.593.)

90 「そのさまざまの種類と程度を区別すること……」(*EIPM*, p.291.)「それらの或るものは、我々が確実性と呼ぶ最高度の程度において、他のものは状況によってさまざまの程度において、人の精神に信憑を生み出す……」(*EIPM*, p.292.)

91 *EIPM*, p.290.

92 *EIPM*, p.538.

93 *EIPM*, p.538.

94 といっても、精神の知的能力の異なりと対象の側の異なりとは原則的に対応関係にある。

95 「ここで数え上げることは不必要な幾つかの他の種類の明証性……」(*EIPM*, p.291.) リードは意識の明証性に関しては読者に吟味の労を委ねるが、言及はしている。

96 *EIPM*, p.292.

97 実際、『偶然的真理の第一原理』並びに『必然的真理の第一原理』という章で、直接的に明証的なものとして取り上げられたものが第一原理の資格で論じ直されることになる。意識の明証性 (*EIPM*, p.617 以下)、想起の明証性 (p.622)、知覚の明証性 (p.625)、数学的公理の明証性 (p.644)。また、明証性に関する議論の箇所で触れられなかったけれども、第一原理として挙げられているものは、直接的に明証的なものとリードが考えていると解釈してよい。そこで、明証性の列挙が網羅的なものではなかったこと、他にどんなものが補われるべきであるかが、第一原理に関する議論の箇所で分かる。なお、証言の明証性が直接的なものであるとリードが考えているのかどうかは、明証性の議論の箇所ではすっきりしないが(「証言を信ずるとき、我々は証言する人の人格に信頼をおくのである。」(p.294.)「推論によってではなく、証言によってでもなく、私の構成的本質によって直接に……」(p.295. 傍点は我々による))、偶然的真理の第一原理に関する議論の中の、他者についての一連の叙述 (pp.632-641) からすると、これを直接的なものにリードが数え入れていると解釈してよいと思う。

98 *EIPM*, pp.292-293.

99　ここでの指摘は近代の哲学に当て嵌まる。近代哲学と古代哲学における第一原理の扱いの違いについてのリードの考えは、二五二頁以下で述べた。

100　偶然的なものの明証性が必然的明証性に還元できないことを述べた後で、リードはこう書いている。「哲学者は彼の理性によって、事柄の或る抽象的で必然的な諸関係を発見することができる。しかし、現実に在るものや在ったものについての知識は、推論できない人々にも開かれている別のチャンネルからやってくる。」(*EIPM*, p.297. 傍点は我々による。)

101　「[見ることと思い出すこととの]二つの作用は、信ぜられる事柄が必然的なものでなく偶然的なものであり、時間と空間に限定されていることにおいても一致している。しかし両者は……想起は過去の時間に在ったものを対象として持つのに、視覚の対象、それからすべての感官の対象は現在存在する何ものかでなければならない。」(*EIPM*, p.295.)

102　*EIPM*, p.295.

103　けれども、恐らく見ることの方が見られたものの時空を限定するのである。現在を定義するものは何か？　現在に在ることが現存するという規定を許すのでなく、在るものが実効的に在るということが現在を規定する。そうして、実効的に在るということは見るものにとって見ることの内にある。近代哲学にあって明証性の概念が常に現前の概念を伴い、現前の概念は活動している意識との関係においてしか理解されなかったことにも、この根本事態がひそかに働いていると思われる。認識されるものの意識への現前の要求は、何もリードが言うごとく精神の作用を物体の作用と類推的に理解しようとしたことだけから由来するのではない。現前の要求とは意識の実効性、すなわち、偏頗な仕方で理解された存在の実効性への参加の要求であり、この参加に現在という時制が与えられたのである。ただ、近代哲学は身体とその活動の実効性の次元への視点を欠落させたゆえに、現在の未来への展開を扱うことを知らず（すなわち時間を現在に閉じ込め）、空間からは実効性、すなわち、真なる存在性を剥ぎ取った、我々はこう診断する。それから、偶然的なものの明証性と必然的なものの明証性との違いの問題は、実効的活動性自体の偶然性と、にも拘わらずその展開が含む必然的構造と、この両面に基づけて位置づけられるべきである。

104　たとえば、事件Bが事件Aより十分後に事件Aの生じた地点より真東へ三キロメートルの地点で生じ、事件Cが事件Bより二十分後に事件Bが生じた地点より真東へ二キロメートルの地点で生じたのなら、事件Cは事件Aより三十分後に事件Aの生じた地点より真東へ五キロメートルの地点で生じたことになると断定する判断。

105　「精神のどの作用も個的な作用である。」(*EIPM*, p.477.)

106　例は『知的能力論』の一一六頁と二九四頁とから取った。最初のものは推論の明証性、二番目のものは公理の明証性として挙げてある。我々は後に、想念と判断と定義の関係を論ずるとき、必然的真理の問題に立ち返りたいと思う。

107　いわゆる解明は次のような具合になる。或る時空に位置している見えている壁——明証性を担うもの——で反射した光線が眼球に到達し……、壁を見ること、見えている壁があると信ずることが生じる。説明されるべき知覚、ないし、知覚に含まれる信憑は、出来事の終端に位置させられる。しかして、リードはこのような説明を拒否する。彼は言う、「対象は知覚される際に働きかけるわけでは全然ない。私は自分が座っている部屋の壁を見る。しかし、壁は完全に不活発であり、従って精神に働きかけない。」(*EIPM*, p.218.) そうして、この否定によってのみ、知覚の場面に観念の存在を想定する哲学者たちの考えを批判することができると考えたのである。それは、リードによれば哲学者たちが観念を想定する理由が次のようなものだからである。すなわち、精神が知覚するとは、知覚してなかった状態から知覚している状態へと、己の在りようを変えることである。しかるに、哲学者たちは、精神の諸現象を物体の諸現象に擬えて理解しようとする誤った態度を持ち、その類推的思考の結果、精神は己の状態を変ずるために、何ものからか働きかけられることが必要だと考えた。他方、知覚の際に、知覚の対象が感覚器官に働きかけることを我々は知っている。そこで、知覚は、対象が感覚器官を通じて精神になす何らかの作用のお蔭で生ずると考えるべきである。ところが、たとえば壁という対象は、精神から遠く離れているので精神に直接的に働きかけることはできない。媒介となりそうな感覚器官もまたそうである。ここに今一つ説明を要することがあり、ここに観念の理論が登場する。つまり、壁との間の繋がりが何らかの仕方で辿られ得る、或る精神に直接的に現前するものが、直接的に精神に働きかけるものとして存在せねばならない。このものが《観念》その他の名前で呼ばれるものなのである。

　ところが、このような解明なるものは、観念というものを想定しようとすまいと、既に知覚による知覚対象の現存の認識を認めているのであることに、我々は注意しなければならない。なぜなら、知覚が終端に位置させられる出来事の発端は知覚対象自身であることが自明的に前提されていて、この前提の由来を尋ねれば、これは知覚によってもたらされる以外にもたらされようがないからである。リードも無造作に別のところで言っている。「〔我々が目なしには見ることができず、耳なしには聞くことができないなどの〕これらのことは、経験によってよく知られていて……経験からのみ知られる。」(*EIPM*, p.77.)「〔対象からやってくる光線が目に届かないなら我々は何の対象も見ないなどの〕これらの事実は経験からよく知られている。」(*EIPM*, p.80.) しかして、この《経験》と呼ばれているものが、神経や脳についての知識を与えてくれる解剖学や生理学と同じく、知覚を信頼することの上に成り立っていると考えられているのは明白である。「知覚の際に我々の器官の上に刻印される印象について語るとき、我々は解剖学や生理学から借りられた事実に基づかせるのだが、解剖学や生理学に対しては我々は感官の証言を有しているのである。」(*EIPM*, p.111. 傍点は我々による。) しかしながら、すると、知覚対象の知覚を出来事として説明することは、知覚が成立していることを承認することによってのみ導入することが許される事柄を使用することになる。対象であるものが(出来事の発端に位置させられるという意味で)原因とされるこの説明様式は、我々がしばしば出会うものである。この説明は、現存する知覚対象の知覚による認識を認める立場にとっては致命的に不都合ではなかろうが、その説明の結果が、知覚対象の現存を疑ったり否定したり、知覚されている内容と知覚対象の在りようとの不一致を主張したりすることに結びつくなら、おかしいことになる。なお、我々自身は、壁の知られた方と自分の肉体の器官の知られ方との違いを重視すべきだと考える。この違いの無視が、リードにおける感覚の誤った把握に直結する。

108 *EIPM*, p.296.

109 *EIPM*, p.279.

110 我々が取り上げている明証性を論じている箇所では、「天からの贈り物」(*EIPM*, p.297) という言葉が使用されているが、他の箇所で多用されている発現を採った。これは、《自然の判断》という言葉とのつながりを考慮した上でのことである。

111 "constitution" の訳で、時に『成り立ち』と訳した。リードでは実に多用されている。

112 「これら〔感官、想起、意識〕の能力の証言に対する信頼」「自分の感官や想起を信ずる」(*EIPM*, p.540.)

113 物体の存在を信じていなくても、物体が恰も在るかのごとく振る舞うことが実利的であるゆえに物体の存在を肯定する、という立場も、理論上は想定できよう。

114 「現在、私の右手の方に一つの椅子が在り、左にもう一つの椅子が在ることは、私の感官によって証示されている真理である。」(*EIPM*, p.294.)「私は椅子が或る場所で或る配置に従って現存することの明確な想念と堅い信憑を有している。」(*EIPM*, p.295.)「私が今、緑色の布で覆われた机の上で書いていることは疑いもなく真であると私は判断する。私の判断は私の知覚に基づいている。」(*EIPM*, p.537.) 決定的なのは次の一文である。「五番目に、もう一つの第一原理はこうである。我々が自分の感官によって判明に知覚するものどもは真実に現存するし、それらがかくあると我々が知覚する通りにある。」(*EIPM*, p.625. 傍点は我々による。)

115 *EIPM*, p.384.

116 「子供が自分の感官を用い始めたばかりのときに、単に想い浮かべられたり想像されたりした事柄と真実に存在するものとの区別をなすものか、疑うこともできないわけではない。この区別をなし得るようになるまでは、我々は何事に関しても、その現存を信ずるとか否認するとか、適切な意味では、言えないのである。何であれ或るものの現存の信憑は、現存の概念を要求するように思われる。この概念は幼児の精神に入って来るには余りに抽象的なものである。」(*EIPM*, p.117.)「現存の想念は最も抽象的で一般的な想念の一つである。人は、単に想い浮かべられただけのものから真実に存在するものを区別するに十分な判断力を持つようになるまでは、自分自身の現存や自分が見たり想い出したりする何事に関する現存も信ずることができない。」(*EIPM*, p.543.) 我々はこれらの文章を、註**71**の対象となっている引用文の註釈としても読むことができよう。しかし、リードは、自らがなした二つの判断の区別、知覚に含まれる自然の判断——その結果として具体的個物としての知覚対象の現存の信憑がある——と、普遍的なものを対象とする判断との区別をないがしろにしていると思われる。現存するかしないかの区別は、真実に存在するものと単に想い浮かべられるものとの区別ではない。我々は、単に想い浮かべるという裸の想念の作用は、精神の発達段階では遅れてやって来るというリードの主張の意義を重く取りたい。

117 リードは、(知覚における信憑に限定せず) 一般的に信憑に関して次のように述べる。「信憑は或る対象を持たなければならない。というものも、信ずる者は何かを信じなければならず、この信じられたものが信憑の対象と呼ばれるのだろうから。しかるに、信憑の対象について、信ずる者は何らかの想念を持たなければならない。……想念なしには信憑はあり得ない。」(*EIPM*, p.289.) それでは、知覚における信憑に関し、その対象とは何か、信憑が前提する想念はどのようなものか、と問うならどうなるだろうか? 信憑が、「知覚されているものは知覚されている通りにこれこれのものであると信ずる」ことである場合、信憑の対象とは知覚されているそのもののことであり、従って前提されている想念とは知覚されているものの想念であると考えるのは当然であろう。信憑を表現する命題の述語になっているものが主語になっているものをそれと限定する当のものであるゆえに。(そこで、信憑表現命題から、命題を信憑の表現としている、《信ずる》という言葉と、それに対応して命題中に挿入されている《通りに》という言葉を取り去れば、命題は同語反復命題になる。すなわち、「知覚されているものは知覚されているこれこれのものである。」) けれども、「知覚対象の現存を信ずる」という場合はどうなのか？　この場合、信憑表現命題の述語部分は、主語部分をそれとして限定するには不要なのである。つまり、或るものの現存が信じられるには、そもそも何に関して現存が信じられているのかの決定が先決要件としてあるわけで、ところがこの決定は、もちろん、述語からはもたらされない。その決定はまさに、先の同語反復命題によってもたらされるのである。そして、この事情は逆に、述語となる《現存》を信憑の対象としてクローズ・アップし、同時に、その想念の要求へつながるのである。とはいえ、やはり現存は或るものの現存でしかなく、結局は述語は主語に帰属する。そうして、翻り、知覚もまた判断だと見なすことができるとしながらも知覚の対象を一義的に指示するのに人が躊躇わないことに思いを致すなら、行き着くところ、やはり信憑の対象でもって知覚の対象と同じものを考えるのが自然であることは認めねばなるまい。

　ところで、この機会に、或るものが現存することを信ずることと、或るものがこれこれのものであることを信ずることとの関係に、若干、触れておこう。もちろん、両者は異なる。そして、前者は後者なしで、後者は前者なしで成立し得る。だが、このなしでという関係は両者で異なる。或るものの現存を信ずるには、そのものがこれこれのものであることを信じなくても構わないが、少なくとも何かしかじかのものであることを信じなければならない。そして、知覚の事態で重要なのは、知覚されているものの現存を信ずるには、そのものが知覚されている通りにこれこれのものであることをひとまずは信ずることが、潜在的に含まれている、ということである。確かに人は、「あの丸いものと見えるものは四角なものであるのかも知れない」とか、「あの小さく見えるものは大きなものであるのかも知れない」とか疑うことができる。すると、見掛けと在るがままとが区別され得るわけである。しかし、このような疑うことが始まるためには、在るとされるものが確定されなければならず、この確定は、ひとまずは見えたものが見えた通りのものたる資格で在ることとして行われるのである。（それに、疑うことは希な事柄であること、また、疑うことが自然である場合でも、疑うことは二次的なこと、遅れてやってくる反省的な事柄であることも忘れてはならない。）

　しかるに、或るものがこれこれのものであることを信ずることがそのものの現存を信ずることなしで成立するという時、その代わりに何か別のものを信ずることが必要なわけではもちろんない。無論、これこれのものであることの内に現存していることが含まれている場合を考えることはできる。しかし、そのことは、或るものに関し、現存という述語を他の述語から特別な述語として切り離して考えるべきであるということを見るのに何の妨げにもならない。

　重要なことは、一般の述語から現存なる述語を導くことは決して出来ず、しかるに、現存の述語は他の述語が僅かなりとも確定されていることを要求するということである。「何か分からないけれども、何かが在る」という場合でも、この「分からない」は決して全面的なものではあり得ない。「何か黒っぽいだけで他のことは分からない」というふうに、在るとされるものは何らかの述語によって確定されていなければならないのである。

118 *EIPM*, p.112.

119 *EIPM*, p.112.

120 *EIPM*, p.112.

121 *EIPM*, p.112.

122 *EIPM*, p.159.《想念》《概念》《観念》《想う》は、それぞれ《conception》《notion》《idea》《conceive》の訳語である。

123 *EIPM*, p.159.

124 *EIPM*, p.15.

125 想念が知覚に含まれるものであるなら、そのときの想念の対象は現存するものである。そこで、本文のように述べるとき、想念にのみ固有な対象が特に着目されているわけである。リードでは、想念が知覚と想起に並べて語られるときはいつでも、このように対象の種類の違いと作用の種類の違いとが相関させられる。この辺の事情については本論の冒頭で述べた。なお、想念に固有の対象とは存在しないもの（という対象）であるゆえ、想念と想像は基本的には同じ作用だと考えられている。ただ、両者の違いを指摘する箇所も少からずある。これらの点については後に詳しく論ずる。

126 「私は、他の人々の意見を説明する際に、この哲学的意味において観念という言葉を使うことがあるだろう。しかし、私自身の意見を表現する際に使用することは決してないだろう。なぜかというに、この〔哲学的〕意味に取られた場合、観念とは哲学者たちの単なるフィクションだと信ずるからである。そうして、この語の通俗的意味の場合、この語を使う機会は少ないのである。というのも、英語の、思考（Thought）、概念、理解という語が、ギリシア語の観念という語と同じく用に立つからであり、しかも、観念という語よりは曖昧でないからなのである。」（*EIPM*, p.20.）実際はリードは、普遍的なものの理解についての彼自身の考えを述べるとき、《観念》という語を多用することになる。また、《思考》という語は、むしろ、一般的に精神の知的作用全般を指すというのがリードの公式的見解であり、ただ、文脈によって、ここでのように想念作用に限定されることもしばしばである。

127 *EIPM*, p.546.

128 *EIPM*, p.549.

129 *EIPM*, p.546.

〈付論3〉　哲学史の教科書
——大陸系哲学

A　近代合理主義の確立

一七世紀西洋には、中世スコラの教義と化したアリストテレス学説と近世ルネサンス思想両方に反対する新学問が成立し、これから、諸宗教の発生の後で人類が経験した最重要な革新たる近代諸科学、なかでも自然科学の系列と近現代哲学の流れとが分岐してきた。

デカルトの新学問の構想によれば、哲学の全体は一本の樹木のごときものである。根は形而上学、幹は自然学、主要な三枝は、医学、力学、道徳に整理され、他の諸学の全認識を前提する最高の知恵たる道徳に、人生の至高の善が存する。しかるに、このような哲学の理念のなかのとりわけ形而上学の部分が、彼以降の哲学の源泉にして関心事となった。

⑴ 知識の確実性と学問の合理主義的方法

デカルトは数学から出発した。当時、誤り多く不毛だとして見捨てられ始めた伝統的学問を侮蔑し、対照的に数学の確実さとその方法の生産性とに魅せられた。加えて自然の数学的解明を目指す、天文学を先兵とする新学問の流れを知った。そこで彼は数学の確実性を全知識に広げることを考える。全学問の数学化、普遍数学の野心が彼において も点《とも》る。

＊デカルト

（René Descartes, 1596-1650） 貴族の出。ジェスイット派の学校修了後、軍務・社交・研究のための隠遁・旅行などが交替する時期を経、一六二九年よりオランダに退いて研究に専念する。そのために孤独の生涯を選び、交友の煩しさを避けるため二四回も転居。文通相手のメルセンヌを世間への窓口とする。最初期の執筆、一六一八年の『音楽提要』は、数学を好んでいた彼の目をさらに数学的物理学、自然の機械論的説明に向けさせたベークマンに対し認《したた》められた。一六二八年執筆の『精神指導の原理』は、出版（一七〇一年、フランドル語版は一六八四年）前、すでにニコルやライプニッツらに尊重された。普遍数学の野心を懐く彼は、数学の諸難問を解きながらも、光学から生体解剖に至るまで関心を広げ、自然全体の解明を目指す。一六三三年のガリレイ裁判を機に出版が見送られた『人間論』を含む『世界論』はその成果である。

一六三七年に『方法叙説』『屈折光学』『幾何学』から成る論集を出版。とくに『叙説』は彼の方法への関心の強さを示すとともに、ある段階での形而上学的考察（コギト・エルゴ・スム（我思う、ゆえに我在り））を含む点で重要視される。しかし、彼の思想が熟するのは一六四一年の『省察』においてであり、この書に彼が学問の基礎と考える所が盛られている。広範にわたる学説の体系的叙述は一六四四年の『哲学原理』で果たされ、さらにその献呈相手、ファルツ選定侯の公女、エリザベートに請われて、特殊論点を扱う『情念論』を執筆、一六四九年に出版した。最後に彼はスウェーデンのクリスティナ女王の召請に応じたが、翌冬その地で世を去った。

数学の確実性の理由がわかれば、学問一般の方法も確定されよう。数や図形はその対象性の特質ゆえに確実な知を許すのだろうが、その特質は知られ方の如何においてのみ確認される。しかるに知られ方の如何は知り方の如何として捉え直されてはじめて学問の方法の問題になり得、数や図形のほかに何が確実な知の対象となり得るかが理解できる。こうして、知識成立の条件を、デカルトは知る側の規定から考えるのである。

彼によれば、数論や幾何学は、直観と演繹によって知られる事柄のみから成り立っているために確実である。直観とは、純粋な注意深い精神による判明な、したがって不可疑の把握であり、演繹とは、確実に知られた事柄から必然的に帰結する全事柄を理解する思惟の運動である。重要なのは、直観も演繹も純粋思惟すなわち悟性の作用であり、感覚や想像力の働きを前提しないとされることである。方法とは彼にあって誤りの可能性の排除から始まる。感覚が代表する一群の機能には不透明さがつきまとう。感覚は判明さを欠くし、感覚から始まる経験は精神に外的なものに依存するゆえに偶然的であり得、しかるに必然的連関が顕わでない所には誤りが含まれるおそれがある。直観や演繹のみに基づく認識成果さえ、それが記憶の形で、その根拠・帰結連関の洞察なしに、結局、直観と演繹との反復なしに受けとられるなら、もはや確実な知識たる資格を持ち得ない。だから博識は学問と同義でないし、権威を後楯にした知識の授受は問題にならない。知識の確実性を要求する認識上の理性主義は、知識の普遍性の要求をも携え、かつそれに応えている。まとめると、こうなろう、正しく出発点を取り正しく導かれるなら、誰であれ己が悟性の力だけによって、真理から真理へと少しずつ高まり、ついには最高の知恵にまで至れる、と。

(2) 形而上学の開始

けれども、西洋近世の合理主義は、以上のような方法論的要請のうちにとどまるものでなく、より深い実質は、まさに認識のこのような合理主義的方法が何ゆえに可能であるかを、認識する精神と認識される世界との存在体制の明示において説得せんとする思想のなかにある。デカルト形而上学が企てるのはこれである。方法に導かれ自己構築し、ひるがえりその方法の正当性を保証するものを己れのうちに確保し、かくして諸学問に見通しを与えつつ学問全体を基礎づける第一の学、こう形而上学は己れを定位する。

知識は直観と演繹によって得られるとする立場では、正しい出発点の確定、すなわち第一の諸原理の発見が着手さるべき最重要の課題である。導き方が明証的であろうと、前提をなす諸原理が不確実であるならいっさいは徒労に終わるから。この課題を前に懐疑という方法がとられる。が、すでに可疑性の排除の理念に従って直観と演繹の方法が取り出され採用されたのだから、原理を求める懐疑の方法は、実質上、直観の純粋化ないし直観の価値の再検討の方向に進む。一見真だと思われるものも誤りを含んでいるやも知れず、他の場合、その真偽は他の事柄の真偽にかかっているかも知れない。したがって、他に依存せず己れ自身において明証的なもの、そしてそれから他の事柄が演繹されるもの、つまりは原理の前でのみ懐疑は止むはずである。

感覚知の排除は当然に予想される。遠くからは丸いと見えた塔が近くでは四角に見え、黄疸に罹った人はすべてを黄色に見たりするため、感覚を信用せぬのは自然である。私がいま暖炉の傍に居ることも、誇張的に疑えば夢であるかも知れぬゆえに疑わしい。では夢の中でさえ真に違いない２と３を加えると５になるというのはどうか。悪意ある霊がそう信ずるよう私を仕向けているだけで、実はそれも偽かも知れない。さて、確実性の範であるはずの数学的明証性すら疑うこの一歩が形而上学に導く。今や明証性の権利源泉が問われるのである。

(3) 主観性概念の成立

確実なものは何もない。こうみえる地点でデカルトは見出す、どのようにしても否定し難い己れの存在を。疑っているかぎり私はある、誰かが私を欺くのなら、欺かれている私がいる、と。認識対象から認識を狙う主体へ、そして知識内容から存在への転回が果たされる。

さて、疑わしき事柄の存続のただ中での私の存在の確実性という思惟状況は、思惟実体としての私の規定と観念の理論を招き、これにより以降の西洋全近現代哲学の展開を支配する意識ないし主観性の概念が構成される。

私とは何かについてのいくつかの考えを懐疑の試験にかけて、デカルトは思惟のみが私の存在から切り離せないことを見出す。疑うことも、ある事柄を偽ではないかと考えることである。するとまた、疑われる種々の事柄もまったくの無ではなく何ものかではあるのだが、それらの身分は今や、真偽の確定以前にまずは私に現われるもの、すなわち私の思いの内容たる規定を、私が懐く観念たる規定を受ける。こうして、諸観念を様態とする思惟実体たる私なる構図が成立する。しかるに依然、観念は私の疑いの舞台である。なぜかといえば、観念は各々内的規定を有し、その限りで互いに区別されて私の思惟の対象となる対象的実在性を有し、まさにそれゆえに、その内的規定に対応していて私の思いを越え私の思いから独立に私と同じ資格で存立しているある事柄を、それ自身形相的実在性を持つものを指示するからである。私は各観念を勝手に別様のものと考えることはできない。観念は等しく私の意識内容なのだが、私は観念の各々異なる内的規定に従ってしか思考できない。そこで、私にあれこれの観念が確定した内容を持って現われていることは確実なのであり、この前提のうえではじめて私の疑いは展開され、疑いは、各観念が他の何ものか、いわば己が原型であるものを指示するというその表象の価値にかかわる。疑うとは表象の語ることに同意を控えることなのである。

さて、この表象理論は、学問、一般に知識の出発点が主観性の領域のなかにしかないことの宣言、意識が現われの必須条件であることの確認である。学問が可能であるなら、それは観念から存在への道がたどられるかぎりでである。認識は存在から知識への方向において成立するのでなく、観念が存在に到達することによるその学知への転化において成立する。観念論の枠内で合理主義は道を探す。

(4) 認識の合理主義的方法の基礎づけ

私が、己が諸表象の圏域に閉じ込められたままでいず、諸存在に達する道はあるのか。主観性を本質的に構成する思惟が、数学主義の段階が主張したように普遍性の要求に応え得るものかどうかによろう。デカルトはこの問題の解決を、純粋思惟の観念、すなわち判明な諸観念の表象の価値は是認さるべきであることの証明によって図る。この証明は、無限者の観念を有限な私が懐くことからする神の存在証明の後、神の誠実に訴えてなされるが、同じ論証の歩みは、判明たり得ない感覚的諸観念から認識機能を奪う。こうして、感覚を遠ざけ純粋思惟による認識を標榜する合理主義の方法は、形而上学による基礎づけを得る。あらためて数学主義は是認され、しかもその対象が今や存在に裏打ちされているのが重要である。

(5) デカルト哲学における自然と人間

実際、幾何学化された自然が、思惟する私の傍で裁可される。物体についての判明な観念は物体の本質を延長という、物体の全様態は形と運動とに還元される。しかも運動も距離関係の変化にすぎず、したがって運動が或る物体に帰せられるのは見かけだけで、運動の理由はいわゆる運動体のなかにはない。自然物は目的を宿さず、スコラ学の隠れた力の概念は追放され、ルネサンスの生命主義は否定される。透明だが無表情の幾何・物理的宇宙が現われる。感覚的質も剥ぎ取られて。なぜなら、感覚（的観念）は延長の観念ともども意識に内容を与えているのだが、純粋思惟の観念たる後者がその判明性ゆえに表象的価値を維持し物体の本質を告げるのに、感覚は表象能力を失い純然たる主観的要素にとどまるとされるのだから。

なるほど、感覚は物体の（本質でなく）現存の証明に利用されるし、さらに精神（思惟実体）と身体（延長実体）との実体的結合に由来するものとしてこの結合を証しつつ、結合維持のための功利的役割を担うことが示され、かくて、有限な精神にとっては理解不能であるが神の無限なる力が実現した人間という複合的存在において、自然はなお彩りを保とう。だが、このことは人間の身体の機械論的自然への組み込みを阻むものではない。すると、力学による物体の支配、力学に支えられた医学による身体の統御、最後に、身体機構の理解による諸情念の統御としての道徳という、哲学の樹の構想が瞭然となる。

血液から抽出され脳と神経と筋肉とを満たす動物精気が、身体の全部分の運動を集約して松果腺を動かすその機制のなかに、身体の能動の裏面たる心の受動としての情念の保持と強化の原因がある。そこで人は心の能動としての意志によって松果腺で動物精気の運動に影響を与えつつ、諸情念を適切に開発し、幸福の享受に至り得る。情念は心身結合の事実の上では本来良いものなのである。今やデカルト形而上学は、自然認識の基礎づけの後で、徳論を準備する。意志の自由な統御のみが己れに属することを知り、かつ意志を良く用いようと不断に決意する高邁さ、これが人間が学ぶべき最終の事柄である。

(6) パスカルと理性の制限

だが、限りなき学問の進歩と、それを通じての自力による人間の完成と幸福の享受とを予想する自信に満ちた態度、これは傲慢ではないのか。いったい、人間精神なる有限実体は無限実体たる神のたすけなしにはあり得ないとするデカルトの論証は、思惟作用の正当性の保証以外に何をもたらすというのか。デカルトの神は哲学者の神、科学者の神であり、信仰の神でなく、したがって救済者たる真なる神ではないと、パスカルなら言おう。「役立たずの不確実なデカルト」と彼は語る。この世でのオネットム(君子)的社交生活の充実に満足する良識人の有力な傾向のただ中で、独歩的であろうとするかぎりでの理性の無力を暴露し、超越者に救いを求めねばならぬものとしての己れの自覚へ駆り立てられていった魂がここにある。

＊パスカル

(Blaise Pascal, 1623-62) クレルモンの生れ。父は実証的教育を配慮して数学の早期教育を控えるも、数学に早熟。その方面の業績として一六四〇年『円錐曲線試論』、五四年『算術三角論』(出版は没後一六六五年)、五八年『サイクロイド論』を残す。一六四六年、父の怪我を手当てした人々の感化で回心し、さらに妹、父、姉夫婦を回心させる。だが、一六四六〜四八年には真空証明実験、四九年より社交に興味を示し、宗教から遠ざかる。一六五一年、父の死によって一時宗教に呼び醒されるも、苦痛軽減を求めていっそう社交に入る。一六五四年、啓示と決定的回心を体験する。一六五五年、ポール・ロワイヤルに隠棲。アルノー断罪と弁護の争いに巻き込まれ、一六五七年まで『プロヴァンシァル』を執筆。一六五六年、姪の病が癒る奇蹟の後、己が受けし恩寵を他者にわかつための『キリスト教護教論』(未完)を執筆する。

当代第一級の数学者、計算器を作り乗合馬車を考案した実際家、真空の物理学的問題を見事に解いた実証家、そのパスカルはどのようにして自律的理性による人生の支配の思想に赴く代わりに、自己放棄と服従の思想へ至ったのか。ある人々による教化、持ち設けられた啓示、努力せる回心、いずれも論理的分析の及ばぬ事柄であろうか、飛躍がある。

「この無限なる宇宙の永遠の沈黙が私を恐がらせる」と書くとき、彼は、近代科学が描き始めたばかりの新しい自然の様相を前に、自己の位置の不確定からくる眩暈を覚えたのだろうか。透明化し平板化した一見理解可能な世界は、他面、中心を失い意味なく漂う世界である。人は見通せぬ無限大と無限小との中間に、また、終局なく流れる無限の時のなかで過去と未来とを分かちつつ移ろい動く束の間の現在に位して、世の沸き立つ喧騒に気晴しを求める。が、意味喪失を嗅ぎ分ける近代人の鋭敏な不安が頭をもたげ、人間と世界とへの意味付与者たる隠れた神を探させる。神に求められていると感じつつも叛ける心情の抵抗に悩み、これと戦いながら恩寵によって愛の動きが生ずるのを待ち、ついに光に包まれたと、こう言い得る者こそが記すであろう、神なき人間の悲惨と神とともにある人間の至福との対照を。

ジェスイットの圧迫に苦しむポール・ロワイヤルのジャンセニストのために論陣を張りもしたパスカルは、しかし神学者ではない。人間心性の精緻にして華麗な分析をなすモラリストであり、ただ、人々を神の信仰へ向かわせ、世界を再び神の表現の場、象徴と化し、そのことによって世界の濃密な実在性を手に入れようとした護教家である。理性による神の証明は問題にならない。（だが彼は賭の議論にみられるように論証的に人を説得しようとする。）宇宙はそれ自身では神を指示しない。代わりに神は歴史的出来事において己れを示した。が、その示しを受け入れるには準備がいる。こうして、キリストの人格、聖書の権威、教会の教え、これらの許へ己れを差し出すことが重要となる。理性は、交わりと帰依とに生きる心情に場所をあけねばならぬ。理性はみずからのうちに規範を持たず、理性の活動は心情の地盤のうえではじめて具体的意味を獲得するにすぎぬ。パスカルにおいて、近代の理性はあたかも平衡点に戻らされるべく、慎み深い位置を指定された。

B　大合理主義

だが、合理主義の大運動は、大勢としては神を哲学的言説のなかに徹底的に引き込んでいく。しかし、それは神概念の世俗化的解釈、結局は神概念の破壊に至るをも辞さぬ作業ではなく、かえって濃密な宗教感情に生気づけられたもの、大合理主義のなかでいや増しに輝く神中心主義的傾向によるものである。人間はみずからの力で何をどこまで望み得るのかを探索することから始まった西洋近代合理主義は、人間の全権能の肯定的源泉たる理性の起源という主題において、万物の創造主としての神という伝統的概念に結びつく。すでにデカルトにあってすら、人間性の認識力の有効性を保証するものは、一方で永遠の諸真理を創造し、他方でそれらの真理を表象する諸観念を人間に生得せしめる神の専断でしかなかった。

しかし、新学問が安定期に入った時代の合理主義者たちにとって、認識は相変わらず重要主題だが、それはもはや学問の基礎づけのためというより、認識の道は直ちに幸福の道であるがゆえに論じられる。（続く経験主義から懐疑主義へ傾く人々は別様に認識問題をとり上げよう。）つまり、知るという活動自身が幸福の源泉であるような知の次元を明るみに出そうと、彼らは考え始める。自然認識による自然の技術的支配を通じての福祉の増大といった理念にみられる知識の実用主義は、その産物の多寡に応じた相対的幸福にしかかかわらないが、彼らは理性による絶対的幸福を夢見るのである。争われるのは、己が起源たる神の認識を果たし、そのことにより人間と神とのある種の合一を可能にするような理性の概念である。

(7) スピノザの汎神論

スピノザにおいて認識の理説は倫理学そして幸福論と一体である。一方で幸福は徳の報酬でなく徳そのものであり、他方、有徳の道は、徳は本質に根差し、人間の本質は認識を目標にする理性を根源とするため、認識活動にある。そこで、彼の主著『倫理学』（一六七五年成立）は徳を基にした生き方を扱うが幸福の指南書であり、そして、想像力による第一種認識から、論証という第二種認識を経、知的直観による第三種認識へ至る認識の歴程の見取図なしに理解できない。

＊スピノザ

(Benedictus de Spinoza〔Baruch de Spinoza〕, 1632-77)　宗教迫害でイベリアからオランダに移住したユダヤの家系に生まれる。ユダヤ人学校でヘブライ語とユダヤ教を学び、さらに自由思想家エンデンのもとで新学問への通路たるラテン語を学ぶ。聖書研究を通じキリスト教のコレギアント派と交わるが、ユダヤ教会の礼拝から遠ざかり、そのためユダヤ教団からの引止め工作をうけ、それが失敗すると、一六五六年の喚問と破門宣告の経過を招くに至る。次いでキリスト教側からも危険視され、追放される。静逓地で友人たちのために論文を書く。『神・人間・人間の幸福に関する短論文』『知性改善論』、最初の出版物『デカルトの哲学原理』は一六六三年までには書かれた。主著『倫理学』も一六六五年に大部分ができたが、『神学政治論』執筆（一六七〇年出版）のために中断、七五年に完成する。しかし出版は『政治論』などと共に遺著としてのみ可能であった。保護者ウィットの虐殺後、一六七四年に禁書とされた『神学政治論』が招いた瀆神論者たる非難のためである。読まれもせずに無神論の王と唾棄された彼は、レッシングらを先頭とするドイツ思想においてよみがえる。

ところで『倫理学』は神の議論から始まっていて、全体は幾何学の秩序に従う証明の連鎖として示されている。これはなぜか。

認識が目指すのは、万物の統一の理由と必然的連関の秩序の理解である。ところで、スピノザの神はこの統一と連関との基礎である。彼によれば神概念の展開によっていっさいの事象の発生的定義を与え得る。そこで、絶対的無限存在と定義された神が、自己原因と実体との各定義によって名指されたものと同じものであることの証明という、神概念の規定の努力が冒頭にきて、次いで諸事象が、常に先行者が後続者を基礎づける仕方で確定されていくことになる。その進行は重々しい論證の外観にもかかわらず、美しい律動を有し、むしろ軽やかである。

実際、「唯一の実体が自己原因によって必然的に存在し、それは何の限定も含まぬゆえに無限者、すなわち神である」なる命題が得られた後では、易々と驚嘆すべき諸帰結が演繹される。第一に、実体ならざるものは様態でしかなく、様態は実体のうちにあり実体によって理解されるのであるから、神ならざるいっさいのものは神の諸様態として神のうちにあり神を通してのみ理解されること。ところで、人は普通、存在者の総体を自然と呼ぶ。かくてここにいわゆるスピノザの神即自然観、別言すれば汎神論と称されるものが成立する。

⑻ 人間と諸個物との地位

認識をなす人間はどんな地位にあるのか。人間の本性は必然的存在を含まぬために、スピノザにあっては必然的存在を含意する実体は人間の形相を構成せず、人間は他の諸個物同様、神の一様態である。思惟するゆえに神の思惟属性、無限なる知性の一部分である。だが、思惟を形作るものは観念であり、観念は一般に対象を持ち、人間精神の観念の対象は身体、すなわち、神の無限なる属性の一つとしての延長の一様態である。かくて、心身の分離と連関は明快である。そして、個的人間は自然のなかの一王国を作らないことも理解される。個々の思惟、つまり観念は、他の思惟、観念による制約の結果として生まれ、身体は諸物体同様、ある他の物体に規定されて運動し静止する。人間はこれら二系列の必然的連関に組み込まれた自然の一部分でしかないのである。

しかし、他面、一般に各個物は、たとえ偶然的であれ存在を含むかぎり、各々の仕方で神の活動の源泉たる神の力を表現しており、それゆえにこそ、その存立を廃棄しようとする他の諸個物の外的力に対抗する力をもって己れを保存しようとする。この傾向、努力のなかに個物の個たるゆえんがあり、この、神が万物の内在因であるという垂直的因果連関なしには、個物の有限性、受動性を成立させている諸個物間の相互制限的産出の無限な水平的因果系列は意味を失う。万物の統一と秩序を保証するのは、それらいっさいの内在因たる神である。

⑼ 認識と幸福

このような枠組みのなかで、人間の認識活動と幸福との関係は、情念論を介して明快となる。精神を形作るのは身体の観念であるため、精神を導くのは、すなわち欲求は、身体の現存肯定に向かう意識された努力である。身体の作用力の増減は、その観念たる思惟能力の増減に対応していて、その移行が喜びと悲しみという精神の受動態を説明する。そうして、これらと欲求とを三基本感情として、残余の諸感情いっさいが流れ出る。たとえば精神は身体の作用力を増すものを表象しようと努め、減ずるものの表象を忌避するが、現実の移行がもたらす喜び、悲しみがその原因の観念を伴うとき、それは愛もしくは憎しみの感情である。ところで、諸感情を統御し得ぬ無力、隷従に不幸があり、諸感情の力を抑え、それから自由なることに幸福が――名誉、富、快楽など、対象の性質に依存し対象の消滅などによって揺らぐ相対的幸福と違う――絶対的幸福がある。ところが、精神が自由を得るのは認識活動においてである。

人間の思惟は諸観念の必然的産出の水平的連関内の一変様でしかないのに、いかにして自由を得るのか。ここにスピノザは神とその諸様態間の垂直的因果連関に着目しつつ、人間精神に関し新しい規定を導入する。すなわち、単に身体の観念でなく、精神の観念つまり観念の観念をも持つものとして精神を規定する。この反省的規定において、神の知性の部分たる人間の理性はいわば神に還帰する。ある観念の観念を持つとは当該観念産出の必然性を理解すること、結局は究極原因たる神から出発して理解すること、混乱せる観念に十全な観念を、すなわち神のうちなる観念を置き換えることである。

ところでスピノザにあって、デカルトと異なり、知性と意志とは区分できない。神の思惟能力は神の行為能力に等しく、神のうちなる諸観念の秩序は直ちに現存諸事物の秩序となっている。人間精神も観念を知覚しそのうえで判断するわけでない。観念の所有はその観念が含む存在性の肯定に等しく、そしてこの肯定が精神の定立そのことなのである。だから、他面、観念の混乱は精神における欠如に等しく、混乱の由来が諸観念および身体諸変様の水平的因果連関と不可分の制限性にあるかぎり、欠如は受動性にほかならない。そこで、混乱の解消たる認識の進展とともに精神は受動性を減じ能動性を獲得する。

理性は必然性の理解によって諸感情から精神を自由にする。産出の秩序の認識が自由の反対たる外的強制を無効にする。なお、選択的自由の概念は真の原因の無知に由来し、人間の最も根深い偏見、すなわち、己れを自然のなかの王国と錯覚し諸事象を人間中心主義的に表象する目的論的意識に結びついている。だが、賢者の認識は己れを万物中の在るべき位置に置き、自然の秩序に合致させる。この合致に至福がある。スピノザはこの合致を、伝統的ないかなる宗教からも自由であろうとしながら、なお、彼の深い宗教心情に従い、「神への愛」と呼び、さらに、人間精神が神の一様態であるかぎりで、己れ自身を愛する「神の知的愛」という美しい言葉を見出した。これは彼の思想の神秘主義的解釈を招いたが、この誤解は、彼が神に延長属性を帰するのを躊躇しなかったために彼を唯物論者と決めつけた誤解と好一対である。

⑽ マルブランシュにおける神と被造世界

マルブランシュにとってはキリスト教の神が問題である。だから、神学でなく哲学が問題とはいえ、神と被造物との峻別、神の人格性の確保の要請が、彼の思想の基調をなす。

＊マルブランシュ

(Nicolas Malebranche, 1638-1715) パリの生れ。病弱で敬虔な彼は一六六〇年オラトワール教団に入門し、思索の道を選ぶ。一六六四年デカルトの『人間論』読了後、機械論をキリスト教哲学の支えにすることを考える。一六七四年の『真理の探求』(第一巻)は讃嘆とともに批判をも呼び、反論の過程で同著は七八年までに三巻(増補第三版)に膨んだ。他に多くの対話体の著作を書き、それらはフランス語で書かれた最も美しい思想体系と評価されている。アルノーとの論争は生涯にわたり、バークリと会談(?)後、ルイ一四世とまったく同じ年月の生に終止符を打った。

処女作『真理の探求』(一六七四～七五年)は誤謬の分析から始まり、真なる認識のために感覚と想像とを遠ざけ悟性を用うべきというデカルトの主題を反復する。だが、それは、精神の身体との結びつきを緩め、神との結びつきを輝かせよという勧め、人間の使命の指示なのである。人間の使命は神による創造にさいして付与された人間の存在の理由に等しい。この理由への思索の集中が、多面に広がりつつも緊密な組織を成すマルブランシュ哲学を養い束ねている。

ところで、かような目的論的思考の堂々たる再導入は、実にデカルトによる目的論的自然学の追放を梃子に成就されている。つまり、物体の運動因の外在視はついには自然界からの実効的原因の徹底的排除に至るが、自然物の絶対的無力は、いっさいの力を集中した神に対する絶対的依存と解釈され、神の自己充足の前には何の補足ともなり得ない被造物の創造の目的への問いが必然となるわけである。

神は己が作品の美から第一の、己れと作品とを人間精神が讃美することから第二の、栄光を引き出す。ただ、作品から作者の叡知を判断するには、作品を作製方法と引き比べて考察する必要がある。マルブランシュは創造主の方法の単純さを讃える。新自然学が示した、諸物体の相互作用を支配する法則の単純さは範例をなす。では、あとどんな法則が被造の世界を貫いているのか。解答は、神の無限性に比べればしょせん無価値でしかない有限な世界なる作品を、なおも創造に値するものに高める神の方策のなかに求められる。彼によれば、神の子キリストの化肉が全自然を聖別し、世界に神の品位を具現させる。かくて、魂と身体との結合を軸に、自然的諸物体の相互作用、旧約と新約聖書とが示す自然と恩寵との二つのかかわり、そして、これらいっさいの洞察を可能にしている人間の魂と神ないし普遍的理性との結合、以上五つの法則の支配が明らかになる。

法則によって神の一般的意志は不変なものとして時を貫く。(連続的創造説。なお、奇蹟は神の特殊意志によるものと説明され得よう。)そして、法則のもとなる個々の自然物は固有の実効性を失い、いわゆる自然的諸原因は今や神の作用に法則の形式を与える諸条件、すなわち機会因にすぎぬことが判明する(機会偶因論)。

石が球を動かすと見えるとき、真に球を動かすのは神であり、神はそれを、石の球への衝突を機会になす。真理の認識においては(自由の実質をなす)精神の注意が、魂と身体との結合では各々の諸様態が相互に、機会因となる。さらに、諸天使の実際的欲求が彼らの物体に対する権能のうちに働く法則の、イエスの魂の多様な運動が物体および諸精神に対する彼の権能にかかわる法則の、各々機会因である。

⑾ 感覚と悟性との認識論上の対立

さて、以上の諸法則のもと、人間の身分はどのようなものか。身体への下降と神への上昇とに割り振られた感覚と悟性との機能的対立は、たしかにまずはデカルトに従って認識の平面で現われる。感覚機能の誤ちは感覚的質を物体に帰属させることにおいて著しいが、これを是正し感覚内容が意識の様態であると規定すべく促すのは、マルブランシュにあっても、物体の現存の不確かさと思う我の現存の確実さとの対照である。だがコギト（我思う）が我の存在を告げるとき、その絆は彼にあっては理性的なものではない。それは「無は性質を持たぬ」という公準に先立たれてのみ働く心理的なもの、単なる経験的確認の一つをなすにすぎぬ。そして、思う性質を持つ存在をほかならぬ我と規定することを許すのは、明るき純粋思惟であるよりはむしろ暗さを持つ感情的思いなのである。

たしかに思惟が精神の本質とされる。しかしそれは彼にあっては、延長の本質の判明な認識によって得られた実体性の基準を精神に適用するという回り道によって得られる規定であり、この規定のうちには、実に魂の実質が何たるかの判明な認識は含まれていないのである。（これは神の目論見に適っている。なぜなら、魂は偉大で美しいゆえに、己れを対象的に認識し得るなら魂は、神の讃美を置いて己れのことをしか考えないであろうから。）

思惟の明るさは、精神が神からの光を受けとることから生ずる。光は、神のうちなる不動で永遠の諸観念が、精神の注意を機会に魂を触発することにおいて与えられる。観念は意識内容を構成せずして精神の直接的対象となる。そこで、観念は元来神の知性の所有物であるから、人間精神は神のうちに諸観念を神が見るごとく見、かくて不定形で闇に包まれた主観性の領域を脱して普遍性にあずかる。意識と観念との二元論が、次いでデカルト的精神と物体との二元論の確立を可能にしつつ、魂の神からの距離と神への回帰の運動を表現している。

観念とは何か。神の意志は盲目的に働くのでなく、知性に照らされる。神の知性が含む諸観念は、創造され得る全存在者の原型の役を果たす。この思想は、主意主義的なデカルトの永遠真理創造説とも、スピノザの意志と理性との無差別の思想とも、ネオ・プラトニズムの創造の発出理論とも異なっている。なかでも独創的なのは、物体の原型観念とされる叡知的延長の理論である。互いのあいだに数学的諸関係を有した諸物体の本質が叡知的延長のうちに見出される。ただし、物体の現存は神の創造によってのみ始まるために本質と違って偶然的であり、人間精神はこれを理性的には認識できず、啓示を頼りに信ずるしかない。神の知性の参照によって知的世界は見得るのに、物質的世界はそれ自身では見えないのである。

⑿　感覚と悟性との対立の倫理上の意味

感覚的な見るということは認識をもたらさない。これの看過が誤謬を生む。感覚の存在理由は心身合一からくる。物体そのものでなく身体に現前するかぎりの諸物体と身体との関係を、生命維持という有用性を尺度に、簡潔で容易な仕方で魂に教えるのが感覚である。身体の欲求を反映した感覚に従うとき、魂は身体的善への同意という機会因を、真の作用因たる神に提供し、かくして適切な身体運動を、身体機構を知る労苦なしに獲得する。この経済性ゆえに、真の善の観想のための広き余地が魂に生ずる。

だが、そもそも何ゆえに心身合一なる事態が存すべきなのか、身体に結ばれぬなら魂は全的に神に向かえたろうに。魂は身体との結合のうちにいったんみずからを失い、己れと身体との区別すらできぬなかで、神への愛のために、身体から受ける快を避け苦をも忍ぶという犠牲を通して、己れを意志的に再獲得し、救済に値するものとなる、このイエスのイメージをはらむドラマに、神の目論見があるためである。魂は身体維持のための道具ではない。身体が魂のためにある。神との結合を妨げるごとき身体との結合に抗してこそ、人は己れの責任で神に至り、より緊密な神との結合を得る。

ところで、身体の重みに抗すること、これは再び感覚から純化された思惟が引き受ける。神のうちには科学的諸真理のみならず道徳的諸真理が、すなわち、神の完全性と諸属性とをもとにした諸価値の位階的秩序の観念がある。これを純粋思惟が見るとき、秩序への愛が生まれ、感覚が告げる特殊な諸々の善を超して一般的善へ向かう意志の傾向に、導きが与えられる。感覚と理性との対立は、マルブランシュにおいて、認識論上のものから倫理的なものへ完全に転換させられている。

⒀ ライプニッツ――可能的世界と論理主義――

理性の手段によって神の観点に高まり、しかもその見通しのなかで人間の自由にしかるべき地位を確保する努力、ここにライプニッツが大合理主義とドイツ啓蒙双方の具現者たることがみてとれる。彼の広大な精神活動はいっさいの理解可能性を尽くし、学問的および日常的諸見解各々の取り分をその制限的根拠において綿密に測定しつつ、自身は調停済みのいっさいを俯瞰せんとする。その立脚点を定めたのは神を通じての世界の理解可能性への確信と、己が自我存在の活動的現実であったと思われる。

＊ライプニッツ

(Gottfried Wilhelm Leibniz, 1646-1716)　ライプチヒで生まれる。幼時より知識欲旺盛で、父の書庫に入りびたり、一三歳までにラテン語、ギリシア語を修得。論理学、哲学、神学の後、法律家になるべく法学を研究する。紆余曲折の後、一六七〇年マインツ公の法律顧問となる。ドイツを圧迫するルイ一四世の目をエジプトに向けさせる任務を帯び、パリ、次いでロンドンを訪問後、パリに腰を据え、政治的職務を離れ学問に専念する。計算器の発明により学界に迎えられ、デカルトを研究し、マルブランシュと書簡で論争を行い、またスピノザを訪問する。物理学のホイヘンス、化学のボイル、経済政策のコルベール、顕微鏡による微生物研究のレーウェンフックらを知ったことも重要である。

一六七六年ハノーバーに宮廷顧問として着任。宮廷、法廷、文書館などで活動する。宮廷の外交政策でもあった教会統一の計画に、不成功に終わるも参画。プロテスタント派を、ローマ教皇庁に対立せるフランス・カトリック教会と結合する道を求め、ボシュエと交渉する。一六八五年より『ハノーバー家編年史』作成の任務。そのために一六八九年から翌年にかけてイタリア旅行をし、このとき、広範囲の学者と交わり、みずからも数学者、物理学者として尊敬を得る。一六九五年『力学要綱』を公刊。形而上学についてはすでに一六八六年『形而上学叙説』、九七年『事物の根本的起源』を書き、ロックの『人間知性論』批判を一七〇四年の『人間知性新論』に結実させるが、いずれも未刊。信仰と理性の合致を扱う一七一〇年の『弁神論』は大反響を呼ぶ。しかし、一七一四年の『単子論』『自然と恩寵の原理』は未刊に終わった。

一方で学を可能にする諸真理の必然的連関、他方で道徳を可能にする精神活動の自発性、両者を満足させるためにライプニッツが着目したのは本質と現存（ないし普遍性と個体性）との区別と連関であり、巧妙に駆使された概念装置は、細心に区分された諸様相術語（必然・可能・現実・偶然など）である。

本質の存立を支配するのは矛盾律である。矛盾を含まぬものは可能であり、含むものは不可能、その反対が不可能なものは必然である。しかし不可能なものは存在しない。だから矛盾を含むものは指示物を持たぬ名辞、反対的術語をともに含む主辞にすぎず、その名辞は指示機能を手放さぬかぎりで偽りの観念を構成する。つまり不可能存在は不分明な表象たる資格でのみ語り得、矛盾律は元来、表象にかかわる推論の原理、観念の分析の指導原理なのである。そこで、矛盾律に則って得られる真理は、現存から切り離された本質、可能なものどもが互いに取り結ぶ諸関係にかかわるのみで、まただからこそ永遠なる理性真理なのである。なお、矛盾律の重視は、直観の明証性に代えて定義が含む形式的明証性を選ぶことである。

⒁ 現存世界とその根拠

ところで、現実的なものは可能的であったはずである。しからば本質から現存への移行が、しかも分析的論理のあずかり知らぬ移行があったのである。実際、現存者の分析は無限に続けられ終結しない。その反対の不可能は示し得ず、だから現存は、そして事実の諸真理は、偶然的なものでしかない。だが、この偶然性が盲目性に等しくてよいはずがない。かくて「なぜ無でなくて何ものかが在るのか、また、在るものはなぜ他の仕方ではなくこのようなふうに現存しているのか」の十分な理由があるべきとする、あと一つの原理、充足理由律が登場し、われわれは形而上学に身を移す。

物理学の範囲で、ある物体が現にかくあることの理由を、先行諸条件に見出すことはできる。だが、諸条件自身の成立への問いが残り、結局、最終的理由は偶然的事象の系列の外側に、己が現存の理由を己れのうちに含む必然的存在、すなわち、神と呼び慣わされているものに求められるしかない。神には二つの権能が属するはずである。全可能的存在の本質とその諸連関を細部にわたって判明に認識する、諸観念の場としての悟性の機能と、可能なものの一部分の現実的存在への移行を、十分な理由に基づいて裁可する意志の権能。形而上学の可能性は特に後者の理解可能性にかかっている。

人間は究極の理由を知り得ないが、それが道徳的理由であること、すなわち、無数の可能的宇宙のなかから最大の完全性を有するものが現実化へ運ばれるはずであることは理解できる(最善説)。しかるに完全性はより単純な方法でより豊かな結果を産出することにあるために、神の作品は、共可能性の基準、および不可識別者同一の原理と連続律によって理解され得る。

能うかぎり多くのものが選ばれねばならぬが、それらはすべて一つの宇宙を成すものであるから、共存できねばならない。また、数的にのみ異なるものが多数存在することは豊かさすなわち多様性の要求に反するため、いっさいの現存者は己れ独自の本性を持つ個体でなければならない。そこで、宇宙は互いに無限小の隔たりによってのみ異なる無数の個体で満たされ、そこに位階的秩序がみられるとき、美しく豊かである。

(15) 個体の問題と人間精神の位置

個体は不可分な自己性を保持すべきだが、デモクリトス的原子は未だ分割可能である。不可分な数学的点は実在性を有さぬ。デカルトが感覚的質の外被を剥ぎとってとり出した延長は、その同質性の背後に、運動、力、努力が見出されるかぎりで、空虚を免れる。しかるに努力は元来、混雑な表象から明晰な表象へ移行しようとする精神の活動である。物体は外観で、真実体たる個体は、知覚を本質とする精神様のものである。諸個体は宇宙を各様に表象し、その明晰性の程度がそれらの位階を決定する。

だが、宇宙は各個体に先立ってあるのでなく、表象活動をなす諸個体が宇宙を成すのである。だから表象は受動的事態でなく各個体が己が内部から汲むものであるし、無数の個体の各表象間に機械的に調和が成就されるわけにもいかない。さて、この充実せる内面を持ち自発的知覚を担う単位実体をライプニッツは単子《モナド》と呼び、諸単子の集合が統一ある宇宙を成すために必要な諸表象間の調和は、諸単子創造のさいに神によってあらかじめ配慮されたとする、予定調和の理説を掲げる。今や宇宙は、それを構成する単子の数だけの表象のなかで多様に反復され、その豊かさは限りなく倍化される。

だが単子は欲求を持ち変化においてのみ実在する。しかも単子は、それを通ってあるものが出入りする窓を持たず、したがって諸単子間には観念的影響しか認められない。ここに、能動受動関係についての合理主義的解釈が現われる。すなわち、ある単子が判明な知覚を持つとは、他の諸単子の内に起ることのアプリオリな理由を示すのに役立つものを持つことであるから、その単子は他の諸単子に働きを及ぼすと言い得るとする解釈である。この理論はデカルト派の心身関係の問題を解決し、また道徳を説明するとされた。知覚能力の上昇する系列は、エンテレキー、魂、精神を生み、これらは己れが特に判明に知覚し、それゆえに支配する一群の単子を己が身体として持つ。そして、残余の宇宙構成諸単子は、身体のうちに起こることの知覚を通じて表出される。次に、理性認識によって精神は神の観点に高まり、全自然が善と悪との目的論に従った生成作用であることを知り、神を模倣し神の計画に参与する。理性の自己覚醒は、神を君主と仰ぐ諸精神の国家への参入として、最高の道徳的行為である。

C　啓蒙の世紀

⒃ 一八世紀ドイツ思想

柔軟で可塑的なライプニッツ思想は、フランス語圏で新たな自然観念のなかに浸透していく一方、相変わらず論理学や形而上学が重視されるドイツでは、ヴォルフによって体系の鎧を着せられ、一八世紀ドイツ思想を主導した。一般に思弁的・抽象的性格の濃いドイツの大学の哲学は、王権の関与のもとで諸学派を作り宗教と結ぶなかで、着実にドイツ的概念・用語を鍛え、蓄え、後の開花のための下地を培った。

＊ヴォルフ

(Christian Wolff, 1679-1754)　ブレスラウに生まれる。一七〇三年『道徳哲学の数学的論究』の刊行を機にライプニッツと文通。一七〇六年ハレの数学教授。一七一二年より広範な体系を構築する。人間悟性、神と世界と霊魂、人間の幸福、社会生活、自然の作用などにつき、いずれも『理性的思想』と題せるドイツ語著作集を発表。ドイツの哲学的術語の定着は彼に負うところが大きい。一七二三年から四〇年までハレを追われるも、マールブルグ大学で活躍、いっそう有名となる。この時期およびハレへの凱旋的帰還後、膨大なラテン語摘要集を刊行する。

トマジウス（Ch. Thomasius, 1655-1728）は初めて独語の学術雑誌を出し、一時期、敬虔主義に傾き、彼の敬虔主義的な弟子たちがプロイセン王フレデリック・ギョーム一世の許で勢力を持った。しかし、この王に追われ、フレデリック二世に請われてハレに戻ったヴォルフは、（美学部門のみをバウムガルテン〔A. G. Baumgarten, 1714-62〕に残すという）その網羅的体系性をもって圧倒的教育効果を誇った。けれども同じ大王は、ラ・メトリ（J. O. de La Mettrie, 1709-51）やヴォルテール（Voltaire, 1694-1778）を招き、ダランベール（J. d'Alembert, 1717-83）と文通する懐疑肌の啓蒙家でもあり、彼の文化政策に基づくベルリン学士院は、モーペルテュイ（Maupertuis, 1698-1759）の指導下、ニュートン思想を導入し、ヴォルフの影響下で育ちながらヴォルフに批判を向けたクルジウス（Ch. A. Crusius, 1715-75）派以上の反ヴォルフ主義の拠点ともなった。そして、ヴォルフとモーペルテュイの死後の空白期に、ようやく新文芸運動を養う熱情が哲学にも流れ入り、新機運が生まれることになる。

⒄ 批判的精神の拡大――ベイルとフォントネル――

一八世紀フランス思想は、デカルト主義とキリスト教主義双方への反対から出発した。この世紀の精神を特徴づけるのは、自由で楽観的な思索であり、体系に対する敵意である。メラン曰く「体系と妄想とは同義である」。扱う主題は広く、着想は妙であった。学問は流行となり文芸と結びついた。すでに一六八〇年代、あたかもニュートンとロックとが時代に一区切をつけたときに、ベイル（P. Bayle, 1647-1706）とフォントネル（B. Le B. de Fontenelle, 1657-1757）は、新学問、およびその基礎たる、権威から解放された理性の使用を公衆に流布すべく活動を始めた。

ベイルにおいて懐疑の武器に博識が連携する。もっともらしく盛装せる独断を破壊するために、一方でその由来を探ね、他方その忌まわしい影の部分に光を当て、その権威を笑うべきものにしてみせること、これが、ルイ一四世治下カトリック側から迫害され、内部抗争を抱えたプロテスタント陣営にある彼の常なる仕事であった。是非とも必要な宗教寛容のために、彼は道徳性の宗教からの独立、国家と教会との分離を主張する。彼は、楽観的啓蒙家のなかで苦渋に満ち、合理主義的であった時代に徹底的実証主義者であり、それどころか、続く、経験と事実とを重んずるが安易に事実の概念に寄りかかりがちな世代を追い越す。事実は認識の始まりに位置するよりはむしろ、学的努力の果実たることが彼の豊富な実例から学べる。

フォントネルは人間の自己中心的思考ないし想像の虚妄を衝いた。未知の星に住む知的被造物や、われわれの知らぬ多くを教えてくれる第六の感覚の思考実験は、わかりやすかった。神託や寓話は彼にとって、人間精神の誤謬の歴史をみせてくれる奇妙な産物である。ただ、彼は教育の力を信じ、パスカルと共に、年老いず無限に成長する一個人に似た人類の像を思う。科学学士院の終身総裁として齢一〇〇歳に達するまで、啓蒙運動の優雅な演説家、守護者であった。

⒅ ヴォルテールとイギリス礼讃および歴史理論

ヴォルテールと共にデカルト主義打倒の声はますます高まり(フォントネルはデカルトの物理学には忠実であった)、教会攻撃は熾烈となる。彼はイギリスの寛容的風土を紹介し、ライプニッツが渡り合った二人のイギリス人、すなわち万有引力理論のニュートンと魂の解剖学のロックとを称揚し、よって渦動論と生得観念説のデカルトを貶め、さらに崇高な人間嫌いパスカルの『パンセ』に揶揄的註解を施す。想像からの思惟の純化を認識の準則としたデカルトが、体系的精神に引きずられて空想的物語をこしらえたと断ぜられる。(後にダランベールも『百科全書序論』(一七五一年)で、放恣なスコラ学に対する革命の主領デカルトの大胆さを、想像力の強力さと同根と見、ベーコンが指示した新学問の建設者の名誉は、学問を経験に従属させるべきことを知っていたベーコンの二人の同国人、ニュートンとロックに与えた。)

だがニュートン物理学の通俗的解説者たることを越えてヴォルテールが独自性をみせるのは、文芸の領域を別にして、歴史理論においてである。ボシュエ (J. B. Bossuet, 1627-1704) の『世界史論』(一六八一年) の神学的観点による目的論的歴史解釈に対するに、彼は、経験的原因による歴史理解を主張した。自然が力学的に説明されるごとく、歴史は心理学的法則で説明される。諸習俗の蔭で偏見に押し潰されながらも己れを具体化していく人間本性の歩み、これが歴史であり、時代の精神、国民の精神を明らかにすることに歴史記述の眼目はある。もとより彼は、この精神の形成の理由を精神外のもの、いわゆる下部構造とかに求めるような視点は持たなかった。文化の流れが彼の関心事だったからである。

(19) モンテスキューの社会哲学

ヴォルテールが近代歴史学確立以前の歴史家であるなら、モンテスキュー (Ch.-L. de S. Montesquieu, 1689-1755) は社会学誕生以前の社会学者といえる。両者とも、超越者による説明を拒み、各々、歴史の動因、あるいは社会力学の要因を、精神作用に求める。

法が人々の社会生活を規制する。しかるに、法は、風土、人口、人々の労働種別などにより複合的に条件づけられて存立するが、最も重要な条件は政体の型に対する適合である。同じ法も置かれる政体によって良くも悪くもなる。ところが政体を動かす原理は人間感情である。

君主制、貴族制、民主制と、それらの腐敗形態たる僭主制、寡頭制、愚民制という伝統的分類を受けてモンテスキューは、民主制と貴族制とを一まとめにし (すなわち下位区分におとしめ)、主権が国民全体もしくは国民の一部分にあり、徳ないし節度を原理とする共和制を考え、他方、唯一者が、しかし固定的な確定された法に則って支配し、名誉を原理とする君主制と、唯一者が法や規則なしに己れの意志や気紛れによってすべてを従わせ、恐怖を原理とする暴君制とのあいだに深い隔たりを設けた。そして彼は、原理の変質による政体の腐敗の可能性を認め、他方、現にフランスの政体に生じつつある経過、すなわち君主制の暴君制への変質の兆しに危懼と焦燥を覚え、政体の安定をもたらす条件を考える。最大の政治的自由の実現がそれで、この実現のためにはアリストテレスが構想しロックが再考した、立法、執行、司法権の分立が望ましいと考える。イギリスの議会制君主制が範例を与える。君主と中間的諸権力の存立する政体こそ社会の静力学に則ったもので、そこではあたかも、最良の機械では技術は能う限り少量の運動・力・歯車の採用で済ますように、最少の徳で大いなることがなされるのである。

⒇ 自然の新しい概念

歴史学と社会学に加えて、美学と言語学、経済学、さらには教育学すらの新傾向をいうこともできよう。だが、一八世紀は何といっても、自然の学の新たな展開のための発酵期である。

ヴォルテールが巧妙に捕え目立たせたロックの問題提起「物質は思惟能力を持つか」は、恰好の論争材料となった。不可知論と現象主義が経験主義のなかで育ち、精神と物体との二元論を覚束なくさせ始める。思惟の自己反省は存在把握ではないとされる。経験は悟性の手前、感覚に始まるとされるが、感覚は感覚器官を前提している。器官への着目はすでにフォントネルによって知識の相対性の暴露に役立てられたが、また人間と動物との関連の問題を蒸し返す。

動物が人間に近づけられると、一方で生命体と無機の物質とのあいだに距離が設けられ、デカルト的動物機械論に代わる生命論が呼び出されるし、他方、別の考えでは、物質と人間とのあいだに連続性が要求されもする。現象として対立する事柄は、異なる二原理の反映かも知れぬが、同一実体の異なる作用やも知れぬ。物質は運動のほかにもまた思惟能力をも持つかという物質についての問いは、存在からの現象の産出の如何が知られぬことが当然とされているところでは、思惟という現象を生む存在本体は物質ではないのかという思惟の身分についての問いとしても現われ得る。実際、ある思想家たちは、一八世紀全般におけるライプニッツの連続律的思考の圧倒的影響下で、だが彼と反対に、知性の感性への、感性の物質性への還元を企て、逆に物質に豊かな性質を返す。ラ・メトリの『人間機械論』(一七四八年)は力学主義でなく有機体主義の色彩のもとで、物質一元論を説く。

(21) ニュートンの勝利と理性主義の敗北

一般に自然の解釈は力学を離れ、生理学ないし生命論を焦点に再編される。たしかに一八世紀の科学思想はニュートン学説の勝利で特徴づけられる。それはモーペルテュイによる大陸への最初の導入、ヴォルテールによる通俗化の後で、一七五九年までには、学士院で、教育の場で地歩を占めた。抵抗者は、引力なる遠隔力に不条理をみるデカルト派と、運動法則の確認に満足せずその説明を欲する今もはびこるスコラ学徒で、争いは力学自身よりは科学的真理の身分にかかわり、思弁に抗して経験と事実の概念に方法論的重要性を認めることが問題であった。だからニュートン讃はベーコン讃を伴った。元来近代科学は、頑固な特殊性を持たざるを得ぬ事実に執着する点では、中世合理主義に対する一般的反合理主義運動の最右翼にあったわけで、ただ、弁証法に代わる数学主義の導入によって新しい合理性を構築したのである。そこで、ニュートンの勝利は、力学的思考の勝利を意味するよりは、理性主義の敗北と経験主義の確立を意味する。

(ついでながら、デカルトが確実な知識を求める過程でまずは意識の直接性に訴えたとき、彼も事実それ自体の力を見抜いていたと思われる。しかし彼の合理主義はいわば新しいスコラ学を生み、他方、あらゆる事実的現われの条件とされた意識事実の概念は、経験主義には、普遍的知識への道を閉ざすものと見え、ここに不可知論、懐疑論に至る哲学の悩みが生じていったのである。)

では数学はというと、これはオイラーやラグランジュらの輝しい業績を積みながらも、自然の概念の中枢から退き、それ自体は抽象的科学であり、自然の学では補助学にすぎぬことが確認された。人々は観察、実験に赴き、ノレの実験物理学の講座は大評判で、ルエルは化学講座を開いた。

(22) 脚光を浴びた生命の問題

しかし、観察や実験が実り多いのは生命の領域である。すでに前世紀、スヴァンメルダム、グリュー、マルピギによる顕微鏡下の解剖学が開いた世界は驚異の的であった。アジアと新大陸との交易がもたらす珍奇な動植物は人々の収集熱をあおり、動植物園が学者の作業場に加えられた。人々の新しがりのおかげで、トランブレによる動物とも植物とも判定しかねるポリプの発見は、オーストリア継承戦争と並ぶ重要話題となり、アリマキの単為生殖に関するボネ（Ch. Bonnet, 1720-93）の業績は、彼を一躍欧州中の学会員に仕立てた。ポリプの命名者レオミュールの『昆虫史論』六巻（一七三四〜四二年）は、後続の『百科全書』（刊行開始一七五一年）やルソーの『人間不平等起源論』（一七五五年）と読者数を競った。

だが、生命論は何よりも宗教の運命と結びついているために新たな自然概念の中枢に位したのである。自然の精妙な仕組みに神の手を認める者にとり、生物は最も説得力ある材料であった。すでにマルブランシュはスヴァンメルダムらに伍して彼らの業績を利用した。ヴォルテールすら同じ語り口を採用する。トランブレは子どものための宗教の本を書き、ボネはライプニッツの影響下、胚の入れ子説に神礼讃を結びつけた。昆虫の神学は、ノレも試みた物理神学の重要な一部として流行した。一八世紀にビュフォン（G.-L. L. de Buffon, 1707-88）の『自然史』（一七四九〜八八年）に次いで広く読まれたプルーシュの『自然の景観』（一七三二年）の圧倒的教育効果は特筆すべきである。（これら二著には、ヴォルテールの『アンリアド』〔一七二三年〕、ルソーの『新エロイーズ』〔一七六一年〕さえ遅れをとった。）そして、この熱狂は、ルソーの崇拝者ベルナルダン・ド・サン‐ピエールの『自然の探究』（一七八四年）のなかまで響く。

ディドロ（D. Diderot, 1713-84）とドルバック（P. H. T. d'Holbach, 1723-89）は同じ自然の景観を、唯物論と連携した無神論構築に利用する。自然の豊かさと秩序に目を向ける代わりに、いっさいを生む自然の大いさに着目するに、物質と精神間の溝は生命を媒介に埋められる。生命の発生と種の固定性の問題は重要主題となる。スパランツァニによって後のパストゥールに匹敵する仕方で反証されたにもかかわらず、イギリスのニーダムの自称自然発生説証明の実験は有名となり、ヴォルテールはこれへの嘲りをドルバックの『自然の体系』論難の標語とした。

(23) 生命主義と前進化論

精神か物質かの二者択一を避け生命に場所をあけさせるには、ガリレイの弟子ボレリが始め、ラ・メトリの師ブールハーフェらが代表するイアトロメカニスムを批判することが必要で、これはドイツでシュタールのアニミスムが引き受けた。だが、魂ならざる生命独自の原理を掲げる一派は、南フランスでバルテズらを中心に起こり、次いで世紀末からビシャ、ブルセらの複生命主義ないし器官主義をみた。（フランス革命のギロチンは解剖用人体を豊富に提供するだろう。）ディドロがダランベールと対話させ、物質と生命と精神との転変を語らせている医師ボルデュは、両学派の橋渡しをした人物である。

生命主義と共に前進化論が、明確な生命概念の不在の埋め合わせをし、生命思想の結晶の芯のような役割を果たした。ライプニッツの影響下、モーペルテュイやビュフォンは種の固定性に疑義をはさむ。この方向の思想は、ダ・ヴィンチがとり上げた化石の由来の議論を活発化させ、ノアの箱船や神の放棄された計画が真剣に議論される。地質学が徐々に重要になる。ベイルに大著を書かせた一六八〇年の彗星飛来を機に、すでにウィストンは地球の太陽起源説を唱えた。モーペルテュイは地球の扁平性を子午線の測定により示す。生物は人類を含めて自然の大いなる歴史の枠内で考えられ始め、ビュフォンの『自然史』四四巻は一八世紀最大の成功を博した。次いで彼の後輩ラマルクが一九世紀初頭ようやく「生物学」の名称を見つけた。

(24) 『百科全書』とドルバック

だが冷静な、神には慇懃で文体は優雅なビュフォンの傍で、声高で毒を含む争いが繰り広げられる。そこでは生命の解釈は一手段でしかない。科学も文芸も、出版活動も旅行すら武器となるこの解き放たれた思想の戦いで問われるのは、思想の自由化それ自身である。

ディドロは『百科全書』に啓蒙思想家たちを結集する。デカルトでなくベーコンに倣った諸学問の系統的分類と、模範的な近代学問史の回顧とを含む『序論』を書いたダランベールは、共同編集者であった。ただ、彼は、エルヴェシウスの『精神論』（一七五八年）の醜聞を引き金とした中途からの国の出版許可取消し、教会による禁書指定の後、方針が合わず手を引く。しかし、ディドロはドルバックらと完成させる。

資金を持ち精力的なドルバックは、百科全書に四〇〇項目近くを書き、事業に協力する一方、ドイツの科学と技術のフランスへの紹介に努めた。ドイツでは、金属の酸化還元（燃焼）のフロギストン理論のシュタールを始め化学が盛んで、化学はアニミスムとともに医学の理念を動かし、肥料、ガラスの農工業と結び、温泉学や鉱物学（ヘンケル、ヴァレリウス）、地質学（レーマン）に連なっていた。これら全部をドルバックは紹介した。なお、フロギストン説のうえでプリーストリィは多くの気体を分離し、同説批判がラヴォアジェに化学を確立させた。

ドルバックはさらに、トーランド、コリンズら、イギリス自由思想家の書も翻訳出版し、メリエ、ブランヴィリエ、自身の『自然の体系』（一七七〇年）のための著者として名を借りたミラボーらの、一八世紀前半のフランスの埋もれた理神論者、唯物論者を甦らせた。唯物論の一形態が彼において結実した。

(25) ルソーと観念的感情の力

体制側は新思想の内容はもちろんだが、思想表明の公然さの程度にも神経を尖らせた。他方、自由思想家たちは反体制派として団結していたわけではなく、嘲笑、挑発、反駁、黙殺、同意、留保、仲違いなど、実に多様な関係をとり合った。ときに思想内容以上に、嫉妬、猜疑心、名誉欲、虚栄などが争いを導いた。こうしたなかでもルソーの孤立化の過程は、感情の運動が価値ある思想を生みだした点で注目に値する。

＊ルソー

(Jean-Jacques Rousseau, 1712-78)　ジュネーブに生まれる。時計彫刻修業半ばの一七二八年、郊外散歩後、市の閉門に遅刻したのを機に、ジュネーブを去り、放浪生活に入る。改宗者ヴァラン夫人と生活後、一七四二年パリに出、音楽論、オペラを試みる。一七五〇年、ディジョン学士院懸賞応募論文『学問芸術論』が入賞し、五四年『人間不平等起源論』は落選。一七五〇年からドゥドト夫人との交友過程その他で次々に友を失う。一七六〇年『新エロイーズ』を完成(六一年出版)、好評を博す。一七六二年『社会契約論』、『エミール』を出すが共に禁書となり、逃亡生活を送る。一七六五〜七〇年『告白録』、七六〜七八年『孤独な散歩者の夢想』を執筆。

いかなる状況にあっても徳を失わぬことが、ルソーの最優先の気遣いである。徳の実現と評価は良心が引き受ける。己れに偽りなきことがいっさいの基準で、だから潔癖さ、そのための雄々しさだけが具体的要求となる。ヴォルテールはカラス事件、シルヴェン事件などで、己が外部に正義を樹立するために働いたが、ルソーは己れの弁明、無実証明に一生を費す。もっとも、彼によれば一般に人が己れを腐敗から守るのは、文明社会では至難の技なのである。経済上・政治上の不平等が精神的平等を奪うため、人々は自由を売り渡し卑屈になる。これへの抵抗、精神的英雄主義のみが徳の現実化の道となる。

もとより彼は、公正な社会の存立条件を定式化する。各人だれもがいっさいの権利を共同体に譲渡し、その一般意志に服従することを約束する結社行為から生まれる社会は、成員すべてを平等にするから公正である。契約に基づくゆえに合法的であり、一般福祉を目ざすゆえに有益である。だが、国家の一般意志の導きのもとに具体的・特殊的行為をなす機関、政府が必要であるが、政府構成員の特殊意志が一般意志を離れ、私欲のために政府の力を利用する可能性はあり、ここに政府は堕落する。権利上の社会の公正さは現実的には損われる。もちろんその程度は理念に照らして測り得るし、理念に則って、諸法の改廃、のみならず政府の改変、国家そのものの廃止すら、その権利を市民は有する。

しかし、ルソーの契約的国家の構成原理は、見かけはともかく、彼が描くどの理想的共同体とも同じく、道徳的観念であり、それゆえに単純で力強い。信頼、自由、義務などが曇りなく現われ得る親密な世界を彼は夢想する。細かな注意の積み重ねが現実感を演出し、対比的話法が感情を高揚させ、彼は大した文章家となる。代わりに、厳しい因果連関が支配し、何より己れをしいたげる現実社会から遠ざかり、遠ざかることによる幸福を、夢見る権利を持つ幸福を手に入れる。ただ、言い訳し、人々の承認は求める。徳の観念に動かされ、自己擁護の試みのなかで、彼は心理分析の大家となる。

(26) コンディヤックの悟性の分析

ルソーとディドロと三人組を作ったこともあるコンディヤックにおいて、文芸などから純化された哲学固有の伝統は守られる。彼は一七世紀合理主義を批判するに風刺などをもってせず、ロックの認識論の徹底化の方向における己れ固有の哲学の対置をもってする。彼によれば、ニュートンは自然現象の唯一の原理に到達し自然哲学を完成したが、精神哲学は未だ緒についたばかりで、同様の原理を見出していない。コンディヤックは全知識が諸感覚を唯一の源泉として導出される過程を分析し、デカルトの生得観念説を破壊するのはもとより、ロックの反省概念は分析の不徹底が許した生得説の曖昧な残滓であることを暴く。

扱いが自由な人為的記号の成立が、反省に相当する精神の高度の活動を可能にする。また、デカルトによって規定され、ロックも受け入れた知識論の前提、すなわち一般にいっさいの現われは意識における現われであり、感覚は精神の変様であるという枠組みのなかで、バークリ的結論を避け、物体の存在に道をあけるため、彼は運動に後見された触覚の重要性に着目する。触覚的質によって外在性の観念が精神のただ中で生まれる。すると真理はもはや個々の観念と観念外の事物との対応のなかにあるわけでなく、諸観念発生の序列が規定する意味秩序のなかにあることも理解される。観念の論理学的分析にかえて観念の発生論的分析を企てるとき彼は、事実的・経験的文脈の不可欠性に知識の首尾一貫性の要求を統合するのである。

＊コンディヤック

(Étienne Bonnot de Condillac, 1714-80)　グルノーブルの生れ。幼少時は病弱で、視力が弱く、勉学に入るのが遅れ、一二歳まで文字が読めなかった。聖シュルピスとソルボンヌで神学を修め、一七四〇年僧職を得るが社交と文壇生活を好む。一七四六年『人間悟性起源論』で悟性の機能を、四九年『体系論』で学の方法を論じ、名声が確定する。一七五四年に主著『感覚論』を発表し、その後五五年に『動物論』を出しそれを補う。一七五八〜六七年のパルム国皇太子教育を機に、七五年大部な『講義録』、七六年『相互関係から見た商業と政府』、八〇年『論理学(思惟の技術)』、『算術の言語』(未完)を著わす。

一八世紀思想家たちはコンディヤックに彼らの哲学の最も明晰な表明者を認め、彼の学派が世紀末、諸観念の系譜の作成のなかに全学問を包み込む野望を持つ観念学派として成立する。彼こそデカルトの問題提起を引き継ぎ一九世紀に手渡した人物と評価できる。なお、まずは薔薇の香りの感覚だけに目覚めることから経験を始め、注意、再認、記憶、想像、反省、弁別、抽象、比較、分析、肯定、否定、判断、推論などの精神機能を次々と働かせていく立像のフィクションの採用は、ボネの心理学における同様の試みとともに、記憶されてしかるべきである。

(27)　関連研究・心身問題

デカルトが判明な知的観念の含むところに従って精神と物体とを実体的に区別したとき、彼は心身問題をとり上げるべき二重の要請に直面した。第一に、この二元論に従えば人間において心と身体とは峻別されるのだが、感覚から純化された悟性による認識の努力をやめて日常的に生きるときには、むしろ心身の合一が当然のことと思われ、したがって、この事情の解明が要請される。第二に、認識にとって誤謬源泉でしかない不分明な質的観念の存在理由を見出さねばならぬが、その理由は心身の実体的結合の維持に有用であることに求められ、かくて、心身問題は避けて通れぬものとなった。

さて、デカルト以降の心身問題をめぐる思想は、二様の観点から整理され得る。一つは、二元論の枠との関係で、人間における心の諸変様と身体の相関関係をどう解釈するかという観点で、これには二系列あるいはむしろ二段階を区別できよう。まず、心身間の因果性を認めるデカルト、思惟と延長とを神なる唯一実体の二属性とするスピノザ、神から精神と身体へと下る因果性をのみ認め、心身間には機会偶因の関係をみるマルブランシュ、諸モナドの階層性のうちに心身問題の解決を図るライプニッツなど、形而上学的解決の歴史をたどり得る。

次に、形而上学の忌避と科学の前実証主義を標榜する人々は、心身間の作用の有りようは不可知の事柄として問題の解決を放棄する。典型は、心身の厳密な平行論の承認のうえに生理学的心理学を試み、平行の意味の探求は放置するシャルル・ボネである。イギリス経験論も、身体の精神への作用のうちに感覚の起源を認めながら急いでそのことを忘れて諸概念の発生の分析に仕事を限り、不可知論や現象主義へ傾き、こちらは二元論そのものを覚束なくさせ心身問題どころではなくなる。フランス経験主義のコンディヤック、理性的観念学のド・トラシも、まずは物体の観念の位置測定に忙殺される。

第二の観点は、心身問題における身体は単なる物体でなく生体であることに着目し、精神と物体との二元に次ぐ第三の契機としての生命の観念の規定仕方によって心身問題取組みの歴史を整理する観点である。すでにデカルトが心身の実体的結合をいうとき、生命の維持の考えが念頭にある。ただ、彼ではその動物機械論が示すごとく、生命は物体の一現象であり独自の原理をなさない。医学は力学に基づくとされる。マルブランシュもデカルト思想のこの側面に深く共鳴した。スピノザが人間精神の観念の対象を身体と定義し、精神の欲求を身体の現存肯定とするとき、やはり生命の概念が働いていよう。ライプニッツのモナド論は、力学から生命論へ重心を換えた一八世紀自然観を鼓舞し、ボネの輪廻思想を支配した。

しかし、生命を精神と物体との双方から独立した原理の地位にまで高めたのは生命主義である（バルテズ）。それどころか、生命主義は生命を物質と対立させつつ、精神を生命の発展形態としてとらえ、生命原理に従属させた（ビシャ）。すると心身問題は生命と単なる物体との関係の問題に転化される。もちろん、他方、生命で精神を説明するが、その生命を物質で説明し、かくて物質一元論の形で心身問題を蒸発させる見方も徐々に起きた（ラ・メトリ）。ただ、これは同時に、数学的に規定された物質観からの脱却と有機体論的物質観の勃興でもある。そして、生命の機械論的説明に反発したのは融通無碍な新物質観のみでない。二元論の枠内ですでに精神による身体の配慮のうちに生命現象をみるアニミスムがあった（シュタール）。ここでは心身関係は知的技師とその建築物との関係に類比的なものと考えられている。

さて、このような生命概念の重視は、デカルト的二元論が抱えていた問題、すなわち身体の力学的必然性と心身結合との二重の前提からすると危くなる人間の自由の位置づけの問題の、柔軟な扱いを可能にする。そこで最後に、人間の自由の規定という面からの心身問題への接近に言及しよう。メーヌ・ド・ビランは、人間における能動的原理とそれに受動性を強いる契機との二極性のうちに心身の不可分離的区別をみた。すると彼にとってデカルト的二元論は、根源的経験の抽象の過程で派生したものにすぎず、したがって、思惟と延長という相容れぬ本質を持つ精神と物体との結合如何という形の心身問題は消えて、代わって、心身関係は、日々の意志的経験と感情の揺らぎの経験のなかで事実的に確認されるべき主題となる。

なお、心身問題を能動受動の関係においてみることを発展させると、能動的精神を第一義的存在とし、物質と生命とは精神が未だ眠りあるいは無意識的に活動している段階だと位置づける唯心論の一形態も可能となる（ラヴェソン）。また、生命の上昇的開花の位置に精神を置き、それに抵抗し下降的流れをつくるものとして物質を定義する新しい生命主義も誕生しよう（ベルクソン）。

さて、このように、心身問題をみるに、精神と物体のみならずその中間に生命を置いて三者間の関係についての種々の考え方を探る第二の観点に立つとき、心身問題は存在論の諸類型を整理するよすがとなり得る。

あとがき

東信堂の下田勝司社長から、既発表論文を集めたものを出版しませんかとお誘いがあり、哲学史を材料に書いた論文だけを集めた本書を上梓する運びとなった。古い論稿は電子ファイルとしてあるはずもなく、下田さんは印刷された図書を読み起こすことからしてくださった。感謝に堪えない。

これまで周囲に、その時々の大学院生を中心に、コピーなどで読んでくださった方々も少なからずあったが、これでまとめて読みやすくなると、歓迎の声を多数、聞けたのは嬉しかった。(ただ、修士論文『メーヌ・ド・ビラン研究』は、邦語で読めるビラン研究書が少なかった頃、やはりコピーの需要があったものだが、未公刊のままである。これは本文が四〇〇字原稿用紙で三二〇枚という分量のもので、黒田亘先生から頗る面白いとの評をいただき、山本信先生から、少し膨らまして博士学位論文にするようにと言われながら、私は、渡仏して少し調べることをしてから、という理由で放置し、その後、関心の移りその他があって、そのままにしている。両先生とも故人であるが、人を励ましてくださることがお上手で、私はその恩恵を受けた一人である。)

振り返れば、主題について自分の考えを直截に書いた論文(本書に収めていない)の方がずっと多いが、それらも随所に、哲学史上で議論されたあれこれの事柄に関して、それをどう扱うべきか、ということを念頭に書いた部分を含んでいる。ただ、問題の所在を知った人が注意深く読まないと見えないかも知れない。残念ながら、そういう話題を哲学史に引き付けて書いた論文はない。

はしがきでも述べたが、本書で取り上げられている哲学者、思想家たちはマイナーである。かと言って、私が大きな影響を受けた人たちだから論文にしているのか、というと、メーヌ・ド・ビランを除いては、そうでもない。（ミシェル・アンリについては後述。）そのときの或るテーマについての自分の考えを提示する材料として恰度よいかな、と、そういうスタンスであった。実のところ、多くの示唆を受けたのは、名前の知られたところではベルクソン、ホワイトヘッドあたりで、無名に近い人々から、それから、狭い哲学の領域外の人々からである。若いときの濫読は、どれがどこからきているか分からない仕方で随分と養分になっているのだと思う。

収録に当たって、校正漏れの直し（「しょう」→「しよう」など）はもちろんだが、全体の体裁を整えるためもあって、初期の論稿に多用されている漢字の一部の平仮名への直し（「筈」→「はず」など）、人名表記の統一（「バルテス」→「バルテズ」など）、読点の付け方、強調傍点の振り方、自分が書いた論文参照の指示の仕方などの変更を施した。最も大きな変更は、論稿によっては長い段落を途中で改行して段落を増やしたこと、元はなかった節の表題や小見出しを新たに付したことである。また、論稿2と3で目立つが、与えられたスペースに多くを盛り込もうと、表現を極度に圧縮しつつ括弧に小活字で記すという方法を用いた場合があるが、今回の収録に当たって括弧を取り、本文と同じ大きさの文字、資格にしたなどの変更が幾つかある。（枚数制限ということで言えば、論稿5と13は極度に厳格で、論じたいことを薄め、改行を減らし、改行前の段落末尾に少しでも空白が残ることを惜しむようなことにエネルギーを注がされたことを、苦さをもって想い出す。今回、論稿13に、当時、スペースのために削除せざるを得なかったが印刷冊子に書き込みをしていたものが見つかったので、その一文を付加した。）

なお、論稿1では、註を本文に組み込むことその他の事情があって、ほんの些細な表現上の異同、語句の差し替えが僅かにある他、ジョン・ウィルクス支持者たちに関する一文を付加した。他の論稿でも、短い語句を括弧や棒線（——）内に補ったもの等が幾らかある。

初出一覧

〔Ⅰ〕

1「人間の科学に向かって」

『哲学の歴史　第6巻』（総論）、責任編集　松永澄夫、（全巻編集委員　内山勝利・小林道夫・中川純男・松永澄夫）、中央公論新社、二〇〇七年六月

2「一八世紀フランス哲学・思想」

『フランス哲学・思想事典』（一八世紀総論）、編集委員　小林道夫・小林康夫・坂部恵・松永澄夫、弘文堂、一九九九年一月

3「一九世紀フランス哲学・思想」

『フランス哲学・思想事典』（一九世紀総論）

4「意識と我」

『テオリア』第28輯、九州大学教養部、一九八五年三月

（一九八四年の西日本哲学会での報告。八五年四月に東京大学に移る前、九州大学在職時最後の論文。）

5「事実の概念が隠し持つもの」

『存在論の歴史的考察と現代における体系的展開の試み』文部省科学研究費共同研究報告、一九九一年三月

6「経験主義」

『哲学の歴史　第6巻』（コラム）

7「広がりと質とをどう捉えるか」
『知覚する私・理解する私』はしがきの一部（原題「本文の哲学史的背景についての注解」）、勁草書房、一九九三年八月
8「法則概念の優位という思想状況」
『知覚する私・理解する私』第四章1節（元は一九九〇年四月哲学会主催のカント・アーベント講演の一部（前半三分の一）。講演全体を活字にした論文――論集（後掲）Ⅸ、一九九一年二月、所収――では、註で、引用の文献・該当頁の指示の他、用語についての若干の注意や解釈、思想史的状況への言及等をしている。）
9「一九世紀フランスへのスコットランド哲学の流入」
『イギリス哲学研究』第23号、日本イギリス哲学会、二〇〇〇年三月
（一九九九年、日本イギリス哲学会での、会場校を代表しての講演。）
10「エクレクティスム――ヴィクトル・クザンが企図したもの――」
『フランス哲学・思想事典』（項目　クザン，ヴィクトル）
〈付論1〉「生命思想」
『フランス哲学・思想事典』（コラム）
〈付論2〉「近代科学の分析の方法と生命科学」
A節・B節　第一回メタバイオティクスシンポジウムでの講演、一九九五年一一月二一日（テピア青山ホール）
C節　「生命科学の方法とこれからの生命論――メタバイオティクス研究の立ち上がりに寄せて――」『論集』15、東京大学文学部哲学研究室、一九九七年三月（講演原稿に加筆して発表したもの）から後半部分。
D節　「新しい生命科学の可能性――メタバイオティクスシンポジウム開催に寄せて――」　産経新聞、一九九五年一一月五日（シンポジウムに先立っての案内）

11「世界の私性格について」
『哲学雑誌』第90巻・第762号、哲学会、一九七五年一〇月
12「観念の理論と感覚の問題」
『論集』Ⅵ（B節まで）、Ⅶ（C節以下）、一九八七年一二月、一九九八年一二月
〈付論3〉「哲学の教科書――大陸系哲学――」
『テキストブック西洋哲学史』杖下隆英・増永洋三・渡辺二郎編、有斐閣、一九八四年八月

〔Ⅱ〕

13「コンディヤックの記号論」
『哲学雑誌』第106巻・第778号、一九九一年一〇月
14「記号における運動の発見」
『西洋における言語観の変遷の研究』文部省科学研究費共同研究報告、一九九二年三月
15「シャルル・ボネの立像のフィクション」
『関東学院大学文学部紀要』第23号、関東学院大学文学部人文学会、一九七八年三月（関東学院大学在職時最後の論文。続きを書く機会を逸した。）
16「二つの生命と二つの生命特性」
『テオリア』第23輯（B節まで）、第24輯（E節以下）、一九八〇年三月、一二月
17「生命と意識」
『現代思想』第20巻・第8号、青土社、一九九二年八月（一九九二年日仏哲学会春季シンポジウム報告。論稿16にもとづく。）

〈付論4〉「ビシャ」
『フランス哲学・思想事典』(項目　ビシャ，マリ・フランソワ・ザビエ)
18「デステュット・ド・トラシの観念学の理念」
『関東学院大学文学部紀要』昭和51年度綜合コース特集号、一九七七年一月
19「メーヌ・ド・ビランと観念学の理念」
『関東学院大学文学部紀要』第20号、一九七七年三月　(一九七六年、哲学会で口頭発表)
20「メーヌ・ド・ビランの反省の概念について」
『理想』第502号、理想社、一九七五年三月　(一九七五年四月に関東学院大学に就職。大学院博士課程二年生のときのもの。)
21「メーヌ・ド・ビランの思想における原因概念の位置について」
『テオリア』第26輯、一九八三年九月　(一九八二年日仏哲学会シンポジウム報告)
〈研究ノート〉「ミシェル・アンリ著『マルクス』」
『関東学院大学文学部紀要』第21号、一九七七年五月
〈付論5〉「ミシェル・アンリの「生の哲学」」
『UP』第160号、東京大学出版会、一九八六年二月

感慨を一つ。一九七三年三月に、ミシェル・アンリをモンペリエに訪ねた。ジャン・ピアジェが児童の発達心理学研究の場とした、ジュネーブのジャン・ジャック・ルソー研究所附属幼稚園やパリのルドテーク(おもちゃの図書館)等訪問の機会をとらえてのものであった。(このときの見聞をもとに、次の報告書を書いた。「児童の成長および教育と遊び」『関東学院大学文学部紀要』第22号、一九七七年七月。また、「こどもの時間」という演題の講演を関東学院大学附属幼稚園の父兄を前

に行った。序でながら、文化大革命の四人組失墜直後の中華人民共和国の、幼稚園から大学に至るまでの各種教育施設や絹織物工場などの見学をもとにした、次の報告もある。「中国の校外教育の一端――「少年の家」紹介――」『中国旅行』、読者の会第二次訪中団、一九七七年一二月。私は若いとき、教育の問題に強い関心をもっていた。）

ミシェル・アンリについては、学ぶというより、或る重要な一点で自分と同じことを考えている、大切にしている人がいることを発見して心が震えた、という感じがあって、会ってみたいと思った。一週間弱の訪問時、ミシェル・アンリは、フランス現代哲学の展開におけるジャン・ナベールの重要性などを語りつつ、自分の哲学史的な位置について説明しようとした。それはともかく、食事のあと夜の街を、家々の扉に付いている、ライオンの頭の形や腕の形をしたドア・ノッカーを叩いて回るという悪戯を二人でやって笑い転げた、あのときの微かにそよいでいた空気を今も覚えている。エギュ・モルトやレ・ボー、サン・レミなどへドライブで連れていってくれたが、彼が、ポン・デュ・ガールに行く途中のあちこちで見たアーモンドの花を愛おしんでいたのが印象に残る。彼に対する親愛の情と感謝の気持ちを、この機会に記す。

二〇〇七年初夏

ボルタ Volta, Alessandro Giuseppe Antonio Anastasio ……41
ボルデュ Bordeu, Théophile de…… 346, *197*
ホワイトヘッド Whitehead, Alfred North …… 37, 39, 88, 90, 94, 104, 119-120, *242*
ポンパドゥール夫人 Marquise de Pompadour, Jeanne Antoinette …… 30-31, 34, 41
マジャンディ Magendie, François …… 158
マディニエ Madinier, Gabriel ……*29*, *264-266*
マルクーゼ Marcuse, Herbert …… *334-336*
マルゼルブ Malesherbes, Chrétien-Guillaume de Lamoignon de …… 27-28, 31, 42
マルブランシュ Malebranche, Nicolas …… 24, 29, 38, 50, 71, 105, 110-113, 115-119, 122-127, 142, 146-147, 159, 281, 301, 302, 306, 331-335, 351-352, *235*, *237*, *239*, *251*
ミシュレ Michelet, Jules …… 52, 55, 159, 160
ミラボー Mirabeau, Honoré Gabriel Riqueti, ……31, 34, 39
ミルトン Milton, John ……14
メーヌ・ド・ビラン Maine de Biran, François-Pierre Gontier …… 8, 40, 54, 61, 71, 94-97, 106, 121, 138-141, 144, 151, 155, 162, 245, 352, *32*, *41-47*, *76*, *242*, *244*, *248-259*, *260-282*, *283-307*, *334*, *349*
メルロ＝ポンティ Merleau-Ponty, Maurice …… 246, *273*, *282*, *330*
モーペルテュイ Maupertuis, Pierre-Louis Moreau de …… 36, 38, 170, 218, 340, 344, 346
モンテスキュー Montesquieu, Charles-Louis de Secondat, ……25, 28, 30-31, 34-35, 134, 342-343
ライプニッツ Leibniz, Gottfried-Wilhelm ……24, 29, 50, 89, 95, 110-111, 159, 162, 170, 319, 335-339, 341, 343, 346, 351-352, *37*, *70*, *72*, *119*
ラヴェソン Ravaisson, Félix-Mollien …… 54, 61, 138-139, 144, 147, 151, 159-160, 353, *109*
ラヴォワジェ Lavoisier, Antoine-Laurent ……27, 39-41, 168, 219, 347
ラグランジュ Lagrange, Josepf-Louis ……32, 173, 344, *219*
ラス・カサス Las Casas, Bartolome de ……11
ラファイエット La Fayette, Marie Joseph Paul Yves Roch Gilbert du Motier ……34
ラプラス Laplace, Pierre-Simon ……40, 120-121, 137, 157
ラマルク Lamarck, Jean-Baptiste de Monet de ……42, 168, 173, 214, 318, 346, *182*
ラ・メトリ La Mettrie, Julien Offray de …… 40, 170, 340, 346, 352, *71*, *215*
ラロミギエール Laromiguière, Pierre ……40, 47, 52, 135, 137-138, 155, *243*
リード Reid, Thomas ……20, 53, 107, 130-133, 138-143, 145, 147-148, 155, 247-317
リトレ Littré, Émile …… 57, 59
ルノード Renaudot, Theophraste ……14
ルソー Rousseau, Jean-Jacques …… 25, 28, 30, 32, 134, 345, 347-349
ルノード Renaudot, Theophraste ……14
ルルー Leroux, Pierre …… 55, 59, 166
ル・ロア Le Roy, Georges…… *47*, *70*, *254-266*
レオミュール Réaumur, René-Antoine Ferchault de …… 38, 217, 345, *29*, *215*
ロック Locke, John …… 9, 14, 17, 24-25, 29, 33, 35, 43, 50, 53, 95, 98, 132-133, 137, 141-142, 145, 246, 252-253, 263-264, 302, 303, 340-341, 343, 349-350, *9*, *43*, *165*, *229*, *237-238*, *244*, *249*
ロワイエ＝コラール Royer-Collard, Pierre-Paul …… 47, 52-54, 131, 133, 135-141, 143-147, 155

テュルゴ Turgot, Anne Robert Jacques ……………………………… 25, 27, 32, 39-40
ドゥジェランド Degérando, Joseph-Marie ……………………………… 40, 143
トクヴィル Tocqueville, Alexis Charles Henri Maurice Clérel de ……………… 27, 52, 55, 60, 137
トランブレ Trembley, Abraham ……………………………… 21, 38, 173, 217, 345, *215*
ドリーシュ Driesch, Hans Adolf Eduard ……………………………… 193, 219, *70*, *72*
ドルバック d' Holbach, Paul Henri Thiry ……………………………… 36-37, 39, 345, 347, *71*
ナベール Nabert, Jean ……………………………… *262*
ニュートン Newton, Isaac ……………………………… 5, 7, 17, 29, 33, 37-38, 53, 91, 93, 98-99, 121, 142, 340-341, 344, 349, *186*, *219*, *237*, *249*, *294*
ネブリッハ Nebrija, Antonio de ……………………………… 11
ノレ Nollet, Jean-Antoine ……………………………… 38, 41, 344-345
ハーヴィ Harvey, William ……………………………… 219, *181*, *189*, *215*
バークリ Berkeley, George ……………………………… 110, 132, 250, 252-253, 302, 331, 350, *29*
パスカル Pascal, Blaise ……………………………… 50, 159, 325-326, 341, *32*
パストゥール Pasteur, Louis ……………………………… 21, 168, 218, 219, 346
ハラー Haller, Albrecht von ……………………………… 218, *81*, *113*, *119-132*, *141*, *147-149*, *174*, *188-189*, *190-191*, *194*, *202-203*, *209*
バルテズ Barthez, Paul-Joseph ……………………………… 8, 42-43, 48, 168, 218, 346, 352, *80*, *140-141*, *183*, *188-189*, *190-191*, *193*, *205*
ビシャ Bichat, Marie-François-Xavier ……………………………… 22, 42, 114, 218, 352, *80-83*, *84-199*, *200-217*
ビュフォン Buffon, Georges-Louis Leclerc de ……………………………… 31, 42, 168, 173, 218, 345-347, *71*, *113*
ヒューム Hume, David ……………………………… 8-9, 25, 43, 93-95, 115-116, 125-127, 132, 141, 145, 165, 249-253, 263-264, 302, 305
広松渉 ……………………………… *337*
フェヌロン Fénelon, François de Salignac de la Motte- ……………………………… 17, 50
フォイエルバッハ Feuerbach, Ludwig Andreas ……………………………… *317*, *319*, *322*, *325*, *327-329*
フォントネル Fontenelle, Bernard Le Bouyer de ……………………………… 29-30, 38, 142, 340-341, 343, *70*
フッサール Husserl, Edmund ……………………………… *280*
ブトルー Boutroux, Émile ……………………………… 49, 61, 153
フランクリン Franklin, Benjamin ……………………………… 14, 18, 39, 41
ブランシュヴィック Brunschvicg, Léon ……………………………… 119-120, 122
フーリエ Fourier, François-Marie-Charles ……………………………… 48, 54, 58
ベイル Bayle, Pierre ……………………………… 29, 37, 340-341, 346
ヘーゲル Hegel, Georg Wilhelm Friedrich ……………………………… 138, 146, 156, *312*, *314-324*, *348*
ベーコン Bacon, Francis ……………………………… 38, 50, 95, 98, 142, 146, 341, 347, *32*
ペトラルカ Petrarca, Francesco ……………………………… 8
ベルクソン Bergson, Henri ……………………………… 25, 49, 54, 61, 106-107, 134, 151, 353, *87*, *282*, *330*, *349*
ベルナール Bernard, Claude ……………………………… 61, 168, 194, 198, 207, 218, 219, *126*, *210*
ボイル Boyle, Robert ……………………………… 7, 17, 41, 336
ホッブズ Hobbes, Thomas ……………………………… 25
ボネ Bonnet, Charles ……………………………… 38, 170, 173, 217, 345, 351-352, *48-79*, *87*, *165*, *215*
ポープ Pope, Alexander ……………………………… 8, 15
ボーマルシェ Beaumarchais, Pierre-Augustin Caron de ……………………………… 31

キュヴィエ Cuvier, Georges Léopold Chrétien Frédéric Dagobert ……45, *182*
グイエ Gouhier, Henri …… 101, 120, 245, *284*, *294*
クザン Cousin, Victor …… 26, 47-50, 52-54, 56-57, 61, 136, 138, 140-141, 143-147, 154-166
クローチェ Croce, Benedetto ……51, 148
ケネー Quesnay, François ……31-32, 40
ゲルー Gueroult, Martial …… 118, 245
コンディヤック Condillac, Étienne Bonnot de …… 8-9, 24-25, 31, 39-40, 42-43, 52-53, 94, 98, 131-135, 137-139, 141, 144, 150, 246, 306, 349-350, 351, *5-30*, *32-47*, *48*, *69-70*, *74*, *165*, *191*, *229*, *237*, *239*, *244*, *249*, *256*, *258*
コント Comte, Auguste ……22, 25, 34, 48, 50, 54, 58-59, 61, 135
コンドルセ Condorcet, Marie Jean Antoine Nicolas de Caritat … 8, 27-28, 32-36, 39, 43, 45, 49, 134
サルトル Sartre, Jean-Paul ……54, *348*
サン＝シモン Saint-Simon, Claude Henri de Rouvroy, サン＝シモン主義者 ……25, 48, 50-51, 54-55, 57-59, 148
サンド Sand, George …… 59-60
サント・ブーヴ Sainte-Beuve, Charles Augustin de …… 147
サン＝ピエール Saint-Pierre, Charles Irénée Castel ……35
シェリング Schelling, Friedrich Wilhelm Joseph …… 136, 138, 156, *340*
シャトーブリアン Chateaubriand, François-René …… 27, 51
シュタール Stahl, Georg Ernst ……40, 170, 346-347, 352, *182*
ジュフロワ Jouffroy, Théodore ……53, 147-148, 159
ジョンソン Johnson, Samuel …… 11,
スウィフト Swift, Jonathan ……15
スタール夫人 Madame de Staël-Holstein, Anne Louise Germaine Necker …… 32, 51
ステュアート Stewart, Dugald ……25, 140, 148, 161
スピノザ Spinoza, Baruch de …… 24, 327-331, 336, 351-352
スミス Smith, Adam …… 33, 53
ゼンガー Zenger, John Peter ……14
ソフィー(コンドルセ夫人) Sophie de Grouchy, Madame de Condorcet …… 32, 39
ダーウィン Darwin, Charles Robert …… 148, 173, 218
ダランベール d' Alembert, Jean Le Rond ……31-32, 38-39, 127, 142, 145, 340-341, 346-347
ディドロ Diderot, Denis …… 24-25, 28, 31, 34, 36, 39, 150, 345-347, *71*
ティンダル Tyndale, William ……11
デカルト Descartes, René …… 9, 20, 29, 38, 42-43, 50, 53-54, 66-74, 81-82, 90-94, 98-101, 104-105, 110, 137, 141-146, 163, 165, 168, 170, 223-246, 249-264, 271, 302, 303, 304, 318-324, 326, 330-334, 341, 343-344, 347, 349-352, *31-32*, *37-38*, *165*, *182*, *214*, *222*, *224*, *226-227*, *237*, *240-241*, *305*
デステュット・ド・トラシ　Destutt de Tracy, Antoine-Louis-Claude …… 8, 40, 49, 53, 132, 134, 150, 351, *28*, *32*, *165*, *191*, *219-247*, *249-254*, *279*
テーヌ Taine, Hipolyte-Adolphe …… 49, 60, 130-131, 133
デフォー Defoe, Daniel ……15
デュルケム Durkheim, Émile ……25, 49, 59, 334

人名索引

索　引

※正体は第Ⅰ巻、イタリック体は第Ⅱ巻を指す

事項索引

或る語については矢印(→)で他の語を参照するように指示し、それに対応して、複数の見出しのもとで参照頁を示しているものがあるが、このことは、それらの語が互いに言い換え可能な語であることを意味しない。単に関連があるということでグループ化しただけである。また、参照頁は、その語についての私自身の考えを述べている箇所であるというわけではない。その語で表された哲学史上の考えで、私が扱っているものを指示するに過ぎない。(とは言え、もちろん、所々で、私自身の考えを、その語に託して述べている場合もある。)時に、私が自分自身の考えを述べるためにはほとんど使わないであろう語も、本書で多用し、索引事項としても取り上げている。また、項目として掲げた語には一つの西洋語が――と言っても、西洋語にも英語やフランス語等があって、それらの間なら安心して言い換え可能であるというわけでは決してないのは当然だが――、翻訳上、明確に対応するわけでもない。「精神」という語にいたっては、論文や文脈により、“mind“, “âme”, “moral”などの語のどれにもあてがって使ったりしている。書名等で慣例となった翻訳の先例があったりすることもあるし、また何よりも、他の微妙なニュアンスを帯びてしまう日本語よりは、この語の方が(何でも投げ込めて)大雑把ではあるが図式的な解説には重宝すると思われたからである。(実は、この語は私は、自分の考えを緻密に表現するときには用いない。)

【著者紹介】
松永 澄夫(まつなが すみお)　東京大学大学院人文社会系研究科教授

1947年生まれ。東京大学大学院人文科学研究科中退。人が関わるあらゆる事柄の基本的筋道について、言葉による地図を作成することを目指す。そのために、自然の一員としての生命体、動物である人間における自己性の問題をはじめ、知覚世界、意味の世界、社会の諸秩序などがどのようにして成立し、互いにどのような関係にあるのか、その順序に注意を払って考察している。伝統的哲学が育んできた諸概念や言葉から自由になって、日常の言葉で、一つ一つの語にあらためて適切な内容を盛り込みながら叙述してゆくことを心がけている。

[編著書]

『音の経験――言葉はどのようにして可能となるのか――』東信堂　2006年
『言葉の力』東信堂　2005年
『食を料理する――哲学的考察――』東信堂　2003年
『知覚する私・理解する私』勁草書房　1993年
『私というものの成立』(編共著)勁草書房　1994年
『哲学の歴史』全12巻、別巻1冊　中央公論新社　2007～2008年　編集委員
第6巻(19世紀英仏)責任編集　2007年
『フランス哲学・思想事典』(共編・共著)弘文堂　1999年
『テキストブック西洋哲学史』(共著)有斐閣　1984年
『環境――文化と政策』(編共著)東信堂　2008年
『環境――安全という価値は…』(編共著)東信堂　2007年
『環境――設計の思想』(編共著)東信堂　2005年
『文化としての二〇世紀』(共著)東京大学出版会　1997年
『死』(共著)岩波書店　1991年
『行為の構造』(共著)勁草書房　1983年

Mélanges d'histoire de la philosophie

哲学史を読む I　　＊定価はカバーに表示してあります
2008年 5月 20日　初　版　第1刷印刷　〔検印省略〕
2008年 6月　1日　初　版　第1刷発行

著者©松永澄夫　発行者 下田勝司　印刷・製本／中央精版印刷
東京都文京区向丘1-20-6　郵便振替00110-6-37828　発行所
〒113-0023　TEL(03)3818-5521　FAX(03)3818-5514　株式会社 東信堂

Published by TOSHINDO PUBLISHING CO., LTD
1-20-6, Mukougaoka, Bunkyo-ku, Tokyo, 1130-0023, Japan
http://www.toshindo-pub.com/　E-mail: tk203444@fsinet.or.jp

ISBN 978-4-88713-835-3　C3010　